Die berufliche Orientierung junger Menschen

Europäische Hochschulschriften
Publications Universitaires Européennes
European University Studies

Reihe XI
Pädagogik

Série XI Series XI
Pédagogie
Education

Bd./Vol. 1002

PETER LANG
Frankfurt am Main · Berlin · Bern · Bruxelles · New York · Oxford · Wien

Beata Walter

Die berufliche Orientierung junger Menschen

Untersuchungen zur Verantwortung von Gesellschaft und Pädagogik

PETER LANG
Internationaler Verlag der Wissenschaften

Bibliografische Information der Deutschen Nationalbibliothek
Die Deutsche Nationalbibliothek verzeichnet diese Publikation in
der Deutschen Nationalbibliografie; detaillierte bibliografische Daten
sind im Internet über http://dnb.d-nb.de abrufbar.

Zugl.: Leipzig, Univ., Diss., 2010

Gedruckt auf alterungsbeständigem,
säurefreiem Papier.

15
ISSN 0531-7398
ISBN 978-3-631-60342-0

© Peter Lang GmbH
Internationaler Verlag der Wissenschaften
Frankfurt am Main 2010
Alle Rechte vorbehalten.

Das Werk einschließlich aller seiner Teile ist urheberrechtlich
geschützt. Jede Verwertung außerhalb der engen Grenzen des
Urheberrechtsgesetzes ist ohne Zustimmung des Verlages
unzulässig und strafbar. Das gilt insbesondere für
Vervielfältigungen, Übersetzungen, Mikroverfilmungen und die
Einspeicherung und Verarbeitung in elektronischen Systemen.

www.peterlang.de

Danksagung

Ich möchte die Gelegenheit nutzen, all jene zu würdigen, die maßgeblich am Erfolg meines Promotionsvorhabens beteiligt waren und deren Unterstützung mich durch Phasen des Zweifels getragen hat.

Zunächst geht ein großer Dank an meinen Doktorvater, Prof. em. Dr. Christian von Wolffersdorff, für die unkomplizierte Betreuung der Arbeit, das große Interesse am Thema und die vielen inhaltlich-konzeptionellen Anregungen. Weiterhin möchte ich Prof. em. Dr. Dr. h.c. Dieter Schulz und Prof. Dr. Stephan Sting für das Zweit- sowie Drittgutachten danken.

Eine berufsbegleitende Promotion ist eine große Herausforderung. Deshalb danke ich allen Kollegen aus meinem unmittelbaren Arbeitsumfeld für ihren Beistand, ihre Rücksicht und das nicht selbstverständliche Entgegenkommen bei arbeitsorganisatorischen Regelungen.

Viele Personen haben durch ihre fortwährende Unterstützung und vor allem durch die Hilfe bei der redaktionellen Überarbeitung einen wesentlichen Beitrag zu dieser Dissertationsschrift geleistet. Hervorheben möchte ich Franziska Steiner und Annette Meiner.

Herzlich danke ich auch meinen Eltern für ihr Vertrauen. Wichtige Voraussetzungen wie der nötige Ehrgeiz und ausreichend Durchhaltevermögen gehen auf sie zurück.

Zwei Personen gebührt mein besonderer Dank: Oliver Förste für sein uneingeschränktes Verständnis sowie den so notwendigen emotionalen Rückhalt. Und meiner Schwester, Julia Walter, die mir durch viele kritische, aber stets inspirierende Diskussionen immer wieder neue Perspektiven eröffnet hat.

Inhaltsverzeichnis

Abbildungsverzeichnis 11
Tabellenverzeichnis 13
Abkürzungsverzeichnis 15
1 Berufliche Orientierung – eine problematisierende Einleitung 17
2 Systematische Annäherung an zentrale Begrifflichkeiten 21
3 Berufliche Integration als eine riskante sozialisatorische Entwicklungsaufgabe 25
3.1 Der Wandel gesellschaftlicher Rahmenbedingungen in seiner Bedeutung für das Übergangssystem 31
3.1.1. Die Lebensphase Jugend als Ausgangspunkt beruflicher Zukunftsplanung 31
3.1.1.1 Zur Charakteristik der Lebensphase Jugend 31
3.1.1.2 Zwischen Familie und Gesellschaft – junge Menschen auf dem Weg in ihre soziale Rolle 34
3.1.1.3 Sozialisation in modernen Lebenswelten 36
3.1.1.4 Die individuelle und gesellschaftspolitische Relevanz beruflicher Sozialisationsprozesse 40
3.1.2 Transformationen am Arbeits- und Ausbildungsmarkt 45
3.1.2.1 Irgendwo zwischen Existenzsicherung und Selbstverwirklichung – der Stellenwert von Arbeit und Beruf im historischen Wandel ... 45
3.1.2.2 Ursachen und Folgen von Erwerbslosigkeit im Jugendalter 49
3.1.2.3 Der Ausbildungsmarkt in Spannungsfeld von Effizienz und Moralität 53
3.1.3 Vom Abschluss zum Anschluss – Anforderungen eines komplexen Ausbildungs- und Arbeitsmarktes 55
3.2 Benachteiligungsfaktoren in ihrer sozialen Durchschlagkraft 58
3.2.1 Benachteiligte Jugendliche auf der Suche nach ihrem Platz in der Gesellschaft 58
3.2.2 Aufwachsen in prekären Lebensverhältnissen - Prädiktoren berufsbiografischer Risiken 61
3.2.3 Brüche, Umwege, Warteschleifen: der Umgang mit diskontinuierlichen Erwerbsbiografien 66
3.3 Berufliche Orientierung als Grundprinzip verantwortungsvollen pädagogischen Handelns 70

4 Das komplexe Phänomen der Verantwortung 73
4.1 Eine philosophisch-soziologische Annäherung an die
    Verantwortungsproblematik 73
4.2 Ein sozialwissenschaftlicher Leitbegriff in seiner pädagogischen
    Dimension 80
4.3 Gibt es eine Verantwortung für berufliche Orientierung? 86
4.4 Die analytische Ambivalenz der kollektiven Verantwortung 89
4.5 Zur gewachsenen Bedeutung rechtlicher Normen im Kontext
    erzieherischen Handelns 94
4.5.1 Die Eltern im Zentrum der juristischen Betrachtung 95
4.5.2 Gesetzlich geregelte Aufgaben des Staates und seiner Institutionen 97
4.5.3 Berufswahlrelevante Richtlinien und Gesetze 100
4.6 Schlussfolgerungen des Verantwortungsdiskurses für eine
    Orientierungsverantwortung 106

5 Berufliche Orientierung als pädagogische Querschnittsaufgabe 109
5.1 Berufsorientierung in ihrer familialen Dimension 110
5.2 Relevante Einflüsse von Peergroups auf die Berufswahl 115
5.3 Die Rolle der Schule in der beruflichen Entwicklung von
    Jugendlichen 117
5.3.1 Der schulische Bildungsauftrag als zentrales Moment beruflicher
    Sozialisation 118
5.3.2 Das Schülerbetriebspraktikum und seine ungenutzten Potenziale 121
5.4 Berufsorientierung und Jugendhilfe 122
5.5 Neue und bekannte Wege der Beteiligung von Wirtschaft an
    berufspädagogischen Prozessen 127
5.6 Weitere Einflussgrößen der Berufswahl 130

6 Berufsorientierung in der Praxis – Forschungsmethodischer Ansatz 135
6.1 Forschungsgegenstand der multiperspektivischen Darstellung 135
6.2 Untersuchungsgebiet und zeitlicher Rahmen der Erhebungen 138
6.3 Eingrenzung des Forschungsziels 138
6.3.1 Der Anspruch auf praktische Relevanz 139
6.3.2 Grundlegende Arbeitshypothesen 142
6.4 Methodische Vorgehensweise 144

7 Gesellschaftliche Rahmenbedingungen der Untersuchungsregion 151
7.1 Die sozialpolitischen Entwicklungen im historischen Abriss 151
7.1.1 Demografie, Armut und Arbeitslosigkeit – die Veränderung von
    Lebenslagen 152
7.1.2 Schulen in Veränderung 157

7.1.3 Wirtschaftspolitische Entwicklungen 161
7.2 Gegenwärtige Bedingungen 163
7.2.1 Soziale Verhältnisse 163
7.2.2 Die bildungspolitische Situation 165
7.2.3 Die Wirtschaftslage und unternehmerische Aktivitäten zur
Nachwuchsgewinnung 170

8 Darstellung der Ergebnisse 175
8.1 Schulanalyse 175
8.1.1 Triangulierendes Forschungsinstrumentarium 176
8.1.2 Untersuchung I: Lehrerbefragung 177
8.1.2.1 Einführung 177
8.1.2.2 Auswertung der quantitativen Untersuchungsergebnisse 179
8.1.2.3 Auswertung der qualitativen Untersuchungsergebnisse 189
8.1.3 Untersuchung II: Sekundäranalyse der Schulen im Forschungsgebiet ... 224
8.1.4 Untersuchung III: Befragung der Berufsschulleiter 238
8.1.5 Resümee aus den Schuluntersuchungen 250
8.2 Vergleich mit der Schülerbefragung des Deutschen Jugendinstituts ... 253
8.3 Untersuchung IV: quantitative Erfassung der Elternperspektive 257
8.4 Die regionalen Projektlandschaft der Berufsorientierung 274
8.4.1 Projekttypen im schulischen Kontext 276
8.4.2 Das spezielle Mandat der Jugendhilfe 283
8.4.3 Standards und Qualitätskriterien der Projektarbeit 287
8.5 Synthetische Aufbereitung der empirischen Befunde 289

9 Abschließende Gesamtbilanz 295
9.1 Rückbezug auf essenzielle theoretische Aussagen 295
9.2 Verknüpfung der theoretischen Grundlagen mit den empirischen
Ergebnissen 299

10 Reflexion und Perspektiven 307

Literaturverzeichnis 311
Rechtsquellenverzeichnis 331

Abbildungsverzeichnis

Abbildung 1: Die vier Phasen der Herausbildung des kindlichen und beruflichen Selbstkonzeptes 42
Abbildung 2: Risikogruppen für berufswahlabhängige Ausbildungsabbrüche 68
Abbildung 3: Verantwortung in ihrer individuellen und gesellschaftlichen Komplexität 75
Abbildung 4: Stufenfolge der pädagogischen Verantwortungsdimensionen 84
Abbildung 5: Dreieck Schule, Jugendhilfe, Wirtschaft 136
Abbildung 6: Zeitlicher Rahmen der Forschungsarbeit 144
Abbildung 7: Personelle Struktur und Besetzung der Funktionsstelle Berufsorientierungsverantwortlicher 179
Abbildung 8: Beginn der Berufsorientierung an den Schulen 181
Abbildung 9: Schulen und ihre außerschulischen Partner in der Berufsorientierung 183
Abbildung 10: Anzahl der durchgeführten Schülerbetriebspraktika 185
Abbildung 11: Kenntnisstand und Einsatz des Berufswahlpasses an den befragten Schulen im März/April 2007 188
Abbildung 12: Beteiligung an Projekten zur Berufs- und Studienorientierung nach Schularten 226
Abbildung 13: Vergleich der Kooperationsbeziehungen mit der Wirtschaft von Mittelschulen und Gymnasien der Region Leipzig 229
Abbildung 14: Kooperationen aller staatlichen allgemeinbildenden Schulen mit Beruflichen Schulzentren und Einrichtungen des Hochschulsystems 230
Abbildung 15: Anzahl der Kooperationspartner aus der Wirtschaft der staatlichen Mittelschulen in der Stadt Leipzig im Schuljahr 2006/07 und 2007/08 232
Abbildung 16: Entwicklung des Berufswahlpasses an den staatlichen allgemeinbildenden Schulen der Stadt Leipzig 233
Abbildung 17: Schulen mit Konzepten zur Berufs- und Studienorientierung im Schuljahr 2007/08 235
Abbildung 18: Stadt-Land-Verhältnis nach verschiedenen Kriterien der Berufs- und Studienorientierung im Schuljahr 2007/08 236
Abbildung 19: Wichtige Säulen der beruflichen Integration 286

Tabellenverzeichnis

Tabelle 1: Verteilung der Stichprobe nach Geschlecht, Erwerbsstatus und Bildungsgang des Kindes..................260

Tabelle 2: Einschätzung der Eltern hinsichtlich der Chancen ihrer Kinder auf einen Ausbildungs- und Arbeitsplatz..................262

Tabelle 3: Einschätzung der Bedeutung der Eltern im Berufswahlprozess aus Sicht der Eltern..................264

Tabelle 4: Einschätzung der Bedeutung der Jugendlichen im eigenen Berufswahlprozess aus Sicht der Eltern..................266

Tabelle 5: Einschätzung der Bedeutung der Schule im Berufsorientierungsprozess aus Sicht der Eltern..................267

Tabelle 6: Einschätzung der Relevanz des schulischen Beratungslehrer für den Berufsorientierungsprozess aus Sich der Eltern..................268

Tabelle 7: Einschätzung der Relevanz der Agentur für Arbeit für den Berufsorientierungsprozess aus Sicht der Eltern..................269

Tabelle 8: Einschätzung der Relevanz der Jugendhilfe im Prozess der Berufsorientierung aus Sicht der Eltern..................270

Tabelle 9: Selbstwahrnehmung der elterlichen Beratungskompetenz im Berufsorientierungsprozess..................271

Tabelle 10: Mittelwertvergleich der Relevanz verschiedener Unterstützungssysteme im Berufswahlprozess aus Sicht der Eltern..................272

Abkürzungsverzeichnis

AA	Agentur für Arbeit
AEMR	Allgemeine Erklärung der Menschenrechte
ARGE	Arbeitsgemeinschaft
BA	Bundesagentur für Arbeit
BGB	Bürgerliches Gesetzbuch
BIBB	Bundesinstitut für Berufsbildung
BIZ	Berufsinformationszentrum
BMAS	Bundesministerium für Arbeit und Soziales
BMBF	Bundesministerium für Bildung und Forschung
BGJ	Berufsgrundbildungsjahr
BO	Berufsorientierung
BOL	Berufsorientierungslehrer
B.O.S.S.	Berufliche Orientierung für Schüler und Studierende
BSZ	Berufliches Schulzentrum
BVerfG	Bundesverfassungsgericht
BVJ	Berufsvorbereitungsjahr
BWP	Berufswahlpass
CERI	Centre for Education Research and Innovation
CSR	Corporate Social Responsibility
DJI	Deutsches Jugendinstitut
EQJ	Einstiegsqualifizierung Jugendlicher
ESF	Europäischer Sozialfons
IAB	Institut für Arbeitsmarkt- und Berufsforschung
KJHG	Kinder- und Jugendhilfegesetz
GG	Grundgesetz
GISA	Gemeinschaftsinitiative Sachsen
Gym.	Gymnasium
ISG	Institut für Sozialforschung und Gesellschaftspolitik
LSJ e.V.	Landesarbeitsstelle Schule-Jugendhilfe e.V.
LSW	Landesservicestelle Schule-Wirtschaft
MINT	Mathematik, Informatik, Naturwissenschaften, Technik
MS	Mittelschule
OECD	Organisation for Economic Co-operation and Development
PA	Produktives Arbeiten
PISA	Programme for International Student Assessment
SBI	Sächsisches Bildungsinstitut
SCHILF	Schulinterne Lehrerfortbildung

SchulG	Schulgesetz
SGB	Sozialgesetzbuch
SJ	Schuljahr
SL	Schulleiter
SMS	Sächsisches Staatsministerium für Soziales
SSL	stellvertretender Schulleiter
StGB	Strafgesetzbuch
VwV	Verwaltungsvorschrift
WTH	Wirtschaft, Technik, Haushalt/Soziales

1 Berufliche Orientierung – eine problematisierende Einleitung

Beruflich organisierte Erwerbstätigkeit bildet in modernen Gesellschaften noch immer die sicherste Grundlage für wirtschaftliche Unabhängigkeit, selbstverantwortliche Lebensgestaltung und ermöglicht gesellschaftliche Teilhabe. In den letzten Jahrhunderten haben sich die westeuropäischen Länder zu Arbeitsgesellschaften entwickelt, in denen sich die Mitglieder zu einem großen Teil über ihre erwerbsförmige Tätigkeit definieren (vgl. Daheim/Schönbauer 1993, S. 5). Der Beruf und seine Wertigkeit am Arbeitsmarkt determinieren die individuelle Lebensqualität und konstituieren den Platz des Individuums im gesellschaftlichen Gefüge.

Durch ökonomische Rationalisierungsprozesse wurden in den letzten Jahrzehnten Arbeitsplätze in Größenordnungen vernichtet, so dass nicht mehr für jedes Bevölkerungsmitglied ein adäquater Platz im Beschäftigungssystem zur Verfügung steht. „Es gibt nicht und wird nie wieder ‚genug Arbeit' (entlohnte, feste Vollzeitarbeit) für alle geben." (Gorz 2000, S. 81) Arbeitslosigkeit ist heute kein Einzelfallphänomen einer überschaubaren Randgruppe mehr, sondern avancierte als strukturell bedingte Massenarbeitslosigkeit zu einer gesamtgesellschaftlichen Herausforderung.

Frühere Gesellschaften, in denen Arbeit als notwendiges Übel und Mühsal definiert wurde, in denen die kontemplativen Tätigkeiten das erfüllte Leben ausmachten, hätten diesen Zustand beglückt zu nutzen gewusst (vgl. Guggenberger 1999, S. 124). Für eine Sozialform, die ihr Selbstverständnis über Erwerbsarbeit definiert und deren normative Platzierung der Menschen im sozialen Gefüge über das Erwerbssystem funktioniert, wird die Entlastung von Arbeit zur Belastung. „Die Erwerbsarbeit hat sich von einem Instrument der Integration zu einem Instrument der Desintegration verändert." (Beck 2007, S. 9)

Die tiefgreifende Umgestaltung des Arbeitsmarktes sorgte aber nicht nur für einen erheblich geringeren Bedarf an Arbeitskräften, sondern transformierte das gesamte System. Der moderne Arbeitsmarkt stellt an seine Arbeitskraftanbieter hohe und sich ständig wandelnde Anforderungen. Die Notwendigkeit des lebenslangen Weiterlernens ist nur eine der Voraussetzungen, um am Arbeitsmarkt erfolgreich zu sein und zu bleiben.

Für junge Menschen ist der Übergang in das Ausbildungssystem als Vorstufe des regulären Arbeitsmarktes eine ebenso bedeutende wie problematische Entwicklungsaufgabe. Unter den beschriebenen Rahmenbedingungen wird es für den Jugendlichen zunehmend schwieriger, die Bewältigung dieser Schwelle zu planen und sich mit den nötigen Voraussetzungen auszustatten, die einen mühelosen Übergang vielleicht nicht mehr garantieren, aber zumindest möglich machen können.

Wie die Heranwachsenden mit diesen Herausforderungen umgehen und welche Bewältigungsstrategien sie anwenden, wurde bereits in unzähligen Jugendstudien ergründet. In der vorliegenden Arbeit soll daher eine andere Perspektive eingenommen werden. Ziel ist es, die Rahmenbedingungen zu analysieren, unter denen Jugendliche heute ihre Berufswahl vorbereiten und treffen. Hierbei wird besonders auf die beiden Sozialisationsinstanzen Familie und Schule im Kontext der Berufswahlvorbereitung eingegangen. Sie bilden das soziale Umfeld, in dem der Mensch heranwächst und über das jeder Einzelne seine Persönlichkeit herausbildet. Dort wird das subjektive Bild der Gesellschaft konstruiert. Darüber hinaus statten sie die nachwachsende Generation mit den nötigen Kenntnissen und Fähigkeiten sowie Zugangsberechtigungen (in Form von Zeugnissen und Zertifikaten) und Zugangsoptionen (über vorteilhafte soziale Netzwerke und Kontakte) aus.

Unter dem Blickwinkel, dass die Integration in den Arbeitsmarkt zunehmend schwieriger geworden ist, hat sich auch die Kinder- und Jugendhilfe der Thematik angenommen. Es wird im Rahmen der Arbeit ein Überblick über die Leistungen der gesellschaftlichen Institutionen hinsichtlich ihrer Aufgabe der beruflichen Vorbereitung und Orientierung der Jugendgeneration gegeben. Die Analyse soll nicht nur deskriptive Aussagen zu den beteiligten Institutionen bieten, sondern aus deren Perspektive argumentieren.

Die Vermittlung von beruflichem Orientierungswissen erfolgt über Sozialisierungsprozesse, Bildung und Erziehung und liegt damit in der Zuständigkeit der entsprechenden Systeme. Mit der normativen Zuweisung bestimmter Erziehungsaufgaben an die Akteure wird auch Verantwortung attribuiert. Über die sogenannte Rollen- und Aufgabenverantwortung sind die damit betrauten Institutionen gesellschaftlich verpflichtet, den Jugendlichen nach bestem Wissen und Gewissen auf die Integration in den Erwerbsarbeitsmarkt vorzubereiten und mit allen erforderlichen Kompetenzen auszustatten, um einen eigenen Lebensplan aufzustellen und umzusetzen.

Diese wissenschaftliche Arbeit hat zwei Schwerpunkte: Zum einen wird herausgearbeitet, welche Instanzen in welcher Form unter welchen aktuellen Bedingungen mit der Thematik betraut sind. Zum anderen wird hinterfragt, wie sie ihre Rolle und die damit verbundene öffentliche Verantwortung wahrnehmen.

Eine sozialwissenschaftliche Debatte, die sich mit den Interdependenzen gesellschaftlicher Integrationsprozesse beschäftigt, bedarf einer differenzierten Analyse der beteiligten Sozialsysteme. Durch eine interdisziplinäre Betrachtung des Berufswahlprozesses heranwachsender Generationen wird diesem Anspruch auf theoretisch-abstrakter Ebene im ersten Teil der Arbeit Rechnung getragen.

Im sich anschließenden empirischen Passus wird dieses Verfahren in Form einer multiperspektivischen Darstellung der Standpunkte wichtiger Akteure im Bereich der beruflichen Orientierung fortgesetzt.

Zum Aufbau der Arbeit

Zu Beginn des Theorieteils soll zunächst eine detaillierte Begriffsklärung vorgenommen werden. Beschäftigt man sich mit dem Thema, stößt man auf eine Reihe von Begrifflichkeiten, die sich zwar in gewisser Weise semantisch ähneln, aber doch Unterscheidungsmerkmale aufweisen. Bei der Abgrenzung der Begriffe beschränke ich mich auf die im weiteren Verlauf der Arbeit relevanten.

Das Kapitel drei beschäftigt sich sehr ausführlich mit der Bewältigung der beruflichen Integration unter den heutigen Rahmenbedingungen. Zunächst werden die Gegebenheiten herausgearbeitet, unter denen sich Aufwachsen in der Postmoderne vollzieht. Anschließend wird in das Thema der Arbeit, die beruflichen Integration und deren Vorbereitung als Sozialisationsaufgabe unter den herausgearbeiteten Voraussetzungen, eingeführt. Will man die Eingliederung in ein System erreichen, muss man die Systembedingungen kennen. Daher erscheint es unbedingt erforderlich, die Eigenheiten und Entwicklungen dieser Mechanismen in der vorliegenden Arbeit zu thematisieren, um besonders vor deren Hintergrund konkrete Problemkonstellationen und modernisierungsbedingte Schwierigkeiten abzuleiten. Am Ende des Kapitels wird der Fokus auf die Benachteiligtenproblematik verlagert. Da die berufliche Eingliederung allgemein zu einer schwierigen gesellschaftlichen Herausforderung mutiert ist und immer mehr Jugendliche umfangreiche Unterstützungsleistungen benötigen, um den Übergang ins Erwerbsleben zu bewältigen, scheint diese Schwerpunktsetzung unverzichtbar. Zum einen werden junge Menschen durch den als diffus wahrgenommenen Berufswegedschungel (vgl. Mack 2001, S. 252) sehr früh mit Erfahrungen des Scheiterns und des Misserfolgs konfrontiert und darüber zu Benachteiligten etikettiert. Zum anderen haben herkunftsbedingte Merkmale eine besonders folgenschwere Durchschlagkraft auf die potenziellen Entwicklungsmöglichkeiten des Individuums.

Das zentrale Thema ‚Verantwortung' steht im Mittelpunkt von Kapitel vier. Nach einer philosophisch-soziologischen Annäherung an den Begriff und seine Komplexität ist es notwendig, das Phänomen für den Kontext der Arbeit herunterzubrechen. Es wird geklärt, ob und wie die Verantwortungsdiskussion im Rahmen der beruflichen Orientierung zweckmäßig und effektiv geführt werden kann. Delegierte Verantwortlichkeiten sind größtenteils, solange sie gesamtgesellschaftliche Belange betreffen, juristisch geregelt. Ein Exkurs in die rechtliche Faktenlage erlaubt in diesem Kapitel die vorher exponierten sozialethischen und natürlichen Verantwortlichkeiten durch das rechtsstaatliche Regelwerk zu untermauern.

Kapitel fünf stellt die Systeme vor und analysiert sie auf theoretischer Ebene, die maßgeblich am beruflichen Orientierungsprozess beteiligt sind. Dabei gilt es vor allem, die systemspezifischen Möglichkeiten und Anforderungen zu thematisieren, die immer wieder vor dem Hintergrund der aktuellen Lage am Ausbildungs- und Arbeitsmarkt neu justiert und in Frage gestellt werden müssen.

Mit Kapitel sechs geht die Arbeit in den empirischen Teil über. Zunächst werden der Forschungsgegenstand sowie die Rahmendaten des Erhebungskontextes vorgestellt. Im Anschluss werden das Forschungsziel erläutert und Arbeitshypothesen als Grundlage für die Planung des methodischen Vorgehens formuliert. Eine detaillierte Beschreibung der Erhebungsmethodik folgt am Ende des Kapitels.

Eine regional bzw. lokal verortete Studie verlangt nach der entsprechenden sozialräumlichen Einordnung. Ohne die gesellschaftspolitischen Hintergründe des Untersuchungsgebietes sensibel hinsichtlich ihrer Bedeutung auf den Untersuchungsrahmen zu hinterfragen und konsequent mit den Ergebnissen und ihrer Interpretation in Relation zu setzen, können schwerwiegende Fehldeutungen zustande kommen. Kapitel sieben widmet sich daher sehr umfangreich und detailliert den betreffenden Sozialsystemen und ihrer Entwicklung in den letzten Jahren.

Das sich anschließende achte Kapitel bildet das Herzstück der Arbeit. Die aus unterschiedlichsten Erhebungen erhaltenen Daten werden präsentiert, analysiert und miteinander in Beziehung gesetzt. Am Ende des Abschnitts werden die Kernaussagen der Einzeluntersuchungen verdichtet und in ein Gesamtbild gegossen, das ein möglichst authentisches und ganzheitliches Abbild des Problemhorizonts porträtiert.

In den zusammenfassenden und abschließenden Kapiteln neun und zehn erfolgen eine Theorie-Praxis-Reflexion, allgemeingültige Schlussfolgerungen und Aussagen zur weiteren Entwicklung als Ausblick.

2 Systematische Annäherung an zentrale Begrifflichkeiten

Zum Thema ‚berufliche Integration' existiert eine Vielzahl von Begrifflichkeiten, die den Weg dahin, die Vorbereitungs- sowie die Übergangsphase beschreiben. Ich möchte zu Beginn meiner Arbeit den Versuch unternehmen, diese Begrifflichkeiten zu definieren und voneinander abzugrenzen. Gesprochen wird z.b. von Berufsorientierung, beruflicher Orientierung, Berufswahlvorbereitung, Berufsberatung, Berufswahl, Berufswahlkompetenz, Berufsvorbereitung, Berufswegeplanung. Die Liste ließe sich durch eine Reihe weiterer Komposita fortsetzen.

Sämtliche der o.g. Kompositionen oder Wortgruppen enthalten den Bestandteil ‚Beruf'. Etymologisch hat der Terminus ‚Beruf' seinen Ursprung im „Berufen im geistlichen Sinn (»Berufung«): Gott lässt seinen Ruf an die Menschen ergehen" (Kluge 2002, S. 112). In dieser Form bezog sich die Bedeutung des Berufs auf die „persönliche Berufung des Christen zu einer geistlichen Aufgabe" (Kurtz 2002, S. 11). Die lexikalische Beziehung zwischen Arbeit und Beruf geht auf Luther zurück, da er „das griechische Wort für ‚Arbeit' mit ‚Beruf' übersetzte" (ebd., S. 10). Fokussiert wird auf den Ruf (Vokation) des Menschen zur aktiven Betätigung (vgl. Weber 1963, S. 63). Heute hat der Begriff seine religiöse Konnotation verloren. Er steht in der säkularisierten Welt für die Tätigkeit zur Erwirtschaftung des Lebensunterhaltes und orientiert sich an der Eignung des Menschen für eine bestimmte Tätigkeit (vgl. Kurtz 2002, S. 11). Im Laufe der gesellschaftlichen Entwicklung konnte der Beruf seine Bedeutung für das Individuum ausdehnen und eine weitere Funktion für sich in Anspruch nehmen. Immer mehr Menschen sahen im Beruf ein Medium zur Identitätskonstituierung und Selbstverwirklichung (vgl. Ebert/Pflüger 1984, S. 14). Außerdem ist der Beruf ein wichtiges Bindeglied zwischen Individuum und Gesellschaft und „ermöglicht den Menschen soziale Kontakte, strukturiert ihren Alltag und ihren Lebenslauf; er bestimmt ihre Einkommensverhältnisse und damit auch ihren sozialen Status" (Kurtz 2002, S. 5; vgl. Schlothfeld 1999, S. 13; Willke 1998, S. 17). War in vergangenen Gesellschaften Arbeit vorrangig mit Mühsal, Plage und körperlichen Anstrengungen verbunden und wurde dadurch als lästiges Übel eher negativ wahrgenommen, lösen die Begriffe Beruf und Erwerbsarbeit heute hauptsächlich positive Assoziationen aus. Die Knappheit des Gutes ‚angemessen bezahlte Arbeit' potenziert diese Entwicklung.

Im Folgenden soll der Beruf in seiner positiven Bedeutung für den Einzelnen gesehen werden: als Mittel zur Existenzsicherung, als Möglichkeit der Positionierung in allen „modernen hochdifferenzierten Gesellschaften" (vgl. Ferchhoff 2001, S. 95) sowohl nach ideellen als auch materiellen Gesichtspunkten und der vorteilhaften Auswirkungen auf die psychosoziale Verfassung.

Die Wahl des Berufes, und damit komme ich zur Erklärung der ‚Berufswahl', beschreibt den Moment der Entscheidung für eine Erwerbstätigkeit. Eine Entscheidung ist nach Luhmann (1993) die Reaktion „auf eine an sich selbst gerichtete Erwartung" (Luhmann 1993, S. 400). Die konkrete Berufswahl, also die Selektion einer möglichen Option beruflicher (Weiter-)Entwicklung, ist damit zu verstehen als individuelle Antwort auf eine von der Person wahrgenommene Aufgabe, die eine hohe subjektive und gesellschaftliche Wertigkeit besitzt. Ein solcher Entschluss verlangt vom Individuum die genaue Kenntnis der möglichen Alternativen und erfordert ein bestimmtes Maß an Lebensplanung und Zielorientierung. In Deutschland ist das Erwerbssystem unterteilt in erlernte berufliche Tätigkeiten, die einer meist mehrjährigen Berufsausbildung bedürfen und ungelernte Tätigkeiten, deren fachliche Voraussetzungen vor Ort in einem kurzen *training on the job* beigebracht werden können. Berufswahl bezieht sich in der folgenden Abhandlung nur auf die Entscheidung für einen Beruf mit der in Deutschland üblichen Form der dazugehörigen Berufsausbildung.

Die Berufswahl markiert die abgeschlossene Berufswahlvorbereitung. Wie die Wortbestandteile bereits ankündigen, beschreibt sie alle Maßnahmen und Erfahrungen, die dem Einzelnen vor der Entscheidungssituation helfen, seine Wahl bewusst zu treffen (vgl. Berufsorientierung). Sie schließt auch Aktivitäten ein, die notwendig sind, den Übergang in die gewählte Berufslaufbahn tatsächlich zu vollziehen, bspw. das Verfassen und Versenden von Bewerbungen, sich Umschauen nach freien Ausbildungsplätzen, die Teilnahme an Auswahlverfahren. Diese Aktivitäten werden auch als Berufsvorbereitung(en) bezeichnet. Einschränkend muss man an dieser Stelle darauf hinweisen, dass die Berufswahl in den seltensten Fällen von freier Auswahl und Entscheidungsfreiheit gekennzeichnet ist (vgl. Tippelt/Schmidt 2006, S. 47). Vielmehr kann der Jugendliche zwischen einigen Alternativen, die zu seinen Fähigkeiten, Fertigkeiten und vor allem zu seinen formalen Bildungsabschlüssen passen, wählen. In einigen Fachstellungnahmen findet man auch Begriffe wie Berufszuweisung (vgl. Daheim 1967, S. 75) oder man räumt dem Jugendlichen lediglich Mitgestaltungsmöglichkeiten ein (vgl. Deuer 2006, S. 63). Das im Grundgesetz verankerte Recht der Deutschen auf freie Wahl des Berufes, des Arbeitsplatzes und der Ausbildungsstätte (Art. 12 Abs. 1 GG) verbietet einzig die Lenkung oder Zwangsverpflichtung. Die Wahlfreiheit besteht dennoch nur in den Grenzen, die der Ausbildungs- und Arbeitsmarkt mit seinen spezifischen Anforderungen und die individuellen Fähigkeiten des Wählers stecken. Auch ist die Berufswahl in den modernen Gesellschaften „kein einmaliger Akt", sondern zieht sich durch das gesamte Arbeitsleben, denn nur noch wenige Menschen führen den einmal gelernten Beruf ihr gesamtes Erwerbsleben lang aus (vgl. Breuer/Wosnitza 2004, S. 48; auch schon Daheim 1967, S. 124).

Anders als Ginzberg, der die Berufswahl als Prozess bezeichnet, der ca. zehn Jahre andauert (vgl. Ginzberg, zit. nach Pollmann 1993, S. 50), der also Berufswahlvorbereitung und Berufswahl zusammenfasst, möchte ich im weiteren Verlauf der Abhandlung mit der Berufswahl immer die Entscheidungssituation bezeichnen, sowohl für den Berufseinstieg, als auch bei einem Berufswechsel. Allerdings kann ich mich Ginzberg dahingehend anschließen, dass dieser Prozess, der mit der Berufswahl endet, stets einen Kompromiss zwischen Berufswunsch des Individuums und den Möglichkeiten des Ausbildungs- und Arbeitsmarktes darstellt. Bereits 1909 arbeitete Parsons drei Elemente heraus, „die für eine erfolgreiche Berufswahl ausschlaggebend sind: das Wissen um die eigene Person, das Wissen um die Anforderungen und Möglichkeiten verschiedener Berufe und das Zusammenbringen von Person und Beruf nach dem Prinzip der bestmöglichen Passung." (Holling et al. 2000, S.1) Egloff (1985) spezifiziert dieses Schema und führt fünf Schritte zur ‚richtigen Berufswahl' an: das Erkennen der eigenen Fähigkeiten und Interessen, die objektive Information über Ausbildungs- und Arbeitsmarkt, die Gegenüberstellung der eigenen Vorstellungen mit den gesammelten Informationen, die Eingrenzung der Alternativen und letztlich die Eingrenzung auf einen Beruf mit Alternativen (vgl. Egloff 1985, zit. nach Pollmann 1993, S. 38).

Die Berufswahlvorbereitung liegt begrifflich eng bei der Berufsorientierung, die ebenfalls den Prozesscharakter der Phase vor der Berufswahl beschreibt, aber lediglich die Informationen und Erfahrungen meint, die dem Einzelnen Orientierungswissen vermitteln, die ihn also zur zielgerichteten und überlegten Berufswahl befähigen.

Berufliche Orientierung bezeichnet zum einen die Erweiterung der Bezugsgröße über das Berufssystem hinaus und integriert auch die Studienorientierung, die schlussendlich auch auf die Ausübung eines Berufes hinausläuft, allerdings eine höhere Qualifizierung beinhaltet. Zum anderen zielt berufliche Orientierung auch darauf ab, das Wissen zu generieren, durch welche Weiterbildungsmaßnahmen oder anschließende Schulbesuche der geplante Berufsweg fortgesetzt werden kann.

Der Augenblick, an dem der Jugendliche ausreichend Orientierungswissen für eine zu ihm passende Entscheidung gesammelt hat, geht einher mit dem Begriff der Berufswahlkompetenz. Berufswahlkompetent ist derjenige, der hinreichend Orientierungs- und Handlungswissen besitzt, um die Berufswahl zur individuellen Zufriedenheit und den gesellschaftlichen Bedürfnissen angemessen, also dem Normen- und Wertesystem entsprechend, zu bewältigen.

Berufswegeplanung meint Lebens- und Bildungsplanung in beruflicher und erwerbstätiger Hinsicht, bezieht sich demnach auf den Entwurf der eigenen Biografie und die Ansprüche, die jeder Mensch an sein eigenes Dasein stellt. Im Zentrum stehen die individuellen Ziele, die sich ein Mensch für seine Berufskarriere setzt und die Mittel, die er langfristig zu ihrer Realisierung in Erwägung zieht. Um eine Berufswegeplanung vorzunehmen, benötigt das Individuum bereits fundiertes Wissen über seine Situation und Möglichkeiten und es bedarf eines gut entwickelten beruflichen Selbstkonzeptes.

Der letzte zu klärende Begriff ist die Berufsberatung. Sicherlich wirken viele Institutionen im Prozess der Berufswahlvorbereitung beratend auf den Heranwachsenden ein. Der Begriff der Berufsberatung ist aber gesetzlich an die Agentur für Arbeit gebunden. Deshalb verwende ich den Begriff ausschließlich im Zusammenhang mit dieser im SGB III festgeschriebenen Leistung zur Arbeitsförderung.

3 Berufliche Integration als eine riskante sozialisatorische Entwicklungsaufgabe

Wie im vorangegangenen Kapitel herausgearbeitet, ist berufliche Orientierung die sukzessive Vorbereitung auf eine überlegte und zielgerichtete Berufswahl. Man könnte auch sagen, eine gelungene Berufswahl ist die Umsetzung einer Entscheidung, die Berufswahlkompetenz voraussetzt, welche wiederum Ergebnis bzw. Ausdruck erfolgreicher Berufsorientierung ist.

„Die Arbeitsfähigkeit[1] gehört zu den für die Lebensführung und Lebensbewältigung grundlegenden Fähigkeiten." Zu allen Zeiten mussten die Menschen Ihren Lebensunterhalt durch Erwerbstätigkeit erwirtschaften. „Insoweit haben alle Gesellschaften das Problem, auch die nachwachsende Generation zur Arbeit zu befähigen." (vgl. Liebau/Mack 2000, S. 38)

Die Berufswahl markiert einen wesentlichen Zeitpunkt dieser individuellen Entwicklung, denn sie ist notwendige Voraussetzung für eine Integration in das Ausbildungs- und Erwerbssystem. Dieser Übertritt ist ein charakteristischer Indikator für die Bewältigung einer existenziellen Entwicklungsaufgabe zwischen Jugend- und Erwachsenenalter und von großer gesellschaftspolitischer Bedeutung für den Einzelnen und seine soziale Umwelt. Der Schritt von der Schule in eine berufliche Ausbildung ist äußerst bedeutsam auf dem Weg der Persönlichkeitsgenese und übt großen Einfluss auf die individuelle gesellschaftliche Positionierung aus. Hurrelmann (1994) beschreibt das Finden der Berufsrolle neben der Entwicklung der Partner- und Familienrolle, der Kultur- und Konsumentenrolle und der politischen Bürgerrolle als eine Aufgabe, die für einen erfolgreichen Übergang ins Erwachsenenalter unabdingbar ist (vgl. Hurrelmann 1994, S. 87).

In der modernen, westeuropäischen Gesellschaft verwischen allerdings die Grenzen dieser ehemals klar abtrennbaren Lebensphasen zunehmend. Bestimmte Aufgaben lassen sich nicht mehr ausschließlich und exakt einer Lebensphase zuordnen und die altersspezifische Gruppierung verliert an Trennschärfe. Aber nicht nur die Definition des Standpunktes oder die eindeutige Zuweisung der Entwicklungsphase, in der sich ein Individuum befindet, werden immer schwieriger, sondern auch der Übergang an sich gestaltet sich problematischer. Durch die rasante Entwicklungsgeschwindigkeit der Gesellschaft und all ihrer Subsysteme (vgl. Rosa 2005, S. 15) ist eine Planung oder Voraussage der Zukunft inklusive der Anforderungen an den Menschen, welche die kommende ungewis-

---

1 Bei Calchera/Weber wird diese Arbeitsfähigkeit als Operationsfähigkeit bezeichnet und bildet die Grundlage zur Ko-Operation. Damit ist sie Basis für den Erwerb wichtiger Schlüsselqualifikationen und verweist auf die bereits von Charlotte Bühler 1975 festgestellte menschliche Lust am Tun (vgl. Calchera/Weber 1990, S. 20).

se Zeit mit sich bringt, nicht möglich. Mansel spricht in diesem Zusammenhang von einer „paradoxen Anforderungsstruktur", die Jugendliche an dieser ersten Schwelle[2] wahrnehmen, da man von ihnen Aktivität erwarte, sie sich aber nicht ausreichend handlungsfähig fühlen. Man fordert sie auf zur Lebensplanung, wobei sie „permanent an die Grenzen der Planbarkeit stoßen" (vgl. Mansel 2007, S. 31).

Insgesamt hat sich das Berufsbildungssystem so differenziert, dass Mack (2000) nicht mehr nur von der ersten und zweiten Schwelle sprechen möchte, da sich für den einzelnen Jugendlichen eine Vielzahl von Schwellen unterschiedlicher Höhe im Laufe seines beruflichen Werdegangs abzeichnen und auch nicht immer alle Berufsanfänger die Stufen nur aufwärts steigen (vgl. Mack 2000, S. 109). Heute wird von den Jugendlichen sogar verlangt, die gesamte Karriereleiter zu wechseln oder in einem anderen Treppenhaus weiterzugehen bzw. auf einigen Warteetagen zu verweilen, ohne aber den weiteren Aufstieg zu verpassen. Die Gesellschaftsstruktur ist nichts Statisches, sie befindet sich im ständigen Wandel (vgl. Schäfers 1990, S. 9). „Heute gilt für viele dagegen die Dynamik der Lebensverhältnisse als das einzig Bleibende (Zuba 1998, S. 9)." Mit Willke (1990) lässt sich an dieser Stelle auf das Phänomen der Emergenz hinweisen, das überzeugend konstatiert, dass diese Veränderungsprozesse „wohl Ergebnisse menschlichen Handelns, nicht jedoch Ergebnisse menschlicher Absicht oder Planung" sind (Willke 1990, S. 36).

Der Mensch braucht das Gefühl der Selbstwirksamkeit. Nur wenn das Individuum erfährt, dass eigenes Handeln auch (im Idealfall die beabsichtigte) Wirkung erzielt, bleibt es handlungswillig und auf Dauer handlungsfähig. „Wo keine Hoffnung auf Selbstverwirklichung der Individuen in der Gesellschaft ist, erlahmt die Bereitschaft zur aktiven Beteiligung an der Organisation der Mitverantwortung für die Gestaltung der gesellschaftlichen Ordnung." (Gronke 2001, S. 205) Menschliches Handeln ist zum größten Teil soziales Handeln, da es im Kontext von Handlungen der Mitmenschen geschieht und auf diese ebenso Wirkung ausübt, wie auf den Handelnden selbst. Die Summe alles sozialen Handelns bildet die Gesellschaft. „Die Gesellschaft ist und war immer ein konkreter Handlungszusammenhang von Mitmenschen." (Luckmann 1992, S. 4) Der Einzelne hat dabei durch die Kumulation der unvorstellbar großen Anzahl von menschlichen Einzelhandlungen kaum Einfluss auf die Veränderung und die Richtung der gesellschaftlichen Entwicklung.

Durch die Pluralisierung der Handlungsoptionen für das Individuum und die Unwissenheit über die Wirkung auf das große Ganze fühlt sich der Mensch immer hilfloser und verliert offensichtlich eine wichtige Voraussetzung, um sich

---

2 Mit der ersten Schwelle wird der Übergang von der Schule in das Ausbildungssystem bezeichnet, die zweite Schwelle markiert den Übergang vom Ausbildungssystem in den ersten Arbeitsmarkt.

als Teil des Gemeinwesens zu empfinden. Das Wirkungsfeld der subjektiven Einzelhandlung scheint kleiner zu werden und der Mensch zieht sich zurück auf ein Terrain, wo Handlungsfolgen für ihn wahrnehmbar sind. Damit verbunden ist die weit verbreitete Klage, dass der Mensch sich immer stärker auf Selbstfindung, Selbstverwirklichung und individuelle Interessen konzentriere und das „programmatische Eigennutzen-Denken" das Interesse am Gemeinwohl verdränge (vgl. Hettler 2004, S. 11). Das Individuum kann die Gesellschaft in ihrer Komplexität nicht mehr begreifen. Die Gesellschaft als soziales System differenziert sich immer weiter und bildet neue Teilsysteme heraus (vgl. Luhmann/Schorr 1988, S. 24). Diese bringen in ihrer Gesamtheit für das Individuum Integrations- und Exklusionserfahrungen mit sich, die vom Einzelnen verlangen, sich innerhalb der Systeme sowie als Umwelt zu angrenzenden Systemen zu positionieren bzw. neu zu platzieren. Das Individuum braucht diese Positionierung, um seine soziale(n) Rolle(n) zu finden und um gesellschaftlich überhaupt existent zu sein (vgl. Kurtz 2002, S. 42). Die Rolle verhilft dem Träger zu Orientierung, da mit deren Übernahme verschiedene Normen und Verhaltenserwartungen verbunden sind, die es dem Individuum ermöglichen, sich richtig, sprich im Sinne der Gesellschaft bzw. des Teilsystems, zu verhalten (vgl. Hettler 2004, S. 47). Das Erfüllen der Rollennormen bedingt ein gleichmäßiges und damit voraussehbares Verhalten, was die Grundlage von Interaktionsprozessen bildet (vgl. Bahrdt, 1985, S. 67; Wiegand 1998, S. 64). Die Rolle eines Individuums innerhalb eines Systems hat demnach eine reflexive Wirkung. Der Mensch definiert sich über diese Stellung und beeinflusst darüber das System mit seinem sozialen Handeln. Er steht in permanenter Wechselbeziehung mit der Gesellschaft. Er vergleicht sich anhand verschiedener Kriterien – wie beispielsweise Einfluss auf das System bzw. auf andere Individuen innerhalb und außerhalb des Systems – mit anderen Akteuren und erhält eine Rückmeldung über seinen Stand und seinen Wirkungsgrad. Je geringer der Wirkungsgrad und niedriger die Position in der System-Hierarchie, desto größer die erfahrene Diskrepanz zwischen Individualisierung und Vergesellschaftung, also zwischen individuellen, lebensweltlichen Interessen und Systeminteressen (vgl. Thiersch 2001, S. 12). Die Erfahrung solcher Ungleichheiten beeinträchtigt die Identifikation mit dem jeweiligen System und hat negative Folgen für das Gemeinschaftsgefühl. Das Individuum vereinzelt, ist verunsichert, verliert seine Verankerung und fühlt sich gesellschaftlichen Entwicklungen machtlos ausgeliefert. Diese Resignation kann sich steigern in eine dauerhafte Handlungsunfähigkeit. Die Gesellschaft mit ihren Subsystemen ist als Bezugsgröße für jedes Individuum von großer Bedeutung. Über Sozialisationsprozesse, Bildung und Erziehung, d.h. durch nichtintendierte und intendierte Einwirkung von Umwelteinflüssen, formt (sich) die Gesellschaft ihren Nachwuchs (vgl. von Hentig 1999, S. 143). Die individuellen Sozialisationseffekte spiegeln folglich die Bedürfnisse der Gesellschaft bzw.

bilden die Systemanforderungen. Was diese Bedürfnisse oder Anforderungen aber konkret sind, ist schwer definierbar und noch weniger prognostizierbar (vgl. Hurrelmann, 1975, S. 70).

Das Erwerbssystem mit dem systemkonstituierenden Arbeitsmarkt ist eines der wichtigsten Subsysteme der Gesellschaft. Darin bildet die berufliche Stellung einen aussagekräftigen Indikator für die gesellschaftliche Position eines Individuums. Die Integration in den Arbeitsmarkt wird damit zur identitätsstiftenden Voraussetzung für die gesellschaftliche Integration und den sozialen Status einer Person (vgl. Bonß 2000, S. 394). In früheren Gesellschaften erfolgte diese Positionierung der nachwachsenden Generation in erster Linie erbfolgebestimmt über die familiäre Herkunft. Dieses Zuweisungsmuster wurde inzwischen weitgehend abgelöst. Berufliche Karrieren und erfolgreiche Platzierung im Erwerbssystem determinieren heute die Positionsvergabe und den sozialen Status einer Person in der Gesellschaft (vgl. Luhmann 2002, S. 70), auch wenn diese in starkem Maße abhängig von Herkunftskonstellationen verlaufen.

Nicht nur die Multioptionalität des Erwerbssystems ist für den Einzelnen kaum mehr durchschaubar, sondern auch die Mittel und Methoden, um eine sichere Integration in das Mesosystem Arbeitsmarkt zu erreichen. Eine einmal entworfene und konsequent verfolgte Strategie führt nicht mehr zwangsläufig zum anfänglich anvisierten Ziel, sondern muss vielmehr permanent überprüft und aufgrund wechselnder Konjunkturen und Wirtschaftslagen ständig modifiziert oder neu justiert werden (vgl. Brock 1991, S. 11). Die jungen Menschen sind aufgefordert, fortlaufend den Überblick über die Entwicklungen am Ausbildungs- und Arbeitsmarkt zu behalten und flexibel darauf zu reagieren, allerdings sind die dafür benötigten zuverlässigen Informationen zunehmend schwerer zu beschaffen (vgl. Daheim 1967, S. 103).

Der technologische Fortschritt brachte auch für den Arbeitsmarkt erhebliche Veränderungen mit sich. Besonders im Bereich der einfachen Tätigkeiten wurden viele Arbeitsplätze durch technische und wissenschaftliche Neuerungen vernichtet oder sie erfordern ein wesentlich höheres Qualifikationsniveau (vgl. Oberliesen/Schulz 2007, S. 14). Es gibt anscheinend nicht mehr für jedes Individuum die Möglichkeit, sich über die erwerbsarbeitsbedingte Positionierung den sozialen Status und damit gesellschaftliche Teilhabe zu sichern.

Mit der Krise des Arbeitsmarktes sind auch Einschränkungen im Ausbildungssektor verbunden. Für die heranwachsenden Jugendlichen wird damit schon der Übergang von Schule in Ausbildung – die erste Schwelle – zu einer Hürde, die nicht mehr von allen erfolgreich bewältigt werden kann. „For young people the transition from education to employment is a risky one: the success or failure of the transition not only has high short-term costs, but can have an impact throughout the life cycle."(Orr 2001, S. 147) Den Jugendlichen ist dieses Risiko durchaus bewusst. Dies äußert sich sowohl in vermehrter Anstrengung um Bildungszertifikate und damit auch einer Verbesserung ihrer Ausgangsbedingungen, als auch darin, dass die Jugendlichen ihre Ansprüche an die berufliche Verwirklichung herabsetzen.

Zertifikate und Bildungstitel haben ihre normative Erfolgsgarantie verloren (vgl. Tippelt 1995, S. 87). Die Selbstverständlichkeit, mit der frühere Generationen davon ausgehen konnten, dass sich zertifizierter Bildungserfolg in den beruflichen Möglichkeiten niederschlägt, gehört der Vergangenheit an. Auch wenn gute Bildungsabschlüsse sich nach wie vor positiv auf die Startchancen auswirken, gibt es keine Gewährleistung einer adäquaten Berufsposition.

Empirische Untersuchungen haben gezeigt, dass die Jugendlichen „mit dem Näherrücken des Ereignisses ‚Verlassen der Schule' die persönlichen Interessen und Fähigkeiten im Hinblick auf die Berufsvorstellungen in den Hintergrund treten" lassen. Um Arbeitslosigkeit zu vermeiden, wird der eigentliche Wunschberuf zugunsten eines realistischen Angebotes modifiziert. Die Jugendlichen reagieren also flexibel auf die Angebotspalette und passen sich den Marktgegebenheiten so gut sie können an (vgl. Steinmann 2000, S. 96, Hervorhebung im Original). Bleibt der Übergang trotz allem erfolglos, kann das nicht nur zu individuellen Belastungen für die gescheiterten Jugendlichen führen, sondern es birgt auch eine latente Gefahr für die Stabilität der Gesellschaft (vgl. Mack 2001, S. 236).

Für einen wachsenden Anteil der Bevölkerung bedarf es alternativer Möglichkeiten, die gesellschaftliche Teilhabe jenseits von Erwerbsarbeit ermöglichen und auf anderen Wegen als über berufliche Selbstverwirklichung individuelle Zufriedenheit und Glück erfahrbar zu machen. Die Pädagogik muss hierfür Lösungen und Wege bereithalten, wissen, welche Bereiche gesellschaftliche Teilhabe bieten (vgl. Schröer 2001, S. 103; Haubrich/Preiß 1999, S. 117) und dieses Wissen im Erziehungssystem lernbar, über staatliche Bildung zugängig machen, so dass junge Menschen Alternativen und Perspektiven für eine gelungene Lebensbewältigung kennen lernen. In Zeiten pluralistischer Lebenswege kann es nicht mehr um die Vermittlung eines einheitlichen Menschenbildes gehen. Den Jugendlichen stehen fast uneingeschränkt Möglichkeiten und Varianten zu Ausgestaltung ihrer Biografien zur Verfügung. Aber, „man kann nicht nur unter mehr Optionen wählen, man muß es auch. Es besteht nicht nur die Chance, sondern auch ein Zwang zu einer stärker individualisierten Lebensführung. Individualisierung bedeutet Wahl unter Restriktionen." (Peuckert 1996, S. 256; vgl. Hettler 2004, S. 36) Treffsichere Aussagen zu erfolgversprechenden oder gar - garantierenden Lebensentwürfen lassen sich nicht mehr formulieren. Nahezu von jedem Standpunkt aus, über praktisch sämtliche Wege, lassen sich über die passenden Rahmenbedingungen die individuellen Ziele verwirklichen. Das Leben im Optionenpluralismus wird zum dauerhaften *trial and error*.

Das Erziehungssystem spielt bei der Platzierung und Orientierung der nachwachsenden Generation eine entscheidende Rolle. „Es ist dem staatlichen Herrschafts- und Kontrollsystem unterworfen und mit der wichtigen Teilfunktion der Sicherung der sozialen, ökonomischen und politischen Reproduktionsbedingungen der Gesellschaft beauftragt." (vgl. Hurrelmann 1975, S. 27) Allerdings sind die Wirtschaft und damit die Arbeitsmarktentwicklungen und Rahmenbedingungen für die Heranwachsenden vom Erziehungssystem ebenso wenig kalkulierbar wie vom Individuum selbst. Das Erziehungssystem kann keinen Einfluss darauf nehmen, ob die soeben in ihm ausgebildeten Fachkräfte und Absolventen auch tatsächlich benötigt werden und ob ihnen der Übergang in eine angemessene Arbeit mit entsprechendem Einkommen auch gelingen kann (vgl. Luhmann 2002, S. 125). Die Institutionen des Erziehungssystems, und hier im Besonderen die Schule, haben zwar einen großen Einfluss auf die Chancen, aber nur im Sinne einer Dirigierungsstelle durch ihre gesellschaftliche Aufgabe der Selektion. Sie sind aber nicht in der Lage, Garantien zu geben, da sie nicht antizipieren können, wie spätere Karrieren verlaufen (vgl. Luhmann 2002, S. 70).

Das Erziehungssystem der Gesellschaft muss als ihm eigenes Ziel in einer pluralistischen Zeit „perspektivische Menschenbilder" vermitteln, die entsprechend den unterschiedlichen Weltanschauungen und Ideologien in den Konturen variieren können (vgl. Dürr 1963, S. 40).

Das Individuum auf der Suche nach seinem Platz in der Gesellschaft befindet sich in einem Dschungel aus Möglichkeiten und Wegen, allerdings mit wenig zuverlässigen Orientierungshilfen (vgl. Mack 2001, S. 252). Etzioni (1997) hält in diesem Zusammenhang fest, dass die Menschen zu viel Freiheit bei Entscheidungen überfordere, besonders wenn alle Optionen gleich legitim sind[3]. Sie mögen es nicht, im Chaos der zahlreichen Wege ohne Kompass und Karte zu wählen (vgl. Etzioni 1997, S. 16). Auch Maas (2001) führt die erschwerte Orientierung des Einzelnen auf eine Zunahme der persönlichen Freiheit zurück (vgl. Maas 2001, S. 7).

Die „Individualisierung in biographischen Entwicklungspfaden" birgt aber nicht nur Risiken der Überforderung durch Multioptionalität, sondern eröffnet auch Chancen durch eine fast grenzenlose Vielfalt von Angeboten zur Realisierung des Lebenslaufes, sowohl in traditionellen Bahnen als auch auf neuen Wegen (Hoerning 1995, S. 20; vgl. Mansel/Kahlert 2007; S. 13; Bonß 2000, S. 358). Neben den Handlungsoptionen selbst nimmt auch deren Reichweite stetig zu. Dank technologischem Fortschritt sind die Mitglieder der modernen Gesell-

---

3 Etzioni spricht vom „ethischen Vakuum" und beschreibt damit den Zustand des moralisch-normativen Pluralismus. Wege, die sich dem Menschen der Moderne bieten, sind zum einen unübersichtlich und zahlreich, zum anderen aber auch größtenteils gesellschaftlich anerkannt und gangbar. Es gibt keine Hilfestellung, die den richtigen Weg wählen lässt.

schaft in der Lage, Entscheidungen zu treffen, die Auswirkungen auf das gesamte menschliche Dasein haben können. Mit dieser Steigerung der Macht geht allerdings auch ein Zuwachs an Verantwortung einher.

Im folgenden Kapitel möchte ich die Rahmenbedingungen des Aufwachsens in der heutigen Zeit und vor allem das Hineinwachsen in eine sich ständig verändernde Gesellschaft beschreiben. Ich werde mich auf die Aspekte beschränken, die mit der beruflichen Integration der nachwachsenden Generation im Zusammenhang stehen. Die Schwerpunkte sollen auf der veränderten Jugendphase und deren originären Aufgaben liegen sowie auf den sich ständig wandelnden gesellschaftlichen Rahmenbedingungen, vor allem hinsichtlich der Arbeitswelt und den daraus erwachsenden instabilen Anforderungen des Erwerbssystems an seine ‚Neueinsteiger'.

3.1 Der Wandel gesellschaftlicher Rahmenbedingungen in seiner Bedeutung für das Übergangssystem

Wie bereits in der Kapiteleinführung angerissen, möchte ich mich nun intensiver mit den gesellschaftspolitischen und gesellschaftsbestimmenden Veränderungen auseinandersetzen, die den Übergangsprozess von außen beeinflussen. Zu Beginn werde ich auf die veränderte Lebensphase Jugend eingehen und im Anschluss den beruflichen Übergang im Fokus der schulischen und bildungspolitischen Entwicklungen näher betrachten resp. die Probleme beleuchten, die aus Sicht der institutionalisierten Bildungssysteme bezüglich der Vorbereitung der Schule auf ihr Anschlusssystem evident werden. Das Kapitel 3.1.2 werde ich den Entwicklungen am Ausbildungs- und Arbeitsmarkt widmen, um im folgenden Abschnitt daraus die Anforderungen abzuleiten, die dieses veränderte System an die Berufseinsteiger stellt. Im Anschluss setzt sich das Kapitel 3.2 mit den Schwierigkeiten auseinander, die sich besonders für benachteiligte Jugendliche unter verschiedenen Rahmenbedingungen ergeben können.

3.1.1. Die Lebensphase Jugend als Ausgangspunkt beruflicher Zukunftsplanung

3.1.1.1 Zur Charakteristik der Lebensphase Jugend

Eine allgemeingültige Altersabgrenzung für die Lebensphase Jugend ist in der Literatur nicht zu finden, was als Indiz gewertet werden kann, dass sich die Zuordnung zu diesem Lebensstadium eher an beweglichen Grenzen festmacht, die sich an den zu bewältigenden Entwicklungsaufgaben orientieren. So definiert Hurrelmann (2003) die Lebensphase Jugend als den „Abschnitt zwischen der Pubertät und dem Eintritt in ein eigenständiges Berufs- und Familienleben" (Hurrelmann 2003, S. 121). Laut §7 Kinder- und Jugendhilfegesetz (KJHG)

Abs. 1 ist jugendlich, wer zwischen 14 und 18 Jahren alt ist. Die Unterscheidung des Kindes (bis 18) vom jungen Volljährigen (ab 18) und jungen Menschen (bis 27) spielt demzufolge bei der Adressatenzuweisung des Hauptanliegens der Kinder- und Jugendhilfe, laut §1 Abs. 1 KJHG „Recht auf Förderung seiner Entwicklung und auf Erziehung zu einer eigenverantwortlichen und gemeinschaftsfähigen Persönlichkeit", nicht die entscheidende Rolle. Im Mittelpunkt steht der junge Mensch, der Unterstützung auf dem Weg ins Erwachsenendasein benötigt.

Der Begriff Jugend in seiner heutigen Bedeutung ist ein Produkt der Modernisierung und Industrialisierung (vgl. Reinders 2006, S. 111) und kann etymologisch auf das Wort „jung" zurückgeführt werden (vgl. Kluge 2002, S. 454). Zu Beginn des 20. Jahrhunderts hat sich diese Passage vom frühen Erwachsenenalter als eigenständige Lebensphase mit spezifischen Entwicklungsaufgaben abgespalten und wird auch als Adoleszenz bezeichnet. Havighurst beschrieb bereits 1948 folgende Entwicklungsaufgaben, die der Jugendliche in der Adoleszenz zu bewältigen habe: die Beziehung zu Gleichaltrigen beiderlei Geschlechts auf eine neue Ebene heben, eine geschlechtsbezogene soziale Rolle übernehmen. Es gelte, den eigenen Körper zu akzeptieren und zu nutzen, emotionale Unabhängigkeit von den Eltern und anderen Erwachsenen zu erreichen, die Sicherheit wirtschaftlicher Unabhängigkeit zu erlangen. Es sei die Zeit der Zukunftsvorbereitung und Berufswahl, man erwarte vom Jugendlichen eine positive Einstellung zu Ehe und Familie sowie die Wahrnehmung von staatsbürgerlichen Rechten und Pflichten. Verantwortungsvolles Verhalten solle angestrebt und verwirklicht werden und ein persönliches Wertemuster von nun an das Handeln bestimmen (vgl. Havighurst zit. nach Wollersheim 1993, S. 184f). In Anlehnung an Havighurst ist die Jugendphase die beste Zeit, um diese Aufgaben zu meistern. Ein Nachholen von nicht bewältigten Entwicklungsaufgaben in späteren Lebensphasen ist nach Havighurst zwar möglich, erfordere dann aber erhöhte Anstrengungen. Inwieweit die einzelnen Aufgabenbeschreibungen noch konstituierend für die heutigen Heranwachsenden sind, soll hier nicht weiter verfolgt werden. Nach wie vor spielen sie im Alter des Erwachsenwerdens eine Rolle, auch wenn nicht jede einzelne oben genannte Entwicklung in dieser Zeit erfolgreich abgeschlossen werden kann. Wichtig für den Einzelnen ist nur, dass die Probleme tatsächlich bewältigt werden[4], denn dies sei die Grundlage zur Kompetenzentwicklung. Rahn (2005) weist darauf hin, dass für eine gelingende Auseinandersetzung mit Entwicklungsaufgaben Routinestrategien nicht ausreichend seien. Besonders die Entwicklung einer intellektuellen und sozialen Kompetenz, mit der schulische und berufliche Herausforderungen bezwingbar

---

4 In der Fachliteratur wird dieser Bewältigungsprozess auch als Coping bezeichnet und drückt das individuelle Bemühen aus, sich mit einer fordernden Situation auseinander zu setzen und sie erfolgreich zu bewältigen (vgl. Rahn 2005, S. 92; vgl. Wollersheim 1993).

werden, gestaltet sich als Prozess, in dessen Verlauf wiederholt Hürden erkennbar werden können, die den Jugendlichen erneut vor „potenzielle Belastungen" stellen (vgl. Rahn 2005, S. 92). Die anstehenden Aufgaben sind aber nicht für alle Jugendlichen im selben Maße befriedigend zu lösen. Etwa einem Viertel der Jugendlichen, so nimmt man an, gelingt die Bewältigung der Entwicklungsaufgaben in den Bereichen Familie, Schule, Freizeit nicht oder unvollständig. Derartige Misserfolgserfahrungen verursachen beim Jugendlichen einerseits individuelle Enttäuschung und andererseits Kritik aus dem gesellschaftlichen Interaktionsumfeld. Ein Negativerlebnis kann erneute Schwierigkeiten bei weiteren Entwicklungsprozessen provozieren oder begünstigen (vgl. Roos 2006, S. 14ff).

Bezeichnend für das Entwicklungsstadium Jugend sind vielfältige Veränderungsprozesse, die mit einigen Risiken und Herausforderungen für das Individuum behaftet sind. In die Phase der Jugend gehört die Pubertät (vgl. Bernart 2001, S. 361), die Auseinandersetzung mit dem Selbst in der Beziehung zum sozialen Umfeld, also die Bildung der Identität. Parallel findet die finanzielle Abnabelung vom Elternhaus statt oder wird zumindest vorbereitet. Es ist die Zeit der ersten sexuellen Erfahrungen und oftmals mit der Erkenntnis verbunden, dass bestimmte Handlungen nicht mehr im Schonraum der Kindheit stattfinden, sondern weitreichende Folgen haben können. Für den Jugendlichen ist die Jugendphase eine bewegte Zeit mit einer Reihe von Risiken und Herausforderungen. Hofsäss schließt sich Hurrelmann an, wenn er die Lebensphase als eine Zeit kennzeichnet, in der sich die Persönlichkeit im Aufbau befindet, der Jugendliche aber mit vielfältigen Unsicherheiten und Irritationen konfrontiert wird (vgl. Hofsäss 1999, S. 36).

Roos führte 2006 einige Aspekte auf, die als Risikofaktoren für eine optimale Entwicklung in diesem Lebensabschnitt gelten können. Das sind zum einen interne Störfaktoren wie früh einsetzende Pubertät, Selbstregulationsprobleme, psychische Störungen im Kindesalter und unzureichende Fähigkeit, soziale Unterstützung zu aktivieren. Aber auch externe Störfaktoren können die Entwicklung in dieser Phase beeinträchtigen, beispielsweise erhebliche Eltern-Kind-Konflikte, belastende Lebensereignisse und mangelnde soziale Unterstützung. Zu den Schutzfaktoren, die zum Gelingen der Entwicklungsaufgaben und zu einem positiven Verlauf der Persönlichkeitsgenese beitragen können, gehören z.B. erfahrene Selbstwirksamkeit, emotionale und soziale Kompetenzen, Zufriedenheit mit der Familie sowie ein positives Erleben derselben durch gemeinsame Aktivitäten und ein funktionierendes Unterstützungssystem. In der Resilienzforschung beschäftigt sich ein ganzer Wissenschaftszweig mit der Erforschung der sogenannten protektiven Faktoren, die ein Scheitern an Entwicklungsaufgaben bzw. Krisensituationen verhindern können und die Widerstandsfähigkeit von Individuen erhöhen. Darüber hinaus sind es stärkende und sichere Beziehungen zu Gleichaltrigen, vielfältige und vorteilhafte Vorbilder, klare wie positive Verhaltensziele und eine soziale und moralische Werteorientierung (vgl. Roos 2006, S. 18). Die an den Jugendlichen gestellten Entwicklungsaufgaben sind notwendig für eine erfolgreiche Sozialisation, das heißt ein zur subjektiven Befriedigung führendes Hineinwachsen in die Gesellschaft und deren Normen- und Wertesystem.

3.1.1.2 Zwischen Familie und Gesellschaft – junge Menschen auf dem Weg in ihre soziale Rolle

Die im Jugendalter stattfindenden Sozialisationsprozesse unterscheiden sich dahingehend von denen vorangegangener Lebensphasen, dass der Jugendliche im Laufe der Zeit an Mitbestimmungsmacht gewinnt (vgl. Schneewind 2002, S. 218). Besonders hinsichtlich der Entwicklung seiner Individualität kann er durch kritisches Vergleichen mit dem ihm durch Enkulturationsprozesse bekannten gesellschaftlichen Normen- und Wertesystem seine Identitätsentwicklung mitsteuern. Er ist in der Lage, Lernanlässe zu suchen und kritische Situationen mit Risikopotenzial hinsichtlich seiner emotionalen Konstitution zu meiden. Einer solchen Fähigkeit und dem erlangten Niveau der Personengenese gehen zahlreiche erfolgreich bewältigte Probleme und Entwicklungsanforderungen voraus. Man kann bereits von einem Kompetenzzuwachs hinsichtlich der Selbstwahrnehmung im gesellschaftlichen Kontext ausgehen. Wie und durch welche Einflussfaktoren entwickelt sich der junge Mensch und erlangt die notwendige Fähigkeit zur Adaption und Internalisierung seiner gesellschaftlichen Rollen?

Der eben beschriebene Status der Entwicklung basiert auf einem fortgeschrittenen Sozialisationsprozess. Man unterscheidet bei der Sozialisation, die zur Aufgabe hat, die nachwachsende Generation in das vorhandene soziale Gefüge zu integrieren, in primäre, sekundäre und tertiäre bzw. lebenslange Sozialisation (vgl. List 1986, S. 43). Die primäre Sozialisation betrifft die Individualität des Einzelnen, d.h. die Herausbildung der personalen Identität. Der Mensch soll sich als Individuum mit eigener Charakteristik, Zielen, Wünschen und Erwartungen an sein Dasein wahrnehmen und soll das Recht seiner individuellen Existenz erfahren. In der sekundären Sozialisation steht die Konstituierung der durch die primäre Sozialisation entwickelten Person in die Gesellschaft im Mittelpunkt. Der Einzelne soll als gesellschaftlich nützliches Wesen im sozialen Kontext verortet, ihm eine Position mit verschiedenen gesellschaftlichen Aufgaben und Rollen gegeben werden, mit dem Ziel „das individuelle Leben in einer Gesellschaft zu seinen höchsten Möglichkeiten zu führen" (Pleines 1992, S. 13). Das heißt, die Person mit ihrer einzigartigen Identität wird vergesellschaftet und findet die soziale Aufgabe, die bestenfalls auch zu optimaler persönlicher Zufriedenheit führt. Konfligieren gesellschaftliche Erwartungen und persönliche Bedürfnisse, muss das Individuum einen Kompromiss erwirken, der häufig mit einer Veränderung der persönlichen Konstitution einhergeht, da das Normen-

und Wertesystem einer Gesellschaft nur bedingt anpassungsfähig ist. Kann sich das Individuum nicht anpassen und findet keinen vertretbaren Kompromiss zwischen den individuellen Freiheiten und den gesellschaftlichen Schranken, kommt es zu Verletzungen der normativen sozialen Grenzen. Wenn diese sich in regelwidrigem Handeln ausdrücken, muss das Individuum mit Sanktionen rechnen. Sozialisation ist ein ständiger Spannungszustand (vgl. Oberliesen/ Schulz 2007, S. 22) zwischen den Anforderungen, die eine soziale Rolle mit sich bringt und privaten Begehrlichkeiten.

Die tertiäre Sozialisation findet im Erwachsenenalter statt und beschreibt den Prozess der ständigen Positionierung der Person zur sich wandelnden Gesellschaft. Aus diesen Aufgaben entsteht die Notwendigkeit des lebenslangen Lernens und der dauerhaften Anpassung des Individuums an die gesellschaftlichen – im Erwachsenenalter auch besonders an die beruflichen – Rahmenbedingungen.

Wie sich Sozialisationsprozesse im Einzelnen gestalten, ist zum einen abhängig von den Sozialisationsinstanzen (bspw. Familie, Schule, Jugendhilfe, Peergroup, Medien) und zum anderen von einer Reihe einzelner Sozialisationsfaktoren (externe Einflüsse auf den Jugendlichen, die seine Entwicklung prägen).

Die im Kapitel 3.1.1.1 aufgezählten Risiko- und Schutzfaktoren, die Sozialisationsprozesse modulieren können, lassen erkennen, welchen gravierenden Einfluss die Familie und das soziale Umfeld für die Entwicklung des Einzelnen haben. Die Familie als erste Sozialisationsinstanz, die gleichzeitig mit ihrer sozialen und räumlichen Verortung das Umfeld, in dem ein Kind aufwächst, mitbestimmt, legt somit den Ausgangspunkt und das mögliche Streckennetz für die Lebensbahn des Heranwachsenden fest (vgl. Höckner 1994, S. 91) und bestimmt durch die frühe familiäre Sozialisation die Beschaffenheit des Zugführers. Das soziale Umfeld und der Background der Familie in finanzieller, materieller, bildungsbedingter und werteorientierter Hinsicht, die Wohngegend und die sozialräumliche Lage der Schule sind einige wichtige Faktoren, die das Aufwachsen beeinflussen. Sie sind als Weichen oder Zwischenstationen bestimmend für den weiteren Verlauf der Reise und können die Geschwindigkeit und den nächsten Zwischenhalt definieren, aber auch eine Fahrtunterbrechung, einen Umweg oder eine Streckenänderung herbeiführen. Wie im Kapitel 3.1 dargestellt, ist das Streckennetz in den letzten Jahren immer dichter geworden, sichere Direktverbindungen sind eher zufällig als planmäßig. Viele unerwartete Ereignisse erfordern eine Abweichung von der ursprünglichen Route und können eher zum Ziel führen, später das Ziel erreichen lassen oder plötzlich ein neues Ziel anpeilen.

Der Jugendliche kann seinen Lebensweg nicht vollständig autark bestimmen. Seine Entscheidungsmöglichkeiten sind durch seine gesellschaftliche Position präformiert. Er kann lediglich aus einem eingeschränkten Angebot wählen.

Je weiter die jugendliche Sozialisation schreitet und je erfolgreicher sie verläuft, desto mehr Einflussmöglichkeiten bieten sich dem Jugendlichen, den Prozess mitzubestimmen; er wird sozial handlungsfähig.

3.1.1.3 Sozialisation in modernen Lebenswelten

Im vorangegangenen Abschnitt konnte geklärt werden, dass Sozialisation ein Hineinwachsen in die Gesellschaft ist und bei erfolgreichem Verlauf zur persönlich befriedigenden Übernahme gesellschaftlicher Positionen führt. Aber mit dem Fortschritt und Wandel in wichtigen Lebensbereichen verändert sich auch das gesellschaftliche Normen- und Wertesystem. Es strebt danach, in parallel rasender Geschwindigkeit die modernen Fragestellungen und das moralisch-ethische System zu assimilieren. Nicht immer gelingt heute die notwendige Gesetzgebung im präventiven Verständnis.

Die Frage nach dem ‚Wie' der Sozialisierung nachwachsender Generationen in eine ungewisse gesellschaftliche Zukunft und ein nicht prognostizierbares System der zukünftig notwendigen gesellschaftlichen Werte und Normen generiert eine latente Unsicherheit bei allen bewussten Sozialisationsprozessen und damit bei Fragen der Erziehung. Eltern wissen nicht, ob die jetzt erforderliche Verhaltensweise ihres Zöglings ihn später behindern und sich negativ auf dessen Entwicklung auswirken könnte. Diese Unsicherheit im Erziehungsverhalten spiegelt sich beim Heranwachsenden oftmals in einem unzureichend entwickelten individuellen Normen- und Wertesystem wider. Der Jugendliche gerät schneller in Konflikt mit den Erwartungen, die im sozialen Zusammenleben an ihn gerichtet werden.

Aber nicht nur Entwicklungen dieser Art verändern die Interaktion der Gemeinschaft, sondern auch die heterogenen, zum Teil konträren normativen Einstellungen der Generationen. In diesem Zusammenhang findet man in der Literatur wahrlich bedrohliche Menetekel. Man spricht vom „Krieg zwischen den Generationen", von der Entsolidarisierung der „gierigen Alten" und einer Jugend, die sich nicht mehr genügend um die Alten kümmere (Schweppe 2001, S. 233). Margaret Mead konstatierte, dass Gesellschaften mit beträchtlicher Mobilität wie die in Europa unvermeidlich Brüche zwischen den Generationen hervorbringen und lobt in diesem Zusammenhang den Fortschrittgedanken, der die Unsicherheit, die sich für den Einzelnen aus den gesellschaftlichen Wandlungsprozessen ergibt, erträglich mache (vgl. Mead 1971, S. 90ff).

In einer Zeit, in der nicht mehr sämtliche Lernprozesse von der Elterngeneration zur Kindergeneration stattfinden, sondern zunehmend kofigurative (innerhalb einer Generation) und präfigurative (von der Kinder- zur Erwachsenengeneration) Lernprozesse eine Rolle spielen, ist ein von den Älteren kontrolliertes gesellschaftliches Normen- und Wertesystem und ein Lernen am elterlichen Vorbild nicht mehr haltbar (vgl. Mead 1971, S. 94). Es wird von allen Generationen der Gesellschaft verlangt, sich den veränderten gesellschaftlichen Bedingungen anzupassen, was mitunter bedeutet, dass sich Erwachsene von jahrelang geltenden Leitbildern verabschieden und ebenso flexibel Neues in ihr Wertesystem adaptieren müssen. Die eben beschriebene Konstellation bewirkt auf der Seite der Eltern und auf Seiten des Kindes eine verstärkt wahrgenommene Unsicherheit im Umgang miteinander und fordert von den an der intergenerativen Interaktion beteiligten Personen ein hohes Maß an Toleranz und Lernbereitschaft. Bezüglich des Wissenstransfers hat die soziologische Kategorie Generation eine Nutzenminimierung erfahren, in pädagogischer und politischer Hinsicht sucht der Generationenbegriff nach neuen Inhalten (vgl. Hamburger 2001, S. 243).

Kinder und Jugendliche haben die historisch gewachsene Rolle als Empfänger von Lern- und Sozialisationsleistungen Erwachsener aufbrechen können und befinden sich nun gemeinsam mit der Erwachsenengeneration in einer bilateralen Funktion des Senders von Lernleistungen auf der einen Seite und Empfängers auf der anderen Seite. „Die Angleichung der Machtbalance zwischen den Generationen" und eine „Relativierung des Bildungsgefälles zwischen Heranwachsenden und Erwachsenen" (Ecarius 2002, S. 558) stellen die diachronen Generationenbeziehungen vor eine veränderte Situation (vgl. Giesecke 1990, S. 11). Diese Gleichstellung der Generationen hinsichtlich der Wissensvermittlung bedeutet einen schweren Bruch im Selbstverständnis der Elterngeneration und verlangt von den Angehörigen dieser Generation eine neuartige offene dialogische Haltung. Nicht selten entsteht daraus Konfliktpotenzial durch Anpassungsschwierigkeiten und Komplikationen bei der Umsetzung von Sozialisationsanforderungen der Elterngeneration. Die Rolle des vom Kind lernenden Erwachsenen ist gesellschaftlich noch nicht ausreichend akzeptiert.

Die Vermittlung von Bildung und die Weitergabe wichtiger Kulturgüter von Generation zu Generation ist ureigenste Aufgabe der Menschheit. Die Älteren einer Gesellschaft tragen dafür Sorge, dass die in die Gesellschaft hineinwachsende Jugend durch Erziehung befähigt wird, „Unvollkommenes der Gesellschaft zu verbessern und Bewährtes zu erhalten" (Ecarius 2002, S. 545). Doch was ist ‚Bewährtes' und bleibt es unter den veränderten gesellschaftlichen Parametern nach wie vor bewährt? Für welche gesellschaftlichen Herausforderungen benötigt die junge Generation innovative Lösungsansätze bzw. Ideen, deren Entwicklung nicht von einer älteren Generation angeregt werden kann, die möglicherweise auf keine Befürwortung der ‚Erfahrenen' oder gar auf deren Unverständnis stößt? Nur wenn die Eltern das, was der „Educand lernen will oder soll, besser verstehen als er selbst, können und brauchen sie ihm Lernhilfen geben" (Fuhr 1998, S. 142). Konflikte zwischen den Generationen gab es zu jeder Zeit. Nur je schneller sich Lebensumstände ändern, desto mehr Verständnis und Rücksicht seitens der jüngeren Generation und desto größere Vertrauensleistung seitens der Älteren ist gefordert, um ein harmonisches Zusammenleben zu gewährleisten. Differente Anschauungen der Welt verändern das gesellschaftliche Wertesystem. So verweist Opaschowski auf eine Verschiebung der Werteorientierung von Pflicht- und Akzeptanzwerten hin zu Selbstentfaltungswerten (vgl. Opaschowski 2002, S. 11). Die Modifizierung von Idealen und Erziehungszielen vollzieht sich zwar nicht schlagartig und ist evolutionär begründbar, doch wird sie von den unterschiedlichen Generationen oftmals als unüberbrückbare Kommunikations- und Verständnisbarriere empfunden.

Moderne Einstellungen und eine fortschrittliche Werteorientierung stellen für den Jugendlichen wichtige Abgrenzungsmerkmale dar, die ihn und seine Generation von vorangegangenen zu unterscheiden vermögen und zugleich bedeutsam für seine eigene Identitätsentwicklung sind. Nur im Konflikt mit seiner Umwelt bildet sich die Einzigartigkeit seiner Person heraus und das Individuum formt und festigt durch permanentes Behaupten seine Persönlichkeit.

Auch die vom Arbeitsmarkt geforderten Kompetenzen haben sich in den letzten Jahren enorm gewandelt und werden auch in Zukunft kontinuierlich in Bewegung bleiben. Eigenschaften und Fähigkeiten, die noch vor wenigen Jahren entscheidend für eine Erwerbskarriere waren, können sich mittlerweile zum Hemmschuh für beruflichen Erfolg entwickelt haben. Das ruft die Frage der Wertevermittlung und damit der Erziehung auf. Wer soll die geforderten Eigenschaften der Zukunft voraussagen können? Wer kann sie der nachwachsenden Generation vermitteln, damit sie ausgestattet und vorbereitet ist für ihre gesellschaftliche Verwirklichung? Dieser Frage werde ich mich in den kommenden Kapiteln intensiver widmen.

Die Jugendphase hat sich im letzten Jahrhundert zu einer eigenständigen Lebensphase herausgebildet. Heutige Jugendliche wollen sich auf der einen Seite zum entwachsenen Kindesalter abgrenzen, aber auf der anderen Seite den Erwachsenenstatus mit all seinen Pflichten und Verantwortlichkeiten sowie seiner Ernsthaftigkeit noch nicht annehmen. Geprägt ist die Jugendzeit hauptsächlich durch den Besuch diverser Bildungs- und Ausbildungseinrichtungen und wird nicht mehr ausschließlich als Vorbereitungsphase für ein berufstätiges und familienorientiertes Erwachsenendasein gesehen, auch wenn diese Aspekte nach wie vor mit dieser Zeit verbunden bleiben (vgl. Krüger/Grunert 2002, S. 495). Die Lebensphase der Jugend ist für das Individuum wichtig, um in Interaktionsprozessen mit der Umwelt eine Identität zu formen, eine Persönlichkeit mit spezifischen Wünschen, Zielen, Vorstellungen vom Leben und Erwartungen an das eigene Dasein zu werden. Eine sich entwickelnde Persönlichkeitsstruktur befindet sich im dauerhaften Kampf zwischen biologischen Anlagen (kognitiver, psychischer und physischer Art) und den externen Anforderungen und Einflüssen. Unter diesen Friktionen muss sich das Individuum stets wieder neu behaupten (vgl. Rahn 2005, S. 63). Aus deren Konstituierung erwächst die soziale Handlungsfähigkeit.

Der Besuch bestimmter Bildungsinstitutionen ist in einer komplexen Gesellschaft obligatorisch. Die Schule als wichtigste außerfamiliale Bildungseinrichtung ist in Deutschland qua Schulpflicht gesetzlich reguliert. Jedes in Deutschland aufwachsende Kind mit geklärtem Aufenthaltsstatus hat die von den länderrechtlichen Regelungen abhängige Pflichtschulzeit zu absolvieren. Im Anschluss an die allgemeine Schulpflicht folgt in den meisten Bundesländern eine festgelegte Berufsschulpflicht (in Sachsen bis zum vollendeten 18. Lebensjahr). Die Schule hat gemeinsam mit den Eltern die Aufgabe, den Heranwachsenden zu erziehen und zu sozialisieren, mit wichtigen Kenntnissen und Fertigkeiten auszustatten, um ihn in ein Leben in individueller Zufriedenheit und gesellschaftlicher Nützlichkeit zu führen. Institutionen sind geschaffene Systeme, um gesellschaftliche Aufgaben zu bewältigen. Sie sind als „positive Regelungen einer zweckrationalen Bewältigung gesellschaftlicher Bedürfnisse" zu werten (van den Boom 1982, S. 136). In diesen an den gesellschaftlichen Bedürfnissen ausgerichteten, streng reglementierten Einrichtungen verbringt der moderne Heranwachsende einen großen Teil seiner Zeit. Die Schule als Prototyp der Bildungseinrichtungen bestimmt das Leben des Jugendlichen. Sie strukturiert den Alltag und teilt die Zeit in Schulzeit und Freizeit, definiert Erholungsphasen am Wochenende oder in den Ferien und bestimmt sogar einen Teil der freien Zeit durch Vorbereitung, Lernen, Hausaufgaben für den bevorstehenden Schultag. Das Schulleben der Jugendlichen wirkt sich auch auf ihre Familien aus und determiniert damit deren Leben anteilig.

Die Schule stellt den Knotenpunkt im jugendlichen Leben dar. Über die Vermittlerrolle bezüglich festgelegter Bildungs- und Lernziele bildet sie auch den „Umschlagplatz" für Jugendkultur (vgl. Krüger/Grunert 2002, S. 500). Hier entstehen Freundschaften und Cliquen, es formieren sich Gruppen mit gemeinsamen Interessen, die peergeprägte Freizeitgestaltung wird im Kontext der Schule initiiert und geplant.

Die Bedeutung der Schule erschöpft sich nicht in ihrer Rolle als Entwicklungsagentur für Wissen, Können und Vermittlungsstelle für soziale Kontakte. Die Schule kann als der bedeutsamste gesellschaftliche Dirigierungsort bezeichnet werden. Dort fällt die Entscheidung über die besten Ausgangsbedingungen für den Ausbildungs- und Arbeitsmarkt. Den Kampf entscheiden gewöhnlich Kinder aus den mittleren und oberen sozialen Schichten für sich, da es ihnen besser gelingt, sich an die schulischen Spielregeln anzupassen (vgl. Hurrelmann 1986, S. 145). Vor allem über erreichte Bildungszertifikate und Abschlusszeugnisse wird in der Schule präformiert, wohin die Zukunft für einen jungen

Menschen gehen kann und wo seine Entwicklungsgrenzen liegen[5]. Nur wer es schafft, in der Schule eine möglichst hochwertige Fahrkarte zu erwerben, kann das Ziel und die Route seines Karrierewegs relativ unabhängig selbst bestimmen.

3.1.1.4 Die individuelle und gesellschaftspolitische Relevanz beruflicher Sozialisationsprozesse

Dass ein erster bedeutender Teil der Lebensplanung im Jugendalter stattfindet, konnte bereits in den vergangenen Kapiteln herausgearbeitet werden. Ebenso wurde deutlich, dass die Berufswegeplanung einen entscheidenden, alle anderen Bereiche tangierenden Part einnimmt. In der Jugendphase muss der Heranwachsende Klarheit darüber erlangen, welche Ziele er in seinem Leben verfolgen möchte und wie er diese am besten erreichen kann. Die jugendliche Lebensphase erlangt damit sowohl eine biografische als auch eine gesellschaftliche Funktion im Hinblick auf die Vorbereitung auf ein erwerbsorientiertes Erwachsenendasein (vgl. Münchmeier 1998, S. 17). Der junge Mensch muss in seiner institutionellen Bildungs- und Ausbildungsphase danach streben, alle Voraussetzungen zu schaffen, Zertifikate zu erwerben sowie alle Kenntnisse und Fähigkeiten zu erlangen, damit einer Realisierung der gesetzten Ziele so wenig wie möglich im Weg steht. Nach wie vor ist die berufliche Verwirklichung und vor allem eine Zukunft in Arbeit für die Jugendlichen neben der Gründung einer Familie das am häufigsten genannte Kriterium für die persönliche Zukunftsplanung. Dabei ist die rein materielle Motivation eher rezessiv im Vergleich zu idealtypischen Aspekten wie Sinnstiftung, Selbstverwirklichung und gesellschaftlicher Anerkennung (vgl. Tessaring 1996, S. 24). Der größte Wunsch ist gleichzeitig verbunden mit den stärksten Ängsten. Die Shell-Jugendstudie 2006 belegt, dass die Hauptsorge der Jugendlichen ihrer beruflichen Zukunft gilt (vgl. Shell Deutschland 2006, S. 28). In der sächsischen Jugendstudie kann allerdings 2007 ein Anstieg des jugendlichen Optimismus' hinsichtlich ihrer beruflichen Zukunft festgestellt werden, so meinen 71% der Befragten, dass sie in 10 Jahren eine Arbeit haben werden (vgl. SMS 2008, S. 110). Trotzdem bleibt die Angst vor der Arbeitslosigkeit bestehen.

Auch wenn sich die Jugendlichen der modernen Gefahren und Risiken der beruflichen Integration durchaus bewusst sind, halten sie an ihren Lebensentwürfen fest und versuchen mit verstärkter Anstrengung, die Bildungszertifikate und -ziele zu erreichen, die für die Umsetzung ihrer Berufswünsche vonnöten scheinen (vgl. Struck 2004, S. 203).

---

5 Solga (2005, S. 30) weist in diesem Zusammenhang darauf hin, dass Bildungsgesellschaften wie die deutsche eher Zeugnisgesellschaften als Kompetenzgesellschaften seien. Es steht die erbrachte Leistung hinter dem Nachweis darüber zurück.

Die Herausbildung eigener Lebensentwürfe beginnt mitunter schon sehr frühzeitig und oftmals unbewusst. Kinder erleben die Daseinsformen der sie umgebenden Erwachsenen und setzen sich mit den unterschiedlichen Rollen auseinander. Sie beginnen, verschiedene Verhaltens- und Lebensweisen zu evaluieren, idealisieren für gut befundene Charakteristika und lehnen andere Lebensentwürfe ab. Anhand ihnen bekannter Vorbilder und Modelle entwickeln sie eigene Ziele, die sie im Laufe ihres Lebens mehr oder weniger kontinuierlich und konsequent verfolgen. Die einmal entworfenen Vorhaben sind keine starren, kompromisslosen Wünsche, sondern werden in einem fortlaufenden Prozess, in Interaktion mit der Umwelt, einer ständigen Prüfung unterzogen und bei Bedarf durch veränderte Wünsche und Ideale modifiziert.

Das soziale Umfeld und die vorgelebten Verhaltensweisen transportieren Vergleichsmuster, in deren Anerkennung oder Ablehnung der Jugendliche den eigenen Lebensplan entwirft. Kommt ein heranwachsender junger Mensch mit wenigen Personen in Berührung, die beruflich erfolgreich sind und deren erwerbsbedingte Zufriedenheit ausreichend Anreiz bietet, das anscheinend gute Konzept zu übernehmen und zur persönlichen Zielentwicklung heranzuziehen, bleiben erwerbsorientierte Ansprüche gering. Viele Kinder und Jugendliche der heutigen Zeit wachsen in äußerst prekären Lebensverhältnissen auf. Ihr soziales Umfeld ist bestimmt von Arbeitslosigkeit und den daraus folgenden Problemlagen. Resignation, Armut, Gewalt und süchtiges Verhalten prägen das Milieu der darin aufwachsenden Generation. Es werden nicht genügend Ideale vorgelebt, die zur Herausbildung einer gesellschaftlich erwarteten Standardbiografie nötig sind. Die Biografien ihres Umfeldes korrigieren die Normalität auf ein niedrigeres Niveau. Die von ihnen gewählten Vorbilder entsprechen selten der gesellschaftlichen Norm. Nur in wenigen Einzelfällen gelingt es betroffenen Jugendlichen, durch erhöhte Anstrengung dem Milieu zu entfliehen. Welche besonderen Anlagen diese Heranwachsenden haben oder welche Anreize ihre Kräfte zum Ausbruch aus der sozialen Schicht mobilisieren, ist in der Resilienzforschung noch nicht ausreichend untersucht

Wie eben aufgezeigt, benötigen Jugendliche eine anregende Umgebung zur Herausbildung eigener Lebenspläne sowie eine ungetrübte Selbstwahrnehmung und genaue Kenntnis ihrer Ressourcen, um zwischen ihren Wünschen und ihren Anlagen einen realistischen Kompromiss zu finden. Sie bedürfen eines funktionierenden sozialen Netzwerkes, das die Verfolgung der gesteckten Ziele unterstützt und mehrfach erfahrene Selbstwirksamkeit, um den Willen und die Kraft zu entwickeln, den Lebensplan umzusetzen. Die Erziehungsinstanzen (z.B. Familie und Schule) haben dabei die Aufgabe, den Jugendlichen auf diesem Weg zu begleiten und ihm zur Seite zu stehen. Die Kunst der Anleitung zur Selbstständigkeit besteht darin, sich im richtigen Moment überflüssig zu machen, nämlich dann, wenn der Lernende keine Unterstützung mehr benötigt und allein weiterlernt. Entscheidend ist, den jungen Menschen in den zentralen gesellschaftlichen Funktionen selbst handlungsfähig zu machen (vgl. Fuhr 1998, S. 147). Schon in früher Kindheit entsteht ein Bild von Erwerbstätigkeit und Arbeit als Lebensinhalt. Medial transportierte Berufsrollen und Arbeitsbedingungen, z.B. über Spiele, (Bilder-)Bücher und das Fernsehen (vgl. Dostal 2007, S. 46), schaffen schon zeitig eine Sensibilität für die Thematik. Kinder, die in Familien mit berufstätigen Eltern aufwachsen, integrieren den Tatbestand der regelmäßigen Ausübung eines Berufes in ihr Bild gesellschaftlicher Normalität. Durch die erfahrene Erwerbstätigkeit der Eltern entstehen erste Eindrücke von der Arbeitswelt einschließlich ihrer Inhalte. Darüber hinaus verinnerlicht das Kind den Zusammenhang zwischen Arbeiten und Geld verdienen (vgl. Wohne 2000, S. 22).

Die Herausbildung eigener Berufsvorstellungen kann als ein langer Prozess betrachtet werden. Imdorf (2005) beruft sich auf die vier Phasen, die Gottfredson 1981 erarbeitet hat:

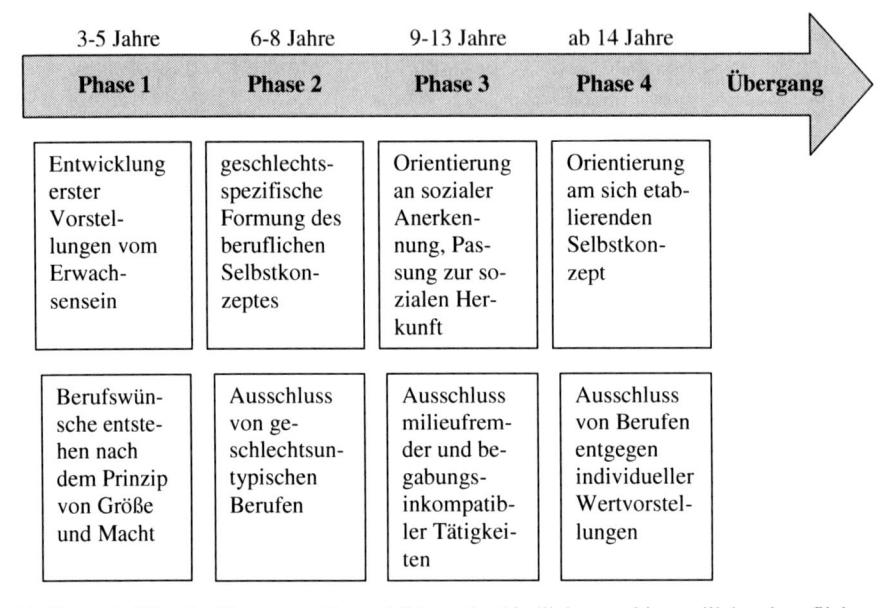

3-5 Jahre	6-8 Jahre	9-13 Jahre	ab 14 Jahre	
Phase 1	**Phase 2**	**Phase 3**	**Phase 4**	Übergang
Entwicklung erster Vorstellungen vom Erwachsensein	geschlechtsspezifische Formung des beruflichen Selbstkonzeptes	Orientierung an sozialer Anerkennung, Passung zur sozialen Herkunft	Orientierung am sich etablierenden Selbstkonzept	
Berufswünsche entstehen nach dem Prinzip von Größe und Macht	Ausschluss von geschlechtsuntypischen Berufen	Ausschluss milieufremder und begabungsinkompatibler Tätigkeiten	Ausschluss von Berufen entgegen individueller Wertvorstellungen	

Abbildung 1: Die vier Phasen der Herausbildung des kindlichen und jugendlichen beruflichen Selbstkonzeptes (in Anlehnung an Gottfredson 1981)

In einer ersten Phase, die noch im Vorschulalter anzusiedeln ist, orientiert sich das Kind hauptsächlich an Motiven von Größe und Macht. In der anschließenden Phase (zwischen dem 6. und 8. Lebensjahr) findet, so Gottfredson, eine erste geschlechtstypische Überformung der Berufswünsche statt. Die Berufswünsche von Mädchen und Jungen beginnen sich zu unterscheiden. Ab der dritten Phase (bis ca. zum 13. Lebensjahr) werden die Wunschberufe auch von gesellschaftlichen Prinzipien geleitet. Die beruflichen Präferenzen werden in Einklang mit der eigenen sozialen Herkunft gebracht. In der vierten Phase (ab 14 Jahre) spielen verstärkt Komponenten der herausgebildeten Identität eine Rolle und die beruflichen Vorstellungen werden anhand von Interessen und individuellen Gesichtspunkten modifiziert (vgl. Imdorf 2005, S. 282).

Ihre ersten Berufswünsche entwickeln Kinder demnach anhand öffentlichkeitswirksamer, aber unzureichend individueller Identifizierungskriterien. Traumberufe in diesem Alter sind zum einen besonders attraktive Positionen im Arbeitsmarkt wie Arzt, Polizist, Pilot und solche, denen die Kinder im täglichen Leben besonders häufig begegnen (Verkäufer, Lehrer etc.). Zum anderen sind es Tätigkeiten, die besonders viel Aufmerksamkeit auf sich ziehen, bspw. Schauspieler, Fußballspieler, Model (vgl. Hempel 1995, S. 32). Deuer zitiert Meixner, der feststellt, dass bereits 84% der Sechs- bis Achtjährigen Traumberufe nennen können, sich demnach schon mit dem Thema Beruf im Selbstbezug beschäftigt haben (vgl. Deuer 2006, S. 54). Hempel bezieht sich auf Untersuchungen der fünften und sechsten Klassen an Brandenburger Schulen und kann belegen, dass dieses Lebensalter bereits sehr bedeutsam für die Konstruktion eigener Lebenspläne ist und als hochsensible Phase für die Entstehung von Berufswünschen gewertet werden muss (Hempel 1995, S. 32). In den folgenden Lebensphasen werden die kindlichen Berufsvorstellungen und bereits verfassten Lebenspläne einem fortwährenden Revisionsprozess ausgesetzt. Es werden neue Bewertungskriterien angelegt und Maßstäbe können sich verschieben. Die Geschlechtsspezifik eines Berufes gewinnt erneut an Bedeutung, allerdings in veränderter Form. Es hat sich gezeigt, dass die Festlegung auf frauentypische Berufe unmittelbar vor der Ausbildungseinmündung am größten ist. Das heißt, nicht nur die frühen geschlechterhierarchischen Sozialisationseinwirkungen beeinflussen die konkrete Entscheidung, sondern ebenso eine arbeitsmarktadäquate Anpassungsleistung, bei der auch die Vereinbarkeit von Familie und Beruf eine große Rolle spielen dürfte (vgl. Imdorf 2005, S. 287; Hoffmann 1997, S. 147). Darüber hinaus können Faktoren wie gesellschaftliches Ansehen, Macht und Verdienstmöglichkeiten die einstmals idealistisch gewählten Ziele modifizieren.

Durch den gewandelten Arbeitsmarkt gewinnen auch Merkmale wie Sicherheit, Arbeitsmarktprognose, Möglichkeiten der Weiterqualifizierung und die Nachfrage eines bestimmten Ausbildungsweges an Einfluss für die Veränderung der beruflichen Ziele im Lebensplan. Deuer (2006) beruft sich ebenfalls auf Gottfredson und stellt Kriterien in eine Reihenfolge, nach denen sich junge Berufswähler ihrer Entscheidung nähern: Zunächst distanzieren sich Jugendliche von geschlechtsuntypischen Berufen. Danach scheiden Berufe aus, die nicht ihrer sozialen Schicht und Qualifikation entsprechen und schließlich werden Arbeitsgebiete eliminiert, die nicht die persönlichen Interessen widerspiegeln (Deuer 2006, S. 64).

Rückt die Entscheidung für eine Anschlussoption an das allgemeine Schulsystem näher, müssen die Berufsvorstellungen so konkret sein, dass sich der Jugendliche begründet für seinen weiteren Ausbildungsweg entscheiden kann. Ist der Berufswunsch nicht abgestimmt auf die objektiven Bedingungen oder ist der Jugendliche nach wie vor unsicher, welchen Weg er einschlagen soll, kann er je nach Existenz und Struktur seines sozialen Netzwerkes bzw. Umfeldes auf die Beratungsleistungen von Unterstützungsinstanzen zurückgreifen. Dies sind zum großen Teil die Eltern und Bekannten aus dem sozialen Nahraum oder auch professionelle Institutionen, die versuchen, adäquate Hilfestellung zu bieten, um den unschlüssigen Jugendlichen bei der Entscheidungsfindung bestmöglich zu begleiten und zur passenden Wahl beizutragen. Auch institutionelle Vorbereitungsmaßnahmen wie beispielsweise das Berufsgrundbildungsjahr oder Maßnahmen der Agentur für Arbeit können unsichere Berufsvorstellungen konkretisieren.

Übergänge im Bildungssystem werden in der Regel in der Familie und im Freundeskreis diskutiert, es werden Mentoren und Vorbilder konsultiert und an der Entscheidung beteiligt (vgl. Hoerning 1995, S. 25). Die geleistete Hilfestellung ist damit stark von den Meinungen und Einstellungen des sozialen Umfeldes determiniert. Die Zeit unmittelbar vor der Berufswahl ist entwicklungsbedingt mitunter sehr bewegt. Sogar bereits feststehende Berufswünsche können in der Entscheidungsphase erneut ins Wanken geraten und verworfen werden.

Aussagen über die Qualität solcher Beratungsleistungen lassen sich nur sehr vage treffen. Vielen von den unschlüssigen Berufswählern konsultierten Erwachsenen fehlt der konkrete Bezug zum aktuellen Ausbildungsmarkt, ihre Vorstellungen sind oftmals veraltet und die in guter Absicht gegebenen Informationen können sogar kontraproduktiv sein. Die Entscheidung des Jugendlichen für den richtigen Berater ist schwierig. Oftmals mangelt es den vertrauten Personen an Kompetenz und den kompetenten Instanzen an entgegengebrachtem Vertrauen. Da die Berufswahl in eine Lebensphase „relativer Unreife und mangelnder Lebenserfahrung" fällt (vgl. Bertram 1994, S. 89), der Jugendliche aber eine folgenschwere Entscheidung (vgl. Berger et al. 2001, S. 231) treffen muss, ist der Heranwachsende auf Hilfe angewiesen. Ob er diese gewinnbringend für sich nutzen kann und ob er sich für das richtige Unterstützungssystem entscheidet, steht darüber hinaus infrage. Die Jugendlichen selbst nehmen die Relevanz und Tragweite der Übergangsphase oftmals nicht bewusst wahr. Der Ertrag ihrer Bemühungen liegt in weiter Ferne und der Weg zum Erfolg ist mit enormen unkalkulierbaren Risikofaktoren gespickt (vgl. Roos 2006, S. 21). Pollmann unterscheidet in diesem Kontext zwei Gruppen von Berufswählern: die Gruppe der

Selektierer, die ihre Entscheidung überlegt und als Ergebnis eines langen Abwägens zwischen möglichen Alternativen treffen und die Gruppe der Generalisierer, die relativ willkürlich irgendeinen Beruf wählen (vgl. Pollmann 1993, S. 11).

Mit der einmaligen Entscheidung für eine Ausbildung bzw. einen Beruf hat der Einzelne in der modernen Gesellschaft in den seltensten Fällen mit dem Thema Berufswahl abgeschlossen (vgl. Dostal 2007, S. 58). In Zeiten brüchiger Berufskarrieren und unregelmäßiger Beschäftigungsverhältnisse besteht die Erwerbsphase von Erwachsenen immer wieder aus Phasen der Neu- und Umorientierung, des Berufswechsels, aus Weiterbildungszeiträumen und Abschnitten ohne Beschäftigung.

Heranwachsende müssen heute nicht nur auf einen möglichst zukunftssicheren Beruf vorbereitet werden, sondern ebenso die Fähigkeit entwickeln, mit lückenhaften und unsicheren Biografien zurechtzukommen.

Da die Akzeptanz für diese Art von Erwerbstätigkeit in der Gesellschaft augenscheinlich noch nicht genügend etabliert ist, favorisieren Jugendliche nach wie vor die immer seltener werdenden Möglichkeiten der Normalerwerbsverläufe und können sich schwerlich mit den modernen Herausforderungen arrangieren. Vor dem Hintergrund, „dass in den europäischen Ländern die Hälfte der Erwerbsbiographien keine Normalbiographien mehr sind (nicht mehr lebenslang, keine volle tarifliche und soziale Absicherung)" (Böhnisch 2002, S. 285), ist eine Normverschiebung hin zu einem zeitgemäßen Verständnis von Erwerbsverläufen dringend erforderlich, um den jungen Erwerbstätigen Strategien zur Verfügung zu stellen, mit denen diese Anforderungen bewältigt werden können.

3.1.2 Transformationen am Arbeits- und Ausbildungsmarkt

3.1.2.1 Irgendwo zwischen Existenzsicherung und Selbstverwirklichung – der Stellenwert von Arbeit und Beruf im historischen Wandel

Die Gesellschaft und ihre Mitglieder definieren sich primär über Arbeit. Dabei ist die Gesellschaft, wie Krafeld (2000) festhält, viel eher Arbeitsgesellschaft als beispielsweise Lebens- oder Kulturgesellschaft (vgl. Krafeld 2000, S. 27; Arnold 2000, S. 98). Beruf und Arbeit bilden für die Mehrheit der Bevölkerung den Mittelpunkt des gesellschaftlichen und individuellen Lebens (vgl. Beck 2000, S.35). Um dieses Zentrum herum ordnet sich die Welt. Der Faktor Arbeit strukturiert das individuelle Dasein im großen (Ausbildung – Arbeit – Ruhestand) wie im kleinen (Arbeitszeit – Freizeit) Maßstab.

Unter Arbeit wird nicht die aktive Beschäftigung verstanden, sondern der Begriff beschreibt die Formen der Erwerbstätigkeit, die über den Lohnarbeitsmarkt strukturiert wird. Die Herkunft des Wortes ‚Arbeit' geht ursprünglich auf schwere körperliche Betätigung zurück (vgl. Gläser 2002, S. 65). Darin spiegelt sich wider, dass derartige Tätigkeiten in den vergangenen Jahrhunderten von Angehörigen der unteren sozialen Schichten zur Sicherung des Lebensunterhaltes ausgeübt werden mussten.

Die Arbeit hat im Laufe der Zeit einen enormen Bedeutungszuwachs erfahren. Sie bildet zwar nach wie vor die Grundlage für den Lebensunterhalt und es müssen im Regelfall auch Tätigkeiten ausgeführt werden, doch haben die auszuführenden Aufgaben im Großen und Ganzen die starken körperlichen Belastungen für den Arbeiter abstreifen können. Heute geht die Erwerbsarbeit über ihre ursprüngliche Funktion als Mittel zur Grundversorgung weit hinaus, denn der moderne Lebensstandard lässt sich nicht als unbedingt lebensnotwendig rechtfertigen. Vielmehr geht es um Lebensqualität, die über Erwerbsarbeit reguliert wird. Die Arbeit verzeichnet dahingehend eine Aufwertung, dass sie inzwischen zur sozialen Notwendigkeit avancieren konnte, „um die Ansprüche und Erwartungen moderner Menschen zu befriedigen und um ihren Fähigkeiten, Neues zu schaffen, Spielraum zu geben" (vgl. Jahoda 1984, S. 11). Derartige Vorzüge stehen allerdings nicht mehr allen Gesellschaftsmitgliedern frei. Die Erwerbsarbeit hat den Status eines knappen gesellschaftlichen Gutes erlangt und muss über einen eigenen Markt verteilt und gesteuert werden.

Beschäftigungs- bzw. Betätigungsmöglichkeiten sind nicht knapp. Jeder weiß, dass es immer irgendetwas zu tun gibt. Nur die von einer Arbeitskraft erbrachte Leitung in einer bestimmten Zeit kann als knappes Gut betrachtet werden, für die ein Empfänger bzw. Auftraggeber auch bereit ist, einen von der Arbeitsleistung abhängigen und meist im Vorfeld vereinbarten Preis (Lohn) zu bezahlen (vgl. Eekhoff 2001, S. 51). Mit Luckmann gesprochen handelt es sich subjektiv um eine beabsichtigte und beträchtliche Umweltveränderung, über deren Bedeutsamkeit intersubjektiv Übereinkunft herrscht (vgl. Luckmann 1992, S. 44).

In den letzten ca. 200 Jahren rückte die Erwerbsarbeit immer weiter in das gesellschaftliche Zentrum. Alle anderen Lebenssphären richten sich an ihr aus (vgl. Büchele 1996, S. 54). Mit dem Wachstum der gesellschaftlichen Wertigkeit des Berufes und der Berufstätigkeit nimmt auch seine individuelle Bedeutung zu. Für den Einzelnen werden der Beruf und die damit ausgefüllte soziale Rolle zum einen existenziell bedeutsam, weil sich darüber die materiellen Bedürfnisse befriedigen lassen. Zum anderen hat die Erwerbsarbeit Einfluss auf die psychosoziale Befindlichkeit des Individuums. Die persönliche berufliche Verwirklichung, das Gefühl des Gebraucht-Werdens und Nützlich-Seins, der von Arbeit implizierte Lebenssinn, die tages- und lebensstrukturierende Bedeutung des Arbeitens haben Auswirkungen auf das emotionale Wohlbefinden des Menschen. Der Beruf ist weiterhin Quelle sozialer Kontakte und ermöglicht dem Individuum regelmäßige Interaktionsprozesse. Der „Beruf als Brücke zur Gesellschaft" und "Bindeglied zum Interaktionsumfeld und der Sozialstruktur" wirkt in sämtliche Lebensbereiche des individuellen Daseins und prägt die Möglichkeiten des Gesellschaftsmitgliedes und dessen Familie hinsichtlich der Chancen und Positionen am Arbeitsmarkt sowie der Arbeitsbedingungen. Der Beruf bestimmt Macht-, Einkommens- und Besitzverhältnisse, die soziale Position, den Lebensstandard und dringt bis in die Bildungs- und Lebenschancen der Kindergeneration (Ferchhoff 2001, S. 97; vgl. Ginnold 2000, S. 21; Brandt 1995, S. 9; Willke 1998, S.18; Kreckel 1983, S. 140f).

Der Arbeitsmarkt hat sich im letzten Jahrhundert beträchtlich verändert. Im Folgenden möchte ich einige Tendenzen exemplarisch herausstellen (vgl. Willke 1998, S. 36; Treutner 1998, S. 65ff). Die Aufzählung erhebt weder den Anspruch auf Vollständigkeit noch auf eine klare hierarchische Gliederung. Der Schwerpunkt meiner Heraushebung bestimmter arbeitsweltlicher Veränderungen liegt vielmehr in ihrer Relevanz für die Planung jugendlicher Erwerbsbiografien begründet.

- Die Phase der Erwerbstätigkeit hat sich im Leben weiter nach hinten verlagert. Durch längeren Verbleib im allgemeinbildenden Schulwesen, den Besuch von weiterführenden Schulen, schulisch strukturierten Berufsvorbereitungsmaßnahmen, Warteschleifen und Auslandsaufenthalten hat sich der Eintritt in den Ausbildungs- und Arbeitsmarkt erheblich verschoben.
- Die Arbeitsgelegenheiten für gering qualifizierte Menschen sind rapide gesunken und werden weiter zurückgehen. Die verbleibenden Arbeitsplätze sind sie häufig von Unsicherheiten und niedrigen Löhnen geprägt.
- Erwerbskarrieren sind brüchig geworden. Das lebenslang währende Normalarbeitsverhältnis hat Seltenheitsstatus erlangt. Arbeitnehmer müssen sich auf segmentierte Erwerbsverläufe einstellen. Zeiten von Beschäftigungen werden unterbrochen durch Zeiten von Erwerbslosigkeit oder Weiterbildung.
- Die kontinuierliche Karriere in einem Berufsfeld trifft man nur noch vereinzelt. Wechsel von Arbeitgebern und Aufgaben nehmen zu.
- Die Komplexität der Funktionen am Arbeitsplatz ist gestiegen und damit die Anforderungen an Wissen, Kreativität, Beherrschung moderner Informations- und Kommunikationstechniken. Der wachsende Trend zur Arbeit in Teams und Projektgruppen verlangt von den Beschäftigten ein hohes Maß an sozialen Kompetenzen und die Fähigkeit zur Projektarbeit.
- Ohne berufsbegleitendes lebenslanges Lernen ist kaum ein Tätigkeitsbereich in der Zukunft zu bewältigen. Die Bereitschaft zum ständigen Weiterlernen muss der Arbeitnehmer ebenso mitbringen wie die Fähigkeit, sich selbstständig neues Wissen anzueignen.
- Die Flexibilisierung der Arbeitszeiten und -orte schreitet voran. Unregelmäßige Arbeitszeiten, Teilzeitbeschäftigungen, Homeworking-Arbeitsplätze, virtuelle Meetings von zu Hause aus setzen sich durch.

- Unsichere innerbetriebliche Strukturen und Prozessabläufe, die durch wechselnde Arbeitsverhältnisse, instabile Teams, unstetige Arbeitsplätze und moderne Unternehmensführung im Change-Management hervorgerufen werden, blockieren eine subjektive Bindung des Individuums an das Unternehmen, resp. seinen Arbeitsplatz weitestgehend.
- Die Erwerbsarbeit hat in den Lebensentwürfen von Frauen an Gewicht gewonnen und steigt tendenziell weiter an. Auch wenn Frauen ihre z.T. exzellenten Bildungszertifikate noch nicht so erfolgreich in hochwertige Erwerbskarrieren umsetzen können, spielt für sie die Berufstätigkeit bei der Planung ihres Werdegangs eine entscheidende Rolle.
- Innerhalb der Arbeitsinhalte wird die produktorientierte gegenüber der prozessorientierten Arbeitsweise weiter zurückgedrängt. In Zeiten einer Dienstleistungs-, Wissens- und Informationsgesellschaft verliert das materiale gegen das immaterielle (virtuelle) Resultat bzw. Produkt.

Ein so strukturierter Arbeitsmarkt stellt an seine Teilnehmer besondere, im Vergleich zu vergangenen Zeiten völlig veränderte Anforderungen. Arbeitsmarktteilnehmer und solche, die es werden möchten, müssen sich den gegebenen Umständen anpassen und sich bestmöglich mit den Rahmenbedingungen arrangieren. Welche konkreten Anforderungen an die jugendlichen Neueinsteiger gerichtet werden, wird in Kapitel 3.1.3 intensiver thematisiert.

Der junge Arbeitnehmer muss sich seinen Platz und seine Entwicklungschancen am Arbeitsmarkt eigenständig verschaffen, nur noch wenige Positionen können wie in vergangenen Jahrhunderten einfach weitervererbt werden (vgl. Kramer/Helsper 2000, S. 203). Der Mensch ist zunehmend selbst verantwortlich für seine Erwerbskarriere. Der erste Schritt für eine gute Startposition am Arbeitsmarkt ist eine fundierte Ausbildung. Die Karriere über eine Hochschulqualifikation soll in dieser Arbeit weitestgehend außer Betracht gelassen werden. Lediglich im Rahmen der Berufsorientierungsaspekte bleibt die Gruppe, die einen universitären Abschluss anstrebt, relevant, da die fundierte Auswahl eines Studienganges, der Art und des Ortes der Hochschule ebenso gut vorbereitet werden müssen. Zudem benötigen angehende Studierende eine Orientierung, welche Berufe oder Tätigkeiten im Anschluss an ein bestimmtes Studium möglich sind und welche Beschäftigung in ihre Lebenspläne passt.

Wie bereits angesprochen, wird die Ausbildung für das Ausüben einer beruflichen Tätigkeit immer wichtiger. Angebote für unqualifizierte Arbeitnehmer sind weiterhin rückläufig und die Tätigkeitsbeschreibungen werden stetig komplexer. Komplexität meint nach Esser „die Vielzahl und/oder die Unterschiedlichkeit der Handlungsalternativen und Handlungsfolgen sowie die Risiken bzw. die Unsicherheit der Handlungsfolgen" (Esser 2000, S. 5). Von der ökonomisch wertvollen Arbeitskraft wird erwartet, mit der dem Arbeitsplatz eigenen Komplexität umgehen zu können. Solch multidimensionale Tätigkeiten verlangen ein hohes Maß an fachlicher Qualifikation und sind nicht befriedigend über ein *training on the job* kurzfristig erlernbar. Auf gut ausgebildete Fachkräfte ausgelegte Stellen verdrängen Arbeitsplätze für gering oder gar nicht fachlich qualifizierte Arbeiter. Der Lohnarbeitsmarkt fragt ausreichend vorgebildete Fachkräfte nach, die im Job nur noch an die jeweiligen spezifischen Arbeitsbedingungen herangeführt und über Weiterbildungsmaßnahmen *up to date* gehalten werden müssen. Die Unternehmer erwarten ein klar definiertes fachcharakteristisches Grundwissen, was als obligatorische Zugangsvoraussetzung für den zu besetzenden Arbeitsplatz gewertet werden kann. Jugendliche ohne Berufsausbildung finden kaum noch Lücken in einem Arbeitsmarkt, der immer anspruchsvoller wird.

3.1.2.2 Ursachen und Folgen von Erwerbslosigkeit im Jugendalter

Die Bedeutung der Erwerbsarbeit in unserer Gesellschaft konnte auf den vorangegangenen Seiten umfangreich exponiert werden. Trotz knapper werdender Arbeitsgelegenheiten für alle gehört die Berufstätigkeit, ausgeübt in einer normadäquaten, regelmäßigen Form, zu den Erwartungen, die die Gesellschaft an jedes Mitglied richtet.

Auch wenn dank konjunkturellem Aufschwung der letzten Jahre die Zahl der arbeitslos gemeldeten Bürger reduziert werden konnte, hat man sich schon lange vom Gedanken der Vollbeschäftigung verabschieden müssen. Arbeit, in Form von traditioneller Erwerbsarbeit, für alle bleibt auch künftig Utopie (Gorz 2000, S. 81).

In der Vergangenheit zeigten konjunkturelle Phänomene direkte Reaktionen auf dem Arbeitsmarkt. Befand sich die Wirtschaft in einer konjunkturellen Krise, folgten vermehrt Freisetzungen und die Arbeitslosenquote stieg. Genoss die Wirtschaft eine Phase des ökonomischen Aufschwungs, spiegelte sich das im Unternehmenswachstum wider und die Zahl der Beschäftigten wuchs.

Heute wiederum kann Wirtschaftwachstum durchaus mit Personalabbau einhergehen. So verweist Beck (2000) auf die Berechnungen des Instituts der deutschen Wirtschaft, die einen Anstieg der Arbeitsproduktivität um 38% mit einem zeitgleichen Beschäftigungsrückgang um 2% nachwiesen (vgl. Beck 2000, S. 21). Korrelationen zwischen wirtschaftlicher Lage und Arbeitsmarkteffekten verlieren ihre Allgemeingültigkeit. In ökonomischen Aufschwungphasen der modernisierten Welt reagiert der Arbeitsmarkt nicht mehr mit proportionalen Wachstumsraten am Arbeitsmarkt. Durch innerbetriebliche Rationalisierungsprozesse können Unternehmen effektiver und effizienter arbeiten, ohne einen erhöhten Personalbedarf zu produzieren. Der Fortschritt von Wissenschaft und Technik trägt erheblich zur Beschleunigung dieser Entkopplung von wirtschaftlicher Lage und Arbeitsmarktzahlen bei (vgl. Klönne 2000, S. 4; Kurtz 2002, S. 44).

Das bestehende Missverhältnis der Verteilung von Arbeit konterkariert die Klagen über zu wenige Arbeitsgelegenheiten am Markt. Der Arbeitsmarkt polarisiert die beschäftigungsfähige Bevölkerung und schafft zwei Gruppen. Die einen besitzen einen Arbeitsplatz, ersticken oftmals in der zu erledigenden Aufgabenmenge und belasten ihre spärliche Freizeit. Die andere Gruppe, der keine Chance auf Realisierung ihres Erwerbsbedürfnisses und ihres Arbeitswillens gegeben wird, besitzt ein Übermaß an freier Zeit, welches keine Freizeit ist, da die Bezugsgröße fehlt. Würde es gelingen, die vorhandene Arbeit gerechter zu verteilen, könnte ein wesentlicher „Konstruktionsfehler" der deutschen ökonomischen Ordnung beseitigt werden (vgl. Brandt 1995, S. 10). Als ein Versagen des Wirtschaftssystems kann das Problem der Arbeitslosigkeit nach Willke allerdings nicht gewertet werden, da die Freisetzung von Arbeitskraft als Zeichen von Effizienz und fortschrittlicher Entwicklungsleistung anerkannt werden muss (vgl. Willke 1998, S. 157), wenn auch mit negativen Folgen für das soziale Gleichgewicht innerhalb der Gesellschaft.

Die Umsetzungsmöglichkeiten der menschlichen Arbeitskraft sind marktabhängig. Wird eine bestimmte Arbeitsleistung nicht nachgefragt, ist die Arbeitskraft auf dem Markt unverkäuflich und der Anbieter dieser Leistung wird oder bleibt arbeitslos. Da der Einzelne nicht sicher vorhersagen kann, wann welche Arbeitskraft mit welchen Qualifikationen gesucht wird, ist er auch nur bedingt dafür verantwortlich zu machen, wenn seine Fähigkeiten zeitweise oder längerfristig keine Verwendung finden (vgl. Flickinger 1982, S. 155). Von einem „flexiblen Menschen" (Sennett 1998) wird allerdings erwartet, dass er sich, anstatt untätig abzuwarten bis seine Arbeitskraft wieder gefragt ist, weiterqualifiziert oder umorientiert und sich der aktuellen Marktlage anpasst, um seine Chancen auf Erwerbstätigkeit zu erhöhen.

Auf den verringerten Bedarf des Marktes an Arbeitskräften ist die Gesellschaft nicht eingestellt. Den derzeitigen rasanten wirtschaftlichen Entwicklungen kann keine Sozialverträglichkeit attestiert werden. Die Individuen leiden unter der Erkenntnis, nutzlos für den Arbeitsmarkt zu sein. Es gelingt nur einer Minderheit, über kompensatorische Beschäftigungsmaßnahmen einen adäquaten Ausgleich zu erlangen. Im deutschen Sozialsystem wird das Problem der Arbeitslosigkeit nach wie vor individuellen Ursachen zugeschrieben und der Einzelne wird für sein Scheitern am Arbeitsmarkt verantwortlich gemacht. Auch wenn nachweislich strukturelle Gründe für die Explosion der Erwerbslosenzahl, wie z.B. nach der politischen Wende in den neuen Bundesländern, verantwortlich sind, wird im Einzelfall die Schuld individualisiert (vgl. Krafeld 2000, S. 29; Galuske 1993, S. 61). Betroffene werden damit doppelt bestraft: zum einen mit der Unbrauchbarkeitserfahrung und zum anderen mit einer – in den meisten Fällen generalisierten – Schuldzuweisung, für das Versagen selbst verantwortlich zu sein. Die individuelle Zuschreibung der Schuld verursacht beim

Einzelnen Gefühle des persönlichen Versagens, mindert das Selbstbewusstsein und lässt an der eigenen Leistungsfähigkeit zweifeln. „In einer Gesellschaft, in der sich der Wert einer Person an der Verwertbarkeit seiner Arbeitskraft und an seiner Rolle im Erwerbsleben misst, stellt eine berufliche Ausgliederung auch eine Entwertung der Person dar." (Becher 2001, S. 29)

Besonders für Jugendliche nach einer erfolgreichen Ausbildung ist die Erfahrung wichtig, dass die mühsam erworbenen Qualifikationen von Seiten der Wirtschaft benötigt werden und ihre Arbeitskraft am Markt nachgefragt wird. Die Arbeitslosenforschung konnte mehrfach nachweisen, wie stark Jugendliche darunter leiden (vgl. Solga 2005, S. 105), dass sie, obwohl sie erwachsen sind und über verwertbare Qualifikationen verfügen, nicht gebraucht werden und weiter- und umlernen müssen, bis sie ihre Lücke am Markt finden. Da sie ihre Leistung am Arbeitsmarkt nicht umsetzen können, bleiben diesen Jugendlichen essenzielle Selbstwirksamkeitserfahrungen lange Zeit verschlossen (vgl. Fuhr 1998, S. 288).

Eine lange Pause zwischen dem Ende der Ausbildung und der Erstanstellung hat vielgestaltige Nachteile. Das erworbene Wissen geht durch die fehlende Anwendung schnell verloren, denn ein erreichtes Qualifikationsniveau behält seine Wertigkeit nur kurze Zeit. Angesichts des schnellen Wissenszuwachses der heutigen Zeit ist die in der Ausbildung erworbene Sachkenntnis schon nach wenigen Jahren veraltet und überholt. Die Eingliederung in den Arbeitsmarkt wird dementsprechend immer unwahrscheinlicher, je länger der Jugendliche ohne Arbeit ist (vgl. Schlothfeld 1999, S. 14). Auch für den mentalen Zustand des Betroffenen hat eine anhaltende Arbeitslosigkeit nach der Ausbildung erhebliche negative Folgen. Der Jugendliche, der auf dem Arbeitsmarkt scheitert und dem die wertvolle Erfahrung des Gebraucht-Werdens versagt ist, verringert seine Integrationsaktivitäten, je länger seine Bemühungen um Arbeit erfolglos bleiben. Er resigniert und arrangiert sich mit dem Umstand, dass für ihn kein Platz im Erwerbssystem vorhanden ist. Gefühle der Minderwertigkeit und die Erkenntnis, dass die finanzielle Selbstständigkeit unerreichbar bleibt und damit auch eine gesellschaftlich anerkannte Biografie nicht zu bewerkstelligen ist, hinterlässt tiefe Spuren in der menschlichen Seele. Inadäquate Lösungsmuster finden sich nicht selten bei mehrfach missglückten Erwerbskarrieren: Suchtprobleme, Gewalt und kriminelles Verhalten können Auswüchse von nicht bewältigten Anforderungen einer beruflichen Verwirklichung darstellen. In der Sozialberichterstattung finden sich einschlägige Zusammenhänge zwischen Arbeitslosigkeit und Gesundheitszustand der Menschen in Deutschland (vgl. BMAS 2004, S. 107).

Wirft man einen Blick auf die Ursachen von Jugendarbeitslosigkeit in Deutschland, stellt sich ein Geflecht unterschiedlichster Gründe dar, das hier nur angerissen und speziell im Fokus der Berufswahl bzw. -orientierung betrachtet werden soll. Nach wie vor ist das Berufswahlverhalten Jugendlicher nicht so breit gefächert, wie es die Ausbildungsmöglichkeiten zulassen. Das Ranking der am häufigsten gewählten Berufe ist seit vielen Jahren nahezu unverändert und spiegelt in keiner Weise den wirtschaftlichen Bedarf wider. In der Konsequenz führt das zu einem Überangebot an qualifizierten Arbeitskräften in den beliebten Berufen, die der Markt in dieser Fülle nicht absorbieren kann. Dafür bleiben Arbeitsplätze in Berufen, die sich einer geringeren Beliebtheit oder Kenntnis erfreuen, unbesetzt. Eine Ausbreitung und stärkere Differenzierung der in Betracht gezogenen Alternativberufe war bislang noch nicht genügend erfolgreich. Dabei könnte ein verstärktes Bildungsmarketing die Wahrnehmung gefragter Berufe bei Jugendlichen und deren Eltern steigern (vgl. BIBB 2000, S. 128).

Ein immer wieder von der Wirtschaft angesprochenes Problem stellt die mangelhafte Ausbildungsreife der jugendlichen Schulabgänger dar. Viele Jugendliche schaffen es aufgrund fehlender schulischer Qualifikationen und unzureichender sozialer Kompetenzen nicht, einen Ausbildungsplatz zu finden. Funktioniert bereits der Übergang von der Schule in eine betriebliche Ausbildung nicht, sind die Voraussetzungen für den Übertritt in den ersten Arbeitsmarkt denkbar ungünstig. In einigen Studien werden auch Belege dafür aufgezeigt, dass Jugendliche z.T. sehr realitätsferne Vorstellungen und Ansprüche an ihren zukünftigen Arbeitsplatz besitzen. Die angebotenen Erwerbstätigkeiten passen nicht zu den idealtypischen Bildern und werden gemieden (vgl. Jahoda 1995, S. 86).

Eine neuartige Entwicklung legen empirische Befunde offen (vgl. Neuberger 1997). Sie zeigen, dass Jugendliche vermehrt Arbeitslosigkeit als Inhalt der individuellen Lebensplanung begreifen. Zu diesem Phänomen komme ich ausführlicher im Kapitel 3.2.2. An dieser Stelle sei nur mit einem Zitat von Brandt auf eine gravierende Problemkonstellation hingewiesen. Nach ihm „erkennen wir erst bei Verlust eines Wertes (...) die ihm (...) zukommende Bedeutung. Bei manchen mag erst die Erfahrung der Arbeitslosigkeit den Stellenwert der Arbeit bedrückend verdeutlichen" (Brandt 1995, S. 10). Im Umkehrschluss heißt dies, dass ein nicht erfahrener und im Umfeld erlebter positiver Wert von Arbeit auch kein Streben nach Wiederherstellung des Idealzustandes zulässt. Jugendliche, die Arbeit als Vergleichsgröße zur Arbeitslosigkeit nicht kennen, können deren Stellenwert nicht schätzen. Die Erfahrung der Arbeit als sinnstiftendes Element im Leben ist Voraussetzung für die Aufnahme des Wertes in das eigene Wertesystem.

Den eben aufgeführten Ursachen von Arbeitslosigkeitserfahrungen könnte in der Statuspassage des Erwachsen-Werdens durch eine zielgerichtete und systematische Berufsorientierung entgegengewirkt werden, die ausreichend Möglichkeiten bietet, das Arbeitsleben kennen zu lernen und schöpferisch tätig zu sein. Ein anregendes Milieu, in dem positive Arbeitserfahrungen für alle Jugendlichen möglich sind, kann Fehlvorstellungen minimieren und Motivation zur beruflichen Verwirklichung generieren. Es hilft, Jugendliche zu animieren, sich fehlende Voraussetzungen anzueignen und durch das Erleben von Anforderungen und bisher ungekannten Fähigkeiten die Ausbildungsreife sukzessive verbessern.

3.1.2.3 Der Ausbildungsmarkt in Spannungsfeld von Effizienz und Moralität

Die Rolle des Berufes in der Gesellschaft ist zentral. Über ihn definiert sich der Mensch und nimmt seinen Platz im sozialen Gefüge ein. Um einen Heranwachsenden erfolgreich in die Gesellschaft zu integrieren, braucht der Jugendliche einen Beruf (vgl. Eckert 1999, S. 56), der als notwendiger Zugang zum Erwerbsarbeitsmarkt fungiert. In Deutschland ist die Berufserlaubnis im Regelfall an eine Berufsausbildung geknüpft. Der junge Mensch eignet sich in einer begrenzten Zeit die fachtheoretischen und praktischen Fähigkeiten an, um im Anschluss die Tätigkeiten, die mit diesem Berufsbild verbunden sind, ausüben zu können. In der Bundesrepublik findet die Berufsausbildung meist im dualen System statt, einer kooperativen Lernstruktur aus Unternehmen und Berufsschule. Die praktischen Berufsinhalte werden im Unternehmen vermittelt, wobei der Auszubildende dort bereits in die regulären Arbeitsprozesse involviert ist. Die Berufsschule hingegen ist für die Theoriebildung zuständig. Die Hauptverantwortung im gesamten Ausbildungsprozess des dualen Systems trägt das Ausbildungsunternehmen. Mit diesem schließt der Ausbildungsanwärter einen Vertrag ab und von diesem Betrieb wird der Auszubildende auch mit einem entsprechenden Salär entlohnt.

Die Berufsausbildung im dualen System hat eine bilaterale Bedeutung. Zum einen garantiert sie dem Auszubildenden erhöhte Chancen auf dem Arbeitsmarkt durch eine fundierte Vermittlung berufsbezogener Fähigkeiten und durch standardisierte Prüfungen ein vergleichbares Zertifikat. Zum anderen sichert sich der Markt über die Berufsbildung die benötigten Fachkräfte mit den entsprechenden Qualifikationen (vgl. BMBF 2006, S. 1). In der dualen Ausbildung erfährt und lernt der Auszubildende das, was er braucht, um schließlich im erlernten Beruf selbstständig arbeiten zu können. Wenn die Fähigkeiten den Erwartungen des Ausbildungsbetriebes entsprechen und eine passende Stelle im Betrieb vakant ist, kann der Jugendliche im Anschluss an seine Lehre in ein reguläres Arbeitsverhältnis übernommen werden.

Für den Arbeitgeber ergeben sich durch die Beteiligung am Berufsbildungssystem sowohl Vor- als auch Nachteile. Ein bindender Ausbildungsvertrag mit einem Jugendlichen, dessen Eigenschaften und Fähigkeiten dem Unternehmen kaum bekannt sind, stellt immer ein Risiko für den Betrieb dar. Liegen keine triftigen Gründe vor und ist der Jugendliche bereits länger als die Probezeit beim Unternehmen in Ausbildung, ist der Betrieb angehalten, das Ausbildungsverhältnis bis zum Ende zu führen. Im Laufe der Ausbildung kann sich allerdings eine Vielzahl ungünstiger Entwicklungen herausstellen, z.B. wenn der Jugendliche die Arbeitsaufgaben nicht zu lösen vermag, unangepasstes Verhalten entwickelt oder sich nicht ins Team integriert – kurz, wenn seine fachlichen Fähigkeiten und sozialen Verhaltensweisen nicht der geforderten und erwarteten Qualität entsprechen.

Bildet das Unternehmen nicht selbst aus, sondern rekrutiert die benötigten Fachkräfte vom freien Markt, ist eine Einarbeitungszeit vonnöten, um den neuen Mitarbeiter mit den Gegebenheiten des disponiblen Arbeitsplatzes bekannt zu machen. Auch in dieser Konstellation muss der Unternehmer damit rechnen, dass der eingestellte Mitarbeiter die Erwartungen nicht erfüllt. Ein im Unternehmen ausgebildeter Mitarbeiter stellt insofern einen entscheidenden Vorteil dar, dass er dem Unternehmen bekannt ist, er speziell für diesen Arbeitsplatz ausgebildet wurde und damit die Anforderungen bewältigen kann und seine Rolle im Mitarbeiterteam hinreichend erprobt ist. Der Arbeitgeber weiß demnach, worauf er sich einlässt.

Die Entscheidung des Heranwachsenden für einen der über 350 Ausbildungsberufe ist eine der wichtigsten Zäsuren im Leben (vgl. Müller et al. 2002, S. 39). Die Zufriedenheit mit und die Passfähigkeit zum Ausbildungsberuf haben Auswirkungen auf den weiteren Erwerbsverlauf. Häufig kann der Jugendliche nicht abschätzen, was ihn in diesem Beruf erwarten wird und ob die Tätigkeiten seinen Fähigkeiten und Interessen entsprechen. Außerdem fällt die Entscheidung in eine Lebenszeit, in der Entwicklungsaufgaben kumulieren und miteinander konkurrieren. Die Auseinandersetzung mit der beruflichen Zukunft ist nur eine zu bewältigende Herausforderung unter vielen.

Der Übertritt in ein Ausbildungsverhältnis ist mit vielen Veränderungen verbunden. Der Jugendliche gelangt in ein bisher gänzlich unbekanntes soziales Umfeld, in welchem ihm eine neue Rolle zuteil wird, die er zuvor nicht einüben konnte. Gleichzeitig verliert er das soziale Gefüge der Schule, was für ihn lange Zeit bestimmend war, den Mittelpunkt seiner Peeraktivitäten bildete und in dem seine Position in der Hierarchie gefestigt war (vgl. Ginnold 2000, S. 23). Das unbekannte Umfeld, die veränderten Anforderungen, die neue Struktur im Tagesablauf[6], der Fakt der vertraglichen Bindung und damit verbundener Pflichten an den Arbeitgeber und die unvertraute Rangordnung im Unternehmen mit un-

---

6   Für die meisten Jugendlichen ist ein typischer Acht-Stunden-Arbeitstag eine enorme Umstellung zur schulisch strukturierten Zeit. Wenige Pausen und längere Phasen der konzentrierten Arbeit, die auch im Nachmittagsbereich vom Jugendlichen noch vollste Aufmerksamkeit verlangen, bereiten den meisten Auszubildenden am Anfang der Lehrzeit große Probleme. Ausbilder und Lehrer von Berufsschulen berichten, dass Lehrlinge im ersten halben Jahr oft überfordert seien und sich der schulisch geprägte Biorhythmus an den Arbeitsalltag gewöhnen müsse. Müdigkeit, Phasen der unkonzentrierten Arbeit und Fehler nähmen besonders am Nachmittag zu.

gewohntem Verhaltenskodex symbolisieren nur einen Teil der Herausforderungen, mit denen sich der Auszubildende unmittelbar nach dem Eintritt in das Lehrverhältnis konfrontiert sieht. In vielen Fällen kommen zu den eben genannten Erfahrungen noch weitere Schwierigkeiten hinzu: z.b. der Umzug in eine neue Wohngegend, die räumliche und emotionale Trennung von der Herkunftsfamilie, die erste eigene Wohnung und behördliche Notwendigkeiten, die von nun an autonom erledigt werden müssen.

Es zeigt sich, dass der Übergang von Schule in Beruf vom Jugendlichen beachtliche Leistungen abverlangt, die ihm häufig bis dahin völlig unbekannt waren. Der Eintritt in ein Ausbildungsverhältnis kann für den Einzelnen einen enormen Bruch darstellen und nicht jeder Jugendliche bewältigt die Umstellung ohne Hilfeleistung von außen. Ein funktionierendes soziales Netz bietet wichtige Unterstützungsmechanismen. Jugendliche, die dabei nicht durch Hilfe aus dem eigenen Beziehungsgeflecht stabilisiert werden, benötigen entsprechende professionelle Hilfemaßnahmen.

Synchron zum Arbeitsmarkt befindet sich auch die Struktur des Ausbildungsmarktes im Umbruch. Klare und stringente Ausbildungsverläufe sind längst nicht selbstverständlich. Warteschleifen, Abbrüche, Neuorientierungen, Zwischenschritte werden ebenfalls konstitutiv für diese Lebensphase und reflektieren ein ähnlich chaotisches Bild, das „den alten jugendsoziologischen Konzepten eines punktuellen und definitiven Übergangs in die finanzielle Selbständigkeit Hohn" spricht (Brock 1991, S. 11).

Ist der Übergang geschafft und die berufliche Integration beginnt, entfaltet das Erwerbssystem auf der Mesoebene seinen Einfluss auf die Entwicklung jedes Einzelnen. Als sich anschließende Sozialisationsinstanz nach der Familie, den Peers und der Schule bildet der junge Mensch in der Wechselwirkung mit einer neuartigen Umwelt seine Identität weiter (vgl. Rahn 2005, S. 62). Die über den Beruf entwickelte Handlungskompetenz in ihrer Besonderheit wird dem Berufsträger zugeschrieben (vgl. Corsten1995, S. 41). Als spezifische individuelle Leistung geht das berufliche Können in die Personengenese ein und beeinflusst den Individualisierungsprozess. Die in der Ausbildung neu erworbenen Fähigkeiten grenzen den Einzelnen von seinem sozialen Umfeld ab, sie individualisieren ihn.

3.1.3 Vom Abschluss zum Anschluss – Anforderungen eines komplexen Ausbildungs- und Arbeitsmarktes

Ein so beschleunigtes und technisiertes Erwerbssystem, das permanenten Wandlungsprozessen ausgesetzt ist, stellt an seine Systemteilhaber entsprechende Anforderungen (vgl. Brassard 1992, S. 20; Pieper/Schwark 1994, S. 11f). Jugendliche, die in den Ausbildungs- und Arbeitsmarkt einsteigen wollen, benötigen heute Fähigkeiten, Kenntnisse und Eigenschaften, die noch vor einigen Jahren im Bewerbungsprozess keine Rolle spielten. Vom künftigen Erwerbsteilnehmer werden eine erhöhte „adaptive Flexibilität" (Luhmann 1988, S. 93) und ein größerer „Handlungsspielraum" (Heid 1995, S. 40) erwartet.

Einen enormen Bedeutungszuwachs haben in den letzten Jahren die sogenannten Schlüsselqualifikationen oder Basiskompetenzen erfahren. Kaum eine Stellenausschreibung verlangt nicht nach ausreichend entwickelten Sach-, Selbst- und Sozialkompetenzen (vgl. Bauer-Klebl 2004, S. 81; Beck, H. 1997, S. 13ff). In aufwändigen Auswahlverfahren werden bei den Bewerbern die geforderten Fähigkeiten überprüft. Jugendliche mit Defiziten, besonders in den geforderten Eigenschaften hinsichtlich eines korrekten Sozialverhaltens in Verbindung mit einer kritisch-konstruktiven Einschätzung ihrer eigenen Person, gelingt es nicht mehr, dieses Manko mit Sachkenntnis zu kompensieren. Charakteristika wie Teamfähigkeit, Kooperationsbereitschaft, Kommunikationsgewandtheit, Verantwortungsbewusstsein, Kritikfähigkeit, die Kompetenz zu selbstständigem Arbeiten, Organisationstalent etc. werden bei komplexer werdenden beruflichen Tätigkeiten in teilweise weniger beständigen Personenkonstellationen immer bedeutender. Der Arbeiter, der noch vor einigen Jahren ein bedeutungsloses Rädchen in einem großen Prozess darstellte, erhält nun durch kleine, relativ autonome Arbeitsgruppen mit deutlich gestiegener Eigenverantwortlichkeit eine größere Bewegkraft. Von ihm werden unternehmerische Fähigkeiten verlangt (vgl. Schäfers 2004, S. 184; Opaschowski 2002, S. 12f), die effektives Arbeiten in wechselnden Gruppen sicherstellen.

Der Einzelne muss mit erhöhter Verantwortung umgehen können, sich entsprechend der Handlungsfolgen seiner Entscheidungen bewusst sein und normkonform verhalten. Häufig verfügt der einzelne Arbeiter über technische Hilfsmittel, die bei falscher Bedienung oder Unaufmerksamkeit immense Verluste produzieren oder weitreichende negative Folgen hervorrufen können. Dieses Wissen und einen internalisierten verantwortungsbewussten Umgang mit der anvertrauten Macht muss ein Angestellter in einer solch einflussreichen Funktion besitzen. Der technische und wissenschaftliche Fortschritt erreicht die Wirtschaft häufig schneller, als eine gesellschaftliche Normierung stattfinden kann. Von den Menschen wird bezüglich der Forcierung und Verbreitung von neuen Techniken erwartet, dass sie geleitet von einem korrekten sozialethischen Verständnis handeln und Risiken für ein humanes Fortbestehen der Gesellschaft vermeiden.

Eine ebenso moderne Anforderung an Neueinsteiger auf dem Arbeitsmarkt ist die Fähigkeit, mit brüchigen, zeitlich befristeten Erwerbsperioden umgehen zu können. Sie sollen sich auch in erwerbslosen Phasen *employable* halten, das heißt, sich weiterbilden und auf dem aktuellsten Stand im erlernten Beruf bleiben sowie sich den ständig wechselnden Erfordernissen des Marktes anpassen und viel Zeit in die Planung ihrer Arbeit investieren (vgl. Ferchhoff 2001, S. 109).

Man verlangt flexible, aufgeschlossene, global denkende Mitarbeiter, die über Basiskenntnisse verfügen und sich schnell und selbstständig in neue Arbeitsbedingungen einfügen können. Die Basiskenntnisse werden vielfach auch als überfachliche Kompetenzen bezeichnet, was expliziert, dass ein festes Fundament aus fachlichem Wissen als Grundstock dient, um darauf individuelle Qualifikationsentwicklung und Situationsanpassung aufzubauen (vgl. Kurtz 2002, S. 69). Die Kompetenz zur selbstständigen Weiterentwicklung des Einzelnen muss im Bildungssystem angelegt werden, da dort die Lernfähigkeit herausgebildet wird. Bei extrem gesunkener Halbwertszeit des Wissens (vgl. Beck, H. 1997, S. 26), ist ein umfangreicher Wissensschatz weniger nützlich als das Vermögen, vorhandene Kenntnisse revidierbar, erneuerbar und erweiterbar zu halten (vgl. Willke 1998, S. 272). Adäquate kontinuierliche Anpassungsleistungen des Individuums an sich ändernde Verhältnisse verlangen eine hohe Identifikationsfähigkeit mit der Arbeit. Das ist nur dann gegeben, wenn die Arbeit eine soziale Identität und eine persönliche Zufriedenheit stiftet sowie Selbstwirksamkeitserfahrungen generiert.

Die Heranwachsenden, von denen die eben aufgeführten Wesensmerkmale verlangt werden, können für die notwendigen Aneignungsprozesse aber weder auf zuverlässige tradierte Vorbilder zurückgreifen, noch gibt es ein Curriculum, was die Ausprägung und Entwicklung der Eigenschaften garantieren kann.

Die speziellen Anforderungen, die ein Jugendlicher mitbringen muss, um in einem bestimmten Beruf als potenzieller Arbeitnehmer in Betracht gezogen zu werden, gehen in das sogenannte Berufsbild ein. Der Begriff hat seinen Ursprung in der Industriepsychologie und führt die Vorstellungen über erforderliche Eigenschaften aus der Blickrichtung des Arbeitgebers zusammen (vgl. Pollmann 1993, S. 14). Der Beruf postuliert Kompetenzen, die ein Individuum, das sich geeignet für die Ausübung der entsprechenden Tätigkeit und der nötigen Verantwortung gewachsen fühlt, besitzen oder in der Ausbildung erwerben muss. Ob der Einzelne vermag, die nötigen Qualifikationen zu erwerben sowie diese in Einkommenschancen, soziale und individuelle Erträge zu transformieren, ist nicht sicher vorherzusagen[7]. Diese Unberechenbarkeit stellt damit ein Risiko für den subjektiven Ertrag, aber auch für die unternehmerische Investition dar.

Wie bereits im Kapitel 3.1.2.2 angesprochen, bleiben jugendliche Berufseinsteiger nicht von Misserfolgserfahrungen verschont. Die erlebten Brüche müs-

---

7 Hierin zeigen sich die zwei Bedeutungsdimensionen des Berufes: zum einen die pädagogische Bedeutung, die sich in der berufsadäquaten Qualifizierung niederschlägt und zum anderen die ökonomische Dimension, die eine Verwertbarkeit und Umsetzung der Arbeitskraft in persönlichen Nutzen belegt (vgl. Kurtz 2002, S. 29).

sen von den Betroffenen erfolgreich bewältigt werden. Die Gefahr besteht darin, dass die Rückschläge als persönlich verursacht wahrgenommen werden. In dem Fall bestehen ernsthafte Gefahren für das Selbstwertgefühl und das gesundheitliche Befinden (vgl. Mansel 2007, S. 22). Auch diese Anforderung verlangt Kompetenzen und persönliche Stärke, die sich Jugendliche im Rahmen ihrer Karriereplanung und in Interaktion mit dem Arbeitsmarkt aneignen müssen.

3.2 Benachteiligungsfaktoren in ihrer sozialen Durchschlagkraft

In den vorangegangenen Kapiteln wurde die derzeitige Situation am Ausbildungs- und Arbeitsmarkt geschildert, die Anforderungen herausgestellt, die ein modernes Ausbildungssystem von seinen Beteiligten erwartet sowie Wege beschrieben, die zur erfolgreichen Marktintegration führen können. Dass der gegenwärtige Arbeitsmarkt nicht für jedes Gesellschaftsmitglied einen adäquaten Platz bereithält und dass von dieser Problemlage auch und besonders Jugendliche betroffen sind, konnte ebenfalls bereits aufgezeigt werden. Im folgenden Teil möchte ich genauer analysieren, wie sich die Gruppe der vom Markt zurückgewiesenen Jugendlichen zusammensetzt und welche Kriterien als empirische Risiken für eine gelingende Erwerbsbiografie gelten können.

Nach wie vor bildet der Arbeitsmarkt „die zentrale Steuereinheit von Benachteiligungsprozessen". Aus ihm heraus erwächst soziale Ungleichheit (vgl. Chassé 2005, S. 305ff). Die Heranwachsenden der Gesellschaft starten nicht alle von demselben Ausgangspunkt den Run auf begehrte Ausbildungs- und Arbeitplätze. Es gibt eine große Anzahl von Jugendlichen, die in diesem Wettlauf als benachteiligt gelten können. Mit dieser Gruppe möchte ich mich auf den kommenden Seiten auseinandersetzen.

3.2.1 Benachteiligte Jugendliche auf der Suche nach ihrem Platz in der Gesellschaft

Zunächst soll geklärt werden, wer im allgemeinen Verständnis als benachteiligt angesehen wird. Eine Benachteiligung impliziert einen Vergleich. Es wird damit die Existenz von mindestens zwei Gruppen angenommen, die sich deutlich unterscheiden. Die Kontrollgruppe ist in dem Fall die Norm, d.h. der normierte Vergleichswert, und stellt die numerisch größere Gruppe dar. Gemessen an deren Konsistenz weist die zweite Gruppe objektiv betrachtet eine signifikante Schlechterstellung auf. Ich beschränke mich bei den Betrachtungen auf die für das Thema relevanten symptomatischen Deprivationen hinsichtlich der Integration in den Ausbildungs- und Arbeitsmarkt. Der § 242 SGB III definiert:

> „Förderbedürftig sind lernbeeinträchtigte und sozial benachteiligte Auszubildende, die wegen der in ihrer Person liegenden Gründe ohne die Förderung eine Berufsaus-

bildung nicht beginnen, fortsetzen oder erfolgreich beenden oder trotz erfolgreichem Abschluss nicht in das Berufsleben eingegliedert werden können."

In Anlehnung an Sellin (2001) ist beschäftigungsbedingte Benachteiligung ein gesamteuropäisches Phänomen, von dem im europäischen Durchschnitt ca. 20% der Jugendlichen betroffen sind. Innerhalb dieser Gruppe ließe sich in etwa bei der Hälfte die Benachteiligung auf persönliche Gründe (Beeinträchtigung) zurückführen, die andere Hälfte gelte aufgrund struktureller Veränderungen am Arbeitsmarkt als benachteiligt (vgl. Sellin 2001, S. 37).

Wann sind Jugendliche lernbeeinträchtigt bzw. sozial benachteiligt? Welche Faktoren sind für eine derartige Zuweisung von Relevanz?

Die Prüfung der ausschlaggebenden Aspekte wird zeigen, dass sich häufig problematische Umstände aggregieren, Jugendliche also oftmals mehrfach belastet sind. Die Ebenen dieser Analyse werden in der genaueren Betrachtung immer weiter verschwimmen.

Kein gesunder Mensch kann für den Arbeitsmarkt als genuin benachteiligt definiert werden. Benachteiligungen entwickeln sich aus multikausalen Zusammenhängen, die sich häufig an bestimmten, immer wiederkehrenden Eigenschaften gruppieren lassen. Um Risikogruppen herauszuarbeiten, wähle ich eine systematisch-deduktive Vorgehensweise.

Als marktbenachteiligt gelten junge Menschen mit Lernbeeinträchtigungen, z.B. Schüler, die aufgrund mangelhaften Schulerfolgs wichtige Bildungszertifikate nicht erreichen konnten und denen somit Zugangsvoraussetzungen für eine Weiterqualifikation fehlen. Als sozial benachteiligt bezeichnet man in diesem Zusammenhang Heranwachsende, die nicht das erwartete Sozialverhalten zeigen, denen bedeutende soziale Kompetenzen fehlen bzw. die ein mangelhaftes Selbstkonzept besitzen. Die eben dargestellten Benachteiligungsbeschreibungen bieten aber lediglich eine Konkretisierung auf Symptomebene. Sie sind Indizien, an denen potenzielle Arbeitgeber fehlende Eignung erkennen. Die Ursachenanalyse hebt ab auf eine Ebene, auf der sich ökonomische, bildungsbedingte und soziale Faktoren ergänzen und bedingen.

Ich möchte nachfolgend einige Gruppen potenziell Benachteiligter aufführen und kurz beschreiben, was spezifische Gründe für deren nachteilige Marktposition sein können. Die Aufzählung erhebt dabei nicht den Anspruch auf Vollständigkeit.

Zu einer Gruppe mit schlechten Chancen haben sich inzwischen Schüler ohne oder mit geringen schulischen Qualifikationen entwickelt. Gab es in der Vergangenheit auch Ausbildungs- und Arbeitsplätze für niedrig Qualifizierte, ist das Angebot für Schüler ohne Schulabschluss oder mit schlechtem Hauptschulabschluss exorbitant zurückgegangen. Tessaring (1996) prognostiziert dem Bedarf an ungelernten Arbeitskräften einen Rückgang auf 10-13% aller Erwerbstätigen im Jahr 2010 (vgl. Tessaring, 1996, S. 30). Der Hauptschulabschluss hat in jüngster Vergangenheit eine Entwertung erfahren und ist im Konkurrenzkampf mit anderen Abschlusszertifikaten kaum noch brauchbar. Schülern mit unzureichenden schulischen Abschlüssen gelingt ein direkter Einstieg in Ausbildungsverhältnisse äußerst selten. Nachqualifizierungen in weiterführenden schulischen oder berufsvorbereitenden Maßnahmen sind typische biografische Konsequenzen.

Als ein weiterer Benachteiligungsfaktor kann ein Migrationshintergrund gelten. Schüler aus zugewanderten Familien haben oftmals Probleme, sich in das hiesige Sozialgefüge einzugliedern und die Systemanforderungen zu bewältigen. Die deutsche Schul- und Ausbildungslaufbahn muss zunächst verstanden werden, bevor die richtigen Schritte für eine erfolgreiche individuelle Lebensplanung möglich sind. Gerade das deutsche Berufsbildungssystem mit seiner dualen Ausbildung stellt international eine Besonderheit dar (vgl. Baethge et al. 2007, S. 15). Es ist selten vergleichbar mit den Bedingungen und Gepflogenheiten der Herkunftsländer. Da speziell bei Familien mit Migrationshintergrund familiale Beziehungen struktur- und haltgebende Aufgaben in der fremden Umgebung übernehmen, ergeben sich Nachteile durch Unkenntnis Erfolg versprechender Bildungslaufbahnen und fehlendes Systemverständnis. Ein weiteres Problem für Schüler fremder Herkunft sind desolate Sprachkenntnisse. Schlechte Zeugnisse und Schulabschlüsse bilden eine nahezu unausweichliche Folge, die wiederum den Einstieg in das Berufsbildungssystem erschwert oder gar verhindert.

Durch eine defizitäre gesellschaftliche Integration findet man in Deutschland die Zuwandererfamilien größtenteils in der unteren sozialen Schicht. Die erwachsenen Immigranten haben wenig Aussicht auf berufliche Verwirklichung und müssen in den meisten Fällen ihren Lebensunterhalt von sozialstaatlichen Transferzahlungen oder geringem Einkommen aus Hilfsarbeiten und Einfachtätigkeiten bestreiten. Das erwirtschaftete Familieneinkommen reicht oftmals nicht aus, um der Familie ein sicheres und planbares Dasein frei von Zukunfts- und Existenzängsten zu ermöglichen. Familien mit Migrationshintergrund bilden in der Bundesrepublik einen großen Teil der armen Bevölkerung und besitzen zudem ein erhöhtes Risiko, mit Armut konfrontiert zu werden[8]. Die betroffenen Familien leben zumeist in den sozialen Brennpunkten in restriktiven Sozialräumen und in z.T. problematischen Wohnverhältnissen. Die in einem solchen Milieu aufwachsenden Kinder tragen somit nicht nur das Stigma der herkunftsbedingten Nachteile, sondern auch der sozialraumbedingten Negativwirkung. Ju-

---

8   „Die Arbeitslosenquote der Ausländerinnen und Ausländer war mit 20,4% (2003) weiterhin ungefähr doppelt so hoch wie die der Gesamtbevölkerung (11,6%). (...) Das Armutsrisiko von Personen mit Migrationshintergrund ist zwischen 1998 und 2003 von 19,6 auf 24% gestiegen und liegt damit weiterhin deutlich über der Armutsrisikoquote der Gesamtbevölkerung." (BMAS 2004, S. 159)

gendliche mit Migrationshintergrund können daher als mehrfachbenachteiligt bezeichnet werden. Spezielle institutionelle Kompensationsmaßnahmen zeigen hier noch zu wenig Wirkung.

Die bereits angeschnittene Problematik der Armut ist im Zusammenhang mit den Themen Bildung und Zukunftschancen von besonderer Brisanz. Kinder und Jugendliche aus armen sozialen Schichten haben per se wesentlich schlechtere Voraussetzungen zur Konstituierung und Realisierung erfolgreicher Lebenspläne (vgl. Rademacker 2007, S. 91). Dieser sich augenscheinlich zwangsläufig bedingende Zusammenhang wird im anschließenden Kapitel intensiv beleuchtet. An dieser Stelle soll es damit belassen sein, Armut als unabhängige Variable für Benachteiligung im beruflichen Integrationsprozess zu definieren.

Bildung und Sozialverhalten sind die entscheidenden Kriterien, an denen sich Vor- und Nachteile im Bewerbungsverfahren fixieren lassen. Alle Schüler, die Defizite in diesen beiden Kategorien aufweisen, werden es zukünftig immer schwerer haben, problemlos in die Erwerbstätigkeit überzutreten. Bezüglich des Bildungsfaktors soll an dieser Stelle noch darauf hingewiesen werden, dass in Deutschland nicht nur eine „Leistungsgesellschaft, sondern ebenso eine Leistungsnachweisgesellschaft" vorherrscht. Entscheidend für gute berufliche Chancen sind am Übergang zur Berufsausbildung weniger die tatsächlichen Leistungen, sondern hauptsächlich beglaubigte und zertifizierte Erfolge (vgl. Solga 2005, S. 30).

In der Fachliteratur werden außerdem immer wieder Frauen als benachteiligte Gruppe am Arbeitsmarkt benannt (vgl. Rabe-Kleberg 1995, S. 29). Ich möchte dieses Thema hier nur anreißen, da sich die Benachteiligung der Frauen meines Erachtens in späteren Karriereabschnitten deutlicher zeigt. Frauen können ihre Bildungszertifikate noch nicht in vergleichbarer Weise wie Männer in entsprechende berufliche Positionen mit angemessenem Entgelt umsetzen (vgl. Allmendinger/Aisenbrey 2002, S. 54). Beim Zugang zu Berufen konnten die Mädchen in den letzten Jahren aufholen. Auch dank vermehrter Bildungsanstrengungen im Schulsystem haben Mädchen an den allgemeinbildenden Schulen ihre männlichen Mitschüler überholt. Sie verfügen dementsprechend über bessere Aussichten auf gut bezahlten Stellen und karriereträchtige Anstellungen. Die öffentlichen Debatten für eine zunehmende Vereinbarkeit von Familie und Beruf können diese Entwicklung langfristig stärken.

3.2.2 Aufwachsen in prekären Lebensverhältnissen - Prädiktoren berufsbiografischer Risiken

Armut ist ein Phänomen, das graduell betrachtet werden muss. Der Begriff impliziert in Bezug auf hochentwickelte Gesellschaften eine andere Semantik als im globalen Kontext. In Deutschland muss kein Mensch aufgrund von Armut um seine physische Existenz fürchten. Armut in Deutschland meint eine Schlechterstellung im Vergleich zu gesamtgesellschaftlichen Lebensgewohnheiten (vgl. Zimmermann 2001, S. 36). Meist ist dieser Status monetär verursacht. Die Komponente der zur Verfügung stehenden wirtschaftlichen Ressourcen ist auch in einem sozialstaatlichen Armutsdiskurs nicht zu vernachlässigen.

Fokussiert man die finanzielle Dimension, gilt laut nationaler Armutsberichterstattung in Deutschland als arm, wer weniger als die Hälfte des Medians des Äquivalenzeinkommens[9] verdient. Nach dem Lebenslagenansatz, der sich in den 50er Jahren mit Weisser beginnend in den 80er des vergangenen Jahrhunderts im Rahmen der Armutsforschung durchgesetzt hat, wird Armut mit einem Mangel an Teilhabe- und Verwirklichungschancen beschrieben und „bezieht sich demnach auf die Ungleichheit von Lebensbedingungen und die Ausgrenzung von einem gesellschaftlich akzeptierten Lebensstandard" (BMAS 2004, S. 5ff). Armut wird daher heute „als Unterausstattung relevanter Bereiche (Einkommen, Arbeit, Bildung, Wohnen, Gesundheit, Ernährung, Freizeit etc.) bzw. als deren Kumulation interpretiert" (Zimmermann 2001, S. 47). Bestimmte Merkmale erhöhen das Armutsrisiko. So fällt auf, dass besonders Arbeitslose und Alleinerziehende von Armut betroffen sind (vgl. BMAS 2004, S. 17).

In den letzten Jahren ist eine heiße Debatte um die ‚neue Unterschicht' entbrannt. Dem deutschen Sozialsystem wird vorgeworfen, mit den verbreiteten Subventions- und Fürsorgepraktiken Armut und soziale Lage eher zu zementieren als den Betroffenen Möglichkeiten zu bieten, sich selbst durch Eigenaktivität und Engagement aus der nachteiligen Situation zu befreien. Das deutsche Sicherungssystem erzeuge „soziale Lethargie, fehlenden Aufstiegswillen und mangelnde Leistungsbereitschaft" und damit „eine passive Fürsorgeklasse" (Kessel et al. 2007, S. 11). Das hiesige Gesellschaftssystem hat dieser Theorie zufolge in den letzten Jahren eine Unterschicht generiert, deren Ansprüche an das eigene Leben und die Verwirklichung subjektiver Interessen sich zugunsten einer Art Bequemlichkeit und sozialisierten Zufriedenheit auf niedrigem Niveau zurückentwickelt haben.

Folgt man dieser These, so hat ein Aufwachsen in einem derart sozialstrukturierten Umfeld Auswirkungen auf die Entwicklung von Persönlichkeit und Identität. Kinder, die sich in einem von Resignation geprägten, immobilen Kontext wie in einem Elternhaus ohne Veränderungswille und Aufstiegsstreben entfalten sollen, werden zwangsläufig in ihrer Entwicklung behindert und negativ beeinflusst. Können diesen Kindern und Jugendlichen nicht in anderen Zusammenhängen und Konstellationen kompensierend Anreize geboten werden, ist davon auszugehen, dass sich das Verhalten und die Einstellungen der Eltern zumindest partiell auf das Kind übertragen und sich das Desinteresse an selbstständiger und eigenverantwortlicher Lebensführung somit quasi vererbt.

---

9 Diese Größe ist ein errechneter Wert, von dem beliebige Realeinkommen der Bevölkerung im Durchschnitt am wenigsten abweichen.

Armut, die häufig mit dem Verlust von Erwerbsarbeit beginnt, muss sich aber nicht in jedem Fall zu dieser restriktiven Variable für die Entwicklung der Kinder auswirken (vgl. Heintze 2005, S. 165). Je nachdem, wie sich die Armut und deren familiale Bewältigung gestalten, können negative Folgen provoziert oder verhindert werden. Eine entscheidende Größe ist die Dauer der Armut. Ist sie eher episodenhaft und von kurzer Zeit, stehen die Chancen recht gut, dass die Familie diese Phase ohne langfristige Schäden meistert. Ist die Armutsphase dagegen wiederkehrend, chronisch oder gar von anhaltender Dauer (Langzeitarmut), wird die Bewältigung der Situation und ihrer Folgen für die Familie zum schwerwiegenden Problem. Vor allem für die Kinder können daraus eingeschränkte soziale Chancen[10] resultieren, außerdem steigt die Gefahr „des Scheiterns an Entwicklungsaufgaben" (Chassé 2005, S. 316; vgl. Heintze 2005, S. 3).

In einer Zeit, in der nicht für alle potenziellen Arbeitnehmer ausreichend adäquate Arbeitsplätze zur Verfügung stehen, ereilt das Schicksal der Langzeitarbeitslosigkeit besonders gering- oder fehlqualifizierte Menschen. Auch Arbeitssuchende, die schon eine lange Zeit vom Arbeitsmarkt ausgeschlossen sind bzw. sozial benachteiligte oder individuell beeinträchtigte Personen, gelten ebenfalls als schwer (re-)integrierbar (vgl. Galuske 1993, S. 167).

Die Verschlechterung der materiellen Lage bleibt auch dem heranwachsenden jungen Menschen – oftmals trotz umfangreicher Bemühungen der Eltern – nicht verborgen. Eine Zeit lang kann es der Familie gelingen, durch Rückgriff auf Reserven oder Unterstützungsleistungen aus dem sozialen Netzwerk ihren Lebensstil nahezu gleichförmig aufrechtzuerhalten. Glückt es in dieser Zeit nicht, eine neue ökonomische Quelle zu erschließen und wieder in den Arbeitsmarkt einzusteigen, drohen der Familie nachhaltigere und intensivere Deprivationen. Je nach Bewältigungspotenzial und sozialen Ressourcen der Familie schlagen diese negativen Erfahrungen auf die Persönlichkeit und Identitätsentwicklung des Kindes durch.

Es konnte nachgewiesen werden, dass sich Langzeitarbeitslosigkeit und Armut als deren Folge negativ auf die Bildungsentwicklung und Zukunftsperspektiven von Kindern auswirken (vgl. BMBF 2005, S. 14). Die Zukunftserwartungen der Heranwachsenden korrelieren sehr stark mit den Einstellungen der Eltern zu ihrer Situation. Sind die Eltern ohne Hoffnung, überträgt sich diese Gemütshaltung auf die Kinder. Gelingt es den Eltern trotz schlechter Bedingungen, eine positive Atmosphäre herzustellen, zeigen auch die Kinder proportional weniger Zukunftsängste und blicken optimistischer auf ihren Lebensplan (vgl. Neuberger 1997, S. 112).

---

10 Nach Daheim et al. (1992) meinen soziale Chancen in erster Linie „die Möglichkeiten des Einzelnen, seine Arbeitskraft nach seinen Wünschen zu qualifizieren, einen seiner Qualifikation entsprechenden Arbeitsplatz zu finden und sich akzeptable Bedingungen für sein Arbeiten zu sichern" (vgl. Daheim et al. 1992, S. 9)

Arbeitslosigkeit allein, auch das konnten die bereits angesprochenen Studien (z.B. Baarda, zit. nach Neuberger 1997, S. 112) beweisen, genügt nicht, um eine Verschlechterung in der Bildungsentwicklung von betroffenen Jugendlichen zu erklären. Die Schulnoten von Kindern arbeitsloser bzw. berufstätiger Eltern weisen keine signifikanten Unterschiede auf. Erst langfristige Arbeitslosigkeit in Kombination mit ungenügender Bewältigung der Situation führt zu den beschriebenen Konsequenzen.

Kinder, die in einem Milieu aufwachsen, das als motivationsarm, resignativ, kulturell wenig anregend, materiell schlecht ausgestattet, sozial defizitär und perspektivlos skizziert werden kann, haben unbestreitbar ungünstigere Entwicklungsbedingungen als Kinder, die in einem anregenden Umfeld groß werden.

Wie stark die soziale Herkunft auf den Bildungserfolg von Heranwachsenden durchschlägt, haben in den vergangenen Jahren eine Reihe von Studien belegen können, allen voran die oft zitierte PISA-Studie (vgl. hierzu Georg 2005, S. 179). Die Ausstattung der Familie mit sozialem und kulturellem Kapital, die Existenz und Nutzbarkeit persönlicher Netzwerke sowie der Zugang zu wichtigen, karriererelevanten Informationen haben auf die bildungs- und beschäftigungsspezifische Entwicklung einen nicht zu unterschätzenden Einfluss. Jugendliche aus höheren sozialen Schichten und anregenden Sozialräumen können in dieser Hinsicht von besseren Ausgangsbedingungen profitieren.

Das Phänomen der sozialisierten bzw. vererbten Subventionsbedürftigkeit ist in der Sozialpolitik auch bekannt als übergenerationelle Sozialhilfeabhängigkeit. Man spricht häufig von der zweiten oder gar dritten Sozialhilfegeneration. Kinder, die einer solchen subventions- und hilfegeprägten Familiengeschichte angehören, werden oft beschrieben als anspruchslos und kaum motivierbar (vgl. Groth/Maennig 1998, S. 9; Galuske 1993, S. 63). Eine gängige Zukunftsperspektive heißt dann: Das Leben genau wie die Eltern von staatlichen Unterstützungsleistungen zu bestreiten. Neuberger (1997) konstatiert, dass sich die betroffenen Kinder meist widerstandslos in ihr Schicksal fügen und das soziale Erbe ihrer Eltern antreten. Sie beruft sich auf eine Studie von Busch-Geertsema/Ruhstrat (1993), in der Hortkinder die Sozialhilfe[11] – nach Vorbild

---

11 Dieser „Berufswunsch" blieb auch nach der umfangreichen Sozialreform bestehen und konnte sich den aktuellen Rahmenbedingungen anpassen. Kinder der Unterschicht nennen nicht selten den Berufswunsch „Hartzer" und kennen sich erstaunlich gut mit den Konsequenzen und Möglichkeiten aus, die solch ein Alltag mit sich bringt. Die Jugendlichen erleben zu Hause, wie man unter prekären Bedingungen leben kann und empfinden diesen Lebensweg als gangbar. Sie fragen sich warum sie sich durch Anstrengung ein besseres Leben als das der Eltern ermöglichen sollen, wenn sie dieses doch als lebenswert erfahren haben. Sie empfinden es als erstrebenswert, den Tag zur freien Verfügung zu haben und an keine Verpflichtungen gebunden zu sein, auch wenn der finanzielle Rahmen, der vom Staat zum Leben bereitgestellt wird, wenig Raum für die Erfüllung großer Wünsche lässt.

der Eltern – als berufliche Perspektive für sich beanspruchten und eine entsprechend geringe Motivation zeigten, einen (hochwertigen) Schulabschluss zu erwerben (vgl. Neuberger 1997, S. 87).

Soziale Ungleichheit wird nach wie vor über die Institutionen des Bildungssystems reproduziert (vgl. Mack 2004, S. 6; Kurtz 2002, S. 37; Fend 2004, S. 16). Ein Aufwachsen in benachteiligten Milieus zieht förmlich weitere Deprivationen nach sich und mündet fast zwangsläufig in schlechtere Ausgangspositionen im Bildungssystem, die im Laufe der Schulkarriere auch kaum kompensiert werden können. Solga attestiert als Konsequenz gering qualifizierten Personen eine institutionalisierte Identitätsschädigung, durch den kontingenten Sieg der Vergangenheit über die Gegenwart und Zukunft (vgl. Solga 2005, S. 169).

In Fragen der Lebensplanung spielen die Eltern aus deprivierten sozialen Schichten eine fragwürdige Rolle. Angesichts der finanziellen Belastungen, die Schüler im Allgemeinschulwesen für das Familieneinkommen bedeuten, ist den Eltern mitunter nicht viel daran gelegen, die Kinder lange im schulischen Kontext zu belassen. Sie verfolgen gewöhnlich keine hohen Bildungsaspirationen (vgl. Hurrelmann 1989, S. 81; Walper 2000, S. 34; Heintze 2005, S. 98). Vielmehr besteht seitens der Eltern ein großes Interesse daran, die Kinder so schnell wie möglich in die Selbstverantwortung zu entlassen. Auch die Heranwachsenden selbst haben ein latentes Bedürfnis, die ökonomische Situation der Familie zu entlasten und wählen oftmals den Weg der schnellen materiellen Abkopplung vom Elternhaus. Damit bleiben vielen Schülern höherqualifizierte und auf dem Ausbildungs- und Arbeitsmarkt besser verwertbare Abschlüsse vorenthalten.

In Fragen der beruflichen Orientierung und Entscheidungsfindung können Jugendliche, deren Eltern am Arbeitsmarkt erfolgreicher sind, auf bessere Unterstützung hoffen als ihre Klassenkammeraden aus den unteren sozialen Schichten. Deren Eltern sind infolge der eigenen Entfernung vom Arbeitsmarkt kaum in der Lage, hilfreiches Wissen und Informationen über diesen zu vermitteln. Des Weiteren fehlt den Kindern das Erleben von der Selbstverständlichkeit der Erwerbsarbeit in ihrem Entwicklungsprozess und sie verinnerlichen das Thema Arbeit in der negativen Konnotation, welche die Eltern transportieren. Der Wunsch der eigenen beruflichen Selbstverwirklichung wird retardiert.

Neuberger stützt sich bei diesen Betrachtungen auf empirische Ergebnisse, die belegen, dass arbeitslose Eltern ihren Kindern im Berufswahlprozess keine überzeugende Hilfestellung bieten können und vielmehr die Jugendlichen allein entscheiden lassen (vgl. Neuberger 1997, S. 106). Den auf sich gestellten jungen Menschen, die ohnehin in Anbetracht ihrer sozialen Herkunft bereits mit Nachteilen behaftet sind, mangelt es bei der schwerwiegenden Entscheidung für einen geeigneten Beruf an Unterstützung aus dem familiären Umfeld. Der Mut, neue und Erfolg versprechende Wege zu gehen, schwindet durch die fehlende innerfamiliäre Stärkung. Ein zu geringes Maß an Beistand geht nicht immer auf

Desinteresse zurück. Meistens erklärt eine Art Unsicherheit und Hilflosigkeit das Verhalten der Eltern. Eltern, die in ihrer Wahrnehmung bereits bei der eigenen Lebensplanung versagt haben, können sich mit der Rolle des glaubhaften Ratgebers in beruflichen Entscheidungsfragen nicht identifizieren.

Zusammenfassend lässt sich feststellen, dass Kinder aus den unteren sozialen Schichten in mehrfacher Hinsicht benachteiligt sind. Diese Tatsache wird bei Fragen der Berufswahl und Lebensplanung besonders virulent. Dem deutschen Sozialsystem gelingt es nicht, die unterschiedlichen Ausgangschancen und Entwicklungsoptionen von Kindern akzeptabel auszugleichen, vielmehr fördert es eine Festschreibung der sozialen Lage und reproduziert darüber die bestehende soziale Ungleichheit. Die Lebensverhältnisse, in denen Kinder aufwachsen, „sind auch deshalb bedeutsam, als sie in Form von Orientierungen, Normen, Werten und konkreten Verhaltensweisen Einfluss auf die Sozialisationsbedingungen" haben (Neuberger 1997, S. 83). Will man diesen Kreislauf durchbrechen, müssen die Maßnahmen am Sozialraum und der Lebenswelt der Kinder ansetzen und das gesamte soziale Gefüge in den Blick nehmen.

3.2.3 Brüche, Umwege, Warteschleifen: der Umgang mit diskontinuierlichen Erwerbsbiografien

Von den Jugendlichen wird verlangt, vorauszusehen, was nicht prognostizierbar ist. Sie treffen eine berufliche Wahl in der Hoffnung, dass der ausgewählte Beruf am Ende ihrer Ausbildung auch nachgefragt wird und ihre Arbeitskraft am Markt tatsächlich Verwendung findet. Für einige junge Menschen am Entscheidungspunkt ist die Sicherheit der Verwertbarkeit das ausschlaggebende Argument bei der Festlegung des Ausbildungsweges. Ob der gewählte Beruf tatsächlich die erhoffte sichere Anstellung bringt, kann allerdings von keinem garantiert werden. Das Ausbildungssystem ist ähnlich antizyklisch gekennzeichnet wie der Teil der Hochschulbildung, der auf einen Einstieg in die Wirtschaft vorbereitet, sodass zum Zeitpunkt des Eintritts in das System nicht vorhersehbar ist, welche Qualifikationen zum Austrittszeitpunkt den Marktbedürfnissen entsprechen. Der berufswählende Heranwachsende, beeinflusst von fragwürdigen Marktvorhersagen, stellt seinen Entscheidungsprozess unter neue Auswahlkriterien, je näher der tatsächliche Bewerbungszeitraum rückt. Möglicherweise treten seine subjektiven Berufswünsche hinter die vermeintlich sichere Zukunftsperspektive zurück, in der Hoffnung, ein probates Mittel für einen guten Start am Arbeitsmarkt und damit eine solide Versicherung gegen Arbeitslosigkeit gefunden zu haben (vgl. Arnold 2000, S. 67).

Andere Schulabgänger haben so mangelhafte Abschlusszertifikate, dass sie ihre Berufswahl unter großen Einschränkungen treffen müssen, da ihnen nicht alle Wege offen stehen. Sie entscheiden sich häufig für das aus ihrer Sicht kleinste Übel und beginnen eine Ausbildung, die nicht im Geringsten ihre Interessen oder Wünsche widerspiegelt.

Schüler, die noch keine Vorstellungen bezüglich ihrer beruflichen Zukunft entwickeln konnten und somit keinen eigenen Plan besitzen, sind auf Ratschläge und Hinweise aus ihrem sozialen Umfeld angewiesen. Eben diese unschlüssigen bzw. orientierungslosen Jugendlichen verlassen sich zu einem beträchtlichen Anteil (zwischen 70 und 90%) auf den Rat der Eltern. Bezugspersonen aus dem sozialen Nahraum sind für die Gruppe der Unsicheren die ersten Ansprechpartner und gelegentlich diejenigen, die die eigentliche Berufswahl treffen (vgl. Rieger 1999, S. 48). Fraglich ist, ob die quasi stellvertretend getroffene Wahl auf objektiv nachvollziehbaren Motiven basiert. Zum einen kennen Eltern die aktuelle Marktlage oft noch weniger als die Jugendlichen selbst. Zum anderen sind die Beweggründe ihrer Ratschläge nicht selten subjektiv motiviert: Sie wollen berufliche Ziele umsetzen, die sie in ihrer eigenen Biografie nicht umsetzen konnten (vgl. Calchera/Weber 1900, S. 21), oder sie empfehlen unbewusst Berufe, von denen sie selbst profitieren wollen (finanziell und/oder ideell). So wird zum Beispiel über die empfohlene Ausbildung die Nachfolge im eigenen Unternehmen bestimmt, es werden gesellschaftlich angesehene Berufe vorgeschlagen oder Berufe, an denen die Eltern partizipieren. Mitunter werden auch Berufe schmackhaft gemacht, bei denen ein hohes Einkommen zu erwarten ist. Das sind nur einige der möglichen ausschlaggebenden Ursachen, die bewusst oder unbewusst die Ratschläge der Eltern konfigurieren.

Junge Menschen im Berufswahlprozess, die nicht die Gelegenheit hatten, Einblicke in den favorisierten Beruf zu erhalten, treffen ihre Entscheidung aufgrund unzureichender Informationen über das, was sie erwartet und was von Ihnen erwartet wird. Darüber hinaus sorgen komplizierte Berufsbezeichnungen und zu abstrakte Tätigkeitsbeschreibungen für zusätzliche Verwirrung und erschweren die Entwicklung realistischer Vorstellungen über Arbeitsinhalte.

Die eben vorgestellten vier Gruppen von Übergängern können als Risikotypen im Ausbildungsverlauf bezeichnet werden (vgl. dazu auch Deuer 2006, S. 21). Ausbildungsabbrüche sind im Berufsbildungssystem keine Seltenheit. Ca. 20% der Jugendlichen lösen ihren Ausbildungsvertrag vorzeitig.

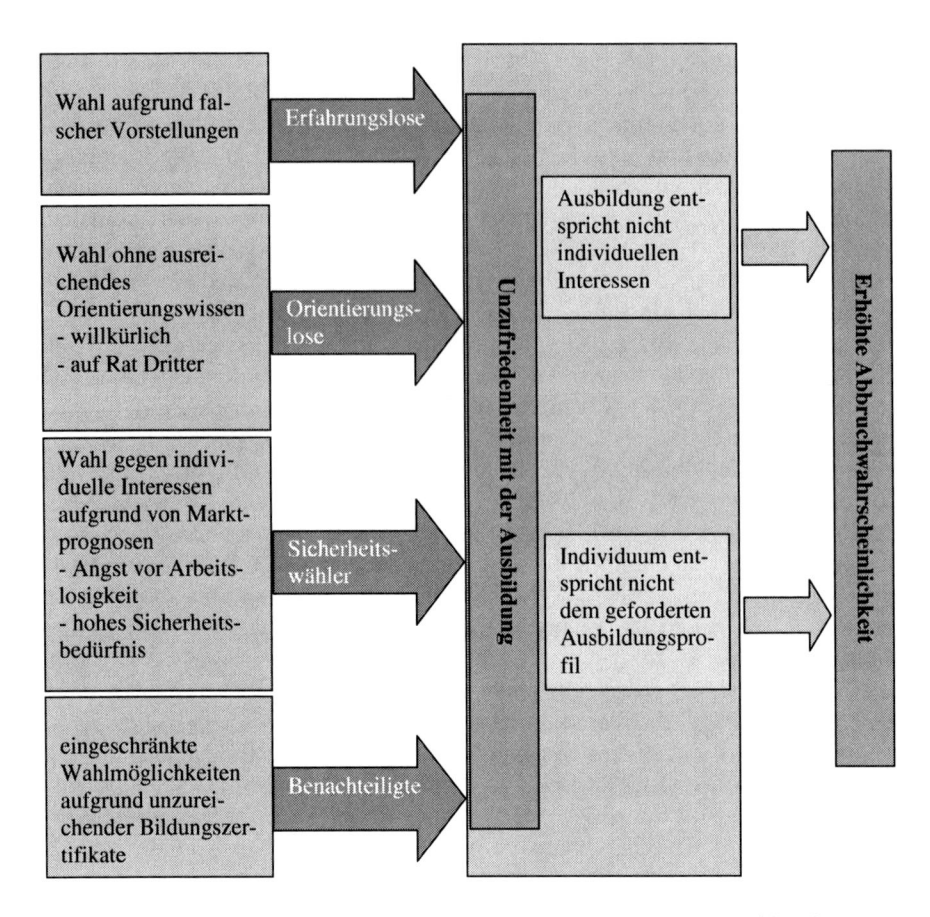

Wahl aufgrund falscher Vorstellungen	Erfahrungslose			
Wahl ohne ausreichendes Orientierungswissen - willkürlich - auf Rat Dritter	Orientierungslose	Unzufriedenheit mit der Ausbildung	Ausbildung entspricht nicht individuellen Interessen	Erhöhte Abbruchwahrscheinlichkeit
Wahl gegen individuelle Interessen aufgrund von Marktprognosen - Angst vor Arbeitslosigkeit - hohes Sicherheitsbedürfnis	Sicherheitswähler		Individuum entspricht nicht dem geforderten Ausbildungsprofil	
eingeschränkte Wahlmöglichkeiten aufgrund unzureichender Bildungszertifikate	Benachteiligte			

Abbildung 2: Risikogruppen für berufswahlabhängige Ausbildungsabbrüche

In Sachsen lag der Anteil im Ausbildungsjahr 2006 bei 19,1% (vgl. BMBF 2008, S. 151). Diese Quote erscheint im ersten Augenblick erschreckend hoch und muss relativiert werden. Die Angabe bezieht sich nicht wie oft angenommen auf Ausbildungsabbrüche, sondern auf registrierte Auflösungen von Ausbildungsverträgen. Die Gründe hierfür können vielfältig sein; sie werden nicht ausschließlich vom Auszubildenden verschuldet. Insolvenzbedingte Vertragslösungen sind hier ebenso inbegriffen wie ein umzugsbegründeter Betriebswechsel. Die häufigste Ursache einer Vertragsaufhebung stellen Komplikationen auf der Beziehungsebene zwischen Lehrling und Ausbildungsbetrieb dar. Der vertragslösende Auszubildende setzt seine begonnene Lehre in den meisten Fällen lückenlos in einem anderen Unternehmen fort. Abzüglich der genannten Fälle verbleiben etwa 10%, die ihre Ausbildung aus inhaltlichen Gründen sowie Matching-Problemen nicht fortsetzen (vgl. BIBB 2000, S. 32). Deuer bezieht sich auf Untersuchungen des Bundesinstituts für Berufsbildung (BIBB), die ausweisen, „dass bei jedem dritten Ausbildungsabbruch berufswahlbezogene Gründe eine Rolle gespielt haben (vgl. Deuer 2006, S. 45). Eine fundierte Berufswahl könnte demnach wesentlich dazu beitragen, Ausbildungsabbrüche zu reduzieren.

Für diesen Anteil allerdings wird als Abbruchsgrund die verfehlte Wahl bedingt durch falsche Vorstellungen am häufigsten genannt. Die Jugendlichen merken in der Regel recht schnell, dass sie den anvisierten Beruf nicht ausüben wollen und kündigen das Vertragsverhältnis meistens noch im ersten Jahr. Dabei hoffen sie, ohne größere Hürden einen Beruf zu finden, der ihrer Lebensplanung besser entspricht.

Der Ausbildungsabbruch hat jedoch sowohl für den Jugendlichen als auch für den Vertragspartner aus der Wirtschaft einige Nachteile (vgl. Deuer 2006, S. 17).

Betrachten wir zunächst die Folgen für das ausbildende Unternehmen. Der Azubi verursacht dem Unternehmen im Laufe seiner Ausbildung beträchtliche Kosten: Da sind zum einen die finanziellen Belastungen (Ausbildungsvergütung, Prüfungsentgelt, Lohnkosten für den Ausbilder etc.). Zum anderen bindet der Auszubildende weitere Ressourcen im Unternehmen (zeitlich, personell). Die Kosten verteilen sich für den Ausbildungsbetrieb nicht gleichmäßig über das gesamte Ausbildungsverhältnis, sondern sind zu Beginn der Ausbildung größer als am Ende, wenn der Azubi fast selbstständig arbeiten kann. Ein Abbruch im ersten Lehrjahr verursacht demnach vergleichsweise hohe Auslagen, die sich nicht durch erbrachte Arbeitsleistung refinanzieren lassen.

Ein weiterer, nicht zu unterschätzender Nachteil ergibt sich für das Unternehmen, wenn der Azubi mitten im Lehrjahr kündigt. Das Unternehmen kann oftmals erst wieder zu Beginn des kommenden Ausbildungsjahres den vakant gewordenen Platz neu vergeben. In den seltensten Fällen gelingt es dem Betrieb, die freie Stelle sofort und lückenlos zu besetzen. Die eingeplante Arbeitskraft fehlt im kalkulierten Arbeitsprozess und verursacht besonders in kleinen und mittelständischen Unternehmen einen ökonomischen Schaden. Darüber hinaus entstehen in Verbindung mit dem Auswahlverfahren eines neuen Lehrlings nicht einkalkulierte Kosten.

Auch für den Jugendlichen ergibt sich durch den Abbruch eine Reihe Folgekosten. Eine vorzeitig beendete Erstausbildung im Lebenslauf dokumentiert für alle weiteren Bewerbungen sichtbar diesen Makel im Ausbildungsweg und transportiert damit die Gefahr als unzuverlässig und unentschlossen zu gelten. Spätere Arbeitgeber könnten daraus schlussfolgern, dass der Jugendliche zu wenig Ehrgeiz besitzt, zu schnell aufgibt und möglicherweise bereits bei kleinen Hürden den Rückzug antritt. Der Jugendliche ist gezwungen, diese Angst zu überwinden und bei späteren Ausbildungsbetrieben die Bedenken auszuräumen. Kann er nicht direkt an die abgebrochene Ausbildung ein neues Vertragsverhältnis anschließen, findet er sich schnell in Übergangsmaßnahmen und Provisorien wieder. Vielfach markiert eine abgebrochene Erstausbildung den Beginn einer Maßnahmekarriere. Aus der Krisenintervention wird dann eine längerfristige subventionierte Beschäftigungsförderung.

Jugendlichen, die nicht gleich im Anschluss an die schulische Laufbahn Einstieg in das Ausbildungssystem finden, die eine Negativerfahrung in Form eines Ausbildungsabbruchs machen, oder die nach ihrer Ausbildung nicht direkt in den ersten Arbeitsmarkt vermittelt werden können, steht ein umfangreiches Hilfesystem zur Verfügung. Staatlich finanzierte Institutionen bieten diverse Übergangslösungen an, die entweder eine außerbetriebliche Ausbildungsmöglichkeit, eine allgemeine Weiterqualifizierung oder aber eine Berufsvorbereitung und damit eine Schulung fachspezifischer Grundkenntnisse eines bestimmten Berufsfeldes, zum Inhalt haben.

Das deutsche Maßnahmesystem steht nach wie vor unter massiver Kritik. Ziel aller staatlichen Unterstützungsangebote sollte sein, den hilfebedürftigen Jugendlichen so schnell wie möglich zu befähigen, doch noch Zugang zum ersten Ausbildungsmarkt zu erhalten oder in diesen zurückzukehren. In der Realität hat sich allerdings ein regelrechter Konkurrenzkampf um förderfähige junge Arbeitslose entwickelt. Die üblichen Fördermodalitäten konterkarieren dabei die Maxime der Hilfe zur Selbsthilfe. Anbietern von Hilfemaßnahmen können an dieser Stelle die Missstände nicht angelastet werden (vgl. Bosch 2001, S. 34). Sinnvoller erscheint es, das Maßnahmesystem zu reformieren und anstatt der regelmäßigen und vollzeitlichen Teilnahme an einem der oben genannten Angebote besser Erfolgsprämien und Vermittlungsprovisionen zu gewähren, um die Jugendlichen nicht künstlich an Maßnahmezeiträume zu binden.

Untersuchungen haben gezeigt, dass die Chancen auf (Re-)Integration in den regulären Markt sinken, je länger ein Jugendlicher im Maßnahmesystem verweilt (vgl. Solga 2005, S. 217; Lex 1997). Es gibt heute schon eine Population junger Menschen, die, durch Maßnahmekarrieren sozialisiert, als nicht mehr marktfähig gilt und mit hoher Wahrscheinlichkeit dauerhaft keine günstigen Perspektiven am Arbeitmarkt besitzt. Ihnen bleiben ein Leben in finanzieller Abhängigkeit von staatlichen Transferleistungen, die Hoffnung auf einen Glücksfall und ein Markt unsicherer, schlecht bezahlter Hilfsarbeiten.

3.3 Berufliche Orientierung als Grundprinzip verantwortungsvollen pädagogischen Handelns

Die Vorbereitung der jüngeren Generation auf ihre Integration in die Gesellschaft mit Hilfe eines arbeitsweltorientierten Lebensplans stellt das pädagogische Interesse der älteren Generation in einen engen Zusammenhang mit auf Zukunft ausgerichtete Handlungsmaxime. Das konkrete erzieherische Tun intendiert die „vorausschauende Erhaltung oder Herstellung von positiv eingeschätzten Zuständen mit Blick auf die Zukunft" (Osterloh 2002, S. 144). Dieser pädagogisch determinierte Zukunftsbezug konfrontiert die an der Erziehung Beteiligten mit einer Verantwortung, die darauf ausgerichtet ist, die bestehenden gesellschaftlichen Mechanismen zu erhalten, indem sie geeignete Träger des Systems qualifizieren, um es zu reproduzieren. Mit diesem Anliegen wird die berufliche Orientierung zum Gegenstand pädagogischer Verantwortung.

Obgleich der Verantwortungsbegriff in der erziehungswissenschaftlichen Diskussion kein unumstrittenes Konstrukt darstellt, erscheint es mir, besonders vor dem Hintergrund der Klärung von Zuständigkeiten[12] und Einflussgrößen im beruflichen Orientierungs- und Übergangsprozess, notwendig, eine differenzierte Analyse verantwortungszentrierter Interdependenzen voranzustellen. Im Fortgang der Arbeit werden damit die öffentlichen und privaten Instanzen arbeitsweltbezogenen Bildungs- und Erziehungshandelns auch hinsichtlich ihrer Verantwortung und deren Erfüllung in den Blick genommen.

Hauptsächlich der enge Zusammenhang von Kompetenz und Verantwortung (vgl. Thiersch 1968, S. 82), der im anschließenden Kapitel näher beschrieben wird, hat für die vorliegende Arbeit eine Schlüsselfunktion. Das Verantwortungskonzept entfaltet, wie zu zeigen sein wird, dann seine Ambivalenz, wenn anerkannte Verantwortungssubjekte ihrer Pflicht nicht genügend Folge leisten (können), weil wichtige Voraussetzungen verloren gegangen bzw. nicht erfüllt sind. In komplexen sozialen Zusammenhängen wie der beruflichen Orientierung sind derartige Differenzen keine Randerscheinungen mehr, sondern ursächlich für die Kritik an den Leistungen des derzeitigen Bildungs- und Erziehungsgeschehens.

Um den Verantwortungsbegriff auf eine für die Arbeit brauchbare Anwendbarkeit einzugrenzen, wird im folgenden Kapitel, ausgehend von grundlegenden Fragen der Verantwortung, seine Bedeutung im pädagogischen Kontext erörtert und anschließend die Konstitution und Relevanz einer Verantwortung für berufliche Orientierungsleistungen hergeleitet. Diese theoretische Basis gibt auch im empirischen Teil der Arbeit immer wieder wichtige Impulse.

---

12 Zuständigkeit wird hier verstanden als formal zugeschriebene Verantwortung (vgl. Sommer 1997, S. 44).

4 Das komplexe Phänomen der Verantwortung

„Primär ist Verantwortung von Menschen für Menschen" – so überschreibt Hans Jonas 1979 ein Kapitel seines Verantwortungsdiskurses (Jonas 2003, S. 184). Damit zeigt sich, dass dieses Phänomen vordergründig einen sozialen Charakter aufweist und deshalb gesellschaftlich eine hohe Bedeutung erlangt (vgl. Kirchner/Regenbogen 1998, S. 698).

Der Begriff der Verantwortung ist mit dem Erziehungssystem untrennbar verknüpft. Die moralisch-ethische Dimension der Verantwortung ist konstitutiv für jegliches pädagogisches Handeln. Basierend auf der natürlichen Verantwortung der Eltern als biologische Erzeuger spielt die Verantwortung für die Kindergeneration in mirkrosoziologischer Betrachtung eine elementare Rolle. Sie hat sich im Laufe der gesellschaftlichen Entwicklung durch den Komplexitätszuwachs der Gesellschaft in meso- und makrosoziologische Bereiche ausgedehnt. Die Verantwortung wurde in historisch-systematischer Betrachtung zunehmend aus dem familialen Kontext herausgelöst und umfangreichen Mechanismen der Formalisierung und Institutionalisierung unterzogen. Angesichts gesellschaftlicher Differenzierungsprozesse und systemadäquater Segmentierungsentwicklungen konnten sich institutionelle Verantwortlichkeiten potenzieren. Trotz dieser Entprivatisierung darf die Familie von ihrer naturgemäßen Verantwortung nicht entbunden werden. Inwieweit der Begriff der Verantwortung für die sozialisatorischen Betrachtungen dieser Arbeit belastet werden kann und welchen Zuschnitt er im sozialpädagogischen Deutungsrahmen entfaltet, soll in diesem Kapitel analysiert werden.

4.1 Eine philosophisch-soziologische Annäherung an die Verantwortungsproblematik

Der Terminus der Verantwortung hat seinen Ursprung in der Rechtslehre und wird im Grimmschen Wörterbuch mit der Verteidigung einer Sache oder begangenen Tat exemplifiziert. Zunächst wird der Begriff lediglich in seiner retrospektiven Bezugsdimension verwendet und steht terminologisch in enger Verbindung mit dem „Problem der Schuld, der Imputation und Zurechnung" (Lenk/Maring 2001, Sp. 566). Dass frühere philosophische Schriften den Deutungshorizont des heutigen Verantwortungsbegriffs zumindest bereits implizit zentrierten, ist auf die enge Verknüpfung der Verantwortungsprinzipien mit sozialethischen Grundpostulaten zurückzuführen. Moralisches Handeln ohne Verantwortung ist nicht denkbar. Hauptsächlich die retrospektive Frage nach der Verantwortung, d.h. die Frage nach der Schuld unserer zeitgenössischen Typologie der Verantwortung, findet sich bereits in den antiken Schriften Aristoteles'. Als Urvater der Zurechnungsprinzipien stellte er bereits in seiner „Nikomachischen Ethik" die Weichen für die spätere Strafrechtslehre. Er erarbeitete eine Stufenfolge der Zurechnungsfähigkeit. So sind Menschen, die aus physischem Zwang heraus handeln, nicht als zurechnungsfähig einzustufen. Menschen, die unter Einwirkung psychischer Repressalien handeln, gelten als faktisch aber nicht sittlich zurechnungsfähig. Als begrenzt zurechnungsfähig werden Menschen klassifiziert, deren Handlung von Unwissenheit gekennzeichnet ist (Aristoteles 1967, S. 30ff).

Nach Bayertz lässt sich eine äquivalente Verwendung der heutigen Komplexität des Begriffs bis in die zweite Hälfte des 19. Jahrhunderts nicht belegen (vgl. Bayertz 1995, S. 9). Erst zu dieser Zeit avanciert der Begriff „zu einem philosophisch relevanten Terminus" und entfaltet sich im 20. Jahrhundert als „ethische Schlüsselkategorie" in allen angrenzenden Wissenschaften (Lenk/ Maring 2001, Sp. 567ff).

In der Soziologie setzte Max Webers Vortrag „Politik als Beruf" einen Meilenstein in der verantwortungsbezogenen Begriffsgeschichte. Er führte 1919 den Terminus der Verantwortungsethik ein, der die Kontingenz voraussehbarer Risiken von Handlungen in den Fokus der Betrachtung rückt und den Menschen als Mängelwesen durch die Ergänzung der ethisch-sittlichen idealtypischen Gesinnung einer Handlung mit einem verantwortlichen Weitblick für eventuelle Folgen einer Tat nicht nur aus Gesinnung ethisch richtig handeln lässt, sondern vorausschauend und planend die Folgen der Handlung in seiner Entscheidungsfindung bedenkt. Er kreiert den Typus des Verantwortungsethikers, der für alle Folgen seines Handelns einsteht. Danner (1995) kritisiert Webers Inkonsequenz im Kontext pflichtgemäßer Handlungen, da er den Menschen freispricht von Schuld und Zurechnung, wenn der Mensch aus Gesetzesgründen und beruflicher Pflichterfüllung schlimme Folgen verursacht.

> „Verantwortung muß immer bereit sein, einen Schritt über die Pflicht hinaus zu tun und insofern eine Pflichtverletzung in Kauf nehmen. Jedoch muß sich diese darin legitimieren, daß sie ein ethisches Mehr gegenüber der einzelnen Pflichtvorschrift erbringt" (Danner 1995, S. 93).

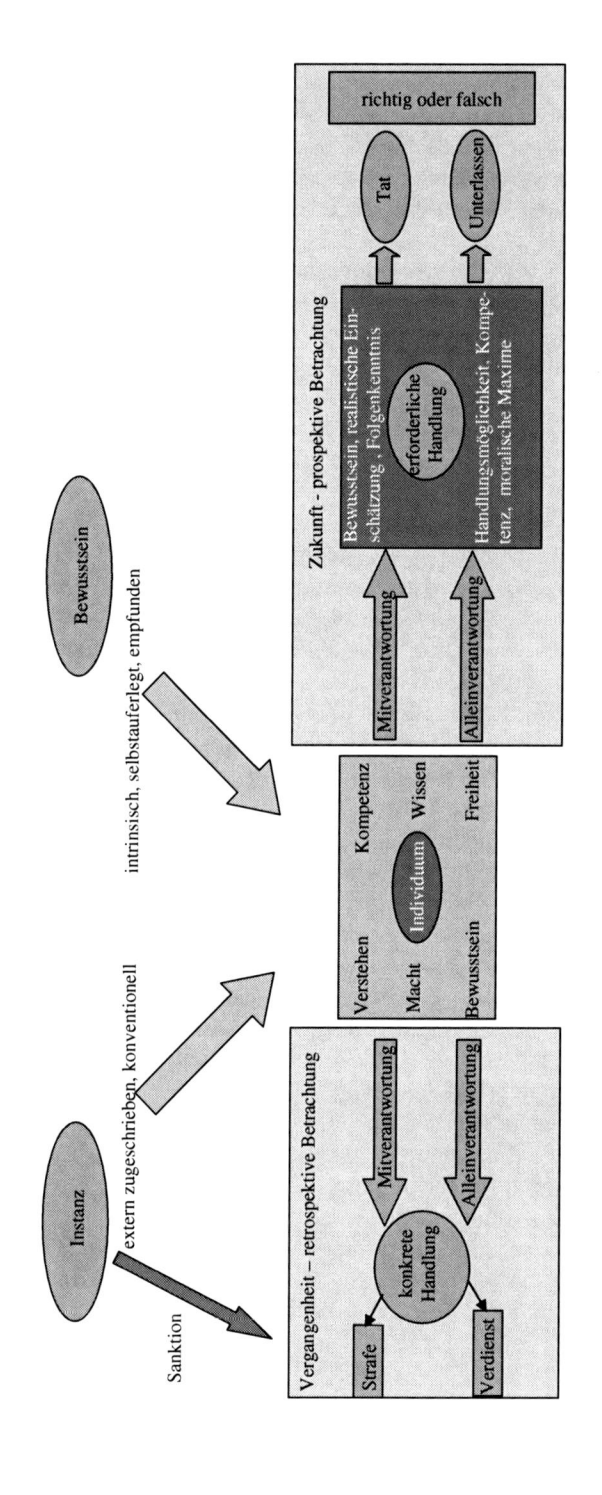

Abbildung 3: Verantwortung in ihrer individuellen und gesellschaftlichen Komplexität; Quelle: eigene Darstellung

Verantwortung geht über Pflichterfüllung und Zurechnung hinaus. Addiert man die moralische und die rechtliche Komponente, ist das Wesen der Verantwortung noch nicht hinreichend erfasst.

Die Vielschichtigkeit und Ambivalenz des Verantwortungsbegriffs in seiner sozialwissenschaftlichen Tragweite bewegt die wissenschaftlichen Diskussionen seit dem 20. Jahrhundert immer wieder. Gefeiert und verflucht, als „leere Hülle" verdammt (vgl. Klement 2006, S. 1) und als notwendiges Medikament gegen die psychosozialen Auswirkungen der modernen Gesellschaft (ebd., S. 12) wiederbelebt, kann der Verantwortungsbegriff auf einen bewegten wissenschaftlichen Diskurs zurückblicken.

Unternimmt man den Versuch, exemplarisch die Extensität und integralen Konditionen einer Verantwortungskonstellation zu demonstrieren, zeigt sich ein Bild komplexer individueller und gesellschaftlicher Relationen und Bedeutungsebenen (vgl. Abbildung 3).

Zunächst wird ein Verantwortungsträger vorausgesetzt, der frei entscheiden kann, der die Macht für die nötige Entscheidung besitzt und dessen Bewusstsein so weit entwickelt ist, dass er die Entscheidungsnotwendigkeit erkennt. Den Bezugspunkt verantwortlichen Handelns bildet stets das Verantwortungsobjekt. Dies kann sowohl ein Gegenstand als auch eine Person oder auch eine Personengruppe sein, die aus allgemein anerkannten Gründen einer bestimmten Fürsorge bedürfen. Weiterhin existiert eine übergeordnete Instanz, die an den Verantwortungsträger sowohl implizite (normative) als auch explizite (rechtliche) Erwartungen richtet und in der Lage ist, das Verantwortungssubjekt für sein Handeln zur Rechenschaft zu ziehen. Der Verantwortungsbereich ist hinsichtlich seiner zeitlichen Dimension beschränkt und erstreckt sich über einen begrenzten Handlungsbereich. Verantwortung wird einem Menschen aufgrund seiner moralischen Konstitution, kraft seiner (politischen) Macht, durch professionelle Kompetenz oder infolge generationsbedingter natürlicher Umstände übertragen (vgl. Auhagen 1999; Bayertz 1995; Danner 1985; Lenk 1992).

Begriffe wie Freiheit, Wissen, Macht, Bewusstsein bedingen Verantwortungssituationen und machen verantwortungsschwere Entscheidungen zu komplexen sozialen Handlungen, die in ihren gesellschaftlichen Facetten in toto abstrakt bleiben (vgl. Kirchhoff 1978; Jonas 1979, S. 222). Ohne das spezifische Bewusstsein für die entsprechende Situation, wäre der potenzielle Verantwortungsträger nicht in der Lage, nötige Handlungsbedarfe zu erkennen und die Verantwortungssituation einer innerpersonellen Prüfung zu unterziehen. In dieser reflektiert das Individuum, ob seine Kompetenzen zur Übernahme dieser Verantwortung passen, d.h. ob ausreichend Wissen über die Situation besteht, Handlungsfolgen realistisch kalkulierbar sind und damit eine fundierte Entscheidung getroffen werden kann. Es wird kontrolliert, ob Macht und Einfluss ausreichend sind[13], um die Entscheidung durchzusetzen. Es muss Gewissheit bestehen, dass der Entschluss ohne externe Repressionen, sprich in Entscheidungsfreiheit, getroffen werden kann. Sind diese Faktoren erfüllt, kann davon ausgegangen werden, dass zum einen das Individuum seine Zuständigkeit für die konkrete Handlungspflicht wahrnimmt und in der Konsequenz den Willen entwickelt zu handeln, dass zum anderen aber auch das soziale Umfeld der anscheinend kompetenten Person diese Verantwortung überträgt und präzise Erwartungen an den Träger richtet. Verantwortung wird damit zur „Kehrseite der Kompetenz" (Lenk 1992, S. 91; vgl. Bayertz 1995, S. 33; Birnbacher 1988, S. 210) und es gilt: Je besser eine Person „ihren Platz und ihre Funktion im System kennt und je weiter ihr Wissenshorizont im System reicht", desto größer wird ihre Verantwortung (Bühl 1998, S. 29).

Der enge Konnex zwischen Freiheit, Wissen, Macht und Verantwortung zeigt sich erneut in der ex-post-Betrachtung der Zurechnungsdimension. Denn nur wer in Kenntnis aller entscheidungsrelevanten Randbedingungen (Wissen) eine tatsächlich wirkungsvolle (Macht), bewusste Handlungswahl (Freiheit) getroffen hat, dem kann diese Tat auch zugeschrieben werden und nur derjenige hat sich für die Folgen zu verantworten (vgl. Sandkühler 1999, S. 1683). Die Frage der Zurechnung ist in derartigen Konstellationen oftmals ein Zeichen für eine negative Wirkung der Tat. Der Mensch wird in der Regel nur für Fehlverhalten angeklagt und zur Verantwortung gezogen. War die getroffene Entscheidung richtig und zeigte die erhoffte Wirkung, wird diese Leistung bzw. Erfolg dem Subjekt ebenfalls zugerechnet. Nur bei zwei Arten von Entscheidungen wird die Tat honoriert und dem Handelnden als Verdienst zugeschrieben: einmal bei jenen Entscheidungen, bei denen im Sinne einer Maximalmoral das Handeln über das intersubjektiv moralisch Eingeforderte hinaus geht sowie bei Entscheidungen, die mit einem großen öffentlichen Interesse verbunden sind. Oftmals ist das Zweitgenannte der Fall bei politischen Entscheidungen. In diesem Zusammenhang ist die Machtkomponente der Verantwortungsproblematik von besonderer Bedeutung, da von den Handlungsfolgen gewöhnlich viele Menschen betroffen sind. Mit zunehmender Macht erweitert sich proportional der Verantwortungsbereich (vgl. Birnbacher 1995, S. 152; Schubert 1998, S. 290). Der Politiker erhält die zusätzliche Pflicht, ergänzend zu seinen privaten und individuellen Verantwortlichkeiten, seine politische Macht zum Wohle der gesamten Gesellschaft einzusetzen. Sein gesellschaftlich relevantes Handeln sollte besonderen sozialethischen Maximen standhalten und erfordert ein Instrumentarium an moralischen Grundsätzen.

---

13 „Absolute Machtlosigkeit schließt Verantwortung aus" (Birnbacher 1995, S. 152), denn keiner kann zur Verantwortung für ein Tun gezogen werden, das fremdbestimmt und „vollkommen determiniert ist" (Dürr 1963, S. 57).

Mit der politischen Verantwortung hat sich Weber im bereits erwähnten Vortrag „Politik als Beruf" auseinandergesetzt. Mehr als das private Individuum hat der Politiker die Pflicht, nicht nur gesinnungsethisch zu handeln, d.h. sich gemessen an moralischen Werten und Normen richtig zu verhalten, sondern seine Entscheidung einer verantwortungsethischen Inspektion zu unterziehen. Er ist damit aufgefordert, mögliche Folgen und Wirkungen einer politischen Entscheidung umfassend zu analysieren und muss sich ebenso für seine Entscheidung zur Verantwortung ziehen lassen, wenn sich unkalkulierte, unbeabsichtigte Resultate seines Handelns einstellen. Verantwortungsethische und gesinnungsethische Aspekte können zuweilen konfligieren. Weber gesteht dem Politiker zu, trotz gesinnungsethischer Einwände eine verantwortungsethische Entscheidung zu treffen, denn nicht immer sind beide Anforderungen vereinbar.

Politisch korrektes Verhalten muss stets globale Wirkmechanismen und Langzeitfolgen abwägen, die zu einer vernunftbasierten Entscheidung führen können, die allein unter gesinnungsethischen Kriterien nicht zu rechtfertigen wäre und bei der handelnden politischen Person daher einen Zustand moralischer Zerrissenheit erzeugen kann. Vom politischen Agens wird ein verantwortungsethischer, d.h. nüchterner Blick auf die Realität erwartet, der den Entscheidungsträger in die Lage versetzt, Motive, Sinn sowie Nutzen abzuwägen und konsequent zu handeln. Im Idealfall erfüllt dieses Handeln sowohl gesinnungs- als auch verantwortungsethische Ansprüche. Beide Kategorien stehen also nicht im Gegensatz zueinander, sondern ergänzen sich (vgl. Weber 1992, S. 81). Weber verlangt allerdings vom Politiker ein permanentes und allgegenwärtiges Bewusstsein dieser Verantwortung unter Berücksichtigung individueller Reaktionen auf Situationen mit erhöhtem öffentlichen Druck und warnt vor den „diabolischen Mächten, die in jeder Gewaltsamkeit lauern" (ebd., S. 78).

In der Politik bzw. im öffentlichen Agieren stößt man auf ein weiteres Attribut der Verantwortung. Entscheidungskompetente Menschen werden nicht nur für ausgeführte Handlungen zur Verantwortung gezogen, sondern auch für unterlassene. Hat ein Mensch die Macht und das Wissen, eine Verantwortung für einen bestimmten Sachverhalt zu übernehmen, wird er infolgedessen von anderen als entscheidungskompetent – resp. veranlasst durch seine berufliche oder öffentliche Rolle – eingeschätzt. Ihm wird diese Verantwortung fast zwangsläufig übertragen. Nimmt der potenzielle Handlungsträger die Aufgabe nicht an und unterlässt eine von ihm erwartete Handlung, kann er ebenfalls dafür zur Verantwortung gezogen werden, da eine Art von sozialethischer Fürsorge und Präventionspflicht dem kompetenten menschlichen Individuum inhärent ist. Je nach Zuständigkeitsbereich kann sich diese Handlungspflicht auf einen spezifischen, sehr differenzierten Einzelsachverhalt (auf ein spezielles personales oder dingliches Objekt) beziehen. Mit wachsender Macht des Handlungsträgers, z.B. aufgrund politischer Legitimation, kann sich diese Verantwortlichkeit aber auch quasi unbeschränkt globalisieren. Träger derart weitreichender Gestaltungs- und Entwicklungspotenz haben eine besonders große Verantwortung zu schultern. Von ihnen wird erwartet, dass sie jede Entscheidung an einer hohen moralischen Maxime ausrichten, da sie stellvertretend für alle von den Folgen der Handlung Betroffenen optieren müssen.

Die Verantwortung hat folglich zwei Perspektiven: eine prospektive, die den Verantwortungsträger mit Pflichten konfrontiert, die eine zukünftige Wirkung betreffen sowie eine retrospektive, die eine meist negative Wirkung auf den Verantwortungsträger rückbezieht. Es wird unterschieden in Verantwortlichkeit als Pflicht für Zu-Tuendes und Verantwortung als Zurechnung begangener Taten bzw. unterlassener Handlungen.

Auch ist verantwortliches Handeln stets konkretes reaktives Tun. Es bezieht sich auf einen bestimmten Handlungsspielraum mit einem präzisen Ist-Stand, der aufgrund konventioneller Motive oder inspiriert durch individuelle Argumente eine verantwortliche Reaktion eines verständlichen Trägers sinnvollen Handelns auslöst. Unter Berücksichtigung und Akzeptanz der absehbaren Folgen und geleitet von subjektiven moralischen Überzeugungen trifft dieser eine bewusste Entscheidung, für die er im Nachhinein von einer sozialen, politischen, rechtlichen oder gesellschaftlichen Instanz zur Verantwortung gezogen werden kann. Auch die Verantwortung vor sich selbst, deren private Instanz sich im Gewissen manifestiert, und den eigenen moralischen Normen zwingt den Menschen zu Taten, die mit seinem Normen- und Wertesystem im Einklang stehen. Es kann passieren, dass ein verantwortlicher Mensch seiner Verantwortung dadurch gerecht wird, dass er eben gerade nicht handelt. Ist diese Entscheidung eine bewusst getroffene, welche den Mitteleinsatz (nichts zu tun) unter Berücksichtigung moralischer und rationaler Grundsätze in einen logischen Kausalzusammenhang mit einem konsensfähigen Ziel zu setzen vermag, kann auch in diesem Fall von verantwortlichem Handeln gesprochen werden. Auch wenn der Handelnde keine sichtbare Tat ausgelöst hat, ist er doch für die Folgen seiner Entscheidung, also für die Resultate des Unterlassens einer Handlung verantwortlich.

Die Verantwortlichkeit in ihrer prospektiven Blickrichtung kann als eine Art Aufgabenzuschreibung betrachtet werden, für die sich ein sozialer Akteur durch bestimmte Eigenschaften qualifiziert. Diese Zuschreibung geschieht in der Regel von außen, setzt allerdings in der Folge ein innerpersonelles Einverständnis und die bewusste Übernahme der Aufgabe voraus (vgl. Auhagen 1999, S. 39). Mit Bayertz gesprochen ist die Verantwortung damit keine Natursache, sondern beruht auf einer Verhandlungsbasis, die einer vorgeschalteten Kommunikation bedarf (vgl. Bayertz 1995, S. 16). Die externe Zuschreibung und damit Aufgabenübertragung setzt ein Vertrauen in die Fähigkeiten und Kenntnisse der betreffenden Einzelperson oder Personengruppe voraus. Auf individueller Basis sind z.B. kognitive, moralische und kommunikative Fähigkeiten notwendig (vgl. Kaufmann 1995, S. 88); darüber hinaus bedarf es der erforderlichen Potenz und Macht (vgl. Schubert 1998, S. 78).

4.2 Ein sozialwissenschaftlicher Leitbegriff in seiner pädagogischen Dimension

Bezug nehmend auf Schleiermacher, weist Danner (1985) darauf hin, dass keine Handlung als erzieherische bezeichnet werden dürfe, die keinen Zusammenhang zur genuinen Verantwortlichkeit der älteren Generation für die jüngere dokumentiert. Folglich haftet jeder pädagogischen Handlung oder Intention eine moralische Verpflichtung an, die das Wohl des Schützlings zentriert (vgl. Danner 1985, S. 14). Verantwortung und Pädagogik stehen demnach in einer elementaren Beziehung.

Als ein Hauptwerk der sozialethischen Auseinandersetzung mit dem Thema Verantwortung kann zweifellos Hans Jonas' „Prinzip der Verantwortung" gelten. Besonders im Kontext der Pädagogik konnte dieses Werk bedeutende Grundsteine setzen. Jonas bezeichnet das Kind als den „Urgegenstand der Verantwortung" (Jonas 1979, S. 234) und weist der elterlichen Verantwortung für das Kind eine Art zeitlose Prototypfunktion zu. Mit Jonas erhalten nicht nur die Eltern Verpflichtungen gegenüber dem heranwachsenden Kind, sondern auch der Staat. Sind in den ersten Jahren nach der Geburt des Kindes die Eltern größtenteils noch alleinverantwortlich für die Befriedigung der kindlichen Bedürfnisse, schaltet sich der Staat allmählich, besonders in Erziehungs- und Bildungsfragen, dazu. Um mit Jonas' Worten zu sprechen, will der Staat „seine Bürger nicht nur fertig übernehmen, sondern an ihrer Heranbildung mitwirken" (ebd., S. 191).

Durch staatliche wie auch elterliche Bildung und Erziehung wird das Ziel verfolgt, das Kind in das vorhandene Gesellschaftsgefüge zu integrieren. Zusätzlich zur Sicherstellung des physischen und psychischen Wohlergehens des Kindes erfolgt damit die Sozialisierung durch die gemeinsame Vermittlung des gesellschaftlichen Normen- und Wertesystems sowie kognitiver Grundkenntnisse und die Formung des Individuums zu einer sozialfähigen Persönlichkeit. Im Sozialisierungsprozess bedarf das Kind anfangs vielseitiger Unterstützung und Lenkung, da es allein in der Gemeinschaft noch nicht lebensfähig wäre. Mit zunehmendem Alter wird der Heranwachsende kompetenter, d.h. er benötigt weniger Halt von außen und erlernt, sich selbst zu steuern und eigenverantwortlich zu handeln (vgl. Fuhr 1998, S. 183; Dürr 1963, S. 39). Hat der junge Mensch eine selbstverantwortliche Position in den wichtigsten gesellschaftlichen Bereichen erreicht[14], schwindet die elterliche Verantwortung für den Nachwuchs nahezu vollständig und bleibt nur als eine Art Reserve für individuelle Notsituationen latent bestehen.

Eine Eingliederung in das vorhandene Gesellschaftsgefüge gelingt durch erfolgreiche Sozialisation und Erziehung. Diese Leistung bewältigt das sich integrierende Subjekt nicht nur durch elterliche und institutionelle Hilfe, sondern in Interaktion mit dem gesamten sozialen Umfeld. Die Mitglieder der Gemeinschaft sind dafür zuständig, heranwachsenden Individuen den Weg zu einer Systemintegration zu ebnen und sie in das bewährte System aufzunehmen. Daran richtet sich primär jegliches Erziehungshandeln aus (vgl. Abeldt 2001, S. 86). Man kann in diesem Zusammenhang von einer Pflicht der integrierten Gesellschaftsmitglieder sprechen, durch ihr soziales Handeln bezogen auf die nachwachsende Generation das System zu bewahren (vgl. Birkenbeil 1986, S. 42). Sie tragen demzufolge eine zukunftsorientierte, systemerhaltende Verantwortung. Da die gesellschaftliche Integration erst durch eine gelungene Eingliederung in den Arbeitsmarkt als vollzogen angesehen wird, dehnt sich der Verantwortungsbereich auch über dieses Aufgabenspektrum aus. Denn nur dann, wenn den Jugendlichen der Übertritt in das Erwerbssystem geglückt ist und sie sich nicht mehr in (Aus-) Bildungsmaßnahmen befinden, gelten sie in der Gesellschaft als erwachsen und erfüllen die Voraussetzungen für ein selbstverantwortliches Dasein (vgl. Hurrelmann 1989, S. 16).

Ich wende mich an dieser Stelle nochmals der elterlichen Verantwortung zu. Bislang konnte bereits kurz skizziert werden, dass die Eltern allein durch das In-die-Welt-Setzen des Zöglings, quasi als Urheber des individuellen Seins, auch für diesen verantwortlich sind und gemacht werden (vgl. Rummel 2001, S. 14). Das Kind, das bei der Entscheidung, dass es geboren wird, nicht gefragt werden bzw. mitentscheiden kann, ob es das überhaupt möchte, hat ein unumstößliches Recht auf die Schaffung akzeptabler Lebensvoraussetzungen. Fuhr (1998) verweist in diesem Kontext auf den Anspruch des Kindes auf „Förderung seiner pragmatischen Kompetenz und auf Respektierung seiner zunehmenden Autonomie". Nach ihm tragen die Eltern durchaus die Verantwortung für die Erfüllung dieser Aufgaben, können aber in Anbetracht ihrer Erziehungsunsicherheit nicht für die Erziehungsergebnisse verantwortlich bzw. sogar haftbar gemacht werden (Fuhr 1998, S. 18). Ähnlich beurteilt Thomä die Rolle der Eltern, die

---

14 Unter allen gesellschaftlichen Bereichen muss derzeit das Erwerbssystem als der wichtigste für eine erfolgreiche Integration in die Gesellschaft angesehen werden. Erst wenn das Individuum seine Arbeitskraft am Markt in eine berufliche Position transformieren kann, gilt es in unserer Gesellschaft als selbstständige und unabhängige Person. Solange dieser Schritt vom Individuum nicht vollzogen werden kann, ist es abhängig von staatlichen Subventionszahlungen und Unterstützungsleistungen und gilt nicht als vollwertiges nützliches Gesellschaftsmitglied.

zwar Verantwortung impliziere, „aber mit beschränkter Haftung" (Thomä 1992, S. 93).

Der Mensch als Mängelwesen ist nicht zwangsläufig aufgrund seiner natürlichen Fortpflanzungsfähigkeit prädestiniert für eine konfliktlose Eingliederung seiner Nachfahren in das soziale Gefüge. Instinktgesteuerte Anlernprozesse wurden im Laufe der Evolution überformt und den zivilisierten Rahmenbedingungen angepasst. Durch die steigende Unübersichtlichkeit unserer Gesellschaft sind immer weniger Eltern in der Lage, adäquate Integrationshilfen zur Verfügung zu stellen. Eine zunehmende Anzahl von Eltern weist erhebliche Unsicherheiten in ihrem Erziehungsverhalten auf.

Bereits im vorangegangenen Kapitel konnte herausgearbeitet werden, dass zur Verantwortungsübernahme und Identifizierung mit Verpflichtungen gewisse Kompetenzen sowie Kenntnis über Rahmenbedingungen und Handlungsfolgen vorausgesetzt sind. Damit Eltern ihre Kinder adäquat auf die Gesellschaft und deren Anforderungen in der Gegenwart und der relevanten Zukunft vorbereiten können, benötigen sie spezielles Wissen und eine quasi utopische Prognosefähigkeit. Die zur Verantwortung notwendige Kompetenz ist damit nicht im ausreichenden Maß gegeben. Dieser Tatsache und der zunehmenden Institutionalisierung von Bildung und Erziehung geschuldet, ist eine deutliche Kompetenzverschiebung in Richtung der staatlich kontrollierten und reglementierten Sozialisierungsinstanzen festzustellen. Immer mehr Inhalte elterlicher Erziehungsleistungen werden mehr oder weniger kompensierend durch staatliche Unterstützungssysteme ergänzt bzw. übernommen.

Trotz aller Unsicherheiten bleiben aber die Eltern und das soziale Umfeld maßgeblich mitverantwortlich für Entwicklung und Sozialisierung des jungen Menschen. Gemeinsam müssen Bedingungen geschaffen werden, damit sich der Heranwachsende die notwendigen Fertigkeiten aneignet, seine Fähigkeiten sinnvoll entwickelt und nützliche Qualifikationen erwirbt, um allein in der Gesellschaft bestehen zu können und in der Lage ist, ein erfülltes Leben zu führen.

Betrachtet man das soziale Umfeld eines Heranwachsenden intensiver, bildet in den meisten Fällen die Kernfamilie den Nukleus der größten emotionalen Nähe und einer empfundenen Fürsorge- und Hilfepflicht. Jonas unterscheidet hier in horizontale und vertikale Ausrichtung der Verantwortung. Die vertikale Charakteristik wird symbolisiert durch die intergenerativen Verbindungen, und zwar primär die Verantwortung der Elterngeneration für das heranwachsende Kind. Verantwortungsbeziehungen in horizontaler Richtung (z.B. Geschwisterverbindungen) sind der elterlichen deutlich nachgeordnet und weniger global und permanent (vgl. Jonas 1979, S. 178). Zum sozialen Umfeld gehören weiterhin Einflüsse aus dem Wohngebiet und den institutionellen Kontakten des jungen Menschen sowie seine Einbindung in soziale Gemeinschaften außerhalb der bereits genannten Milieus.

Welchen Personen bzw. Organisationen konkret eine Mitverantwortung zugeschrieben werden kann, welche Auswirkungen eine derartige gesellschaftlich wichtige Funktion der Begleitung und Unterstützung des Integrationsprozesses hat und wo sie begrenzt werden muss, soll in Kapitel fünf im Mittelpunkt stehen.

Auch in der pädagogischen Betrachtung bleibt das Verantwortungsphänomen somit mehrdimensional. Auf der einen Seite geht es um die Verantwortung als Erziehungsgrundsatz und auf der anderen Seite um die Verantwortung als Erziehungsziel (vgl. Meyer-Drawe 1992, S. 15). Als Prinzip der Erziehung kann eine substanzielle „Fürsorge- und Präventionsverantwortung" (Sandkühler 1999, S. 1685) angenommen werden, die als Pflichtbegriff prinzipiell unbegrenzt ist und „über das hinausgreift, wofür man haftbar gemacht werden kann" (Picht 1969, S. 320). Dieser Fürsorgepflicht hat jeder Mensch, dem ein Objekt oder unselbstständiges Subjekt anvertraut wurde, nachzukommen. In diesem Sinne meint Verantwortung eine Leistung in Form eines „Handelns für andere Menschen" (Mieg 1994, S. 12). Die Erfüllung der Fürsorgepflicht kann als Naturprinzip, das zum Fortbestand der biologischen Art auch im Menschen angelegt ist, als grundsätzlich gegeben und von allen humanen Lebewesen verfolgt, angenommen werden.

Ebenfalls als Naturgesetz kann die Eingliederung der nachwachsenden Generationen in das vorhandene Sozialsystem betrachtet werden. Allein aus dem Motiv der Arterhaltung sind Lebewesen verpflichtet bzw. entsprechend determiniert, die Nachkommen mit dem nötigen Wissen und den Fähigkeiten auszustatten, um allein lebensfähig zu werden und die Evolution fortzuschreiben. Diese Bestimmung haben alle Formen organischen Daseins. Geschöpfe der Pflanzenwelt realisieren diese Aufgabe dank funktioneller Mechanismen. Im Tierreich erfolgt die Umsetzung instinktgeleitet. Der Mensch als vernunftbegabtes Wesen benötigt das entsprechende Bewusstsein, das sein Handeln bestimmt. Dieses Bewusstsein erlangt er durch lebenslange Erkenntnisprozesse. Erziehungs- und Bildungsmaßnahmen beschleunigen diese Entwicklung. Als einziges Lebewesen ist der Mensch in der Lage, durch bewusst gesteuerte, intendierte Handlungen auf die Nachkommen Einfluss zu nehmen und der folgenden Generation Fähigkeiten und Wissen zu vermitteln, die ihnen ein selbstständiges Leben in ihrer Umwelt und der Gesellschaft ermöglichen. Das Erziehungssystem übernimmt stellvertretend für den Zögling die Verantwortung, bis dieser unter Anleitung gelernt hat, selbst für sein Handeln Verantwortung zu übernehmen. Die ‚stellvertretende pädagogische Verantwortung' (diesem Terminus wende ich mich am Ende des Kapitels dezidiert zu) verfolgt das Ziel, sich selbst im Laufe des individuellen Entwicklungsprozesses des jungen Menschen sukzessive aufzuheben (vgl. Kirchner/Regenbogen 1998, S. 698).

Man kann demnach die Verantwortungsdiskussion in ihrer pädagogischen Dimension als eine Art Stufensystem betrachten, das auf der untersten Stufe die Fürsorgepflicht für biologische Nachfahren zugrundelegt, auf der nächsten Ebene die Integration der neuen Mitmenschen in das vorhandene Sozialsystem thematisiert und zur Selbstverantwortung anleitet und sich auf dem höchsten Niveau mit einer Art Zukunftsverantwortung auseinandersetzt. Dies geschieht durch eine Implementierung des Bewusstseins und der Verantwortung für zukünftiges Leben in das Handeln künftiger Generationen. Deswegen ist der Mensch dafür verantwortlich, „dass Verantwortung ist" (Gronke 2001, S. 206). Ab Stufe zwei der folgenden Grafik sprechen Günzler/Teutsch (1980) in diesem Sinne von „Sozialerziehung" (Günzler/Teutsch 1980, S. 18).

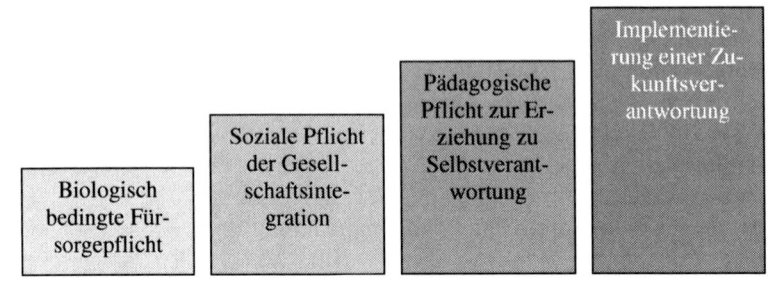

Abbildung 4: Stufenfolge der pädagogischen Verantwortungsdimensionen

Auch dem Dasein nichtmenschlicher Lebensformen sind zukunftserhaltende Momente inhärent. Man kann aber nicht von einer Verantwortlichkeit sprechen, da Tiere oder Pflanzen nicht das Wissen, die Macht und die Freiheit besitzen anders zu handeln, als es ihr funktionelles und instinktgesteuertes Verhalten diktiert. Die Zukunftsverantwortung ist also nur für menschliches Verhalten evident.

Mit der Ausweitung der personalen Macht in der globalisierten Welt ist die Frage nach der Zukunftsverantwortung ein rein anthropologisches Phänomen. Nur der Mensch hat im Laufe des letzten Jahrhunderts das Vermögen entwickelt, für seine eigene Art sowie für den ihn umgebenden Lebensraum bis hin zur Welt als Ganzes gefährlich zu werden. Der Mensch ist infolge des Fortschritts in Wissenschaft und Technik in der Lage, die Welt zu zerstören. Derartige Macht verpflichtet die entsprechenden Entscheidungsträger zu einer neuen Art der Verantwortung (vgl. Lenk/Mahring 1995, S. 246), der Maxime, sowohl die Welt als Leben ermöglichenden Raum als auch die Erde schlechthin künftigen Lebewesen zu erhalten und dies in einem Zustand mit mindestens dem heutigen Dasein gleichwertigen Möglichkeiten. Diese Zukunftsverantwortung stellt für den Menschen eine wachsende Herausforderung dar und es darf bezweifelt werden, ob der Mensch sich selbst tatsächlich gewachsen ist.

Wie wichtig die Vermittlung des Verantwortungsgefühls an die nächste Generation[15] ist und wie notwendig sie besonders in Zeiten schneller gesellschaftlicher Entwicklungen und rasanter Fortschritte in bedeutenden Lebensbereichen zu werden scheint, soll im Zentrum der nun folgenden Betrachtungen stehen.

Dass es (über-)lebensnotwendig werden wird, seinen Verstand zu gebrauchen und Entscheidungen einer strengen ethisch-moralischen Prüfung zu unterziehen, lassen die derzeitigen Entwicklungen und ein Forschungstand auf kaum greifbarem Niveau bereits erahnen. Die moderne Gesellschaft zeigt nicht nur den Trend der Institutionalisierung, sondern auch der Individualisierung. Dem Einzelnen werden immer mehr Freiheiten gewährt, sein Leben und sein Tun selbst zu entscheiden. Proportional zu diesem Zuwachs an freien Entscheidungen wächst auch die zu tragende Verantwortung. Durch eine stark segmentierte und spezialisierte Forschungslandschaft drohen besonders in technischen oder medizinischen Bereichen Gefahren, die ein Großteil der Bevölkerung nicht abschätzen kann, da nur wenige Experten über das nötige Fachwissen verfügen (vgl. Löwisch 1994, S. 83). Für einen verantwortungsvollen Umgang mit den Rechten der jetzt lebenden Menschen und der nachkommender Generationen ist ein erhöhtes Verantwortungsbewusstsein an allen entscheidungsrelevanten Positionen verbunden.

Verantwortungsbereiche sind der Expansion personaler Macht kongruent (vgl. Böhler 2001b, S. 150). Soweit wie der eigene Einfluss reicht, erstreckt sich die zu tragende bzw. mitzutragende Verantwortung. Picht verweist in diesem Deutungshorizont explizit darauf, dass sich der Träger nach seiner Verantwortung richten müsse und nicht umgekehrt (vgl. Picht 1969, S. 339). Wer aufgrund eigener oder externer Zuschreibung der notwendigen Fähigkeiten kompetent genug erscheint, um eine Problemsituation angemessen zu bewältigen, ist nolens volens auch als verantwortlich anzusehen.

Der Mensch ist moralisch verpflichtet, nicht nur zu erkennen für welchen Zuständigkeitsbereich er Verantwortung übernehmen kann und muss. Er ist auch angehalten, Aufgaben zu registrieren, für die sich noch kein Träger verantwortlich zeichnet, die aber von gesellschaftlicher Relevanz bzw. mit dem menschlichen Schicksal verknüpft sind (vgl. Picht 1969, S. 340). In einer globalisierten Welt besteht eine erhöhte Gefahr, Risiken für Menschheit und Lebensraum nicht rechtzeitig zu erkennen, um verhindernde Maßnahmen einleiten zu können. Das Gebot der verantwortlichen Überwachung – besonders der technischen und wissenschaftlichen Fortschritte – ist nicht nur für die momentan lebenden Gesellschaftsmitglieder opportun, sondern muss zum Wohle der Menschheit und un-

---

15 Dies kann auch bezeichnet werden als Konstitution eines Verantwortungsbewusstseins.

bedingten Fortbestand des Existenz ermöglichenden Lebensraumes in die folgenden Generationen implementiert werden.

Beck illustriert eindrucksvoll die latente Gefahr der täglich rasant fortschreitenden Entwicklungen. Problemlos lässt sich die von ihm sehr anschaulich geschilderte Situation durch weitere Gefahrenquellen erweitern: Nicht nur Biologen und Mediziner „schmuggeln eingewickelt in Normalität ein neues Zeitalter über die Grenzen des Zumutbaren" (Beck 1988, S. 17).

Die Relevanz der Verantwortung für die Pädagogik konnte auf den letzten Seiten in ihrer Vielschichtigkeit demonstriert werden. Zum Abschluss des Kapitels möchte ich mich, wie bereits angekündigt, dem Terminus der ‚pädagogischen Verantwortung' widmen und einen kurzen Überblick geben, was damit zum Ausdruck gebracht werden soll.

Mit der expliziten ‚pädagogischen Verantwortung' als besonderer Typus in einem komplexen Verantwortungsdiskurs haben sich wenige Autoren beschäftigt, wobei die Frage nach einer speziellen Erziehungsdimension durchaus legitim erscheint. Lassen sich vor dem Hintergrund erziehungsrelevanter Konstellationen die verschiedensten Arten von Verantwortung nachweisen[16], ist die Frage nach einer idealtypischen ‚pädagogischen Verantwortung' naheliegend.

Pädagogische Verantwortung als Erziehungspflicht bedeutet vor dem Hintergrund der Handlungsverantwortung spezieller professioneller Erzieher, die sich aus einer Rollen- und Aufgabenverantwortung deduzieren lässt „die Verpflichtung auf individuelle Hilfe bei der Entwicklung von Identität und Lebensfähigkeit". Es handelt sich um eine „moralisch begründete, fürsorgende Hilfe" bei Fragen der Selbstfindung und Persönlichkeitsentwicklung sowie der Anleitung und Unterstützung bei der Etablierung zum selbstständig verantworteten individuellen und gesellschaftlichen Leben (Osterloh 2004, S. 66f). Richter erklärt im Zusammenhang mit dem Elften Kinder- und Jugendhilfebericht, der das Thema öffentlichen Verantwortung für das Aufwachsen von Kindern und Jugendlichen intensiv beleuchtete, die Handlungselemente der Verantwortung „Aufgaben erkennen, Pflichten erfüllen, Rechenschaft ablegen, für Menschen einstehen (...), für Versagen haften" (Richter 2002, S. 14) auch im pädagogischen Kontext für bindend.

4.3 Gibt es eine Verantwortung für berufliche Orientierung?

Die als Überschrift gewählte Fragestellung impliziert zunächst einige theoretische Annahmen. Um zu klären, ob es so etwas wie eine Verantwortung für berufliche Orientierungsleistung gibt, muss eine Art pädagogische bzw. Erziehungsverantwortung spezieller zuständiger Personen bzw. Institutionen postu-

---

16 Im pädagogischen Kontext werden sowohl die moralischen, rechtlichen, professionellen als auch die politischen Aspekte der Verantwortungsdiskussion berührt.

liert werden. Dass dieses Postulat nicht willkürlich aufgestellt wird, zeigt sich ebenso im Alltagsverständnis von Erziehung wie auch in der Wissenschaft der Pädagogik.

Im Zusammenhang mit erzieherischen Themen spielt die Verantwortung in vielerlei Hinblick eine quasi selbstverständliche Rolle. Eltern tragen für ihre Kinder eine beträchtliche Verantwortung, z.B. für das physische und psychosoziale Wohlergehen. Sie sind dafür zuständig, das heranwachsende Kind zu befähigen, mit zunehmendem Alter eigenständig für seine Bedürfnisbefriedigung zu sorgen und sein Leben mehr und mehr selbstverantwortlich zu gestalten.

Die Gesellschaft trägt eine Verantwortung dafür, den zukünftigen Generationen den Planeten in lebensfähigem Zustand zu übergeben, d.h. die Natur als Lebensraum zu erhalten. Damit besitzt der Mensch eine Art Generationenverantwortung und muss nicht nur Sorge dafür tragen, dass die Welt für zukünftiges Leben bestehen bleibt. Er ist darüber hinaus angehalten, der Kindergeneration dieses Selbstverständnis und diese Verantwortung zu übertragen und damit die physische Existenz und ein lebenswertes Dasein auch Generationen zu ermöglichen, die er selbst nicht mehr kennen lernen wird. Wie weit diese Verantwortung reicht, ist allerdings ein sehr strittiges Thema. So ist nach Picht das gesamte menschliche Handeln auf die Zukunft ausgerichtet und die „Zukünftigkeit dieser Zukunft kennt keine Grenzen" (Picht 1969, S. 330). Einige Experten erachten eine Verantwortung über die eigene Kindergeneration hinaus für nicht tragbar. Weikard (2001) beispielsweise zeigt auf, dass man nicht wissen könne, wie sich die Population in ferner Zukunft konstituiert und welche Bedürfnisse die dann lebenden Menschen haben. Demzufolge lassen sich für die jetzt lebenden Menschen keine Verpflichtungen ableiten, was sie für kommende Generationen tun könnten. Für die Generationen allerdings, mit denen man Lebenszeit teilt, die man kennen lernt, trüge man auch eine Verantwortung. Ihnen müsse eine Welt hinterlassen werden, die gleiche Gestaltungsmöglichkeiten bietet wie die Welt, die man selbst von der Elterngeneration übernommen hat. In der Gegenwart lebende Menschen dürften keine Hypotheken hinterlassen, die für nachkommende Generationen eine Verminderung von Lebensqualität bedeuten können. Daher müsse man der jeweiligen Nachfolgegeneration auch das Verantwortungsbewusstsein übertragen, damit sich die Kette aus Verpflichtungen gegenüber den Kindergenerationen fortsetzt (vgl. Böhler 2001a, S. 55; Löwisch 1994, S. 155). Wenn diese Übergabe gelingt, haben auch die jetzt lebenden Menschen in gewisser Weise die ferne Zukunft beeinflusst (vgl. Weikard 2001, S. 41).

In Anlehnung an Bühl (1998) kann der Mensch weder Verantwortung für in der Vergangenheit Geschehenes übernehmen, bei dem er kein Wort mitreden und die Taten nicht beeinflussen konnte, noch für die zukünftige Geschehnisse, die er nicht kennen kann. Verantwortung können Menschen nur für eine Gegenwart tragen, in der sie ihr Tun und Handeln bestimmen können. Nur durch

Taten, die einen Beitrag zur Zukunft leisten und deren Folgen eine Zukunft formen, ist eine Zukunftsverantwortung im Heute möglich (vgl. Bühl 1998, S. 130).

Die im Einführungskapitel beschriebenen zwei Perspektiven der Verantwortung – die der Zukunftsdimension und die der retrospektiven Betrachtung hinsichtlich der Frage nach Schuld und Zurechnungsfähigkeit – machen den Begriff der Verantwortung zum heiklen Thema bezüglich seiner Brauchbarkeit in Erziehungsfragen.

Unstrittig ist meiner Meinung nach die Zukunftsdimension der Verantwortung. Zweifelsohne sind beispielsweise Eltern und Schule verantwortlich für die Entfaltung des Individuums. Sie sind zuständig für die Gestaltung optimaler Entwicklungsbedingungen, haben Lernanreize zu schaffen, müssen Risiken und Gefahren abschirmen sowie die Grundbedürfnisse des Heranwachsenden sichern. Diese Form der Verantwortung wird von ihren Trägern in den meisten Fällen auch empfunden und anerkannt.

Aber sind diese Verantwortungsträger im Nachhinein auch zur Verantwortung zu ziehen? Müssen sie bei Versagen Rechenschaft ablegen? Kann ihnen eine Schuld aufgebürdet werden, wenn die Erziehung nicht das intendierte Ergebnis bzw. die Handlung nicht die gewünschte Reaktion zeigt?

Diese Fragen sind differenziert zu betrachten. Sicherlich gibt es Situationen, in denen ein grobes, vermeidbares Fehlverhalten der verantwortlichen Person(en) nachweisbar ist. In einem solchen Fall kann dies auch adäquat geahndet und mit entsprechenden Konsequenzen sanktioniert werden. Bei der Mehrzahl der pädagogischen Handlungen ist die Sachlage aber komplexer und eine Schuldfrage unlösbar bzw. die Verantwortlichkeit nicht disponibel. In der Sozialisation kann die Verantwortung als Gemeinschaftsaufgabe angesehen werden und wird damit kollektiv. Ob und wie man überhaupt von kollektiver Schuld sprechen sollte, ist nicht abschließend geklärt (vgl. Lenk 1997, S. 64). Offen bleibt in diesem Kontext auch die Auswirkung einer möglichen kollektiven Schuldzuweisung auf den einzelnen Verantwortungsmitträger.

Bezüglich der sozialen Integration als Aufgabe bzw. Verantwortung der Erwachsenengeneration für die nachwachsenden Gesellschaftsmitglieder lassen sich folgende Punkte festhalten: Es besteht durchaus eine wahrgenommene Verantwortung der zuständigen Instanzen für Sozialisationsleistungen. Eine Expost-Schuldzuweisung bei Misslingen der gesellschaftlichen Integration kann nicht vorgenommen werden. Zum einen sind Erziehungsleistungen größtenteils kollektive Einflüsse. Intendierte Einwirkungen treffen auf unkalkulierbare Wechselwirkungen im sozialen Umfeld, die sich dem Verantwortungs- und Machtbereich eines einzelnen Erziehenden bzw. einer Institution entziehen. Der Sozialisationsinstanz wird lediglich eine Mitverantwortung zugewiesen, ergo kann sie auch nicht in vollem Umfang haftbar gemacht werden. Zum anderen ist zu bezweifeln, dass die erziehenden bzw. beratenden Personen stets ausreichend Weitsicht besitzen (können), um gesellschaftliche Entwicklungen treffsicher zu prognostizieren, um den Zögling adäquat auf die zukünftigen Verhältnisse vorbereiten zu können. Dem letztgenannten Fakt habe ich mich bereits gewidmet und konnte herausstellen, dass eine Zukunftsvorbereitung zur nahezu unlösbaren Aufgabe moderner Gesellschaft avanciert ist. Dementsprechend können Handlungsfolgen nicht hinreichend vorhergesagt und abgeschätzt werden, eine Schuldzuweisung wird unhaltbar.

Dem Problem der kollektiven Verantwortung möchte ich mich nachfolgend intensiver zuwenden, da sich hier durchaus Erklärungsmuster für die ursprüngliche Problemstellung ableiten und sich möglicherweise erste theoretische Lösungsansätze herausarbeiten lassen.

4.4 Die analytische Ambivalenz der kollektiven Verantwortung

Die Gesellschaft ist schuld! Ein beliebter und oft gehörter Satz soll am Anfang meiner Betrachtungen stehen. Der Begriff ‚Gesellschaft' ließe sich in dieser Kombination durch unzählige andere Wörter ersetzen (Politik, Zeit, Arbeitslosigkeit, Schule etc.), würde aber nichts an der semantischen Fragwürdigkeit des Satzes ändern. ‚Schuld' und ‚Verantwortung' verlangen angesichts ihres Ursprungs in der Rechtsprechung eine Personifizierung. „Die Funktion der Schuld ist es", so Luhmann (1969) „ das enttäuschende Ereignis auf sich selbst zu isolieren" (Luhmann 1969, S. 44f). Dies wird in kollektiven Schuldzusammenhängen problematisch. Ein kollektiver Bezug der Schuld ist daher insbesondere aus juristischer Perspektive nicht fassbar (vgl. Hubig 1982, S. 57). In der retrospektiven Betrachtung sind beide Begriffe eher negativ konnotiert und verweisen auf ein Fehlverhalten, für welches die Fragen der Verantwortung und vollen Schuldzurechnungsfähigkeit nach einem „Verursacherprinzip" (Musall 1992, S. 123) aufgeworfen werden, um ein angemessenes Strafmaß bzw. Wiedergutmachungsleistungen zu begründen. Da die Mitglieder der Gesellschaft in ihrer Gesamtheit oder beispielsweise alle Politiker einer Regierung nicht in summa für einen speziellen Sachverhalt zur Verantwortung gezogen werden können, ist die Anwendung des Schuldbegriffes in diesem Zusammenhang zwar allgemein üblich, aber sachlich nicht korrekt. Ist also der Personenkreis, den die übergeordnete Kategorie betrifft, zu groß bzw. die Ursache des Vergehens liegt nicht in der Handlung eines Einzelnen begründet, „sondern vielmehr in der Interaktion der beteiligten Personen" (vgl. Lenk 1997, S. 88) und es können keine Hauptverantwortlichen herausgelöst werden, die stellvertretend für die Gruppe die Verantwortung übernehmen und die Sanktionen tragen, kann nicht von Schuld und Verantwortung in ihrer Konsequenz gesprochen werden. Verantwortung und Schuld sind ähnlich wie Reue oder Gewissen an Empfindungen gebunden; sie werden gefühlt und erfordern Bewusstsein. Diese Charakteristik macht sie zu rein menschlichen Eigenschaften und lässt den Menschen solidarisieren mit anderen, die ihm das Gefühl einer gemeinsamen Schuld vermitteln (vgl. Fletcher 2003, S. 30). Die Vermeidung von bedrückendem Schuldgefühl sowie jeglicher Form von negativen Sanktionen motiviert den Menschen über seine moralische Maxime hinaus, sich sozial und gesellschaftskonform zu verhalten. Allerdings fühlt sich der Mensch nur dann schuldig oder verantwortlich für ein spezielles Vorkommnis, wenn er ex ante diese Verantwortung für sich erkannt und übernommen hat. Damit wird es schwierig, dem Menschen für Dinge eine Verantwortung zuzuschreiben, die er nicht als seine Aufgabe identifiziert, denn „Verantwortung wird übernommen und getragen aufgrund von Überzeugungen" (Müller-Stackebrandt/Lüders 2002, S. 8). Diese Schwierigkeit verstärkt sich, sobald kein Bezug zu positiv gesatzten Normen besteht.

Im Kontext der Sozialisationsverantwortung kann diese Verpflichtung nicht einer Einzelperson zugeschrieben werden. Das gesamte soziale Umfeld sowie die gesellschaftlichen Institutionen arbeiten gemeinsam an dem Ziel, den heranwachsenden Menschen zu erziehen, zu bilden und gesellschaftsfähig zu machen. Gelingt die Umsetzung dieser Funktion nicht in angestrebter Art und Weise, ist nicht eindeutig herauszufiltern, welche Person bzw. Personengruppe ihrem Sozialisationsauftrag nicht gerecht geworden ist oder wem das Fehlverhalten anzulasten ist. Eine Schuldzuweisung ist nicht möglich. Das Phänomen der Mitverantwortung für gesellschaftspolitische bzw. existenzielle Aufgaben bezeichnet eine umfassende moralische Verantwortung der gesamten Menschheit „für die Folgen kollektiver Aktivitäten" und wird von Apel (2001) neben die Grundnormen Solidarität und Gerechtigkeit gestellt (Burckhart 2001, S. 321).

Lenk (1992) hat sehr eindrucksvoll herausgearbeitet, dass die Verantwortung zwar auf viele Personen verteilt werden kann, aber nicht im eigentlichen Sinne aufteilbar ist. Die gemeinsam getragene Verantwortung wird dadurch, dass sie auf vielen kompetenten Schultern lastet, für den Einzelnen nicht leichter. „Geteilte Verantwortung ist sozusagen nicht halbe Verantwortung, sondern doppelt getragene Verantwortung" (Lenk 1992, S. 106), wobei jeder die vollen 100% auf sich nehmen muss.

Nach Lenk/Maring (1995) ist bei kollektiven Verantwortungssituationen zu unterscheiden in moralische Gruppenverantwortung, in denen die Verantwortung auf die Beteiligten der Gruppe klar zurückzuführen ist und die Gruppenmitglieder Träger von persönlicher moralischer Mitverantwortung sind und institutionelle bzw. korporative Verantwortung, die zwar verursacht von persönlichen Handlungen bleibt, aber nicht auf bestimmte einzelne Handlungsträger zurückzuführen ist bzw. ihnen moralisch vorgeworfen werden kann (vgl. Lenk/Maring 1995, S. 270; Baltzer 1999, S. 380).

Es gibt Gemeinschaftshandeln, das, obwohl es sozialethisch den einzelnen Handlungsträgern zugerechnet, aufgrund der gewaltigen Gruppengröße nicht individuell sanktioniert werden kann. Alle Autofahrer tragen zur CO_2-Verschmutzung der Umwelt bei. Auch wenn jeder Fahrzeugführer eine Mitverantwortung trägt und ihm partiell sein unverantwortliches Tun zugeschrieben werden kann, ist die Einzeltat des Individuums zu unbedeutend und wird erst in der Aggregation mit dem Autofahren vieler anderer Personen zur folgenschweren Umweltbelastung. Der entstandene ökologische Schaden, der durch eine kollektive Urheberschaft herbeigeführt wurde, verschließt sich einer personalen Zurechnung. Die „externen Effekte" (Esser 1993, S. 3) hervorgerufen durch Handlungen räumlich und zeitlich getrennt agierender Individuen (vgl. Sandkühler, S. 1684) entstehen durch eine Akkumulation von separaten Einzeltaten. Sie können in den meisten Fällen vom Handlungsträger nicht als von ihm verursachte Wirkung einkalkuliert oder gar vorausberechnet werden. Eine Sanktionierung aller Einzeltaten ist nicht praktikabel (vgl. Bühl 2000, S. 58). Betrachtet man diese Konstellation unter dem eben herausgearbeiteten Aspekt der 100-Prozent-Last für jeden an der Handlung Beteiligten, ist das Verhalten der Bürger aus zukunftsverantwortlicher Sicht allerdings ethisch nicht haltbar. Die Sicherung lebenswichtiger Ressourcen auf der Erde ist eine Verantwortung, die jeder mitzutragen hat. Zukunftsverantwortung kann a priori nicht in die Hände einzelner Individuen oder Gruppen gelegt werden, sondern nimmt in Form von Mitverantwortung alle vernünftigen Wesen gleichsam in die Pflicht. Gesetzliche Bestimmungen helfen, derartige Konstellationen zukunftsverantwortlich zu regulieren.

Das oben beschriebene Unvermögen, die Schuld tatsächlich einer bestimmten Person oder zumindest einem Hauptverantwortlichen zuzuschreiben, wirkt sich reflexiv auf das soziale Handeln von Personen in kollektiver Zuständigkeit aus. Das Phänomen der Verantwortungsdiffusion ist ein, besonders in der Kriminalpsychologie untersuchter, Sachverhalt, der auch im vorliegenden Kontext Anwendung findet. Eine ganze Reihe von mehr oder weniger fiktionalen Geschichten berichtet von einer nachweisbaren Abnahme der persönlichen Identifizierung mit einer Verantwortung oder Aufgabe, wenn sich die Last auf mehrere Schultern verteilt. So berichtet die englische Presse die Geschichte der Kitty Genovese, die vor ihrem Haus vergewaltigt wurde. In der kriminalistischen Rekonstruktion des Falls stellte sich heraus, dass mehrere Nachbarn hinter ihren Fenstern die Tat beobachtet hatten, aber keine Hilfe alarmierten (vgl. Döbert 1995, S. 30).

Eine andere, weniger sicher belegte Erzählung berichtet: In einem Dorf sollte zu Ehren eines Geistlichen ein Fass Wein gesponsert werden und jeder war aufgerufen, einen Liter beizusteuern. Als schließlich das Fass angestochen wird, fließt klares Wasser in die Becher (vgl. Jöhr zit. nach Lenk 1992, S. 121).

Auch hört man in tagesaktuellen Meldungen immer wieder von tragischen Vorfällen, bei denen ausreichend andere Menschen zu Hilfe hätten eilen können, aber infolge mangelhafter Zivilcourage keiner tatsächlich eingriff. Lenk (1997) bezieht sich beispielsweise auf das Unglück im Olympiapark, bei dem drei Kinder vor den Augen untätiger Zuschauer ertranken (vgl. Lenk 1997, S. 58).

Dieses Phänomen der Verantwortungsdiffusion ist auch im Kontext der Sozialisation von Heranwachsenden anzuwenden. Umso eher ein Verhalten einem speziellen Menschen zugerechnet werden kann, desto deutlicher spürt dieser seine Verantwortung und setzt mehr daran, der gesellschaftlichen Erwartung gerecht zu werden und seine Aufgabe ordnungsgemäß zu erfüllen. Je mehr sich die Zuständigkeit für eine Aufgabe auf viele Personen verteilt, oder gar wegen unterschiedlicher Institutionenzugehörigkeit in verschiedene Rollenverantwortungen zergliedert, desto weniger investiert der Einzelne in die Umsetzung und Erfüllung seiner Mitverantwortung.

Der Unterscheidung von individueller und institutioneller Verantwortung folgt auch Apel (2001) und illustriert die Mehrschichtigkeit der Verantwortungsdimension des Individuums in Relation zur Institution. Das Subjekt als Handlungsträger in institutioneller bzw. korporativer Organisation kann sein Tun unterhalb der Systemebene der Institution als sein individuelles verantwortliches Handeln betrachten. Er kann es auf institutioneller Ebene unter Berufung auf seine Rollenanforderungen einordnen. Auf dritter Ebene kann die Verantwortung als Mitverantwortung oberhalb der Institutionsebene angesehen werden, in welcher das Individuum, also der „Bürger als Diskursteilnehmer zu Institutionen", als Träger einer gesellschaftspolitischen Verantwortung durch „öffentliche, sozusagen metainstitutionelle Kontrolle" Einfluss nehmen und gegebenenfalls institutionelle Veränderungen erwirken kann (Apel 2001, S. 82). Der letztgenannte Aspekt erfordert vom Individuum gesellschaftspolitische sowie soziale Verantwortung und bildet die Grundlage für politisches Handeln.

Der „Homo Sociologicus" hat, definiert über seine Stellung im gesellschaftlichen Gefüge, gewisse Normen einzuhalten, Erwartungen zu erfüllen und bei Missachtung dieser mit Sanktionen zu rechnen. Als Mitglied der Gesellschaft ist der Bürger angehalten, rollenkonform und politisch korrekt (als Vorbild in einer Gemeinschaft) zu handeln. Lassen die vorhandenen Rahmenbedingungen entsprechendes, normadäquates Handeln nicht zu, ist die Person weder von ihrer Aufgabe, noch von ihrer Verantwortung entbunden. Ziel ist es, "unter gegebenen Bedingungen, die wir uns nicht ausgesucht haben, etwas Sinnvolles zu tun, nämlich das unter diesen Bedingungen Bestmögliche. Dazu kann auch der Versuch gehören, die Bedingungen zu ändern" (Spaemann 1991, S. 99).

Im Fall der beruflichen Orientierung verteilt sich die Zuständigkeit auf so viele Aufgabenträger, die auf den unterschiedlichsten Systemebenen agieren, dass sich der Einzelne immer weniger verantwortlich fühlt. Gegenseitige

Schuldzuweisungen behindern eine Abgrenzung und genaue Beschreibung des jeweiligen Kompetenzbereiches. Das zu erreichende Ziel der gesamtgesellschaftlichen Aufgabe berufliche Integration, nämlich der erfolgreiche Einstieg des jungen Menschen in die ökonomische Selbstständigkeit, kann durch Einzelleistungen der Akteure positiv beeinflusst werden. Die strategische Absicht lässt sich auf operativer Ebene in Teilaufgaben aufgliedern und durch die verschiedenen Kompetenzen der beteiligten Akteure die Gruppe der Verantwortlichen für eine jeweilige Teilaufgabe minimieren. Damit könnte die Identifikation der Kleingruppenmitglieder mit ihrer Aufgabe gesteigert und gleichzeitig eine verbesserte Verantwortungszurechnung ermöglicht werden.

Eine Handlungsempfehlung, die sich hieraus ableitet, könnte sein, dass die komplexe Aufgabe der beruflichen Orientierung in mehrere Einzelleistungen untergliedert werden und diese Zuständigkeit ganz konkret auf verschiedene, am Prozess beteiligte Personen übertragen werden müsste. Ein Nicht-Erfüllen einer Einzelhandlung ließe so Rückschlüsse darauf zu, welche Instanz ihrer Aufgabe nicht zur Genüge nachgekommen ist. Die Schwierigkeit zeigt sich hier allerdings in der praktischen Umsetzung: Da die Berufsorientierung ein Prozess ist, bei dem neue Erfahrungen auf bereits vorhandene aufbauen, stehen die Einzelleistungen nicht isoliert und eine unerfüllte Aufgabe behindert andere Verantwortliche bei der Erfüllung ihrer Einzelleistung. Trotzdem halte ich es für sinnvoll, die komplexe Aufgabe zu teilen und den einzelnen Personen oder Systemen konkretere, an den jeweiligen Bedürfnissen des Jugendlichen ausgerichtete, Aufgaben zuzuweisen, anstatt alle am diffusen Ganzen arbeiten zu lassen. Auch Lenk/Mahring (1995) weisen auf dieses Problem besonders in Arbeitsprozessen mit vielen Personen oder großen Kooperationen hin und stellen fest: „Je mehr Personen an einer Aufgabe beteiligt sind, desto kleiner scheint die individuelle Verantwortung zu werden" (Lenk/Mahring 1995, S. 277). Klare Regelungen und eine Unterteilung der großen, komplexen Aufgabe in mehrere Teilaufgaben mit klar definierten Verantwortlichkeiten können einer solchen Gefahr entgegenwirken. Gerade für das Schulsystem mit seinen häufig wechselnden Zuständigkeiten und einer unpräzisen Aufgabenzuteilung in einem großen Lehrerkollegium lässt die Verantwortung für fächerübergreifende Themen diffundieren.

Dass der gesellschaftliche Auftrag der beruflichen Integration nicht mehr allein von den Eltern bewältigt werden kann, sondern nur im Schulterschluss verantwortungsbewusster Instanzen, wird auf den folgenden Seiten ausführlich hergeleitet.

4.5 Zur gewachsenen Bedeutung rechtlicher Normen im Kontext erzieherischen Handelns

Mit Abnahme religiös bedingter Selbstverständlichkeiten und Tugenden in der säkularisierten Welt sowie dem Zweifel an der Wirksamkeit moralischer Grundsätze wurde das Rechtssystem als ergänzende bzw. ersetzende Instanz im Laufe der Zivilisation immer bedeutender. Ein Gott als omnipräsenter Wächter und Richter über menschliches Handeln, der nach verpflichtenden moralischen, durch die religiöse Tugendlehre proklamierten Werte urteilt, hatte erheblich wirkungsvolleren Einfluss auf das Tun als ein lediglich weltlicher Appell an das Gute. Die allgegenwärtige, mächtige Instanz, die immer und überall jede Einzeltat sehen kann und umgehend oder am Ende des irdischen Daseins zu unkalkulierbaren Sanktionen fähig ist, erlitt einen erheblichen Statusverlust. Um ein verantwortliches Handeln verbindlich zu dekretieren, reichen in der beschleunigten Moderne die traditionellen Werte allein nicht mehr aus.

Auch das Spektrum erzieherischen Handelns ist weiträumig juristisch abgesteckt und reglementiert. So wurden in den Gesetzestexten die gesellschaftlich anerkannten Rechte und Pflichten sowohl der Erziehungsinstanzen als auch des Zöglings festgeschrieben, um ihre verlorengegangene oder ungenügende Verbindlichkeit wiederherzustellen. An dieser Stelle sei der Hinweis darauf gegeben, dass die Legislative ein reaktives Organ darstellt und auf neu auftretende Sachverhalte erst antworten kann, wenn sie existieren bzw. sich deutlich abzeichnen. Hinsichtlich neuartiger Zivilisationsgefahren aus wirtschaftlicher, technischer oder wissenschaftlicher Richtung hinkt die Gesetzgebung daher zwangsläufig dem Geschehen hinterher. Ein Vertrauen und Verlassen allein auf rechtliche Regulierungen ist vor diesem Hintergrund äußerst gefährlich und unverantwortlich. Der Handelnde benötigt neben den im Recht gesatzten Normen ein hohes Maß an moralischer Verantwortung, um adäquat auf die Gefahren der Moderne reagieren zu können.

Der Fokus dieses Kapitels soll nun wieder in den pädagogischen Kontext verlagert werden. In Kants ethisch basierter Rechtslehre[17] ist eine Art elterliche Verantwortung für die Zufriedenheit und das Wohlergehen des Kindes, das ohne Einwilligung und Votumsmöglichkeit in den Zustand des Daseins versetzt wurde, bereits 1797 schriftlich fixiert worden. Die Eltern werden verpflichtet, nach besten Kräften und Gewissen alles zu tun, um das „Kind mit seinem Zustand der Kontingenz zufrieden zu machen" (Sommer 1979, S. 441). Das Kind und die mit ihm verbundene Erziehungsaufgabe werden mit rechtlichen Verordnungen folglich schon lange in Theorien verknüpft.

Ich möchte mich nun aber der zeitgemäßen und originär juristischen Gesetzeslage in Deutschland widmen. Bereits als viertes Wort der Präambel des deut-

---

17 § 28 der Rechtslehre der Metaphysik der Sitten (Kant 1997)

schen Grundgesetzes erscheint ‚Verantwortung'. Das Gesetz ist demnach angelegt, um das soziale Miteinander der Gemeinschaft in der Gesellschaft auf rechtlich sichere Füße zu stellen. Die Verantwortung vor Gott und den Mitmenschen als Grundprinzip eines humanen Sozialsystems findet so seine grundlegende Verfassung. „Die Verantwortung im Sinne der rechtlichen Haftbarkeit ist durch geltende Gesetze und Vorschriften, deren Verstoß mit Sanktionen belegt wird, festgelegt." (Maas 2001, S. 38)

4.5.1 Die Eltern im Zentrum der juristischen Betrachtung

Betrachtet man das elterliche Erziehungsrecht, stößt man zunächst auf das öffentliche Recht. Im Grundgesetz der Bundesrepublik Deutschland regelt Art. 6 Abs. 2 zunächst, dass ein natürliches Recht auf Erziehung und Pflege zuvörderst den Eltern obliegt und sie damit in die Pflicht nimmt[18]. Die elterliche Verantwortung als natürlich begründeter Sachverhalt ist als staatliches Grundprinzip verankert und gilt als „unabhängig von einer willentlichen Übernahme" sowie „unwiderruflich und unkündbar" (Schubert 1998, S. 96). Als verfassungsrechtliche Grundlage stellt das Grundgesetz die Familie als Ort der Pflege und Erziehung unter besonderen staatlichen Schutz[19]. Ergänzend dazu statuiert das Familienrecht im Bürgerliche Gesetzbuch (BGB) zivilrechtliche Belange und widmet sich den allgemeinen privatrechtlichen Angelegenheiten natürlicher bzw. juristischer Personen. Das Familienrecht greift detailliert alle Rechte und Pflichten gegenüber dem minderjährigen Kind auf und formuliert Auflagen für den Umgang mit zwar volljährigen, aber noch nicht selbstständigen jungen Menschen.

In den relevanten Paragraphen des BGB unter der Überschrift ‚Elterliche Sorge' stellt der Gesetzgeber das Wohl des Kindes in das Zentrum. In § 1626 Abs. 2 BGB heißt es: „Bei der Pflege und Erziehung berücksichtigen die Eltern die wachsende Fähigkeit und das wachsende Bedürfnis des Kindes zu selbständigem verantwortungsbewusstem Handeln." Die Gesetzgebung entwickelt hiernach das Verständnis für den Heranwachsenden als ein in seiner Selbstständigkeit voranschreitendes Subjekt. Das Familienrecht fordert die Eltern zu verständnisvollem, verantwortlichem Verhalten gegenüber dem Zögling auf und orientiert seine Handlungsaufforderungen am individuellen Status und dem Grad der Personengenese des jeweiligen Einzelwesens. Die Personensorge (§ 1631 Abs. 1 BGB) meint die Pflicht und das Recht der damit betrauten Personen[20], „das Kind zu pflegen, zu erziehen, zu beaufsichtigen und seinen Aufenthalt zu

---

18 Diese Pflichtbindung ist einzigartig im Grundgesetz und lässt die Begründung der rechtlich geforderten Elternverantwortung zu (vgl. Jarass/Pieroth 1995, S. 213).
19 Dem Staat kommt im Grundgesetz demnach kein eigenes Erziehungsmandat zu, sondern es regelt die Stellung der Staatsgewalt als Wächter über die elterlichen Pflichten.
20 primär die Eltern

bestimmen". Das hier beschriebene Konstrukt kann man mit dem bereits eingeführten Begriff der Fürsorgeverpflichtung gleichsetzen.

Auch die elterliche Verpflichtung, rekurrierend auf individuelle Eignungen und Neigungen in Angelegenheiten der Ausbildung und des Berufes entwicklungsfördernd auf das Kind einzuwirken, ist zivilrechtlich fixiert. Das Gesetzbuch gibt sogar den Rat (§ 1631a BGB), bei Zweifeln an der eigenen beratungsnotwendigen Kompetenz, Unterstützung bei Lehrern oder anderen geeigneten Personen einzuholen.

Im Sozialrecht ist durch §1 Abs. 2 Sozialgesetzbuch VIII – Kinder- und Jugendhilfegesetz (KJHG) nochmals auf die im Grundgesetz fixierte Prämisse verwiesen, dass Pflege und Erziehung von Kindern als natürliches Recht den Eltern obliegt. Der vorangestellte Absatz exponiert eindringlich, dass jeder junge Mensch „ein Recht auf Förderung seiner Entwicklung und auf Erziehung zu einer eigenverantwortlichen und gemeinschaftsfähigen Persönlichkeit" (§ 1 Abs. 1 KJHG) besitzt, was in erster Linie von den Eltern gewährleistet werden, von staatlicher Seite überwacht und bei defizitärer Umsetzung kompensierend unterstützt werden soll. Überschrieben ist § 1 KJHG auch mit dem Wort ‚Elternverantwortung'. Es legt damit die Erfüllung der Erziehungsaufgaben primär in die Hände der Eltern und lässt die Jugendhilfe als Hilfe- und Unterstützungssystem fungieren, das ergänzend, bzw. bei Bedarf ersetzend, die fürsorglichen und erzieherischen Funktionen der Familie übernimmt.

Per Grundgesetz ist der Staat verpflichtet, zunächst nach Möglichkeiten zu suchen, die Herstellung oder Wiederherstellung eines verantwortungsgerechten Elternverhaltens zu ermöglichen (vgl. Jarass/Pieroth 1995, S. 217). Die Regelungen des KJHG orientieren sich grundlegend an der Beratung und Unterstützung der Familien, um zu erreichen, dass Eltern und das familiale System seinen Anforderungen gerecht werden können. Gemeint ist eine Befähigung zur Übernahme und Einlösung der Erziehungsverantwortung oder die Wiederherstellung der notwendigen Kompetenz, wenn infolge familialer Krisensituationen dieser Aufgabe zeitweise nicht befriedigend nachgekommen wurde.

Das KJHG unterstreicht mit dieser Haltung die zentrale Rolle der Familie und besonders der Eltern für den Sozialisations- und Entwicklungsprozess des Kindes. Nur bei ausgesprochen beeinträchtigenden Familienkonstellationen oder dauerhaften schädlichen Krisensituationen, durch die das Wohl des Kindes in Gefahr gerät, lässt das Sozialgesetzbuch VIII die temporäre oder permanente Herausnahme des Kindes aus dem familiären Kontext zu. Das Primat der elterlichen Erziehung steht im Vordergrund jeder sozialrechtlichen Bemühung, sowohl präventiver als auch intervenierender Art. Verletzen Eltern ihre Fürsorge- und Erziehungspflichten gegenüber einer Person unter 16 Jahren und setzen den Schutzbefohlenen physischen oder psychischen Gefahren für seine Entwicklung aus, machen sie sich nach §171 StGB strafbar und können mit einer Freiheitsstrafe von bis zu drei Jahren oder einer Geldstrafe belegt werden. Der Staat räumt den Eltern damit nicht nur das Recht auf Erziehung ein, sondern stellt die Nichterfüllung dieser Pflicht unter Strafe. Die sozialethische Elternverantwortung wird in Deutschland, wie gezeigt werden konnte, durch zahlreiche gesetzliche Regelungen formalrechtlich untermauert.

4.5.2 Gesetzlich geregelte Aufgaben des Staates und seiner Institutionen

Für Fragen des sozialen Zusammenlebens von Menschen wurde in Deutschland das Sozialgesetz geschaffen, das ein humanes, gerechtes gemeinsames Dasein und Miteinander in der Gemeinschaft normieren soll.

Die gesamten Bestimmungen der Sozialgesetzgebung resultieren aus den Maximen des Sozialstaates. Mit Kaufmann (1997) meint dies den „institutionellen Ausdruck der Übernahme einer legalen und damit formalen und ausdrücklichen Verantwortung einer Gesellschaft für das Wohlergehen ihrer Mitglieder in grundlegenden Belangen" (Kaufmann 1997, S. 21). Das umfangreiche Programm, das in verschiedene einzelne Gesetzbücher segmentiert ist, verfolgt das Ziel, dem Bürger ein menschenwürdiges Dasein zu ermöglichen, Chancengleichheit für die freie Entfaltung der Persönlichkeit – besonders auch für junge Menschen – zu fördern, die Familie zu unterstützen, den Erwerb des Lebensunterhaltes durch eine frei gewählte Tätigkeit zu sichern und besondere Belastungen durch Unterstützung nach dem Prinzip der Hilfe zur Selbsthilfe auszugleichen.

Die elterliche Erziehungsleistung ist nicht frei von staatlicher Kontrolle. Der Staat stellt die Familie unter besonderen Schutz. Er wacht über die Einhaltung der Elternpflichten, stabilisiert und stärkt die Familie in Krisensituationen und kompensiert defizitäre Familienverhältnisse durch staatliche Ergänzungssysteme. Er sorgt somit auf der einen Seite durch das Schaffen günstiger Rahmenbedingungen für die Befolgung der elterlichen bzw. familialen Erziehungspflichten, auf der anderen Seite ist der Staat in der Lage, Verstöße gegen diese Pflichten zu sanktionieren. Um das Wohl des heranwachsenden Gesellschaftsmitgliedes sicher zu stellen, kann qua Gesetz steuernd und unterstützend in die familiale Erziehung eingegriffen oder erhebliche Verfehlungen unter Strafe gestellt werden.

Ich möchte folgend die staatlichen Aufgaben in puncto Erziehungsverantwortung detaillierter in den Blick nehmen. Ebenfalls in Art. 6 Abs. 2 des deutschen Grundgesetzes (GG) ist geregelt, dass die Öffentlichkeit über die Erfüllung der Fürsorge- und Erziehungspflicht der Eltern wacht. Wird das menschliche Recht auf Förderung der Entwicklung und auf Erziehung zu einer eigenverantwortlichen und gemeinschaftsfähigen Persönlichkeit von den Eltern nicht adäquat ermöglicht, kann und muss der Staat eingreifen und durch Unterstützungsleistungen zunächst versuchen, das familiale System wieder funktionsfähig zu machen.

Gelingt dies nicht, ist das Defizit durch öffentliche Ergänzungsangebote auszugleichen oder bei unlösbaren familienbedingten Problemkonstellationen und aussichtslosen Situationen in der Herkunftsfamilie ein Ersatz zu dieser zu schaffen, um das Kindswohl durch Verbleib in entwicklungshemmenden Verhältnissen nicht ernstlich zu gefährden. Zur Ausgestaltung eines adäquaten Hilfesystems hat der Staat bereits zu Beginn des 20. Jahrhunderts das Reichsjugendwohlfahrtsgesetz verabschiedet, das 1991 für das vereinte Deutschland im Kinder- und Jugendhilfegesetz novelliert und seitdem mehrfach verbessert und den aktuellen Anforderungen angepasst wurde. Als Achtes Buch des Sozialrechts ist es Teil des öffentlichen Rechts und damit ein formelles Regulativ über das Verhältnis zwischen Privatperson und Trägern der öffentlichen Gewalt.

Als wichtiger Beitrag zur Vergesellschaftung des Individuums ist das Recht in Deutschland aufwachsender Kinder auf Erziehung damit ein soziales Grundpostulat. Um in einer komplexen Gesellschaft integrationsfähig für das Sozialsystem zu werden, braucht es mehr als die milieugebundenen, unspezifischen Sozialisationswirkungen (vgl. Luhmann 2002, S. 38) und die über Erziehung vermittelten Werte und Normen. Der Mensch muss sich Fähigkeiten und Fertigkeiten aneignen, die ihn zum nützlichen Mitglied für die Gemeinschaft spezialisieren. Der Erwerb derartiger gesellschaftlich nachgefragter und verwertbarer Qualifikationen geschieht über Bildung. Ähnlich wie ein Recht auf Erziehung steht dem Heranwachsenden auch ein Recht auf Bildung zu, auch wenn dieses in Deutschland nicht über ein Bundesgesetz reglementiert ist.

Das Recht auf Bildung zählt zu den Menschenrechten, die in Form eines internationalen Paktes beschlossen und auch von deutscher Seite unterzeichnet wurden. Zur Bereitstellung von Bildungsgelegenheiten und Qualifikationsmöglichkeiten entstand ein differenziertes staatliches Bildungssystem[21], zu dem auch das auf Gleichberechtigung ausgerichtete und verpflichtende allgemeine Schulwesen zählt.

Für die Vermittlung elementarer Grundkenntnisse und wenig spezialisierter Fähigkeiten ist ebenfalls das Elternhaus mitverantwortlich. Je detaillierter und spezieller die Lerninhalte werden, desto weniger ist ihre Vermittlung über familiale Lernprozesse abzusichern und das Schulsystem gewinnt an Relevanz. Je komplexer gesellschaftliche Systeme werden und je segmentierter und pluralistischer sich die Wissensstruktur gestaltet, desto weniger kann relevantes Wissen über einfache Strukturen vermittelt werden. Die Schule stellt damit eine wichtige Instanz für die Weitergabe von essenziellen kognitiven und anwendungsorientierten Lerninhalten dar.

Die Konzeption des Schulsystems ist – bedingt durch die Kulturhoheit der Länder in einer föderalen Gesellschaftsstruktur wie in Deutschland – Aufgabe der

---

21 Zum Bildungssystem werden üblicherweise alle Einrichtungen gezählt, in denen Lehr- und Lernprozesse formalisiert stattfinden (vgl. Schäfers1990, S. 280).

einzelnen Bundesländer. Per Grundgesetz ist das schulische Bildungswesen lediglich unter Aufsicht des Staates gestellt und wird damit zur öffentlichen Sache erhoben. Schulpflicht besteht in Deutschland in jedem Bundesland. Über Lerninhalte und vergleichbare Bildungswege verständigen sich die Länder regelmäßig durch die Arbeit in verschiedenen länderübergreifenden Gremien z.b. der Kultusministerkonferenz und der Bund-Länder-Kommission. Die Kultusministerkonferenz setzt sich für verstärkte Angleichung der Landesbildungssysteme ein. Die Gremien der Bund-Länder-Kommission sind für die Abstimmung überregionaler Aspekte und Fragen der Wissenschaft zuständig. Bereits im Hamburger Abkommen wurden 1971 Vereinbarungen über einheitliche Regelungen getroffen und die Anerkennung der Abschlüsse und Prüfungen aus den verschiedenen Systemen in allen Bundesländern festgelegt (vgl. Avenarius 2005, S. 7).
Das Sächsische Schulgesetz (SchulG) statuiert in §1 den Erziehungs- und Bildungsauftrag der Schule. Abs. 1 stellt das Recht jedes jungen Menschen auf eine seinen Fähigkeiten und Neigungen entsprechende Bildung ohne Rücksicht auf Herkunft und wirtschaftliche Lage heraus. Abs. 2 legt fest, dass schulische Bildung zur Entfaltung der Persönlichkeit in der Gemeinschaft beizutragen hat, indem sie „Schülern (...) sittliches und politisches Verantwortungsbewusstsein (...), berufliches Können, soziales Handeln (...) vermitteln, die zur Lebensorientierung und Persönlichkeitsentwicklung sinnstiftend beitragen (...)" (Niebes et al. 2004, S. 27) soll. Die Verfasser weisen darauf hin, dass der staatliche Erziehungsauftrag dem elterlichen Erziehungsrecht nicht nach-, sondern gleichgeordnet und es vor allem die gemeinsame Aufgabe der Eltern und der gesellschaftlichen Institutionen sei, den einzelnen Schüler zu einem selbstverantwortlichen Mitglied unserer Gesellschaft heranzubilden (BVerfG v. 21.12.1977, zit. nach Niebes et al. 2004, S. 28).
Die Schule stellt, ohne dass ich an dieser Stelle die konkreten gesellschaftlichen Funktionen dieser Institution näher betrachten möchte, die wichtigste öffentliche Instanz bezüglich staatlicher Einflussnahme auf den Entwicklungsprozess der nachwachsenden Generation dar. Ihr Besuch ist obligatorisch und nimmt im Leben von Kindern im schulpflichtigen Alter – allein aufgrund des immensen zeitlichen Umfangs – eine bedeutende Position ein. Neben den Eltern bildet die Schule mit Etzioni (1997) gesprochen den „zweiten Baustein der moralischen Infrastruktur" und kann bzw. könnte durch direkte politische Einwirkung[22] unmittelbar auf gesellschaftliche Bedürfnisse reagieren (Etzioni 1997, S. 242). Allerdings muss man eingestehen, dass sie diesen Anspruch angesichts ihrer starren Strukturen und Reformträgheit nicht optimal umzusetzen vermag. So wird die festgestellte Ineffizienz des deutschen Schulwesens hauptsächlich auf das „Festhalten an überkommenen Schulstrukturen" (Weiß 2000, S. 51) zurückge-

---

22 Auf die Familie lässt sich nur bedingt bzw. indirekt gesellschaftspolitisch Einfluss nehmen.

führt, was bedeutet, dass wir „heute nach den Grundlagen von gestern für den Bedarf von morgen" ausbilden (Rothlauf 1990, S. 233).

Als staatlich reglementierte Einrichtung mit Bildungs- und Erziehungsauftrag bestimmt demnach die Gesellschaft sowohl Bildungsziele und -wege als auch Erziehungsinhalte und ist mitbeteiligt an der Formung und Personengenese Heranwachsender. Der Schule kommt damit dank ihres Rollen- und Aufgabenverständnisses eine wichtige Verantwortung für die Entwicklung der jungen Menschen hin zu gesellschaftsfähigen Persönlichkeiten zu. Durch die umfangreichen sozialstaatlichen Leistungen in der Bundesrepublik ist der Staat verpflichtet, über seine gesellschaftlichen Einflussmöglichkeiten wie die Schule „das gesellschaftliche Leben im Sinne sozialer Gerechtigkeit zu ordnen" (Avenarius 2005, S. 8). So ist der Staat angehalten, Schuleinrichtungen bereitzustellen und zu fördern, sie allen zugänglich zu machen und innerhalb des Schulsystems für eine gerechte Ausgestaltung Sorge zu tragen (vgl. ebd., S. 9).

4.5.3 Berufswahlrelevante Richtlinien und Gesetze

Je nachdem wie weit man berufswahlrelevante Erziehungs- und Bildungsinhalte fasst, lassen sich die Verantwortlichkeiten in allen bereits besprochenen Institutionen verankern. Die Entwicklung und Herausbildung einer eigenen Identität und die Befähigung zu einem selbstbestimmten Leben in der Gesellschaft sind notwendige Voraussetzungen für ausbildungs- und arbeitsmarktspezifische Aspekte der Personengenese. Alle bisher betrachteten gesetzlich normierten Sachverhalte sind demnach nicht losgelöst von berufsrelevanten Entwicklungsaufgaben zu betrachten. Ich möchte den Fokus etwas präziser auf die rechtsstaatlichen Vorschriften richten und die Gesetzeslage zu Fragen der Berufswahl, berufsrelevanter Qualifizierungsaufgaben, Orientierungspflichten und berufsspezifischen Unterstützungssystemen zentrieren.

Betrachtet man erneut Art. 6 Abs. 2 GG meint ‚Pflege' nicht nur die Sorge um das leibliche Wohl des ‚Mündels', sondern auch „Sorge für die seelische und geistige Entwicklung, die Bildung und Ausbildung der minderjährigen Kinder" (Jarass/Pieroth 1995, S. 213).

Es sei weiterhin darauf hingewiesen, dass jedem deutschen Bürger per Grundgesetz ein Recht auf freie Berufswahl und Wahl der Ausbildungsstätte zusteht (Art. 12 GG). In der öffentlichen Wahrnehmung ist in Anbetracht der Arbeitsmarktentwicklungen der letzten Jahre allerdings eine eklatante Diskrepanz zwischen dem grundgesetzlichen Rechtsanspruch und der realen Möglichkeit zur Umsetzung zu konstatieren. Nach Menzel (1967) ist das Recht auf freie Berufswahl eine juristisch schwer greifbare Richtlinie. Die Berufswahl symbolisiert einen Entschluss, der einen „inneren Vorgang der Willensbildung" impliziert und somit „rechtlich nicht erfaßbar und schon gar nicht juristisch regelbar, mithin auch nicht grundrechtlich schützbar" ist (Menzel 1967, S. 28). Der Art.

12 GG sichert die Freiheit des Bürgers, einen Beruf zu wählen, für den er sich für geeignet hält und den er zur Grundlage der Sicherung seiner Lebensführung auf Dauer stellt. Ausgeschlossen aus dieser Regelung ist die Ausübung verbotener Tätigkeiten. Weiterhin ist Art. 12 GG ein Abwehrrecht, das den Bürger in die Lage versetzt, Zwangsausübungen von Berufen abzulehnen. Art. 12 GG verpflichtet den Staat allerdings nur, Zugänge zu Berufen in seinem Einflussbereich (öffentlicher Dienst) sicherzustellen. Ein Anspruch auf „Erhöhung der Zahl der Arbeitsplätze" (Jarass/Pieroth 1995, S. 274) lässt sich nicht ableiten. Allgemein kann festgehalten werden, dass Abs. 1 „kein subjektives Recht auf Arbeit, auf Bereitstellung eines Arbeitsplatzes, auf berufliche Rehabilitation oder auf Unterstützung bei der Berufsausübung" darstellt. Eine „sachgerechte Teilhabe an den Möglichkeiten der staatlichen Arbeitsvermittlung" (ebd., 1995, S. 279) kann allerdings angenommen werden. An dieser Stelle muss auch auf Beeinträchtigungen der Berufsfreiheit hingewiesen werden, die im Kommentar zum § 12 GG als Stufenfolge abgebildet werden. So können gewisse Ausübungsregeln als gering beeinträchtigend bezeichnet werden, subjektive Zulassungsregeln können die Berufsfreiheit mittelschwer behindern und objektive Zulassungsregelungen bewirken die schwerwiegendsten Beeinträchtigungen (vgl. ebd., 1995, S. 282). Ebenso regelt dieser Artikel auch die unbeschränkte Teilhabe an berufsbezogenen Ausbildungsstätten und den Zugang zu ihnen. Kapazitätsgründe rechtfertigen in diesem Kontext eine Beschränkung (vgl. ebd., 1995, S. 295).

Weiterhin sind in diesem Zusammenhang folgende gesetzliche Normierungen von Bedeutung. Die EU-Grundrechtscharta räumt den Bürgern der EU in Art. 15 Berufsfreiheit und das Recht zu arbeiten ein.

In der ‚Allgemeinen Erklärung der Menschenrechte' (AEMR, auch UN-Menschenrechtscharta; mit dem Beitritt der beiden deutschen Staaten 1973 auch geltend für Deutschland) wird dem Menschen ebenfalls das Recht auf Arbeit und freie Berufswahl eingeräumt. Es wird darüber hinaus erweitert um den Anspruch auf angemessene und befriedigende Arbeitsbedingungen sowie den Schutz vor Arbeitslosigkeit.

Aus all den genannten Gesetzesbestimmungen lässt sich zwar ableiten, dass der Mensch nicht zur Ausübung eines ungewollten Berufes gezwungen und er in der Wahl seines Berufes und dessen Ausübung nur insoweit beschränkt werden darf, dass gesetzwidrige Tätigkeiten untersagt bleiben, es wird dem Bürger allerdings kein Anspruch auf eine Ausbildung oder Anstellung im Beruf seiner Wahlfreiheit eingeräumt. Das Recht auf Schutz vor Arbeitslosigkeit kann nur bedingt belastet werden, da der Staat nicht so wirksam in die Wirtschaftsordnung eingreifen darf. Auch wenn dieses Recht aufgrund der juristischen Gültigkeit des internationalen Abkommens theoretisch einklagbar ist, kann der Staat nicht zur Rechenschaft gezogen werden, wenn er nicht in der Lage ist, für jeden Bürger den Wahlberuf zur Verfügung zu stellen.

Die Wichtigkeit der Berufsfreiheit und der enorme Stellenwert des Berufes in der Gesellschaft ist allerdings anhand der eben aufgeführten Festlegungen in den sozialrechtlichen Regelungen nachgewiesen. Die Aufnahme des Rechtes auf Arbeit und freie Berufswahl in die Menschenrechte zementiert die individuelle Bedeutung der Arbeit für den einzelnen Menschen.

Da die personale Verwirklichung über die Berufswahl und im Erwerbssektor einen so hohen subjektive Stellenwert beansprucht, sind selbstverständlich auch in der Sozialgesetzgebung der Bundesrepublik Deutschland entsprechende Vorschriften zu finden. So legt der Allgemeine Teil des Sozialgesetzbuches I in §3 das Recht auf Beratung bei der Wahl des Bildungsweges und des Berufs für all die fest, die am Arbeitsleben teilnehmen bzw. teilnehmen wollen (§3 SGB I Abs. 2).

Das SGB III kann als die Antwort auf das Recht auf Arbeit und Beschäftigung betrachtet werden. Es dient als Gesetzbuch ausschließlich der Arbeitsförderung und bildet die rechtliche Grundlage der Agentur für Arbeit, der institutionalisierten Aufsicht und Betreuung von Menschen ohne Arbeit. Elementare Aufgabe dieser Einrichtung ist die Vermeidung von Arbeitslosigkeit und die Förderung von Beschäftigung der arbeitsfähigen Bevölkerung. In §29ff regelt das SGB III öffentliche Beratungs- und Vermittlungsleistungen. Eine Schwerpunktgruppe in dieser Passage stellen die Jugendlichen an der Schwelle zum Ausbildungs- und Arbeitssystem dar. Eine zentrale Funktion hat hierbei die Berufsberatung, deren Zielgruppe nicht ausschließlich Jugendliche sind. Auch Erwachsene, die sich in Um- oder Neuorientierungsprozessen befinden bzw. einen Berufs- oder Arbeitgeberwechsel in Betracht ziehen, können die Angebote der Berufsberatung in Anspruch nehmen. Die Leistungen des § 30 SGB III richten sich somit an Erwachsene und Jugendliche, d.h. an Menschen ab dem vollendeten 14. Lebensjahr, die sich in oder kurz vor einer beruflichen Entscheidung befinden.

Bereits in der Schule (zumeist in den Abgangs- und Vorabgangsjahren) stehen die Berufsberater der Agentur für Arbeit den Jugendlichen im Berufswahlprozess zur Seite. In einem Kommentar des SGB III aus dem Jahr 1998 wird darauf hingewiesen, dass die Berufsorientierung als Pflichtleistung der Arbeitsämter (heute Agenturen für Arbeit) zwar besteht, es aber nicht ausschließlich deren Zuständigkeit, sondern vor allem Aufgabe der allgemeinbildenden Schulen ist, „zur Heranbildung junger Menschen auch in der Frage der Berufsorientierung" (Jahn 1998, § 33 Anm. 2) wirksam zu werden. An dieser Stelle legt auch die Sozialgesetzgebung eine wesentliche Verantwortlichkeit an der Mitwirkung im Berufsfindungsprozess der Jugendlichen in die Hand der Schule. Um eine breite Sensibilisierung der betreffenden Heranwachsenden bereits frühzeitig zu erreichen, wurde bereits 2004 eine Rahmenvereinbarung zur Zusammenarbeit zwischen der Kultusministerkonferenz und der Bundesagentur für

Arbeit geschlossen. Die Landesdirektionen verschiedener Arbeitsagenturen haben im Anschluss durch spezifische Vereinbarungen mit den jeweiligen Bildungs- bzw. Kultusministerien der Länder die Kooperation auf Länderebene konkretisiert. Auch in Sachsen existiert seit 2005[23] eine solche Vereinbarung, die eine Zusammenarbeit von Schulen mit den Einrichtungen der Arbeitsverwaltung sowie die Berufsberatung an und mit der Schule reglementiert.

Betrachtet man die Festlegungen des SGB III in dem für die Arbeit bedeutsamen Fokus, dann sind die Einrichtungen der Arbeitsverwaltung verpflichtet, Jugendlichen, die am Arbeitsleben teilnehmen wollen, Berufsberatung anzubieten (§29 SGB III). Schwerpunkte der Berufsberatung (§30 SGB III) bilden:
- Auskünfte und Hinweise zur Berufswahl und beruflichen Entwicklung
- Informationen über die Entwicklungen am Ausbildungs- und Arbeitsmarkt
- Beratung über Möglichkeiten der beruflichen Bildung
- Tipps zur Ausbildungs- und Arbeitsplatzsuche
- Information zu Leistungen der Arbeitsförderung.

In §31 weist das SGB III darauf hin, dass sämtliche Beratungen und Unterstützungsmaßnahmen die Eignungen und Neigungen der Ratsuchenden zu berücksichtigen haben und geleitet vom Wissen über den tatsächlichen Bedarf am Ausbildungs- und Arbeitsmarkt auszuführen sind.

Zur Vorbereitung von Schülern auf die berufliche Einstiegsphase können den Betreffenden Berufsorientierungsleistungen gewährt werden, die in Form von vertiefter Berufsorientierung bzw. Berufswahlvorbereitung eine intensive Maßnahme mit einem zeitlichen Umfang bis zu vier Wochen[24] darstellen können (§33 SGB III). „Die ausdrückliche Pflicht der Arbeitsämter, Berufsorientierung zu betreiben" (Jahn 1998, §33 Anm. 2) ist mit §33 SGB III explizit fixiert und stellt „deren Erfüllung nicht in das Ermessen der BA" (heute Bundesagentur für Arbeit) (Henkes 1999, S. 249). Der derzeit aktuellste Lehr- und Praxiskommentar des SGB III bemerkt, dass „einer Berufsberatung in der Regel Maßnahmen der Berufsorientierung vorausgehen" (Kruse et al. 2008, S. 128), damit die Berufsberatung zielgerichtet, auf die Orientierung aufbauend, wirksam werden kann. Die Berufsorientierung intendiert die Entwicklung und Förderung von Berufswahlkompetenz des Jugendlichen als Voraussetzung für eine „bewußte und begründete Ausbildungs- und Berufswahl", die auf eine „realistische Einschätzung der Gegebenheiten des Ausbildungs- und Arbeitsmarktes" in Kombination

---

23 Die seit 2005 verbindlich geltende Vereinbarung zwischen dem Sächsischen Staatsministerium für Arbeit und der Regionaldirektion Sachsen der Bundesagentur für Arbeit wird derzeit überarbeitet.
24 Das Gesetz wurde durch eine in §421q festgelegte zeitlich befristete Sonderregel als Modellversuch dahingehend erweitert, dass der Maßnahmezeitraum über vier Wochen hinausgehen kann und nicht zwangläufig in der unterrichtsfreien Zeit stattfinden muss. Diese Erweiterung gilt vorerst bis zum 31.12. 2010.

mit den „eigenen Interessen, Fähigkeiten und Vorstellungen" zurückgeht (Jahn 1998, §33 Anm. 3). Ein individueller Rechtsanspruch lässt sich allerdings aus §33 SGB III nicht ableiten. Ähnlich wie bei anderen Sozialleistungen ist die Berufsorientierung zwar generelle Pflichtaufgabe der Agenturen für Arbeit, für den Einzelfall kann die Erfüllung dieser Leistung allerdings nicht eingeklagt werden.

Weiterhin werden die Agenturen für Arbeit bei der tatsächlichen Vermittlung von Auszubildenden bzw. Arbeitskräften wirksam (§35 SGB III).

Das SGB III stellt durch die genannten Inhalte eine wesentliche öffentliche Säule der Berufsorientierung für Jugendliche dar. Eine Reihe von Maßnahmen kann aufgrund dieser Richtlinien finanziert bzw. mitfinanziert werden.

Bedingt kann man für die Förderung der beruflichen Eingliederung Heranwachsender auch das SGB II heranziehen. Das zweite Sozialgesetzbuch richtet sich an Personen im erwerbsfähigen Alter. Das bedeutet, dass Jugendliche ab 15 Jahre zur Zielgruppe gezählt werden können. Wenn ein junger Mensch unter 25 Jahren in einer Bedarfsgemeinschaft aufwächst, ist er ebenfalls berechtigt, Leistungen des SGB II – Grundsicherung für Arbeitsuchende – in Anspruch zu nehmen. Unter der Zielstellung einer Verringerung der Hilfebedürftigkeit, können dem in der Bedarfsgemeinschaft lebenden jungen Mensch nach §4 SGB II Dienstleistungen gewährt werden, die durch Information, Beratung und umfassender Unterstützung eines persönlichen Ansprechpartners zur Eingliederung in Arbeit bzw. Ausbildung beitragen. Die Abstimmung der zuständigen Behörden, d.h. der Agenturen für Arbeit und ARGEn bzw. optierende Kommunen, stellt hierbei eine notwendige Voraussetzung für optimale Förderbedingungen dar.

Um den Fokus speziell auf die heranwachsende Generation zu richten, muss das Kinder- und Jugendhilfegesetz (KJHG) herangezogen werden. Dieses Sozialgesetz regelt die Unterstützung besonders benachteiligter oder individuell beeinträchtigter junger Menschen, die bei der Eingliederung in den Ausbildungs- und Arbeitsmarkt auf besondere Hilfe angewiesen sind. Arbeitsweltbezogene Aspekte spielen sowohl in der Jugendarbeit (§11 Abs. 3 KJHG) als auch in der Jugendsozialarbeit (§13 KJHG) eine wichtige Rolle. Weiterhin steht die Jugendhilfe den deprivierten Heranwachsenden während der Ausbildung und an der zweiten Schwelle zur Seite, um einen möglichst optimalen Übergang zu fördern. Zu diesem Zweck ist die Jugendhilfe angehalten, mit den wichtigen Institutionen des Jugendalters, resp. der Schule, der Ausbildungsstätte etc. eng zu kooperieren (§81 KJHG). Die sogenannte Jugendberufshilfe avancierte aus den §§11 und 13 KJHG zu einem Schwerpunktthema der Jugendhilfe. In Zeiten abnehmender beruflicher Integrationschancen für benachteiligte oder beeinträchtigte Jugendliche kann es nur über den sozialpädagogischen Ansatz der Jugendhilfe gelingen, ungenutzte Potenziale der Jugendlichen zu erkennen und beruflich nutzbar zu machen. Dieses Selbstverständnis ist als aussichtsreiche Form der Aktivierungshilfe und Stimulation zur Selbsthilfe zu betrachten.

Jugendliche mit wahrscheinlich schlechten Aussichten im Ausbildungs- und Erwerbssystem müssen frühzeitig Unterstützung erhalten, damit sie marktbedingt keine weitere Benachteiligung erfahren.

Maßnahmen zur beruflichen Orientierung von Jugendlichen können allerdings nicht nur aus Bundesmitteln (z.b. Agentur für Arbeit) und kommunalen Geldern (z.b. Jugendberufshilfe) ermöglicht werden, auch europäische Programme stellen ein Budget zur Beschäftigungsförderung zur Verfügung. Je nach Bedarf des jeweiligen Landes und dessen programmatischen Konzepts zur Sozialförderung können Gelder aus dem Europäischen Sozialfonds für diese Zwecke abgerufen werden. In der aktuellen Förderperiode liegt ein Schwerpunkt der sächsischen Beschäftigungsstrategie in der beruflichen Orientierung des Nachwuchses. Dementsprechend umfangreich sind die zur Verfügung stehenden finanziellen Mittel. Die jeweils gültigen Richtlinien für eine Förderung legt die Landespolitik fest.

Auf den letzten Seiten konnte aufgezeigt werden, welche Richtlinien und Gesetze sich mit dem Thema der Integration arbeitsfähiger und arbeitswilliger Jugendlicher und deren Vorbereitung auf den Übergang in das Ausbildung- und Arbeitssystem beschäftigen. Es lässt sich festhalten, dass eine Vielzahl von Ansätzen und Fördermöglichkeiten existiert und das Thema sozialpolitisch eine große Rolle spielt.

Trotz all der Maßnahmen, Förderbausteine und Unterstützungssysteme blieben das Ziel, die Zahl der erfolglosen Ausbildungssuchenden befriedigend zu reduzieren sowie die Hoffnung, die Jugendarbeitslosigkeit in den Griff zu bekommen, bislang unerreicht. Dieser Anspruch kann auch nicht als Maßstab für das Hilfesystem angesehen werden. Vielmehr geht es darum, eine Antwort auf die individuelle Bedürftigkeit der Jugendlichen zu etablieren und ihnen eine Palette von Unterstützungsleistungen und Hilfeangebote für die Bewältigung der persönlichen Problemlage offerieren zu können, damit sie als Subjekte handlungsfähig bleiben.

Es kann nicht um die Beseitigung sämtlicher arbeitsmarktrelevanten Hürden gehen, sondern im Zentrum der sozialstaatlichen Bemühungen steht der einzelne Mensch, der Chancen zur Veränderung seiner disparaten Lage benötigt, um nicht zu resignieren. Diesen Auftrag sehe ich als Hauptinteresse aller aufgeführten Leistungen des Sozialsystems.

Der Staat trägt eine Mitverantwortung für die berufliche Integration seiner Bürger und versucht, mit Hilfe seiner Institutionen Rahmenbedingungen zu schaffen, um dieser Verantwortung gerecht zu werden. Er hat die Verantwortung durch Delegation an dafür eingerichtete Stellen weitergegeben und an die dort arbeitenden Menschen als Rollen- und Aufgabenverantwortung übertragen. Die konkrete verantwortungsvolle Handlung liegt nun bei den durch ihre professionelle Kompetenz Zuständigen, die je nach persönlichem Verständnis dieser anvertrauten Handlungsverantwortung und personaler Konstitution die Pflicht stellvertretend mehr oder weniger verantwortungsvoll und erfolgreich umsetzen.

4.6 Schlussfolgerungen des Verantwortungsdiskurses für eine Orientierungsverantwortung

Die gesellschaftliche Verantwortung für die Unterstützung beruflicher Eingliederungsprozesse ist beschrieben. Es galt zu konturieren, wer mit welcher Verpflichtung und rechtlicher Kompetenz dafür zuständig ist, die nachwachsende Generation in das bestehende Gesellschaftsgefüge, besonders in das Ausbildungs- und Erwerbssystem, einzuführen. Damit kann allerdings lediglich die formale Dimension als geklärt gelten. Die Fragestellung nach der Verantwortung in ihrer Vielschichtigkeit unter Berücksichtigung der Umsetzungspotenziale ihrer Träger kann insbesondere unter den in Kapitel 3 fokussierten gesellschaftlichen Entwicklungen dieser Zeit nicht abschließend beantwortet werden. Ebenso bleibt die Suche nach einem identifizierbaren Hauptverantwortlichen erfolglos.

Ein komplexes Gesellschaftssystem hält auf systemimmanente Interdependenzen keine simplen Antworten und linearen Lösungsschemata bereit. Ein komplexes Problem verlangt in der Regel einen ebenso vielschichtigen Bewältigungsansatz.

Ich möchte an dieser Stelle die bisherigen Betrachtungen zusammenfassen.

Es lässt sich durchaus eine elterliche Verantwortung für die bedeutende gesellschaftliche Aufgabe der beruflichen Orientierung voraussetzen. Auch wenn die Eltern bzw. Mitglieder des familiären Nahraumes nicht die nötige Weitsicht und Prognosefähigkeit für die Arbeitsmarktbedarfe der Zukunft haben und auch gar nicht haben können, sind sie kraft ihrer natürlich bedingten Zuständigkeit für den Zögling angehalten, den Berufswahlprozess des sich entwickelnden Kindes nach bestem Wissen und Gewissen zu unterstützen und zu begleiten. Unterlassen sie notwendige Unterstützungshandlungen, ist ihnen zumindest auf moralischer Basis ein Verstoß gegen ihre Pflichten und elterlichen Verantwortlichkeiten anzulasten. Die Crux bleibt in diesem Zusammenhang natürlich das Nichtvorhandensein von Sanktionsmöglichkeiten. Ohne Kläger kein Verfahren. Die elterliche Verantwortung bleibt moralischer Natur und wird erst dann strafrechtlich relevant, wenn die Eltern den Integrationsprozess vorsätzlich und gegen den Willen des Heranwachsenden behindern, indem sie ihm z.B. Teilhabemöglichkeiten verwehren oder ihn unter Einwirkung physischen und/oder psychischen Zwangs zu einem speziellen Beruf drängen (vgl. Menzel 1967, S. 36).

Die Schule als einflussreichste öffentliche Bildungs- und Erziehungsanstalt ist in besonderer Weise in die Pflicht genommen, die beruflichen Entwicklungen der Schüler zu unterstützen und zumindest ein Stück weit gesellschaftsadäquat zu lenken. Als Erfüllungsstätte der gesetzlichen Schulpflicht ist sie nicht nur ein Ort, an dem das heranwachsende Gesellschaftsmitglied einen Großteil seiner Jugendzeit verbringt, sondern auch eine Stätte, an der maßgeblich auf die Entwicklung des Einzelnen Einfluss genommen werden kann, wo Erziehung und Bildung unter staatlicher Kontrolle stattfindet. Als wichtige Sozialisationsinstanz ist es eine der originären Aufgaben der Schule, den Jugendlichen auf eine sinnstiftende Zukunft vorzubereiten, ihn mit dem notwendigen Handwerkszeug auszustatten, um ein selbstbestimmtes Leben führen und seinen Platz im gesellschaftlichen Gefüge finden und ausfüllen zu können.

Solange die Erwerbsarbeit in der Gesellschaft den derzeitigen Stellenwert behält, wird die Verankerung des Individuums im System nur über eine adäquate Verortung am Arbeitsmarkt die nötigen Voraussetzungen zur Partizipation schaffen können. Die Schule ist mehr denn je gefragt, ihren Beitrag zu diesem Prozess zu leisten. Je schwieriger die Aufgabe der Integration aller im Laufe der Zeit geworden ist, desto hilfloser scheint die Schule dieser Herausforderung gegenüberzustehen. Der ganzheitlich zu verstehende Auftrag übersteigt aufgrund seiner Komplexität sowie der Pluralisierung der Lebenswege und Entwicklungsmöglichkeiten die Potenzen des teilweise unzeitgemäßen und starren Bildungssystems. Die Gesellschaft fordert den „flexiblen Menschen", der sich nur in einem anpassungsfähigen Bildungs- und Erziehungssystem entwickeln kann. Je weiter sich die Normalität von der geltenden gesellschaftlichen Norm entfernt, desto schwerer fällt es statischen Einrichtungen wie dem Schulsystem, Zugänge zu dieser veränderten Normalität aufzuschließen. Die Schule allein ist dieser Herausforderung nicht mehr gewachsen und benötigt mehr und mehr Unterstützungsangebote weiterer öffentlicher Einrichtungen.

Teils ersetzend, teils komplementär erfüllen Organisationen und Institutionen (z.B. die Jugendhilfe) Funktionen, die für den persönlichen Entwicklungsprozess bedeutsam sind. Angesichts der Heterogenität persönlicher Dispositionen von Heranwachsenden ist ein einheitlicher Sozialisationsfahrplan, wie ihn die Schule durchaus leisten könnte, nicht zielführend. Vielmehr stehen die Jugendlichen an derart unterschiedlichen Streckenpositionen, dass ein normierter Weg nicht an allen Standpunkten vorbeiführen kann. Die Mitarbeit und Hilfestellung additiver und substituierender Netzwerke erweist sich als obligatorisch, wenn man allen Gesellschaftsmitgliedern eine Brücke in die moderne Welt bauen möchte.

Auch die Wirkungen nicht intendierter, aber einflussreicher Sozialisationseffekte, die z.B. über die modernen Medien den Jugendlichen erreichen oder in den an Bedeutung gewinnenden Peergroups ihre Konsequenzen entfalten, sind bei den individuellen Entwicklungsprozessen nicht zu vernachlässigen. Die Macht derartiger nicht kalkulierbarer Beeinflussungsquellen scheint in der Sozialisationsphase Jugend zu expandieren.

Damit hat sich ein vielschichtiges Sozialisationssystem herausgebildet, das durch seine Modularität auf die gesellschaftlichen Anforderungen reagiert hat. Jedes Element der öffentlichen Erziehung soll dazu beitragen, den Einzelnen passend zu seiner individuellen Konstitution in das große Ganze einzufügen. Die Aufgabe, die früher allein der Familie zukam, hat sich immer stärkerer institutionalisiert und zu einer pädagogischen Querschnittsaufgabe entwickelt.

Da die Integration in das bestehende Arbeitssystem eine notwendige Voraussetzung für eine erfolgreiche Eingliederung des Individuums in die Gesellschaft darstellt und damit dem Erhalt des Gemeinwohls dienlich ist, muss sie als eine gesamtgesellschaftliche Aufgabe betrachtet werden. Sowohl einzelne Individuen als auch öffentliche Institutionen haben ihren Beitrag zu leisten, um das gemeinsame Ziel zu verwirklichen. Auch wenn diese Verantwortung damit das Kollektiv bzw. die Gemeinschaft als Ganzes betrifft, bleibt die Umsetzung eine Verpflichtung, die aufgrund einer individuellen Betroffenheit dem persönlichen Gewissen geschuldet ist. Nach Bühl (2000) fällt es dem Menschen allerdings nicht leicht, „die besondere Qualität des Kollektiven zu begreifen" und zu erkennen, „was es heißt, ‚koordiniert' oder ‚kooperativ' zu handeln" (Bühl 2000, S. 52). „Subjekt der Verantwortung", auch für ein gemeinsames Ziel, das dem Wohl der Gesellschaft dienlich ist, „bleibt das Individuum, jedoch nicht als isolierte Existenz, sondern im Suchen und Finden der Verbindung mit den anderen" (Rothenspieler 1982, S. 289). In diesem Sinne können alle Individuen, die aus natürlichen, moralischen oder institutionell-normativen Kausalzusammenhängen mitverantwortlich für die Aufgabe gelten, als Träger einer zwar diffusen, aber kontingenten Teilverantwortung als Beitrag für das Ganze identifiziert werden. Rothenspieler weist in diesem Kontext darauf hin, dass ein Handeln entgegen der gemeinsamen Verpflichtung dann als Schuld vorgeworfen werden kann, wenn trotz Möglichkeit zur Pflichterfüllung vorsätzlich inkorrekt gehandelt wird (vgl. Rothenspieler 1982, S. 290).

Die Frage der Schuld und Zurechnung für eine verfehlte bzw. misslungene berufliche Integration kann und soll an dieser Stelle nicht im Mittelpunkt der Betrachtungen stehen und würde sich auch nicht zufriedenstellend beantworten lassen. Es geht mir lediglich darum herauszuarbeiten, welche Instanzen an dieser inzwischen zunehmend problematisch gewordenen Aufgabe Anteil haben und wie sich deren Einflüsse auf die sich konstituierende Persönlichkeit definieren.

5 Berufliche Orientierung als pädagogische Querschnittsaufgabe

Der Berufswahlprozess ist ein langwieriger Orientierungsvorgang, dessen Einsetzen in kindlichen Lebensphasen zeitlich nicht genau festgelegt werden kann. Mittelbare und unmittelbare, bewusste und unbewusste Einflussmechanismen steuern multimedial aus verschiedenen Richtungen diesen Entwicklungsverlauf. In der heutigen Zeit hat dieser Prozess außerdem seine Episodenhaftigkeit verloren, da von einem endgültigen Abschluss nicht mehr gesprochen werden kann. Selbst im Erwachsenenalter sind viele Arbeitsplätze aufgrund ihrer Instabilität riskant. Der Arbeitnehmer muss damit rechnen, dass seine Arbeitskraft freigesetzt wird, er sich neu orientieren und abermals eine berufliche Wahl treffen muss. Die Berufswahlerfahrungen im Erwachsenenalter können im Rahmen dieser Arbeit nicht ausführlich erörtert, sondern nur gestreift werden. Im Zentrum der Betrachtung bleiben die adoleszenten Vorbereitungs- und Orientierungsoptionen einer beruflichen Integration. Da sich im Zeitalter der freien Berufswahl das Thema immer stärker zu einer gesamtgesellschaftlichen und damit einer Aufgabe aller Sozialisationsagenten herausgebildet hat, ist die Alleinverantwortung der Familie verloren gegangen, die sie in Zeiten erbbedingter Berufsplatzierung noch besaß.

Die entscheidenden Instanzen, die bei einer Berufswahl eine Rolle spielen können, sollen in diesem Kapitel thematisiert werden. Ziel ist es, Anforderungen und Erwartungen an diese Funktionssysteme aufzuzeigen. Neben den nicht institutionalisierten Instanzen wie den Eltern und den Peergroups werden die gesellschaftlichen und professionalisierten Subsysteme schlaglichtartig beleuchtet, denen angesichts ihres Berufsethos' eine besondere Pflicht obliegt.

Da eine derart schwierige und vielschichtige Aufgabe wie die Vorbereitung von Jugendlichen auf ihre Integration in das gesellschaftliche Gefüge unter sich ständig verändernden Bedingungen in der Postmoderne nicht von einer Instanz allein bewältigt werden kann und man davon ausgehen kann, dass diese Aufgabe immer schwerer einlösbar wird, gilt es nachzuweisen, welche Teilaufgaben welchen gesellschaftlichen Systemen zukommen. Erst in ihrem synergetischen Zusammenwirken machen sie eine adäquate Eingliederung in den Arbeitsmarkt und darüber in die Gesellschaft möglich.

Mit der Reihenfolge möchte ich keinesfalls eine Wertung über Einfluss und Bedeutsamkeit vornehmen, sondern richte mich vielmehr nach ihrer biografischen Relevanz, d.h. dem üblichen Zeitpunkt ihres Eintretens in Lebenslauf.

Betrachtet werden alle Instanzen hinsichtlich ihrer Einflussvalenzen auf die berufliche Orientierung.

5.1 Berufsorientierung in ihrer familialen Dimension

Als erste und zweifelsohne wichtigste Instanz im Sozialisationsprozess kann die Herkunftsfamilie gelten. Besonders in den frühen Lebensjahren bildet sie das Milieu, in dem ein Kind aufwächst, sie schafft den Erfahrungsraum, in dem das Kind sich selbst und andere erfährt und sich die ersten Eindrücke von der Welt und ihren Zusammenhängen formen. Um die erfahrene Realität der Herkunftsfamilie konstruiert sich das neue Mitglied der Gemeinschaft seine eigene Welt. Das, was dem Kind in seinen ersten Lebensjahren im geschützten, privaten, familiären Nahraum widerfährt, prägt sein gesamtes weiteres Leben (vgl. Dürr 1963, S. 71). Die entgegengebrachte emotionale Wärme beeinflusst die sich entwickelnde eigene Beziehungsfähigkeit. Die familialen Werte präformieren das sich herausbildende Normen- und Wertesystem des Kindes. Die sozialen Kompetenzen der Familie bestimmen die sozialen Fähigkeiten des Heranwachsenden und die geschaffenen Bildungsanreize wirken sich auf das Lernverhalten und die Intelligenzentwicklung aus. Die eben aufgeführten Sachverhalte veranschaulichen exemplarisch, wie die Familie das erste und zunächst gültige Bild der Wirklichkeit konstruiert. Das dort erlebte Selbstverständnis setzt die Maßstäbe, an denen sich alle späteren Erfahrungen messen und in das vorhandene Weltbild einordnen werden. Nur sehr mühselig lassen sich die in den ersten Lebensjahren entwickelten Anschauungen später revidieren oder überformen.

Die Bindung zur Herkunftsfamilie bleibt auch in besonderer Weise determinativ, wenn andere Sozialisationsinstanzen ihre Wirkung entfalten und der Zögling zunehmend aus dem familialen Schonraum heraustritt. Auch im Wirkungsfeld institutionalisierter Erziehungs- und Bildungsorganisation behalten die Eltern ihren Einfluss infolge von Erwartungen, Regeln und Anforderungen, die der Heranwachsende in die außerfamilialen Systeme transportiert (vgl. Masche 1998, S. 23). Die familiale Sozialisation wird nicht nur deswegen als Primärsozialisation bezeichnet, weil die Familie als erste Instanz bewusst und normativ auf das Handeln des Kindes Einfluss nimmt, sondern auch, weil sie im Regelfall sehr lange Zeit das dominierende System bleibt (vgl. Rauschenbach 2003, S. 55). Trotz abnehmender Kontrollfunktion und Weisungsmacht im Jugendalter wird die Familie besonders bei essenziellen Entscheidungen – selbst noch im Erwachsenenalter – als vertrauensvolles Organ beratend konsultiert.

Speziell aus dem Verhalten der Eltern resultiert ein Großteil der kindlichen Entwicklung, ihr Einfluss kann sowohl bezüglich bewusster Reaktionen als auch unbewusster Kausalitäten nicht hoch genug eingeschätzt werden.

Dieser Sachverhalt gilt natürlich ebenso für das Bild, das der Heranwachsende von Arbeit und Beruf als Teil seines Weltverständnisses konstruiert. In der Herkunftsfamilie macht der Zögling im Normalfall seine erste Bekanntschaft mit dem Thema Erwerbsarbeit. Er erfährt, wenn beide Eltern oder ein Elternteil regelmäßig zur Arbeit gehen/geht, die alltäglichen Auswirkungen auf das familiale Leben. Über die Eltern erlebt das Kind bereits früh die strukturierende Wirkung von Erwerbsarbeit. Im Laufe seiner Entwicklung lernt das Kind, dass zum Leben und Konsum notwendiges Geld nicht nur von der Bank abgeholt, sondern dass es durch die Arbeit von Mutter und/oder Vater zunächst verdient werden muss. Die elterliche Erwerbsarbeit spielt bereits im Kindesalter eine enorme Rolle und etabliert sich sukzessive als notwendige Existenzgrundlage in der kindlichen Wahrnehmung. Der Stellenwert der Erwerbsarbeit im elterlichen Leben wird quasi automatisch in die kindliche Vorstellung des Erwachsenendaseins und damit in den eigenen Lebensentwurf transportiert. Alle Facetten der Arbeit, die in der familiären Interaktion thematisiert werden, tragen somit als Puzzleteilchen zur kindlichen Imagination bei. Als gelebte Leitbilder haben die familialen Bezugspersonen einen „prägenden Einfluss auf die eigene Entwicklung, die Lebensgestaltung und auch spätere berufliche Orientierung und Berufswahl" (Opaschowski 2002, S. 56).

Fehlt die familiäre Selbstverständlichkeit der Teilnahme am Arbeitsmarkt und gelingt es den arbeitslosen Eltern nicht, das Bild trotz persönlicher Erfolglosigkeit im Erwerbssystem authentisch zu zeichnen, konstituiert sich auch eine dementsprechend problematische Vorstellung in der kindlichen Weltsicht. Wie bereits in Kapitel 3 geschildert, können Folgen einer solchen sozialunverträglichen Sozialisation die Lebensplanung des Heranwachsenden in eine kritische Richtung lenken.

Der große Einfluss der Eltern auf den Lebensplan ihrer Kinder, sei er mehr oder minder bewusst und beabsichtigt, präformiert bereits die Entstehung der ersten Wunschberufe und leitet durch die elternbestimmte Schullaufbahn (vgl. Pollmann 1993, S. 28) und zielgerichtete Beratung durch die Eltern fast zwangsläufig auf einen vorbestimmten Weg (vgl. Baethge et al. 2005, S. 92). Der individuelle Handlungsspielraum ist bei genauer Untersuchung der Rahmenbedingungen und elterlichen Aspirationen kleiner als erwartet. Auch wenn heute weit weniger Berufseinsteiger in die Fußstapfen ihrer Eltern treten als früher, da berufliche Positionen immer seltener durch traditionelle Erbfolge übertragen werden, wirken die beruflichen Wünsche oder Ängste der Elterngeneration bis hin zur transportierten Resignation sozialisationsbedingt ähnlich vorbestimmend.

Hamann (1988) listet zwölf Hauptaufgaben der Familie auf (vgl. Hamann 1988, S. 33ff):
- die Befriedigung elementarer Bedürfnisse,
- die Gewährung von Schutz sowie Geborgenheit und Zuflucht,
- die Ermöglichung von Spiel und Übung,
- die Vermittlung elementarer Kenntnisse und Fertigkeiten,
- die Erschließung eines grundlegenden Lebens- und Weltverständnisses,
- die Vermittlung gesellschaftlicher und kultureller Normen,

- eine emotionale Fundierung,
- eine sexuelle Erziehung,
- moralische Erziehung,
- religiöse Disponierung ,
- Erziehung ‚zur' Familie,
- eine Vorbereitung für den Eintritt in das Berufs- sowie Arbeits- und Wirtschaftsleben.

Die Zuständigkeit der Eltern ist demnach nicht nur dem Erziehungsprimat geschuldet, sondern ist auch umfangreicher und ganzheitlicher als die Aufgaben weiterer Erziehungssysteme.

Am Übergang in das Ausbildungs- und Erwerbssystem zu unterstützen und das nötige Orientierungswissen zu vermitteln, sind wichtige Komponenten der nicht einzugrenzenden Zuständigkeit der Eltern (vgl. Thomä 1992, S. 172). Diese Funktion erfüllen die Eltern bewusst bzw. unbewusst mehr oder weniger erfolgreich und mit dem erwünschten oder auch ungewollten Ergebnis über vielfältige Kanäle von frühester Kindheit an.

Der Einfluss der Eltern auf die Berufswahl ihrer Kinder wird in der Fachliteratur allgemein als sehr hoch eingeschätzt. Im Vergleich zu allen anderen Sozialisationsinstanzen wird ihnen der größte Wirkungsgrad zugesprochen. Die Relevanz der elterlichen Ratschläge für die Entscheidungsfindung wird von den Jugendlichen mit zwischen 80 und 95% und damit als hochgradig wichtig eingeschätzt (Beinke 2000, S. 30: 86,7%; Raab/Rademacker 1999, S. 146). Die Mutter spielt in diesem Bezugsrahmen die Hauptrolle. Nach einer Untersuchung von Beinke aus dem Jahre 2002 erörtern 92% der Jugendlichen Fragen der Berufswahl und berufsrelevante Informationen mit der Mutter. Auf den folgenden Plätzen schließen sich Freunde (87%) und Väter (82%) an (vgl. Beinke 2004, S. 201).

An anderer Stelle weist Beinke darauf hin, dass der Einfluss der Eltern auf den Berufswahlprozess von bestimmten Kriterien abhängig ist. So kann man durchaus geschlechtsspezifische Unterschiede feststellen. Im männlichen Berufswahlprozess spielen die Eltern zwar prozentual eine geringere Rolle, sind aber dennoch die wichtigste Hilfsinstanz. Im weiblichen Berufsfindungsprozess spielen neben den Eltern, die ebenfalls am häufigsten genannt werden, andere Beratungssysteme eine größere Rolle als bei der männlichen Referenzgruppe (vgl. ebd., S. 88). Darüber hinaus konnte in derselben Untersuchung belegt werden, dass Schüler aus alleinerziehenden Haushalten die Eltern weniger intensiv in den Prozess einbeziehen als Jugendliche, die mit beiden Elternteilen zusammenleben (ebd., S. 142).

Wie stark die elterlichen Wünsche, Hoffnungen und Ratschläge die jeweilige Berufswahl tatsächlich diktieren, lässt sich nur vermuten. Ich möchte einige Parameter aufzählen, die veranschaulichen, dass die Eltern auf vielfältige Weise

Einfluss ausüben. Die Intensität und die nachhaltige Wirkung variieren hierbei im Einzelfall mitunter stark. Die Aufzählung erhebt keinesfalls Anspruch auf Vollständigkeit, sondern soll die Bandbreite der Wirkungsmechanismen illustrieren.

- Eltern wirken als Modell, über welches das Kind die Arbeitswelt wahrnimmt. Schon in frühen Entwicklungsphasen entsteht beim Kind ein Bild vom Erwerbssystem, modelliert durch den Blick und die Interpretation der Eltern.
- Eltern prägen durch ihr erzieherisches Handeln „Interessen, Wertorientierungen, Leistungsmaßstäbe und Intelligenzvoraussetzungen" (Hamann 1988, S. 29), sie beeinflussen die Wahl der Hobbys und Freizeitbeschäftigungen, über die wichtige, beruflich relevante Kompetenzen erworben werden.
- In der Regel bestimmen die Eltern relativ unabhängig die schulische Laufbahn ihrer Kinder. Da schulische Abschlusszertifikate gleichzeitig Anschlussvoraussetzungen sind, ist die Schullaufbahn einer der wichtigsten Wegbereiter für den Erfolg am Ausbildungs- und Arbeitsmarkt.
- Durch die sozioökonomische Position der Familie wird die Entwicklung des Heranwachsenden beeinflusst. Der Einzelne ist bestrebt, den Status der Herkunftsfamilie mindestens zu erhalten. Damit präformiert der familiäre Ursprung die Karriereplanung, denn „Zukunft braucht Herkunft" (Marquard 1979, S. 358).
- Durch die Wahl der Eltern für einen bestimmten Wohn- und Lebensraum wird das soziale Umfeld festgelegt, das zum Bestimmungsfaktor für die Persönlichkeitsbildung und Entwicklungsmöglichkeiten wird.
- Auch die materiellen Bedingungen einer Familie bedingen die berufliche Entwicklung. Finanziell gut gestellte Familien können ihren Kindern einen erheblich größeren Fundus an Bildungs- und Entwicklungsmöglichkeiten zur Verfügung stellen. Das Kind wächst in einem anregungspotenten Milieu auf und kann sich frei entfalten, auch wenn diese Entfaltung mit Kosten verbunden ist. Kindern, die in armen Verhältnissen aufwachsen, ist eine uneingeschränkte individuelle Entwicklung oftmals verwehrt. Sie können an den gesellschaftlichen Möglichkeiten nur partiell teilhaben.
- Eltern aus den unteren gesellschaftlichen Schichten unterstützen in vielen Fällen das Verlassen der Schule zum frühestmöglichen Zeitpunkt und den Drang ihrer Kinder nach Selbstständigkeit, da dieser Weg die Familie von ihren finanziell belastenden Pflichten befreit. Der erreichte niedrige Abschluss bietet nur begrenzte Anschlussmöglichkeiten und verbaut damit die Chance auf soziale Aufwärtsmobilität.
- Eltern fungieren als vertrauenswürdige Ratgeber. Den elterlichen Hinweisen wird zum einen ein hoher Wahrheitsgehalt zugesprochen, da die El-

tern als vertrauenswürdige Instanz in der Entwicklung der Heranwachsenden als etabliert gelten können. Zum anderen wird ihnen die gute Absicht quasi naturbedingt unterstellt. Die ratsuchenden Berufswähler können davon ausgehen, dass der Tipp der Eltern fundiert (keiner kennt das Innere des Kindes so gut wie seine Eltern), zum Wohl des Ratsuchenden (Eltern sind am Wohlergehen ihrer Kinder am stärksten interessiert) und beruhend auf dem eigenen Erfahrungswissen (Eltern haben größere Kenntnis vom Arbeitsmarkt) ist. Diese Vorteile unterscheiden die Eltern von weiteren, möglicherweise kompetenteren Beratungsinstanzen und zementieren ihren exklusiven Einfluss.

Das Gewicht der Eltern in diesem Entscheidungsprozess ist umso stärker, je weniger intensiv die individuellen Wünsche und Vorstellungen des jeweiligen Jugendlichen ausgeprägt sind. Hat ein vor der Berufswahl Stehender gar keine eigenen Ideen und Berufswünsche, wächst der Einfluss Dritter und besonders stark die suggerierende Einwirkung vertrauenswürdiger Instanzen wie die der Eltern.

In der öffentlichen Diskussion wird dieser eben beschriebene exorbitante Einfluss der Eltern nicht immer vorteilhaft und gerechtfertigt bewertet (vgl. Pollmann 1993, S. 27). Angesichts fehlender Kompetenz und mangelhafter Objektivität können die Ratschläge der Eltern zu Berufswahlverhalten führen, das, z.B. bedingt durch projizierte elterliche Interessen (vgl. Meulemann 1985, S. 246; Kaufmann 1990, S. 145)[25], nicht den Wünschen, Vorstellungen und Fähigkeiten des Jugendlichen entspricht oder sich aufgrund fehlenden Wissens über Bedarfe am Arbeitsmarkt als ökonomisch nicht verwertbar herausstellt. Laut Böhnisch (2002) kommt es für die Eltern „deshalb weniger darauf an, ihren Kindern Berufswege vorzugeben, sondern sie in der Richtung emotional und materiell zu unterstützen, dass sie sich in der Unübersichtlichkeit der beruflichen Chancen zurechtfinden" (Böhnisch 2002, S. 285).

Um Jugendliche gut zu beraten und zu einer aussichtsreichen Berufswahl zu führen, ist die Einbeziehung der Eltern in den Prozess – geschuldet ihrer großen Macht – unbedingt erforderlich. Ein kritischer Umgang mit den elterlichen Beratungsleistungen scheint allerdings angebracht. Gegebenenfalls muss der Jugendliche auch gestärkt werden, um sich gegen ungewollte oder aussichtslose Maßgaben der Eltern behaupten zu können.

---

25 Struck spricht in diesem Zusammenhang von nahezu 15% der Kinder, die „von ihren Eltern übermäßig – wenn auch gut gemeint – in eine ungewisse Zukunft hinein verplant" werden (Struck 2004, S. 178).

5.2 Relevante Einflüsse von Peergroups auf die Berufswahl

Im Laufe der Entwicklung des Heranwachsenden nimmt der Einfluss des Elternhauses immer stärker ab und andere Instanzen erlangen ergänzend oder alternativ an Bedeutung. Eine besonders ab dem Jugendalter wichtige Gruppe stellen die Gleichaltrigen, die Peergroup, dar.

Im Prozess der Ablösung und Herausbildung der individuellen Persönlichkeit verlieren autoritätsgeprägte Bindungen mit Weisungscharakter an unkritischer Akzeptanz. Jugendliche rebellieren gegen hierarchische Strukturen, um ihre Selbstständigkeit zu formen und zu behaupten. Sie suchen verstärkt nach neuen Wegen der Interaktion, die eher geprägt sind von Aushandlungsprozessen und auf einer Ebene der Gleichberechtigung stattfinden. In diesem Alter gewinnen Gleichaltrige immer mehr Einfluss auf das Verhalten und die Entwicklung. Andere strukturbildende Prozesse verorten den Einzelnen in einer Hierarchie, die er durch sein eigenes Sein und Verhalten mitbestimmen und verändern kann. Gruppenbildungsprozesse innerhalb verschiedener sozialer Systeme (im schulischen Klassenverband, im Sportverein, in der Clique etc.) gestalten die individuelle Entwicklung zunehmend mit. Diese neuen Strukturen eröffnen dem Heranwachsenden ein unbekanntes Erfahrungsfeld, in dem er seine Handlungsfähigkeit stärker als in den ihm bislang bekannten Systemen kennen lernen und schulen kann. Sein soziales Umfeld unterscheidet sich von ihm nicht mehr durch objektive Kriterien. Er steht in weniger klar definierten Abhängigkeits- und Autoritätsverhältnissen, denn die Mitglieder dieser Gruppen zeichnen sich durch eine gruppenspezifische Homogenität aus, wodurch sich das einzelne Gruppenmitglied als den anderen gleichwertig bzw. in ähnlicher Lage fühlt.

Mit der einsetzenden Pubertät werden die Peergroups immer wichtiger. Durch die sukzessive Loslösung vom Elternhaus verzichten die Jugendlichen auf bewährte Sicherheiten, was durch den neuen Halt, den die Peergroup bietet, kompensiert wird. Die Gleichaltrigen schaffen sich damit in einem gemeinsamen Prozess eine Struktur, die Funktionen anderer, bislang wichtiger Systeme partiell ersetzt oder ergänzt.

Im Kontext dieser Arbeit steht die Bedeutung der Peergroups für den individuellen Berufswahlprozess im Fokus. Da Jugendliche im berufswahlrelevanten Alter bereits unter starkem Einfluss von Gleichaltrigen stehen, ist eine Wirkung auf die Herausbildung und Entwicklung von beruflichen Aspirationen anzunehmen. Wie stark und nachhaltig diese Macht auf die tatsächliche Entscheidung ist und ob Gleichaltrige als Ratgeber mit den Eltern in Konkurrenz treten können, hat bspw. Beinke (2004) untersucht.

Zukunft und Lebensplanung erweist sich in der adoleszenten Kommunikation als eine zentrale Thematik. Bei Beinke rangieren diese Gesprächsinhalte in den jugendlichen Unterhaltungen auf den vorderen Plätzen. Die Häufigkeit der Themen bildet folgende Reihung (Beinke 2004, S. 72):

Liebe, Sex, Intimes: 67%;
Zukunft: 62,5%
Sport: 43,5%
Beruf: 35,8%
Eltern: 34,9%
Familie: 30,6%.

Lebensplanungsrelevante Aspekte durchdringen den Informationsaustausch in den Peergroups regelmäßig und anscheinend mit hoher Intensität. Dabei werden auch Fragen der Berufswahl in den Gruppen erörtert.

Für die Beschaffung und die Bewertung von Informationen über Inhalte, Anforderungen, Entlohnung und Karrierechancen nehmen die Freunde eine gewichtige Position ein. Auch der Weg ins Berufsinformationszentrum (BIZ) oder zur Berufsberatung wird häufig von Gleichaltrigen unterstützt oder sogar begleitet. Die informellen Einflüsse der Peergroups auf den jugendlichen Orientierungssuchenden können demnach recht hoch eingeschätzt werden. Es lässt sich vermuten, dass eine hohe Identifikation unter Gleichaltrigen darüber erreicht wird, weil sie diese Entwicklungsaufgabe fast gleichzeitig bewältigen müssen und sich deshalb mit ihren Ängsten, Fragen und Wünschen in einer vergleichbaren Lage befinden. Bei von Wensierksi et al. (2005) rangieren die Peergroups in der Bedeutung für die Berufsorientierung von Jugendlichen mit 37,6% auf dem dritten Rang. Die Autoren können in diesem Zusammenhang allerdings einen signifikanten Geschlechtsunterschied nachweisen, der zeigt, dass für die Mädchen ihre gleichaltrigen Freunde eine größere berufsorientierende Rolle spielen als für ihre männlichen Klassenkameraden (vgl. von Wensierski 2005, S. 79).

Beinke kann belegen, dass die Relevanz der Freunde für die tatsächliche Berufswahl hingegen eher gering ist, da im Laufe des Entscheidungsprozesses der Einfluss der Gleichaltrigen nachlässt (vgl. Beinke 2004, S. 197). Die Freunde haben auf den Berufswahlprozess damit nur eine episodenhafte Wirkung, die bei der konkreten Entscheidung keinen nennenswerten Effekt mehr verzeichnen kann.

Berufsentscheidungen sind milieuabhängig. Da sich die Peergroups im sozialen Nahbereich, d.h. zumeist im Wohnumfeld herausbilden, kann der Einfluss der Freunde auf die Berufswahl als schichtstabilisierend angesehen werden. Die vertrauten Berufe des sozialen Umfelds weisen eine Schicht- bzw. Milieuspezifik auf, die von der Folgegeneration in der Regel fortgeschrieben wird. Die Peergroups unterstützen diesen Mechanismus, anstatt ihn aufbrechen zu können.

Beinke vermutet, dass der Einfluss der Gleichaltrigen auf berufswahlrelevante Mechanismen in den vergangenen Jahren zugenommen hat. Ein Beleg für diese These kann allerdings nicht vorgelegt werden, da seine Untersuchung erstmals die Beziehung von Peergroups und Berufsaspirationen in den Blick genommen hat. Eine verlässliche Kontrolluntersuchung fehlt zur Verifizierung seiner These. Auch wenn ich Beinke grundsätzlich beipflichten möchte, da die Relevanz der Gleichaltrigen im Allgemeinen zuzunehmen scheint, kann eine Wachstumsrate nicht empirisch belegt werden.

5.3 Die Rolle der Schule in der beruflichen Entwicklung von Jugendlichen

Die Schule nimmt im Alltag heute aufwachsender Kinder und Jugendlicher einen hohen Stellenwert ein. Nicht nur weil Heranwachsende dort einen Großteil ihrer Zeit verbringen (vgl. Heintze 2005, S. 84) – der sich im Zuge der Ganztagsschulentwicklung in den nächsten Jahren auch noch ausdehnen wird – und weil die Schule als obligatorisches Sozialsystem zunächst den wichtigsten außerfamilialen Knotenpunkt für soziale Kontakte und damit bedeutsame Lebenswelt für die Schülerinnen und Schüler bildet, sondern auch, weil die Schule als öffentliche Sozialisationsinstanz mit einem fixierten Bildungs- und Erziehungsauftrag mitverantwortlich ist, die individuelle Entwicklung der nachwachsenden Generation in Richtung Gesellschaftsfähigkeit zu lenken.

Der direkte Einfluss der Schule auf berufswahlrelevante Aspekte ist in vielen Studien von den Jugendlichen selbst meines Wissens nie besonders hoch eingeschätzt worden (vgl. Deuer 2006, S. 58). Trotz dieser anscheinend marginalen Bedeutung der Lehrer für die subjektive Berufsvorbereitung, werden die Forderungen an die Schule immer lauter, sich verstärkt dieser Verantwortung zu stellen. „An der Spitze der Bildungsanforderungen, um die sich die Schule mehr als bisher kümmern sollte, wird [sic!] ‚Vorbereitung auf das Berufsleben' von etwa drei Vierteln der Eltern genannt (...).“ (Holtappels 2002a, S. 310) Begründet wird dieses Postulat durch die steigenden Anforderungen der komplexen und globalisierten Arbeitswelt. Bisherige Strategien zur Bewältigung des Übergangs von Schule in die Erwerbstätigkeit scheinen immer seltener reibungslos zu funktionieren. Neue, vielfältige und besonders individuell geprägte und abgestimmte Wege werden erforderlich, um sich in einer ständig verändernden Arbeitswelt einen (zumindest vorläufigen) Platz zu sichern. Es geht nicht mehr um das einmalige Bewältigen der zwei Schwellen, sondern um die Befähigung zu einer gelingenden Lebensführung in einem komplexen und instabilen Gesellschaftsgefüge.

Die tradierten Methoden der Qualifikation reichen für eine derart umfangreiche Aufgabe nicht aus. Bislang wirksame Verfahrensweisen und konventionelle Mittel der Hilfssysteme stoßen an ihre Grenzen. Dem Schulsystem wird in diesem Zusammenhang eine hohe Potenz an Verbesserungsmöglichkeiten eingeräumt. Wie ein unflexibles und relativ reformresistentes System wie das schulische auf diesen Bedarf reagiert, werde ich im empirischen Teil am Beispiel der Stadt Leipzig darlegen.

Bis dahin soll der Blick zunächst auf die theoretischen Aspekte gerichtet bleiben und das Schulsystem mit seinen Möglichkeiten und Aufgaben genauer betrachtet werden.

5.3.1 Der schulische Bildungsauftrag als zentrales Moment beruflicher Sozialisation

Auch wenn sich die Schule nicht ausschließlich an den Interessen des Wirtschaftssystems ausrichten darf, „sondern orientiert sein muß an einer begabungsgerechten Entwicklung des Kindes und Jugendlichen" (Gensch 1993, S. 97), geht es in der Pädagogik doch darum, „Personen außerhalb des Bildungssystems Chancen zu eröffnen" (Kurtz 2002, S. 31), die wiederum eng an eine erfolgreiche Platzierung im Erwerbssystem geknüpft sind. Damit sind öffentliche Erziehung und Wirtschaft eng verzahnt. Die Schule gehört dank ihres institutionalisierten Rahmens zum „organisierten Erziehungssystem" unserer Gesellschaft. In Anlehnung an Hurrelmann (1986) hat sie nicht nur die Aufgabe, ausreichend Nachwuchs für das sich biografisch anschließende Beschäftigungssystem zu generieren, sondern muss auch für eine akzeptable Passung zum qualitativen Anforderungsprofil der Wirtschaft Sorge tragen. Das bedeutet für das Schulsystem: Es muss seine „Absolventen angemessen ausbilden, und das heißt, sie auf die bestehenden ökonomischen Ordnungsverhältnisse vorbereiten und ihre Motivation und Qualifikation herausbilden" (Hurrelmann 1986, S. 98). In Anbetracht der nur vage voraussehbaren Optionen des Einzelnen, „geht es nicht darum den Zögling auf eine bestimmte, sondern für jede ihm mögliche Zukunft auszustatten" (Liebau 2001, S. 12).

Unter den aktuellen demografischen Herausforderungen wird die Schule in den nächsten Jahren vor eine nahezu unlösbare Aufgabe gestellt. Das ökonomische System verlangt nach immer höher qualifizierten Schulabgängern, die über Grundkenntnisse verfügen, an denen das Weiterbildungssystem nahtlos anknüpfen kann. Die Nachfrage nach niedrig qualifiziertem Nachwuchs wird hingegen weiter sinken (vgl. Hradil 2001, S. 646). Verfügt die Schule, wie in den vergangenen Jahren, über ausreichend Schüler, kann sie den Bedarf an Hochqualifizierten mit Hilfe des Überschusses decken. Die Grundgesamtheit der Schüler in Ostdeutschland, die sich in den abschlussrelevanten Klassen befindet, hat allerdings – bedingt durch die politische Wende und den daraus folgenden schwierigen sozialen Transformationsprozessen im Osten des Landes – rapide abgenommen. Hier wird die Zahl im Jahr 2010 am Tiefpunkt angekommen sein und einige Jahre auf diesem niedrigen Niveau verharren, bis eine leichte Steigerung einsetzen wird, die allerdings das Vor-Wende-Niveau nicht wieder erreicht. In den westlichen Bundesländern wird dieses Phänomen mit einer geringen Verzögerung die Wirtschaft ebenso hart treffen.

Die Schule hat im Laufe ihres Bestehens und speziell in den letzten Jahrzehnten einen stetigen Bedeutungszuwachs erfahren. Der in der Schule vermittelte Bildungskanon ist für jedes in Deutschland aufwachsende Kind verpflichtend und kann nicht von einer alternativen Instanz legitim umgesetzt werden. Die thematisierten Lerninhalte gelten als elementares Basiswissen und als Grundfertigkeiten, die der Mensch besitzen muss, um in der Gesellschaft bestehen und sich darauf aufbauend weiterqualifizieren zu können.

Um den heterogenen Leistungsvoraussetzungen der Schülerschaft gerecht zu werden, hat sich in der Bundesrepublik ein mehrgliedriges Schulsystem entwickelt. Mit Hilfe der differenzierten Schularten hat man – mehr oder minder erfolgreich – versucht, die Schülergruppen leistungshomogen zu gestalten, um den schulischen Funktionsanforderungen besser gerecht zu werden. Die Schule hat die wichtigen Aufgaben der Qualifikation, Selektion und Integration zu erfüllen. Sie ist dafür zuständig, den Heranwachsenden ein gewisses Basiswissen zu vermitteln, sie soll den Schülern entsprechend der sozialen und politischen Bedarfe der Gesellschaft den passenden Platz (Allokation) zuweisen bzw. den Weg präformieren sowie dazu beitragen, dass sich die nachwachsende Generation in das vorhandene Sozialgefüge optimal eingliedert.

Für den Lehrer als Ausführungsorgan dieser schulischen Funktion ergibt sich daraus ein umfangreiches und verantwortungsvolles Aufgabenbündel. Er ist angehalten, die ihm anvertrauten Schüler nicht nur einigermaßen gleichwertig qualifizieren, und das trotz unterschiedlichster Anlagen und Potenziale, sondern er muss sie geleiten und begleiten auf der Suche nach ihrem Platz in der Gesellschaft. Dem Lehrer wird mit seinem Amt über die Aufgabe der Gegenwartsplatzierung auch die Pflicht auferlegt, das Entwicklungsvermögen seiner Schüler voraussagen können, da er als Experte für den einzelnen Schüler dessen Schullaufbahn maßgeblich mitbestimmt. Seine Einschätzung der Leistungsfähigkeit wiegt mitunter schwerer als der Wunsch der Eltern.

Untersuchungen konnten belegen, dass Lehrer nicht immer wertneutral urteilen und sich durchaus vom sozioökonomischen Status der Familie beeinflussen lassen. Kinder aus bildungsfernen Schichten werden von den Lehrkräften oftmals stereotypisch als weniger leistungsfähig eingeschätzt als Schüler aus bildungsnahen Familien (vgl. Tillmann 2004, S. 37), wobei dieses Urteil zumeist unbewusst getroffen wird.

Kehren wir zurück zur Qualifikationsfunktion der Schule. Ein Team aus Lehrern ist dafür zuständig, den Heranwachsenden Lernanreize zu bieten, die sie für die Herausbildung bestimmter Fähigkeiten und für den Erwerb gewisser Kenntnisse benötigen. Auch wenn die Inhalte der Lehrpläne als miteinander systematisch verknüpft angesehen werden können, findet deren Vermittlung nicht in einer ganzheitlichen, fachübergreifenden Art und Weise statt, sondern ist segmentiert in Schulfächer, die jeweils vom dafür ausgebildeten Lehrexperte unterrichtet werden. Eine fächerverbindende Sicht auf Lerninhalte wird in den meisten Schulen lediglich im Rahmen von Projektwochen oder -tagen praktiziert. Der Lehrer fokussiert deswegen häufig nur die Entwicklung des betreffenden Schülers im Horizont seines Schulfaches und erhält kaum Möglichkeiten, das ganzheitliche Bildungsspektrum in den Blick zu nehmen (vgl. Mathern 2003, S. 237). Diese Verfahrensweise macht den Lehrer zum Einzelkämpfer. Der Erfolg des Pädagogen wird an den Noten im jeweiligen Unterrichtsfach taxiert und nicht an der Gesamtentwicklung des Schülers, die der Lehrer in Teamwork mit seinen Kollegen forcieren könnte.

Am Ende entscheiden die Einzelleistungen in den prüfungsrelevanten Schulfächern über den Erfolg des Schülers und zeichnen seine weiteren Entwicklungsmöglichkeiten vor. Der Schulabschluss hat in den letzten Jahrzehnten enorm an Bedeutung gewonnen und kann heute als die entscheidende Zugangsvoraussetzung für sich anschließende Systeme der Weiterqualifizierung oder Arbeitswelt gelten.

Da das Abschlusszertifikat diesen Wertzuwachs erfahren hat, wird auch die Qualität der Schule bzw. der Arbeit des einzelnen Lehrers an den Noten und Zertifikaten der Schüler gemessen und beurteilt. Unter der permanenten Notenkontrolle und -abfrage ging der eigentliche Auftrag einer ganzheitlichen Bildung offenbar zumindest teilweise verloren bzw. wurde in den Hintergrund gedrängt.

Durch die Bildungsexpansion haben Abschlüsse und zertifiziertes Leistungsvermögen in allen westeuropäischen Gesellschaften ihre zukunftsbestimmende Relevanz ausweiten können. Immer speziellere und höher qualifizierende Bildungsgänge, die gleichzeitig als Garant für adäquate Einsatzgebiete mit angemessener Entlohnung galten, haben nicht nur die Möglichkeiten, sondern auch die Leistungserwartungen an die nachwachsenden Generationen potenziert. Auch wenn man heute nicht mehr von Garantien sprechen kann, wenn man das Matching von Qualifikation und Positionierung im Erwerbssystem beschreibt (vgl. Bonß 2000, S. 359), so erhöht sich jedoch nach wie vor mit Zunahme der Fähigkeiten die Chance auf Verwertbarkeit am Arbeitsmarkt.

Die Abnahme der eben beschriebenen Garantie, mit entsprechendem Abschluss auch einen bestimmten Erfolg hinsichtlich der weiteren Entwicklungsziele erwarten zu können, lässt die alleinige Abschlussorientierung als unzureichend erscheinen. Der Jugendliche scheint gut beraten, wenn er bereits im Vorfeld des Übergangs prüft, ob sein intendierter Abschluss auch die erhofften Anschlussmöglichkeiten bietet. Von der Schule und den dort arbeitenden pädagogischen Fachkräften wird heute eine zunehmende Entwicklung von der Abschluss- zur Anschlussorientierung erwartet. Ungenügende Abschlüsse oder Fehlqualifikationen sind im Kampf um knappe Chancen am Arbeitsmarkt nicht verwertbar.

Damit die Lehrer den Jugendlichen in diesem Orientierungs- und Entscheidungsprozess als versierte Berater zur Seite stehen können, benötigen sie umfangreiche Kenntnisse von den Anforderungen des modernen Erwerbssystems. Dieses Wissen wird den Lehrern aber nicht zugestanden. Besonders die Heranwachsenden sprechen den Schulpädagogen die nötige Kompetenz ab. Schüler bezweifeln die Aktualität und das tatsächliche Wissen der Lehrer um berufliche Möglichkeiten und Inhalte. Um die Bereitschaft der Lehrer zur Beratungshilfe wissen die meisten Jugendlichen (vgl. Beinke 2004, S. 56), nur ist der Lehrer als Anlaufstelle für Sorgen und Ratschläge bei den Schülern nicht gerade etabliert (vgl. Pollmann 1993, S. 31).

Die Zweifel der Schüler erscheinen bei einem Blick auf die klassische Lehrerbiografie und die Inhalte des Lehramtsstudiums auch durchaus berechtigt. Weder kann der Lehrer anhand seiner eigenen Lebensgeschichte von nützlichen Erfahrungen profitieren, da sich seine berufliche Positionierung im Vergleich zum Großteil der Ausbildungsberufe relativ untypisch gestaltet (vgl. Zuba 1998, S. 98; OECD/CERI 1995, S. 43), noch ist derzeit das Studium der Lehramtsstudenten mit entsprechenden Inhalten versehen. Der Schüler wird möglicherweise bei einem Großteil der Lehrer mit seiner Einschätzung recht behalten, dass der potenzielle Einfluss der Schulpädagogen auf den Berufsorientierungsprozess und die notwendigen „Kenntnissen über die Bedingungen und Zusammenhänge der Berufswahl" im Missverhältnis stehen (Mathern 2003, S. 12; vgl. Volkholz 2000, S. 46).

5.3.2 Das Schülerbetriebspraktikum und seine ungenutzten Potenziale

Auch wenn das Schülerbetriebspraktikum strenggenommen eine Veranstaltung im schulischen Kontext ist, wird es oftmals als eigenständiges Berufsorientierungsinstrument behandelt und aus dem allgemein bildenden Bezugsrahmen der Schule herausgelöst (von Wensierski et al. 2005, S. 41). Im Vergleich zur Schule im Allgemeinen hat das Betriebspraktikum einen beträchtlichen Einfluss auf die individuelle Berufswahl und wird von den Jugendlichen als äußerst hilfreich zur Orientierung und Entscheidungsfindung empfunden. In vielen Untersuchungen folgt das Praktikum gleich nach den Eltern in der Nennung konstruktiver Informationsquellen.

Das Schülerbetriebspraktikum, das in vielen Bundesländern – oftmals sogar in mehreren Klassenstufen – als eine Pflichtveranstaltung erfolgt, ist nicht isoliert von der Schule und den involvierten Lehrkräften zu betrachten. Sie sind maßgeblich an der Qualität, der Auswahl und dem Nutzen des Praktikums beteiligt und dadurch nicht nur mitverantwortlich, sondern auch erfolgsbeteiligt.

Das schulische Betriebspraktikum erhält oder verliert seinen Sinn proportional zu seiner Vor- und Nachbereitung. In den meisten Fällen werden die Eltern zwar als Ratgeber bei der Auswahl einbezogen, die Einstimmung auf und das

Verständnis für diese praktische Erfahrungsmöglichkeit anstelle des fachtheoretischen Unterrichts wird in der Regel jedoch vom zuständigen Lehrer erzeugt. Je nachdem, wie gut es ihm gelingt, den Jugendlichen diese Möglichkeit als reale Chance, vertiefte Einblicke in die Arbeitswelt zu erhalten, zu vermitteln und er die Suche nach den passenden Praktikumsplätzen unterstützt, desto besser kann der Einzelne diese Erfahrung für seinen individuellen Berufsorientierungsprozess nutzen. Ähnlich wichtig, wie eine fundierte und frühzeitige Planung und Vorbereitung, ist die Reflexion der Erlebnisse. Viele Schüler bemerken im Praktikum, dass ihr bis dahin verfolgter Berufswunsch seine Attraktivität verloren hat und müssen sich umorientieren. Auch diese Prozesse müssen vom Lehrer entsprechend begleitet werden.

Konnte ein Schüler mit Hilfe einer erfolgreichen Praktikumserfahrung seinen Berufswunsch festigen, wirkt sich dieses Erlebnis oftmals positiv auf seine Leistungsmotivation aus. Nicht selten werden im Praktikum bereits Kontakte zu potenziellen Ausbildungsunternehmen hergestellt, die helfen, Übergangsrisiken und -ängste zu minimieren.

Neben seinen positiven Auswirkungen auf die konkrete Berufsentscheidung muss der Vorteil eines Betriebspraktikums auch auf der Interaktionsebene vermutet werden, denn das Praktikum fungiert als eine Art „Lehrwerkstatt für die sozialen Rollen, die Alltagsstrukturen und die sozialen Regeln und Zwänge des Berufslebens und der Arbeitswelt" (von Wensierski et al. 2005, S. 19).

Das Praktikum konnte seine Brauchbarkeit schon mehrfach unter Beweis stellen und erfährt in vielen Schularten eine neue Qualität und Intensität. Besonders in den nicht staatlichen Schulen ist ein quantitativer Anstieg der Praktika zu verzeichnen und auch in den staatlichen Hauptschulklassen werden vermehrt positive Erfahrungen mit zahlreichen Praktika und der praktischen Anreicherungen des theoretischen Schulalltags gemacht. Eine Vielzahl von Modellen, die dieses Prinzip verfolgen, konnte in den letzten Jahren die Schullandschaft in Deutschland bereichern.

Seitens der Unternehmen wird für das Schülerbetriebspraktikum allerdings massiver Verbesserungsbedarf konstatiert (vgl. Behr-Heintze/Lipski 2005, S. 51). Auch Schudy (2002) belegt für das Betriebspraktikum vielseitigen Optimierungsbedarf und verlangt vor allem eine bessere Einbindung der teilweise „freischwebenden Sonderveranstaltung" (Reuel/Schneidewind zit. nach Schudy 2002, S. 193) in das schulische Gesamtkonzept.

5.4 Berufsorientierung und Jugendhilfe

Das Kinder- und Jugendhilfesystem der Bundesrepublik als historisch gewachsene staatliche Sozialleistung begründet ihren Auftrag im Achten Sozialgesetzbuch, dem KJHG. Das KJHG richtet sich in starkem Maße an Kinder und Jugendliche, die als sozial benachteiligt gelten oder aufgrund individueller Beeinträchtigungen eines erhöhten Unterstützungs- und Förderangebots bedürfen. Außerdem regelt es sozialstaatliche Leistungen, die eine Entstehung derartiger Benachteiligungen verhindern. Es hat zum Ziel, der nachwachsenden Generation eine gelingende Integration in die Gesellschaft zu ermöglichen und sichert das Recht auf individuelle Förderung der personalen Entwicklung hin zu einer eigenverantwortlichen und gemeinschaftsfähigen Persönlichkeit.

Da die Integration in das Ausbildungs- und Erwerbssystem eine notwendige Voraussetzung zur Teilhabe an der Gesellschaft darstellt, hat sich analog zu dieser Herausforderung im Spektrum der Kinder- und Jugendhilfe ein neuer Schwerpunkt herausgebildet: die Jugendberufshilfe (vgl. Biermann/Rützel 1999, S. 20).

Mit dem Inkrafttreten des SGB II im Januar 2005 ist die arbeitsweltbezogene Jugendsozialarbeit bundesweit in eine schwere Krise geraten. Der Anwendungsbereich des § 13 KJHG[26], der die Grundlage der Jugendberufshilfe darstellt, wurde durch die Eingliederungsleistungen des SGB II beschränkt. Auch wenn die arbeitsweltbezogene Jugendsozialarbeit ihre anerkannte Eigenständigkeit behaupten konnte, hat sich infolge vielfältiger Unsicherheiten und kontroverser Diskussionen um Förderzuständigkeiten die Trägerlandschaft verändert. Ein Großteil der klassischen Projekte des KJHG zur arbeitsweltbezogenen Jugendsozialarbeit wurde zurückgefahren und die kommunale Mittelvergabe entwickelte sich zu Ungunsten der Jugendhilfe. Die Klientel der erwerbsfähigen arbeitssuchenden 15- bis 27-Jährigen, die bis dahin über die Leistungen des KJHG gefördert wurde, fiel nun in die Verantwortlichkeit des SGB II. Nur junge Menschen, die nicht SGB-II-anspruchsberechtigt sind und Unterstützungsbedarf zur Eingliederung in die Arbeitswelt haben, bleiben in der Zuständigkeit des KJHG. Die Teilnehmerzahlen von arbeitsweltbezogenen KJHG-Maßnahmen haben sich durch diese Regelung erheblich reduziert. Verstärkt wird dieser Effekt durch die geringen kommunalen Fördervolumina, mit denen die Jugendhilfe zunächst die Pflichtleistungen abdecken muss, bevor Soll-Leistungen erfüllt werden (vgl. Eckert 1999, S. 68).

Vergleicht man die Umsetzung der beiden Sozialleistungen, lassen sich durchaus förderstrukturelle Unterschiede feststellen. Die sozialpädagogischen Unterstützungs- und psychosozialen Betreuungsmöglichkeiten sind in SGB II-Projekten wesentlich insuffizienter als vergleichbare Maßnahmen über das KJHG es zuließen.

Nicht jeder Träger dieser Maßnahmen kann über die teilnehmerbezogene Förderpauschale den flankierenden Einsatz einer notwendigen sozialpädagogi-

---

26 Um Verwechslungsgefahren und Konfusion weitestgehend zu vermeiden, möchte ich innerhalb dieses Kapitels für das SGB VIII durchgängig die Bezeichnung ‚KJHG' verwenden. Der Grund dafür liegt einzig in der optischen Unterscheidbarkeit.

schen Fachkraft realisieren bzw. finanzieren. Aus sozialpädagogischer Perspektive ist diese Entwicklung zu kritisieren. Die psychosozialen Folgen und Auswirkungen von persistenter Erfolglosigkeit am Arbeitsmarkt sind hinreichend belegt (vgl. dazu Jahoda 1995, S. 148f) und haben die Notwendigkeit einer sozialpädagogischen Begleitung bewiesen. Der Verzicht auf emotionale Unterstützung wirkt sich negativ auf die (Re-)Integrationschancen aus.

Münder hebt 2007 in seinem Kommentar zum SGB II hervor, dass die sozialpädagogischen Leistungen nach dem KJHG, die dem Ausgleich sozialer Benachteiligungen und individuellen Beeinträchtigungen dienen – auch die Themen, die Ausbildung, Beschäftigung und Bildung betreffen – im Kern sozialpädagogische Leistungen blieben und räumt damit dem §13 KJHG Abs. 2 Vorrang vor dem SGB II ein. Nur im Falle der Leistungen zur Arbeitseingliederung erwerbsfähiger Jugendlicher unter 25 Jahren „kommt das SGB II mit seinen problematischen Regelungen (§3 Abs. 2) (...) zum Zug" (vgl. Münder 2007, S. 64).

Arbeitsweltbezogene Jugendprojekte bzw. beschäftigungsfördernde Maßnahmen werden nicht allein über kommunale Mittel realisiert. Finanziert werden derartige Projekte außerdem über Landesgelder oder Bundesfinanzen. Dabei sind vielfältige Formen von Mischfinanzierungen denkbar und üblich. Auch Eigenmittel- und privater Drittmitteleinsatz (z.B. aus der Wirtschaft) sind gebräuchlich. Es fördern die kommunalen Jugendhilfeeinrichtungen über Haushaltsmittel, das Land über Gelder des europäischen Sozialfonds (z.B. besitzt das Land Sachsen entsprechende Förderrichtlinien, um Beschäftigungsprojekte komplett oder teilzufinanzieren) und auch Bundesmittel kommen in Projekten vereinzelt zum Einsatz.

Festzuhalten ist, dass sich die meisten Projekte der arbeitsweltbezogenen Jugendsozialarbeit an Jugendliche mit Übergangsschwierigkeiten an der ersten und zweiten Schwelle richten und damit Maßnahmen des § 13 Abs. 2 KJHG sind. Im Regelfall haben die betroffenen Jugendlichen die Pflichtschulzeit bereits abgeschlossen und scheitern am Einstieg in ein Ausbildungsverhältnis. Die Jugendberufshilfe ist damit im Rahmen sozialpädagogisch begleiteter Ausbildungs- und Beschäftigungsprojekte eher in der Rolle der Unterstützungsleistung in bereits vorhandenen Krisensituationen zu verstehen, d.h. interventionistisch.

Legt man allerdings § 13 Abs. 1 KJHG zugrunde, kommen die präventiven Möglichkeiten des KJHG zur Geltung und die Jugendhilfe dehnt sich in den Bereich der ausbildungsvorbereitenden Maßnahmen aus. Dort liegen die eigentlichen Ansatzpunkte, die im Bedeutungszusammenhang dieser Dissertation von Interesse sind. Hier schafft das Sozialgesetz Voraussetzungen, um einen direkten Übergang in der Schule folgende Anschlusssysteme des ersten Ausbildungsmarktes zu ermöglichen. Den Heranwachsenden sollen Hilfen angeboten werden, „die ihre schulische und berufliche Ausbildung, Eingliederung in die Arbeitswelt und ihre soziale Integration fördern" (§ 13 Abs. 1 KJHG).

Wer sind dergleichen Jugendhilfeagenten, die im Bereich der beruflichen Orientierung von Heranwachsenden eine Rolle spielen? Der folgende Überblick wird erneut nur exemplarischen Ansprüchen gerecht, sollte aber genügen, um die Einflussmöglichkeiten der Jugendhilfe auf den beruflichen Orientierungsprozess, insbesondere bei benachteiligten jungen Menschen, unter Beweis zu stellen.

Eine in der Jugendhilfe etablierte Einrichtung sind Jugendberatungsstellen. Diese Anlaufstellen für Jugendliche stellen in der Regel ein sehr niedrigschwelliges Angebot dar. Jugendliche suchen diese Institutionen bei Beratungs- und Hilfebedarf auf und erfahren dort eine intensive Weiterbetreuung und ggf. Vermittlung an unterstützende professionelle Einrichtungen. Eine Beratung findet im gesamten entwicklungsrelevanten Spektrum statt und bietet demnach auch Hilfestellungen in Fragen der beruflichen Lebensplanung. Vor allem in städtisch geprägten Sozialräumen ist ein flächendeckender Bestand an Jugendberatungsstellen disponibel.

Einen großen Beitrag, besonders im Bezugsrahmen des hier zentrierten Kontextes, leistet die Schulsozialarbeit. Als Einrichtung der Jugendsozialarbeit, integriert in das Sozialsystem Schule, unterstützt und ergänzt die Schulsozialarbeit den Erziehungsauftrag der Schule und begleitet Schüler in schwierigen Lebenslagen oder während episodenhafter Krisensituationen. Der Hilfe bei der Vorbereitung des beruflichen Einstiegs über eine geeignete Berufsausbildung und damit der Bewältigung der ersten Schwelle, kommt dabei eine hohe Priorität zu. Intensiver als im Klassenverband kann auf die individuellen Bedürfnisse eingegangen und sich um adäquate Lösungen für jeden Einzelfall bemüht werden. Als Infrastrukturelement an der Schnittstelle Schule – Jugendhilfe hat die Schulsozialarbeit die Aufgabe, durch die Installation sozialpädagogischer Unterstützungsmaßnahmen, Sozialisationsrisiken im Schulsystem zu minimieren und zu kompensieren. Einer Benachteiligung von Schülern im und durch das Bildungs- und Erziehungssystem Schule soll damit sozialpädagogisch entgegengewirkt werden.

Die Schulsozialarbeit wird dann notwendig, wenn soziale Probleme die Entwicklung der nachwachsenden Generation beeinträchtigen und erschweren. Der Schule kommt in unserer Gesellschaft eine erhebliche Schlüsselfunktion zu. Jugendlichen, die im Schulsystem scheitern, steht nur ein schmales Spektrum an Chancen und Möglichkeiten für eine erfolgreiche berufliche Integration zur Verfügung. Damit avanciert das Schulsystem zur wichtigen Vergabeagentur von Lebenschancen und gesellschaftlichen Teilhabevoraussetzungen (vgl. Büchner 2002, S. 292; Thränhardt 1990, S. 178). Die Schulsozialarbeit hat die Aufgabe, Gefahren, die aufgrund der Leistungs- und Selektionsfunktion der Schule für den Einzelnen entstehen können, auszugleichen und damit so vielen Jugendlichen wie möglich eine solide Grundlage und gute Ausgangsposition für die sich anschließenden Sozialsysteme zu schaffen.

Besonders in sozialen Brennpunkten, in denen sich die gesellschaftlichen Problemlagen der Bevölkerung in der Schule widerspiegeln, ist die Schaffung von Kompensationsangeboten der Jugendhilfe im schulischen Alltag von großer Bedeutung, um der doppelten Benachteiligung[27] der Heranwachsenden und einer Festschreibung der sozialen Position gegenzusteuern.

Die Schulsozialarbeit kann aber nur dort ihr vollständiges Potenzial entfalten, wo sie nicht als Appendix oder losgelöstes Extra der Schule fungiert, sondern sich in das schulische Geschehen komplett integriert und anerkannt ist. Nur in der intensiven, auf gleicher Augenhöhe vollzogenen Zusammenarbeit von Sozialpädagogen und Lehrkräften kann die Schulsozialarbeit ihrer Aufgabe optimal gerecht werden. Sie hilft damit der Schule, ihren Bildungs-, Erziehungs- und Qualifikationsauftrag zu erfüllen.

Im Hinblick auf die berufliche Orientierung besitzt die Schulsozialarbeit eine bedeutende Funktion. Sie trägt nicht nur zur Förderung der sozialen Entwicklung der Jugendlichen bei und schafft damit die Voraussetzungen für eine erfolgreiche Integration in das Berufssystem, sondern sie kann auch spezielle schulische Berufsorientierungsaktivitäten unterstützen, sich in der Elternarbeit engagieren und die individuellen Handlungsbedarfe oftmals besser erkennen als dies einer Lehrkraft im Klassenverband gelingt. Außerdem kann die Schulsozialarbeit benachteiligten oder sozial beeinträchtigten Jugendlichen eine spezielle Förderung im sozialpädagogischen Maßnahmen- und Unterstützungssystem vermitteln helfen. Sie hat in der Regel größere zeitliche Ressourcen für die psychosoziale Betreuung von Einzelschicksalen als Lehrkräfte durch Abminderungsstunden bzw. freiwilliges Engagement dafür aufbringen können.

Als Problem des deutschen Übergangssystems konnten in den letzten Jahren die Systemgrenzen identifiziert werden. Der Übergang von Schule in Beruf bzw. in Ausbildung stellt sich deshalb so schwierig dar, weil es einen harten Zuständigkeitsbruch gibt. Bis zur Übergabe der Abschlusszeugnisse gehört der Jugendliche dem Schulsystem an, wird von pädagogischen Fachkräften des Systems betreut und begleitet. Verlässt der Jugendliche die Schule nach seinem letzten Schultag, sind diese Bezugspersonen schlagartig nicht mehr greifbar und zuständig. Eine Begleitung der Jugendlichen in das Anschlusssystem, bis sich der Jugendliche sicher und fest im neuen Gefüge verortet hat und die wichtigsten

---

27 Kinder aus den unteren gesellschaftlichen Schichten erfahren häufig eine doppelte Benachteiligung, weil sie bereits durch die problematische Position der Herkunftsfamilie als sozial benachteiligt gelten können und sich diese Benachteiligung im Schulsystem wiederholt, da eine optimale individuelle Entwicklung des Jugendlichen in der Schule empirisch eher die Ausnahme bildet (vgl. Schümer 2004, S. 102).

Strukturen aufgebaut sind, schien lange Zeit nicht möglich (vgl. Ginnold 2000, S. 25).

Um diese Lücke im Übergangssystem zu schließen, wurden 2006, zunächst in einer Modellphase und ab 2007 im Transfer, deutschlandweit sogenannte Kompetenzagenturen eingerichtet. Diese sozialpädagogische Maßnahme richtet sich an alle Schüler, deren Übergang aufgrund sozialer Benachteiligung gefährdet erscheint. Die Kompetenzagenturen nehmen bereits in der Endphase der Schulzeit Kontakt zu potenziell betroffenen Jugendlichen auf und begleiten sie während der gesamten Entwicklungspassage von der Schule in ein adäquates Anschlusssystem. In intensiven sozialpädagogischen Casemanagement-Verfahren werden benachteiligte Jugendliche bei der Erstellung eines realistischen Lebensplanes und dessen Umsetzung unterstützt.

Auch die Jugendarbeit nach § 11 KJHG weist einen Arbeitsweltbezug auf. In entsprechenden Einrichtungen (z.B. Jugendclubs) können berufsorientierende Angebote unterbreitet werden, die den Jugendlichen im außerschulischen Bereich Hilfen bei der Vorbereitung und Bewältigung der Übergangsphase offerieren. Diese Angebote richten sich prinzipiell an alle Jugendlichen.

Auf den letzten Seiten konnte nachgewiesen werden, welche entscheidende Rolle die Jugendhilfe bei Aufgaben der Berufsvorbereitung spielen kann. Das Kinder- und Jugendhilfegesetz bietet vielfältige Anknüpfungspunkte, die noch nicht optimal ausgeschöpft werden. Die Jugendhilfe übernimmt im Netz der beruflichen Sozialisationsagenturen eine wichtige Position, aber erscheint oftmals noch nicht ideal verknüpft. Hier lassen sich definitiv Entwicklungspotenziale konstatieren, denen besonders vor dem Hintergrund der gesellschaftlichen Entwicklungen größere Beachtung geschenkt werden müsste.

5.5 Neue und bekannte Wege der Beteiligung von Wirtschaft an berufspädagogischen Prozessen

Will ein Unternehmen am Markt langfristig bestehen und erfolgreich agieren, ist qualifizierter Nachwuchs unverzichtbar. Das Angebot an jungen, flexiblen, ausreichend qualifizierten und motivierten Fachkräften ist ein wichtiger ökonomischer Standortfaktor, „der über Fragen des Wirtschaftswachstums, des technischen Fortschritts und der internationalen Konkurrenzfähigkeit auf den Weltmärkten mitentscheidet" (Georg/Sattel 1995, S. 136). In großen Unternehmen beschäftigen sich ganze Abteilungen mit der Rekrutierung und der Auswahl von neuen Mitarbeitern mit passgenauen Eigenschaften.

In Zeiten eines Überangebotes an ausbildungssuchenden Jugendlichen und damit vielen Bewerbern auf eine Lehrstelle ist das Unternehmen in der vorteilhaften Lage, sich die besten Bewerber aus einem großen Pool auswählen zu können, um vakante Stellen adäquat zu besetzen. Droht allerdings die Anzahl der geeigneten Bewerber begründet durch den erhöhten Bedarf und rückläufiger

Schulabgängerzahlen nicht mehr auszureichen, um die Nachfrage zu decken, bleiben Stellen unbesetzt oder Unternehmen müssen kostenintensiv nachqualifizieren. Beide Varianten sind mit betriebswirtschaftlichen Nachteilen für das Unternehmen behaftet. Die Wirtschaft versucht daher, mit aufwändigen Personalentwicklungsstrategien vorzusorgen.

Für eine derartig präventive Beschäftigungsstrategie hat das Unternehmen zwei Möglichkeiten: Zum einen kann es in Zeiten eines Überangebots von Nachwuchs mehr Mitarbeiter einstellen als erforderlich, d.h. über Bedarf ausbilden und beschäftigen – diese Variante ist betriebswirtschaftlich mit hohen Kosten verbunden und deshalb nicht sehr verbreitet. Eine andere, vielversprechendere Taktik ist zum anderen, sich als attraktiver Arbeitgeber bei den Jugendlichen populär zu machen, frühzeitig Erfahrungsmöglichkeiten zu bieten und eine Bindung zu potenziellen Bewerbern aufzubauen. Im ungewissen Berufswahlprozess sind die Heranwachsenden dankbar über bereits existierende Verbindungen und bevorzugen ein Unternehmen, das sie kennen und in dem sie bereits Arbeitserfahrungen machen durften – vorausgesetzt, es entspricht ihren Berufsvorstellungen.

Ein entscheidendes Kriterium für eine erfolgreiche Personalstrategie ist auch ein gutes Gespür für wirklich geeignete Mitarbeiter. Außerdem ist es für das einzelne Unternehmen wichtig, seine passenden und eingearbeiteten Mitarbeiter langfristig an sich zu binden.

Eine frühzeitige Beteiligung an den jugendlichen Berufsorientierungserfahrungen ist für Unternehmen aus zweierlei Aspekten lukrativ: Einerseits erhöhen sie ihren Bekanntheitsgrad und bieten eine risikoarme Orientierungshilfe, andererseits implementiert ein intensiver Kontakt zum Jugendlichen im Vorfeld der Bewerbung genügend Möglichkeiten, die Passfähigkeit zum Unternehmen zu prüfen. Das Risiko einer falschen Wahl wird minimiert.

Wie lässt sich das Begriffspaar Wirtschaft und Pädagogik auf theoretischer Ebene konzeptionalisieren und diskutieren? Ökonomisch gesehen „sind Kinder in erster Linie Kostenträger, Konsumfaktoren", aber auch „Inputs für die Zukunft der Leistungsgesellschaft" (Hausen 1980, S. 34). Der letztgenannte Aspekt erklärt das Interesse des Wirtschaftssystems an den jungen Menschen und rekurriert auf deren Rolle als zukünftige Erwerbsteilnehmer.

In der Öffentlichkeit wird das Engagement von Unternehmen in Sachen Nachwuchsförderung gern als Beitrag zur gesellschaftlichen Verantwortung dargestellt und dem betreffenden Unternehmen das Prädikat einer vorbildlichen verantwortlichen Unternehmensführung zugesprochen. Die Beteiligung von Unternehmen an der Lösung sozialer und ökologischer Probleme der Gesellschaft ist als Corporate Social Responsibility (CSR) bekannt (vgl. Hiß 2006, S. 24). Den Unternehmen wird ein verantwortungsbewusstes Verhalten attestiert, das sich mit ökonomischen Motiven begründen lässt. Die Aktivitäten des Unternehmens in der Zusammenarbeit mit Schulen und damit ihrem Engagement in der Berufsorientierung und Hilfestellung für Jugendliche am Übergang von Schule in Ausbildung kann nicht ausschließlich auf intrinsische Motive zurückgeführt werden. Vielfach setzen sich Unternehmen stärker als für Zweck der Nachwuchsrekrutierung notwendig für diese Aufgabe ein. Dieses Verhalten ist dann oftmals auf die moralische Intention des verantwortlichen Geschäftsführers bzw. Personalleiters zurückzuführen und nicht uneingeschränkt der CSR zuzuschreiben. Wo betriebswirtschaftlich nutzenmaximierende Nachwuchsstrategien enden und wo moralisch motiviertes Handeln von Einzelpersonen anfängt, ist eine vieldiskutierte, aber bislang ungelöste Fragestellung der Soziologie wie in den Wirtschaftswissenschaften. Die Übergänge sind eher fließend und unscharf.

Die Frage, ob sich CSR tatsächlich betriebswirtschaftlich rechnet und damit letztendlich mit gewinnmaximierenden Marktinteressen begründet werden kann oder ob eine derartige moralische Entscheidung im Endeffekt doch eines verantwortlichen Akteurs an der richtigen Position im Unternehmen bedarf, kann hier an diesem exemplarischen Ausschnitt des Problemhorizontes um die Corporate Social Responsibility nicht abschließend geklärt werden.

In Schweden gab es in den siebziger Jahren des 20. Jahrhunderts einige Untersuchungen, in denen die Wirtschaftlichkeit frühzeitiger Berufsorientierungsleistungen von Unternehmen den Kosten für Ausschreibungen und Auswahl der passenden Bewerber bei Unternehmen ohne Schulkontakte gegenübergestellt wurde. Sowohl in quantitativer als auch in qualitativer Hinsicht konnte sich die Strategie der Kontakte im Vorfeld der Berufswahl als die erfolgreichere behaupten. Die investierten Ausgaben durch intensive Schulkooperationen blieben wesentlich unter den Kosten für aufwändige Auswahlverfahren. Der schwedische Arbeitgeberverband riet daraufhin seinen Unternehmen, „bereits mit Schülern im Alter von 10-12 Jahren zu beginnen, um so langfristige Vorteile zu erzielen" (vgl. OECD/CERI 1995, S. 46).

Die Mithilfe der Wirtschaft bei einer authentischen Vermittlung von beruflichen Perspektiven erscheint besonders unter den bereits herausgearbeiteten komplexen und schnell veränderlichen Anforderungsprofilen an die Jugendlichen dringend geboten. Um ein realistisches Bild von einer erwerbsarbeitsgeprägten Zukunft zu vermitteln, sind die Unternehmen angehalten, Einblicke in die Arbeitsabläufe zu gestatten, ein Ausprobieren in Form von Betriebspraktika zu ermöglichen und klar zu kommunizieren, was sie von Bewerbern erwarten und vor allem, was auf die zukünftigen Mitarbeitern des Unternehmens zukommt. Arbeitgeber sollten Möglichkeiten geben, um veraltete Assoziationen von Berufsbildern und Berufsalltag aufzuweichen, um eine aktuelle sowie realistische Vorstellung des Arbeitnehmers der Zukunft zu befördern.

Viele Unternehmen haben diese Aufgabe bereits erkannt und vereinfachen damit sich selbst und den Jugendlichen den Eintritt in das Beschäftigungsverhältnis. Eine moderne Berufsorientierung ist ohne die Beteiligung von Unternehmen als authentische Experten nicht denkbar. Zu differenziert und veränderlich ist das Erwerbssystem, als dass neutrale Berater in allen Sparten *up to date* bleiben könnten.

Formen dieser Beteiligung sind in diversen Konstellationen und mit unterschiedlicher Intensität denkbar. Tage der offenen Tür, Vorträge und Informationsveranstaltungen, Mitwirkung an oder Initiierung von Projekten, Schülerpraktika sowie enge Schulkooperationen sind wohl die bekanntesten Varianten. Der Fantasie sind bei der Kreation neuer Ideen allerdings kaum (maximal arbeitsrechtliche) Grenzen gesetzt.

Festzuhalten bleibt, dass jeder unverfälschte Kontakt zur realen Wirtschaft dem Jugendlichen hilft, ein besseres und kalkulierbareres Bild von einer möglichen beruflichen Zukunft zu entwickeln und damit wichtiges Orientierungswissen generiert, was dem Einzelnen nützt, seine Berufswahl bewusst und fundiert zu treffen.

5.6 Weitere Einflussgrößen der Berufswahl

Bisher stand eine Auswahl einflussreicher Instanzen der Berufswahl im Vordergrund. Ich möchte dieses Kapitel mit einigen Worten zu weiteren Beratern in diesem Prozess abschließen. Die Berufswahl ist in der heutigen Zeit derart kompliziert geworden, dass sich ein ganzer Beratungsapparat mit Hilfestellungen im individuellen Such- und Orientierungsprozess beschäftigt.

Schlaglichtartig möchte ich einige Instanzen beleuchten, die sich aus den unterschiedlichsten Motiven heraus, ebenfalls mit dieser Thematik beschäftigen.

Bereits mehrfach angesprochen wurde die gesetzliche Institution der Berufsberatung der Agentur für Arbeit. Als Agentur mit dem Auftrag der Arbeitsförderung ist sie für alle ausbildungs- und arbeitssuchenden erwerbsfähigen Personen die erste Anlaufstelle, um im Erwerbssystem Fuß zu fassen. Den öffentlichen Auftrag, den die Agentur für Arbeit in Bezug auf die Vorbereitung der nachwachsenden Generation hat, habe ich bereits in einem kurzen Exkurs in die juristische Sachlage aufgezeigt (vgl. Kapitel 4.5.3).

Zur Umsetzung dieser Aufgabe arbeiten die Einrichtungen der Arbeitsförderung eng mit anderen öffentlichen Instanzen, resp. mit der Schule, zusammen. Aber auch unabhängig von anderen Sozialsystemen kann der Jugendliche bei Fragen der Berufswahl die Berater der Agentur für Arbeit konsultieren.

Die Agentur für Arbeit stellt individuelle Beratungsangebote zur Verfügung, offeriert umfangreiche Informationssysteme im Berufsinformationszentrum (BIZ) und veröffentlicht regelmäßig Schriften und Informationsmaterial zu Gegebenheiten sowie Neuerungen auf dem Ausbildungs- und Arbeitsmarkt.

Richtet man den Blick auf die empirischen Faktenlage zum Einfluss der Berufsberatung der Agenturen für Arbeit auf die tatsächliche Berufswahl, lässt sich trotz offensichtlich hoher Kompetenz und umfangreichem Wissen und Erfahrungen nur ein geringer Einfluss konstatieren (vgl. Duismann 2001, S. 119). Ca. 70 % der Jugendlichen haben im Entscheidungsprozess zwar Kontakt mit der Berufsberatung (vgl. Kuhnke/Reißig 2007, S. 46) und in etwa jeder zweite Schüler informiert sich bei der Agentur für Arbeit über berufliche Perspektiven (vgl. Deuer 2006, S. 146), aber nur ca. jeder dritte Schüler spricht der Berufsberatung einen Einfluss auf den beruflichen Entscheidungsprozess zu (von Wensierski et al. 2005, S. 79). In der Studie ‚Jugend 2007 in Sachsen' geben sogar 72% der befragten Jugendlichen an, nie mit einem Vertreter der Agentur für Arbeit über ihre berufliche Zukunft zu sprechen (vgl. SMS 2008, S. 105).

Es entsteht der Eindruck, dass Jugendliche bei derart weitreichenden Entscheidungen auf bewährte und emotional verbundene Ratgeber und Informationsquellen zurückgreifen. Auch wenn die gewonnenen Informationen latent und unbewusst in den Entscheidungsprozess einbezogen werden, erlangt der Berufsberater in der Wahrnehmung der Betroffenen keine maßgebliche Relevanz.

Über die genannten Institutionen und Einzelpersonen hinaus können natürlich im Einzelfall auch weitere Personen aus dem sozialen Nahbereich für den spezifischen Jugendlichen von Bedeutung sein, z.B. werden hin und wieder Nachbarn oder Verwandte als maßgebende Unterstützungs- und Beratungsagenten genannt. In der Gesamtheit spielen diese Vertreter aber nur eine nachgeordnete, eher geringe Rolle.

Als einen weiteren Sozialisationsagent mit Einfluss auf die Berufswahl möchte ich nun folgend noch die Medien hervorheben. Nicht nur über Printmedien werden wichtige ausbildungsrelevante Botschaften vermittelt, sondern sämtliche mediale Wege können die Vorstellungen des Jugendlichen von Arbeit und Berufsinhalten prägen.

Im Radio sowie im täglichen Fernsehprogramm, welches bekanntermaßen von einer Mehrheit der Jugendlichen regelmäßig und reichlich konsumiert wird, überall werden Berufe und die Darstellung ihrer Inhalte und Rahmenbedingungen mitunter klischeehaft, aber gelegentlich durchaus auch authentisch transportiert und finden Eingang in das sich konstruierende jugendliche Bild der Arbeitswelt. Der Wirkungsgrad dieser, meist unbewussten Einflussnahme sollte nicht unterschätzt werden. Besonders bei Jugendlichen, denen der Vergleich zur realen Erwerbsarbeit fehlt, können sich so entstandene Vorstellungen verfestigen und die individuelle Berufswahl mitbestimmen.

Eine Informationsquelle, die besonders in den letzten Jahren an Bedeutung gewinnen konnte, ist das Internet. Auf unzähligen Websites hat der hilfesuchende Berufswähler Möglichkeiten, kostenintensiv oder gratis, aufwändig oder simpel, unverzüglich und zu jeder Tages- und Nachtzeit Informationen einzuholen.

Er kann sich verschiedensten mehr oder weniger seriösen und belastbaren Tests zu unterziehen, Erfahrungsberichte zu lesen, Berufsbilder kennen zu lernen sowie sich in Foren auszutauschen. Das Internet bietet fast uneingeschränkt die Möglichkeit, sich mit dem Thema theoretisch auseinander zu setzen und ist damit zu einem wichtigen Arbeits- und Unterstützungsinstrument im Berufswahlprozess avanciert.

Es ist allerdings ratsam, die Nutzung dieser Quelle zu begleiten und gemeinsam mit dem Jugendlichen die Auskünfte und Ergebnisse zu reflektieren und gegebenenfalls einer kritischen Prüfung zu unterziehen. Nicht zwangsläufig sind die Informationen aus dieser Quelle belastbar und zielführend.

Für die Recherche nach freien Ausbildungsplätzen und für die zunehmend geforderte, zeitgemäße Form der Onlinebewerbung ist das Internet aber inzwischen unentbehrlich im beruflichen Entscheidungsprozess geworden. Die Vorteile und Möglichkeiten, die das Medium im Rahmen berufswahlrelevanter Aspekte bieten kann, erreichen allerdings nicht unbedingt jede Bildungsschicht in vollem Umfang. Jugendlichen aus prekären gesellschaftlichen Milieus ist der Zugang zu diesem Informationsmedium nicht in gleichem Maße gestattet wie Gleichaltrigen aus bildungsnäheren Haushalten: Die Ausstattung des Wohnraumes mit modernen kommunikationstechnischen Geräten ist in benachteiligten Familien defizitär. Das Panel Arbeitsmarkt und soziale Sicherung (PASS) weist für 2008 für 41% der Hartz IV-Haushalte ein Fehlen von Computern mit Internetanschluss aus. Auch die 15. Shell-Jugendstudie verweist auf eine schlechtere Ausstattung der Unterschichthaushalte in Bezug auf den Zugang zum Internet. So hatten 2006 lediglich 59% der Jugendlichen aus der Unterschicht, hingegen 94% der Befragten aus der Oberschicht Zugang zum Internet (vgl. Langness et al. 2006, S. 84). Darüber hinaus fehlen den Jugendlichen aus den bildungsfernen Haushalten die finanziellen Mittel, um kompensierend Ausgleichsgelegenheiten zu schaffen (z.B. durch Besuche in Internetcafés). Der Heranwachsende ist von sich bietenden Anlässen, z.B. in der Schule, abhängig oder muss zeit- und kostenintensivere Wege in Kauf nehmen. Durch die eingeschränkte Verfügbarkeit leiten sich Folgedefizite ab: Der Jugendliche ist im Umgang mit Computern und dem Internet weniger geschult und sicher, seine Handlungskompetenz kann dementsprechend rückständig sein und ihm stehen die Vorteile des Internets nicht in der Permanenz zur Verfügung, wie z.B. Klassenkameraden aus nicht benachteiligten Herkunftsfamilien. Weiterhin verweist die Shell-Jugendstudie 2006 auf den schichtabhängigen Umgang mit den Medien. Kann bei den Kindern aus bildungsnahen Gesellschaftsschichten ein reflektierter und bewusster Umgang mit den modernen Medien nachgewiesen werden, so lässt sich für Familien mit niedrigerem Bildungsniveau eine eher „passiv-konsumierende" Nutzung konstatieren (vgl. ebd., S. 83). Die doppelte Benachteiligung entfaltet an einem weiteren Punkt ihre fortschreibende stigmatisierende Wirkung.

Wie auf den vorangegangenen Seiten geschildert, steht dem Jugendlichen eine Vielzahl unterschiedlicher Instanzen beratend zur Seite, die ihm bei der Entscheidungsfindung helfen. Sicherlich ist es heute nicht nur schwierig geworden, im Dschungel der beruflichen Entwicklungsmöglichkeiten einen geeigneten Weg zu finden, sondern es stellt schon eine Herausforderung dar, eine verlässliche Informationsquelle zu wählen.

Empirisch ist in diesem Kontext von einem neuen Phänomen zu berichten: Der Jugendliche wird während der Lebensjahre kurz vor dem Entscheidungszeitpunkt von vielen Seiten mit der Problematik konfrontiert, so dass in der Praxis bei dem einen oder anderen Jugendlichen bereits Müdigkeit für das Thema zu bemerken ist. So lassen sich in den Interviews (vgl. Anhang) einige Hinweise darauf finden, dass die Schüler ein durch Sättigung hervorgerufenes Desinteresse zeigen. Eine solche Entwicklung muss als dysfunktional und kontraproduktiv für den Gesamtauftrag bewertet werden. Einen Erklärungsansatz dafür bietet meiner Meinung nach ein Blick auf die Struktur und Systematik der Maßnahmen und Möglichkeiten. Sie wirken in ihrem Nebeneinander eher unsystematisch und verwirrend. In einer pluralisierten Welt herrscht auch ein undurchsichtiges und unlogisches Durcheinander im Hilfe- und Unterstützungssystem. Welcher Quelle ist zu vertrauen? Welcher Schritt kommt nach dem gerade ausgeführten? Bin ich auf einem probaten Weg zur Entscheidungsfindung? Dies sind Fragen, die einen Jugendlichen in der schwierigen Phase der Berufsfindung – besonders in Kumulation mit anderen zu bewältigenden Entwicklungsaufgaben dieser Zeit – durchaus überfordern und verunsichern können und schlimmstenfalls in einer Lethargie enden.

Eine kritische Sicht auf die Systematik und logische Struktur der berufsorientierenden Einflüsse auf den Jugendlichen wird im empirischen Teil Erklärungs- und Vermeidungsansätze liefern.

6 Berufsorientierung in der Praxis – Forschungsmethodischer Ansatz

Im theoretischen Teil der Arbeit ist eine Sicht auf die Thematik der beruflichen Orientierung entworfen worden, die sowohl die gesellschaftspolitische Brisanz als auch die individuelle Relevanz des Themas für die Herausbildung und Entwicklung jeder einzelnen, in dieser Gesellschaft und unter den aktuellen Rahmenbedingungen aufwachsenden, Person demonstrieren konnte. Der Herausforderung, sich über eine erfolgreiche Integration in das Erwerbssystem in der Gesellschaft zu platzieren, der sich jeder Jugendliche stellen muss, wurde in ihren Zusammenhängen analysiert und darauf hingearbeitet, diese Entwicklungsaufgabe als komplizierte, nur ganzheitlich und mit passgerechten Unterstützungsleistungen zu bewältigende Angelegenheit in einer schwierigen individuellen Phase und unter unsicheren gesellschaftlichen Bedingungen zu begreifen. Im vorangegangenen Kapitel wurde darauf hingewiesen, dass eine erfolgreiche Bewältigung nur im pädagogischen Schulterschluss der Bildungs- und Erziehungsinstanzen zu bewerkstelligen ist. Der junge Mensch ist während des Hineinwachsens in das vorhandene gesellschaftliche Gefüge zu begleiten und durch ein funktionierendes soziales Netzwerk gegen Risiken und Entwicklungsgefahren abzusichern (vgl. Grewe 2005 S.10).

Im nun folgenden empirischen Teil gilt es, die erarbeitete Theorie durch adäquate empirische Belege zu stützen und zu veranschaulichen. Ziel ist es, den Sachverhalt in seiner Komplexität authentisch abzubilden. Dabei sollen verschiedenste Sichtweisen dokumentiert werden, die in ihrer Gesamtheit zu einem realistischen Abbild der derzeitigen Situation zusammengesetzt werden. Auf den nachfolgenden Seiten möchte ich schildern, wie und warum welche Daten erhoben wurden, um dieses ganzheitliche Bild zu konstruieren. Ich verstehe die Skizze als eine Art Momentaufnahme der Situation der beruflichen Orientierung im Untersuchungsgebiet, das im Kapitel 6.2 eingegrenzt wird.

6.1 Forschungsgegenstand der multiperspektivischen Darstellung

Gegenstand aller untersuchten Fragestellungen bildet die berufliche Orientierung. Ich strebe in diesem Zusammenhang an, aus vielseitiger Perspektive einen Blick auf die Thematik zu werfen und das Verständnis der verschiedenen Personengruppen, die am berufsbiografischen Entwicklungsprozess von Jugendlichen beteiligt sind, deskriptiv sowie analytisch darzustellen. Im Anschluss gilt es, in einer Zusammenführung Aussagen zum Gesamtkonstrukt machen zu können. Diese induktive Verfahrensweise erlaubt schlussendlich zwar keine Generalisierung, da nicht alle Wirkmechanismen berücksichtigt werden können, lässt aber ein höheres Maß an allgemeingültigen Thesen zu als eine eindimensionale Herangehensweise bzw. ein monokausaler Untersuchungszuschnitt.

Gegenstand der Forschungsarbeit waren hauptsächlich die Schule und die Eltern. Im Dreieck Schule-Jugendhilfe-Wirtschaft, zwischen dessen Systemgrenzen die Entwicklung des Jugendlichen unter der omnipotenten Wirkung der Einflüsse aus seinem sozialen Nahraum – speziell den Eltern – stattfindet, schafft es der Jugendliche je nach Voraussetzungen, z.B. Schulabschluss, soziales und kulturelles Kapital im Sinne Bourdieus (vgl. Bourdieu 1983, S. 190f), den Weg zwischen Schule und Wirtschaft mehr oder weniger geradlinig zu bewältigen.

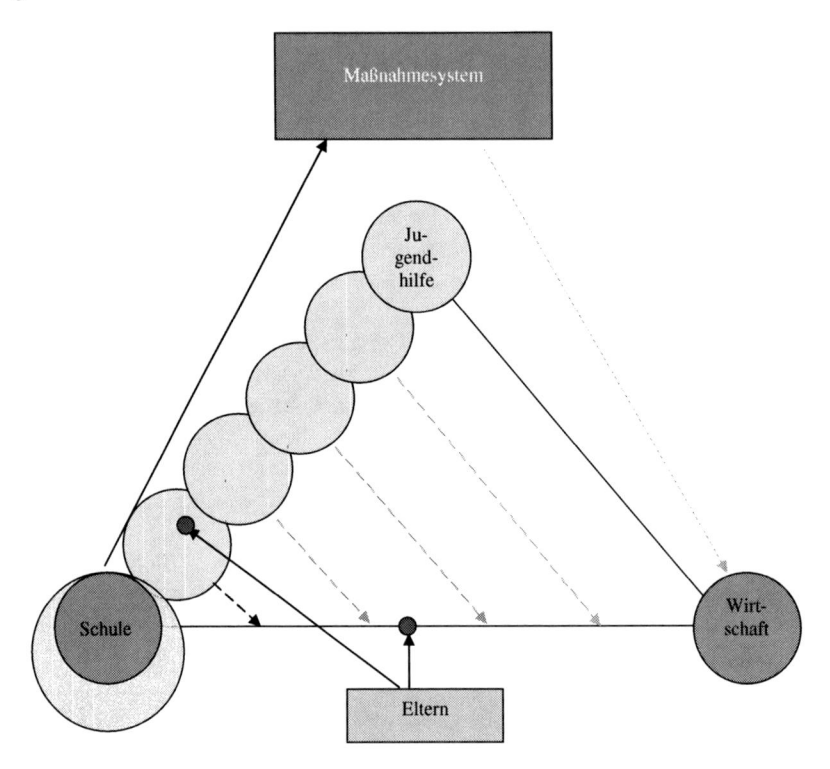

Abbildung 5: Dreieck Schule, Jugendhilfe, Wirtschaft. Quelle: eigene Darstellung

Wie lang die Übergangsphase zwischen den beiden Instanzen ist, können Herkunfts- und Zielsystem zum einen selbst mitbestimmen, in dem sie sich dem jeweils anderen System annähern und öffnen und zum anderen ist dies abhängig von den individuellen Bedingungen des einzelnen Schülers. Die Jugendhilfe hat eine Art Umlenkfunktion. Schüler, die aufgrund nachteiliger Rahmenbedingungen den direkten Weg zwischen Schule und Wirtschaft nicht einschlagen (können), erhalten die Chance, auf einen erfolgreichen beruflichen Entwicklungsweg zurückzukehren (siehe Abbildung 5).

Je näher und unmittelbarer die Jugendhilfe an der Schule ansetzen kann, desto effektiver kann ihre Arbeit sein, mit dem Ergebnis, dass der betroffene Jugendliche so schnell wie möglich wieder auf den kürzesten Weg, d.h. auf die Direktverbindung zwischen Schule und Wirtschaft, zurückgelangen könnte.

Es gilt zu untersuchen, wie weit sich die Schule bereits auf die Wirtschaft zubewegen konnte und wie hoch die Bereitschaft ist, mit außerschulischen Unterstützungssystemen (speziell der Jugendhilfe) zu kooperieren, um alle Schüler auf einen effektiven und individuell abgestimmten beruflichen Entwicklungspfad zu geleiten. Die Schulen sollen in diesem Zusammenhang dahingehend analysiert werden, welche Erfahrungen und Praxis sie in der Kooperation mit außerschulischen Partnern (sowohl aus Wirtschaft als auch aus dem Jugendhilfesystem) besitzen. Weiterhin soll eine Rückschau der Entwicklungen zu schulischen Berufsorientierungsleistungen an der Schule abgebildet werden. Dabei wird die Sicht auf die Thematik zunächst von Seiten der Lehrer reflektiert. Im Rahmen dieser Analyse soll auch darauf geachtet werden, welche Aussagen die Lehrer zu ihrem Selbstverständnis für diese Aufgabe machen, um auf den Sachverhalt des Verantwortungsbewusstseins rekurrieren zu können. Die Entwicklung einer schulischen Gesamtschau in der Region sowie Aussagen zur Wahrnehmung des Übergangs aus der Sicht der Schüler werden darauffolgend – gestützt auf Sekundärdaten – in die Betrachtung mit einbezogen. Angestrebt wird eine möglichst umfassende Untersuchung des Systems Schule hinsichtlich der zentralen Thematik dieser Arbeit.

Im Zentrum der schulischen Debatte steht in diesem Fall die sächsische Mittelschule. Diese Schulart vereint den Real- und den Hauptschulbildungsgang und bildet damit die Einrichtung, die in Sachsen als die originäre Vorbereitungsinstanz für das duale Ausbildungssystem gelten kann. Gymnasien, die größtenteils auf eine akademische Laufbahn vorbereiten und eine Studierfähigkeit herstellen sollen, werden nur marginal erfasst bzw. als Referenzgruppe für die Sekundäranalyse herangezogen.

Das Maßnahmesystem der Jugendhilfe wird anschließend in einer regionalen Übersicht als eine Art Folie der realen Möglichkeiten über die schulischen Aktivitäten gelegt.

Um dem ganzheitlichen Anspruch gerecht zu werden, möchte ich auch die Eltern zu Wort kommen lassen und deren Erfahrungen und Ansichten in die zu konstruierende Gesamtsicht einbeziehen. Wie nehmen sich die Eltern in ihrer Rolle wahr und mit welchen Problemen sehen sie sich konfrontiert? Kann man Aussagen zum Verantwortungsgefühl für die zwar ihre Kinder betreffende, aber doch familiär konstituierte Herausforderung generalisieren bzw. aktuelle Trends erkennen?

Gegenstand dieses Porträts bilden die Erziehungs- und Bildungsinstanzen, die den Jugendlichen in ihrer pädagogischen Querschnittsfunktion durch das unwegsame Gelände der beruflichen Selbstfindung und Platzierung im Erwerbssystem begleiten.

6.2 Untersuchungsgebiet und zeitlicher Rahmen der Erhebungen

Alle im Rahmen dieser Arbeit durchgeführten sowie herangezogenen Studien wurden in der Stadt bzw. in der Region Leipzig im Zeitraum zwischen März 2007 und November 2008 durchgeführt. Unter der Region Leipzig verstehe ich die Verwaltungsgrenzen des Direktionsbezirkes nach der Kreisreform im August 2008. Damit gehören zur Region Leipzig: das Stadtgebiet, der Landkreis Leipzig und der Landkreis Nordsachsen. Auch die zum Vergleich genutzte Basiserhebung einer Langzeituntersuchung des Deutschen Jugendinstituts startete im Frühjahr 2007. Durch die umfangreiche Datenlage ist es möglich, eine Art multiperspektivische Bestands- und Momentaufnahme zur beruflichen Orientierung 2007/08 in Leipzig zu geben sowie vorsichtige Aussagen zu Entwicklungen und Trends zu treffen. Die verschiedenen Erhebungen dienen einer Querschnittsanalyse des Untersuchungsgebietes, die aufgrund des zeitlichen Rahmens der unterschiedlichen Erhebungsphasen einige Aussagen zu Entwicklungen zulassen. Längsschnittdaten stehen durch den angewandten Methodenmix allerdings nicht zu Verfügung.

Alle qualitativen Untersuchungen beschränken sich auf das Stadtgebiet. Innerhalb der Sekundäranalyse wird die Region Leipzig in den Blick genommen, um ebenfalls Aussagen zum Stadt-Land-Verhältnis treffen zu können.

Die stadtspezifischen Rahmenbedingungen, die mitunter Einfluss auf die Untersuchungsergebnisse haben können, werden in einem separaten Kapitel (7) dargestellt.

6.3 Eingrenzung des Forschungsziels

Den Hintergrund der Beschäftigung mit diesem Thema formt der Gedanke, dass die berufliche Integration innerhalb der Vergesellschaftung junger Menschen eine Art Schlüsselfunktion einnimmt. Soll es gelingen, die nachwachsende Generation zu befähigen, in das vorhandene Sozialsystem einzugliedern, muss sie mehr als bisher begleitet werden, damit sie in der komplexen, unübersichtlichen Welt eigene Wege identifizieren können, die legitim und gesellschaftlich nützlich sowie individuell gangbar sind. Wie dies den öffentlichen und privaten Erziehungs- und Bildungsinstanzen gelingt, ist dabei eine wichtige Forschungsfrage, weil deren Beantwortung Defizite im System aufzeigen und herbeigeführte Veränderungen bessere Bedingungen für Jugendliche herstellen können.

In den Untersuchungen der letzten Jahre zum Thema Berufswahl wurden zumeist einzelne Aspekte dieses Prozesses herausgegriffen und deren Wirkung auf den Jugendlichen beleuchtet. In der vorliegenden Studie ist hingegen beabsichtigt, das Zusammenspiel dieser Instanzen zu analysieren und dadurch einen systemübergreifenden Blick auf die Thematik zu werfen. Der Jugendliche befindet sich als eine Art Spielball im Kräfteverhältnis der Bildungs- und Erziehungsagenten im Konflikt mit sich selbst (durch die zeitgleiche Herausbildung der Identität). Je nach persönlicher Konstitution und Mächtigkeit bestimmter Agenten wird er mehr auf seine weiterführenden Wege gestoßen, als dass er sich selbstverantwortlich dafür entscheiden würde. Von freier Berufswahl kann in der Realität keine Rede sein! Um das Netz der Instanzen, in denen der Jugendliche zum einen gefangen, zum anderen aber auch abgesichert ist, in der Komplexität seiner Mechanismen zu verstehen, soll diese Arbeit beitragen.

Vor dem Hintergrund der aktuellen demografischen Entwicklung Deutschlands und dem damit verbundenen erhöhten Bedarf an qualifiziertem Nachwuchs seitens der Wirtschaft, ist die Thematik in den letzten Jahren politisch hoch brisant geworden. Ich möchte mit den Ergebnissen der Studie Licht in die Problematik des Selbstverständnisses der beteiligten Instanzen zu bringen und aufzuzeigen, wie die derzeitige Situation besonders aus Sicht der Schule und der Eltern (also aus Blickrichtung der Erziehungsinstanzen) empfunden wird.

Einen Schwerpunkt der Untersuchungen bildet von Beginn an die Frage nach der Verantwortung. In allen Erhebungen spielt sie mehr oder weniger offensichtlich eine Rolle. Es soll dargelegt werden, wie die einzelnen Mitwirkenden am beruflichen Orientierungsprozess ihre eigene Verantwortung einschätzen und welchen mitbeteiligten Partner sie in der Hauptverantwortung sehen. Inwieweit die befragten Institutionen ihrer postulierten Verantwortung gerecht werden, kann im Rahmen dieser Studie allerdings nicht hinreichend geklärt werden.

6.3.1 Der Anspruch auf praktische Relevanz

Die Abbildung der Gesamtheit wirkintensiver Einflussgrößen auf den beruflichen Orientierungsprozess Jugendlicher dient der Transparenz. Es soll das am Anfang des Kapitels dargestellte Kräftedreieck (vgl. Abbildung 5) real werden lassen. Darüber hinaus soll darauf eingegangen werden, welche gesellschaftlichen Institutionen den Jugendlichen in der beruflichen Findungsphase unterstützen und mit welchen Problemen sich die einzelnen Systeme bei der tatsächliche Ausgestaltung ihrer Hilfe konfrontiert sehen.

Der immanente Schwerpunkt des Verantwortungsbegriffes wird bei der Interpretation der Ergebnisse stets mit beleuchtet. In komplexen Sachverhalten findet sich häufig die Problematik der ungeklärten Zuständigkeiten. Gelingt es, mit Hilfe der Arbeit die Möglichkeiten und Grenzen institutioneller Pflichten transparent zu machen, können möglicherweise die Spiralen der gegenseitigen Schuld- und Verantwortungszuweisungen wichtiger Unterstützungssysteme aufgeweicht und eine Sammlung vorstellbarer Lösungsansätze für eine Neujustierung der Aufgabenzuschreibung herausgearbeitet werden. Dass sich, geschuldet der Komplexität und öffentlichen Bedeutsamkeit der gesellschaftlichen Aufgabe, eine Vielzahl unterschiedlicher Akteure die erfolgreiche Bewältigung der Hürden auf dem Weg in die Erwerbsarbeit zum Anliegen gemacht haben, ruft erneut das Phänomen der Verantwortungsdiffusion ins Gedächtnis. In welchem Maß dies im Kontext der erhobenen Daten eine Rolle spielt, muss ebenfalls im Zusammenhang der Ergebnisinterpretation sensibel analysiert werden. Am Ende der Arbeit wird zu klären sein, inwieweit sich Mittel zur Vermeidung oder Möglichkeiten der Einschränkung der negativen Folgen dieses Phänomens aus den Ergebnissen der Studie schlussfolgern lassen.

Einen Schwerpunkt im Umgang und der Verwertbarkeit der Daten sehe ich klar darin, dass sich Lösungsansätze für die Weiterentwicklung und Effizienzsteigerung der nötigen Unterstützungssysteme ableiten lassen. Es muss deutlich werden, wann und in welcher Form Schule und Eltern Hilfe und Begleitung bedürfen und welche Anknüpfungspunkte für eine wirkungsvolle Realisierung zu identifizieren sind.

Der Schule wird, wie ich bereits im Theorieteil beschrieben habe, im Berufsorientierungsprozess derzeit, vom Schülerbetriebspraktikum einmal abgesehen, keine große Bedeutung zugeschrieben. Es wird zu prüfen sein (Untersuchung I und II), inwieweit dies einer mangelhaften Organisation von beruflicher Orientierung an den Schulen anzulasten ist. Es wird vermutet, dass viele Projekte und Maßnahmen zum Erwerb von Orientierungswissen, zu praktischen Erfahrungen und zum Zuwachs an Handlungsfähigkeit in der individuellen Berufswahlvorbereitung an den staatlichen Bildungseinrichtungen eher aktionistisch und losgelöst stattfinden. Ihnen fehlt es allem Anschein nach an Systematik, Stringenz und vor allem an der festen Verknüpfung mit dem schulischen Alltag. Schüler schreiben Projekte zur Berufsorientierung nicht der Schule zu, weil sie eben anders sind als Schule und sich nicht mit dem Lernansatz der Schule verknüpfen lassen. Gelänge es der Schule, die ganzheitliche Bildung weiter voranzubringen, die Vermittlung überfachlicher Kompetenzen in fächerverbindenden und -übergreifenden Kontexten zu forcieren (vgl. Bieri Buschor/Forrer 2005, S. 38) und in diesem Kontext die berufliche Orientierung sinnvoll zu platzieren und kontinuierlich einzubinden, könnte eine fundierte und am Ende erfolgreiche Berufswahl auch eher als Verdienst der Schule zugerechnet werden. In welcher

Form sich bereits Ansätze für eine derartige Kursänderung an den Schulen finden lassen, wie weit sich die Schulen schon zum Umfeld und besonders in Richtung Wirtschaft geöffnet haben, aber auch mit welchen Herausforderungen speziell die Schulen im Untersuchungsgebiet konfrontiert sind, die einer solchen Entwicklung vielleicht hinderlich sind, wird ebenfalls zu klären sein.

Um die einseitige Sicht der allgemeinbildenden Schule als berufsvorbereitende Instanz, deren klar formulierte Aufgabe es ist, den Schüler zu einem Übertritt in die berufliche Ausbildung zu befähigen, querzuprüfen und mit Hilfe der Perspektive der Anschlussinstitution zu relativieren, wird die qualitative Befragung der beruflichen Schulzentren herangezogen. Hat es der Jugendliche nicht geschafft, die allgemeinbildende Schule mit einem anerkannten Schulabschluss zu verlassen bzw. direkt in eine vollqualifizierende Ausbildung einzumünden, muss er seine Berufsschulpflicht in den berufsbildenden Schulzentren absolvieren. Dort wird angestrebt, den Jugendlichen zum einen nachzuqualifizieren (und im Rahmen des Berufsvorbereitungsjahres den Hauptschulabschluss nachzuholen) und zum anderen bereits berufliche Qualifikationen zu vermitteln, um eine bessere Integration in den ersten Arbeitsmarkt zu ermöglich.

Wie dieses Procedere von den Fachleuten an den berufsbildenden Einrichtungen bewertet wird und welche Erfolgsaussichten sie damit verbinden, ist ein Schwerpunkt der Untersuchung III und soll von den Schulleitern dieser Einrichtungen reflektiert werden. In dieser Befragung wurden zwei weitere Schwerpunkte fokussiert: Erstens sollte ermittelt werden, welche konkreten Maßnahmen zur Berufsorientierung bislang erfolgloser Jugendlicher im Berufsbildungssystem angeschlossen werden. Zweitens galt in Erfahrung zu bringen, wie die Pädagogen die Vorleistungen ihrer Kollegen im allgemeinbildenden Schulwesen einschätzen. Als reguläre Anschlussinstanz einer Vielzahl von jugendlichen Bildungswegen können die Lehrer im Beruflichen Schulzentrum sehr gut beurteilen, welchen beruflichen Orientierungsgrad die Jugendlichen bereits erreicht haben und welche Faktoren eine Umsetzung der Pläne bislang verhindert haben. Sie können daher als Experten der individuellen Übergangsverläufe angesehen werden, die innerhalb des Gesamtkonstruktes ‚berufliche Orientierungsverläufe' eine weitere Perspektive eröffnen.

Etwa zeitgleich zu meiner Befragung der Lehrkräfte an den Leipziger Mittelschulen hat das DJI eine Schulabsolventenuntersuchung zur Übergangsthematik an eben diesen Einrichtungen durchgeführt. Die Ergebnisse beider Untersuchungen stehen demnach in einer engen Verbindung. Eine vergleichende Analyse der Befunde sowie die Ergänzung der Schülersicht sind in diesem Zusammenhang als gewinnbringend hervorzuheben.

Die Blickrichtung der Eltern auf den Berufswahlprozess ihrer Kinder und die vorhandenen Unterstützungssysteme soll die Darstellung abrunden. Durch die beiden Standpunkte – der Schule und der Eltern – entsteht eine Art Grundriss des jugendlichen Berufswahlprozesses aus der Wahrnehmung der Erziehungssysteme, die ihn am nächsten umgeben.

In allen Untersuchungen wird auch die Rolle der Jugendhilfe thematisiert. Am Ende des Auswertungskapitels folgt eine Übersicht zur regionalen Projektlandschaft in deren Zusammenhang die speziellen Aufgabenfelder und Kooperationsmöglichkeiten der Jugendhilfeakteure reflektiert werden.

6.3.2 Grundlegende Arbeitshypothesen

Ich möchte in diesem Kapitel einige zentrale Hypothesen aufstellen. Zunächst sollen die Erwartungen und Vermutungen zusammengetragen werden, die meine Überlegungen im Vorfeld der Schulbefragung bestimmt haben:
- Es ist davon auszugehen, dass die einzelnen Schulen ihre Aufgabe zu beruflichen Orientierung der Schüler differenziert wahrnehmen und sehr unterschiedlich umsetzen.
- Die für die Region typischen Transformationsprozesse der Schullandschaft dürften in den letzten Jahren eine stabile Schulentwicklung massiv gebremst haben. Schulschließungen, Fusionen, wechselnde Kollegien sowie Teilabordnungen haben die Einzelschule von wichtigen programmatisch-inhaltlichen Reformen abgehalten.
- Die Schulen haben sich noch nicht hinreichend ihrem sozialen Umfeld geöffnet und noch nicht alle Kooperationsressourcen erschlossen.
- Schulen, die intensive Unterstützung durch außerschulische Kooperationspartner bei der Bewältigung dieser Aufgabe haben, sind zuversichtlicher, erfolgreiche berufliche Orientierungsarbeit zu leisten.
- Schulen, die eng mit der Jugendhilfe zusammenarbeiten, erfahren eine spürbare positive Auswirkung in Form einer sinnvollen und kontinuierlichen Zusammenarbeit im Rahmen dieser Thematik. Besonders das Vorhandensein von Schulsozialarbeit sollte in diesem Bezugsrahmen positiv eingeschätzt werden.
- Es ist anzunehmen, dass Schulen, zumindest latent bzw. partiell, eine gewisse Überforderung mit der ihr zugeschriebenen vielschichtigen Aufgabe der Berufsorientierung zeigen. Mögliche Folgen davon könnten sein, dass sich die Schule auf ihre historisch gewachsene, originäre Aufgabe der Wissensvermittlung beschränkt, ihr Amt auf die Schulabschlussdimension reduziert und ihren Verantwortungshorizont auf die Ausstattung der Schüler mit Kenntnissen und den verwertbaren Zeugnissen begrenzt.
- Fühlt sich die Schule mit der Aufgabe überfordert, liegt es nah, dass die in den betroffenen Bildungseinrichtungen beschäftigten Pädagogen entlastende Verantwortungszuweisungen an andere beteiligte Erziehungsinstanzen – und hier vor allem an die Eltern – richtet. Besonders bei Schülern aus benachteiligten sozialen Schichten stößt die Schule schnell an ihre

Grenzen und schiebt die Verantwortung sowie die Schuld für die Orientierungslosigkeit dieser Jugendlichen zurück an das hilflose Elternhaus.
- Wahrscheinlich herrscht an den Schulen nach wie vor eine spürbare Einzelkämpferstruktur. Das impliziert, dass auch die Qualität der schulischen Berufsvorbereitung von einzelnen engagierten Lehrkräften abhängt und noch nicht als gesamtschulische Aufgabe mit Querschnittscharakter aufgefasst und realisiert wird.

Die Erweiterung der Datenbasis um eine Totalerhebung der städtischen Berufsschulzentren durch leitfadengestützte Interviews der Schulleiter hatte verschiedene Beweggründe. Zum einen sollten die Leistungen, die diese Einrichtungen selbst bezüglich berufsorientierender Maßnahmen erbringen, dargestellt werden, denn besonders im Berufsvorbereitungsjahr (BVJ), im Berufsgrundbildungsjahr (BGJ) und am Beruflichen Gymnasium ist die Thematik ebenso relevant, wie an den allgemeinbildenden Schulen. Zum anderen war es eine gute Gelegenheit, die Kooperationsbeziehungen und Formen der Zusammenarbeit mit allgemeinbildenden Schulen zu hinterfragen. Und als dritter, allerdings nicht explizit nachgefragter, Sachverhalt sollte die Sicht der Anschlussinstanz auf die Berufsorientierungsleistungen der Leipziger Mittelschulen widergespiegelt werden.

Die Sekundäranalyse wurde angestellt, um den progressiven Entwicklungsprozess zu illustrieren sowie komparative Daten zu erhalten, die sowohl im Bezugsrahmen der städtischen Analyseschulen einen temporär bedingten Fortschritt abbilden als auch aufgrund der erweiterten Stichprobe Aussagen zu Schulartspezifika und einen Vergleich zwischen Stadtschulen und Schulen im ländlichen Raum zulassen.

Die berufliche Orientierung ist aus wirtschafts- und sozialpolitischen Gründen in den letzten Monaten zu einem prominenten und substanziellen Thema an der Schule geworden. Es wird zu veranschaulichen sein, wie sich eine erhöhte Öffentlichkeit auf die Weiterentwicklung auswirkt:
- Es kann vermutet werden, dass sich das gesteigerte öffentliche Interesse positiv auf die Qualität der beruflichen Orientierungsleistungen der Schule auswirkt und dass sich die Schule vermehrt mit dem Thema auseinandersetzt. Eine Folge davon kann sein, dass sie neue Partner in ihre Arbeit einbindet und sich weiter in Richtung Sozialraum öffnet.
- Das in der Sekundäranalyse vergrößerte Untersuchungsgebiet lässt Aussagen zum Stadt-Land-Vergleich zu. Die allgemein herrschende Meinung, dass Schulen im ländlichen Raum gegenüber den städtischen Bildungseinrichtungen benachteiligt seien, soll in diesem Zusammenhang geprüft werden.
- Da im Rahmen der Sekundäranalyse die gesamte Schullandschaft der Sekundarstufe I und der gymnasialen Oberstufe betrachtet wird, können die gewonnenen Daten für einen Schulartvergleich herangezogen werden.

Hierbei wird vermutet, dass die sächsische Mittelschule die Schulart ist, an der die arbeitsweltbezogene Lebensvorbereitung am stärksten ausgeprägt ist, da sie für die Mehrheit der Jugendlichen als der Berufsausbildung unmittelbar vorgeschaltete Bildungsinstanz fungiert.

Die Befragung der Eltern in einer quantitativen Fragebogenaktion bezog sich auf folgende Annahmen:

- Eltern nehmen ihre Verantwortung in der Begleitung und Beratung ihrer Kinder im beruflichen Orientierungsprozess durchaus wahr, sehen sich allerdings mit der Ambivalenz konfrontiert, nicht das nötige Know-how bzw. ausreichend Kompetenzen zu besitzen, um tatsächlich wertvolle Tipps und Unterstützung bereitstellen zu können.
- Eltern, die selbst keiner Arbeit nachgehen und aus dem Erwerbssystem ausgeschlossen sind, stehen der Aufgabe hilfloser gegenüber als Eltern, die selbst im Arbeitsmarkt integriert sind.
- Eltern erwarten sich insbesondere von der Schule verstärkt Unterstützung in der Bewältigung der Berufsorientierungsaufgabe.
- Es ist anzunehmen, dass der Schule aus Sicht der Eltern nach ihnen selbst die höchste Verantwortung der Begleitung der Jugendlichen in diesem berufsbiografischen Findungsprozess zugesprochen wird.

6.4 Methodische Vorgehensweise

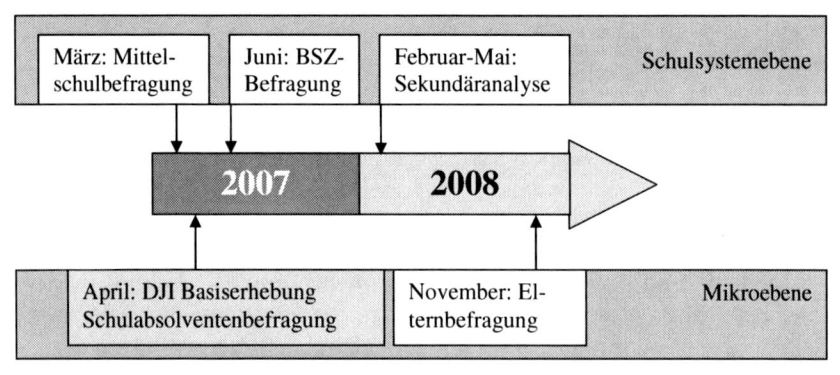

Abbildung 6: Zeitlicher Rahmen der Forschungsarbeit

Um ein komplexes Gebilde in seinen Ausmaßen widerspiegeln zu wollen, ist ein ebenso vielschichtiges Forschungsdesign vonnöten. Es muss gewährleistet sein, dass die multiperspektivischen Positionen tiefgründig analysiert und authentisch in ihrem vernetzten Beziehungssystem wiedergegeben werden können.

Ich werde im Folgenden meine empirische Vorgehensweise nachzeichnen. In der Darstellung gehe ich weitestgehend chronologisch vor und begründe die jeweiligen Schritte.

Für die Untersuchung der schulseitigen Sicht wählte ich ein methodenpluralistisches Verfahren. Die Lehrer sollten als Träger des Schulsystems und Repräsentanten der befragten Einzelschule im Rahmen eines halbstandardisierten Verfahrens ausführlich zu Wort kommen. Die qualitativen, halboffenen leitfragengestützten Lehrer- und Schulleiterinterviews bilden infolgedessen das Kernstück der Untersuchung.

Im Januar und Februar 2007 wurde die Untersuchung vorbereitet. Dank Unterstützung der hiesigen Schulverwaltung (Sächsische Bildungsagentur Regionalstelle Leipzig), wurden alle städtischen Mittelschulen auf die Studie hingewiesen und um Unterstützung gebeten. Der erarbeitete Interviewleitfaden wurde zum einen mit der Bildungsagentur und zum anderen mit der Initiative B.O.S.S. (Berufliche Orientierung für Schüler und Studierende in Mitteldeutschland) abgestimmt. B.O.S.S. ist ein Netzwerk aus regionalen Akteuren, das eine wichtige Schnittstelle zwischen Schule und Wirtschaft bildet. B.O.S.S. ist angetreten, um die berufliche Orientierung in der Region durch intensive Unterstützung der beteiligten Akteure aus Schule, Wirtschaft und Verwaltung nachhaltig zu verbessern und zu professionalisieren. Besonders in und um Leipzig ist dieses Netzwerk als etablierte Entwicklungsagentur von Schule-Wirtschaft-Kooperationen tätig.

Die angestrebte Totalerhebung konnte nicht realisiert werden, da das Interview an drei Schulen aus den folgenden Gründen nicht möglich war: Eine Schule stand kurz vor der Schließung und die Schulleitung war nicht bereit, Auskünfte zum Engagement der Schule zu geben; eine freie Schule der Stadt wollte sich an dieser Erhebung nicht beteiligen und an der dritten Schule verhinderten Terminschwierigkeiten die Durchführung.

Von März bis April 2007 wurden von mir Vertreter aus 30 der 33 Mittelschulen der Stadt Leipzig in einem 45- bis 90-minütigen Interview zu ihren Erfahrungen und Leistungen in der beruflichen Orientierungsarbeit und deren Integration in den Schulalltag befragt. Zur Vorbereitung der einzelnen Gespräche habe ich mich im Vorfeld der Befragung mit dem jeweiligen Schulporträt auseinandergesetzt und die berufsorientierungsrelevanten Besonderheiten der Einzelschule recherchiert. Die Schulporträts sind Websites jeder einzelnen sächsischen Schule, die in einer standardisierten Maske verschiedene schulische Merkmale transparent machen. Diese Porträts befinden sich in der sächsischen Schuldatenbank[28]. Die Schulen sind verpflichtet, die Inhalte des Porträts halbjährlich zu kontrollieren und zu aktualisieren. Im Verlauf der Interviewreihe musste ich allerdings feststellen, dass diese Schulporträts von durchaus unterschiedlicher Qualität und Aussagekraft sind. Es gibt Schulen, die die Möglichkeit zur öffentlichen Präsentation und Vergleichbarkeit mit anderen Schulen intensiv und

---

28 Die sächsische Schuldatenbank ist öffentlich zugänglich und unter www.sachsen-macht-schule.de einzusehen.

ernsthaft nutzen, andere Schulen stellen nur minimal Informationen auf diese Websites und pflegen das Porträt selten bis überhaupt nicht. Die Schulporträts sind daher aus meiner Sicht als sekundäre Datenquelle nicht belastbar. Sie können somit nicht bei der Auswertung der quantitativen Daten für die nicht befragten Schulen herangezogen werden. Aufgrund dessen entschied ich, mich in der Auswertung ausschließlich auf Aussagen zu stützen, die ich im Rahmen der Interviews gewonnen habe.

Die geführten Interviews wurden größtenteils aufgezeichnet. Aus arbeitsökonomischen Gründen wurden die Interviews nur im Fokus der für den qualitativen Teil auswertungsrelevanten Kategorien in einem Selektionsschema transkribiert. Daten, die im Rahmen quantitativer Aussagen relevant sind, finden sich in den Darstellung im Auswertungsabschnitt (Kapitel 8.1.2.2) wieder.

In einem durch die Unterstützung der Initiative B.O.S.S. organisierten Auswertungsworkshop wurden die quantitativen Ergebnisse den beteiligten Schulen vorgestellt und gemeinsam mit den anwesenden Lehrkräften diskutiert. Dieser Workshop diente zum einen der Präsentation der erhobenen Daten und eröffnete zum anderen die Möglichkeit des Erfahrungsaustauschs. Ein themenspezifischer Dialog zwischen einzelnen Schulen ist in der angewandten Pädagogik eine bislang wenig praktizierte Methode. Gründe dafür liegen meiner Meinung nach größtenteils in systembedingten Eigenheiten der Institution Schule. Ähnlich wie der einzelne Lehrer hat sich auch die Einzelschule zu einem relativ geschlossenen Mirkokosmos entwickelt. Eine Verständigung zwischen Lehrern verschiedener Schulen stellt eine Seltenheit dar, obwohl davon auszugehen ist, dass aufgrund gleichartiger Problemstellungen eine regelmäßige Kommunikation und gegenseitige Information über die verschiedenen Lösungsansätze ein probates Mittel zur Bewältigung didaktischer, pädagogischer und organisatorischer Schwierigkeiten darstellen müsste. In der Realität wird davon sehr wenig Gebrauch gemacht. Neben der historisch gewachsenen Eigenheit der Schule als relativ geschlossenes System interner Interaktion, könnte auch das transformationsbedingte Konkurrenzverhalten der Schulen im Untersuchungsgebiet diesen Sachverhalt erklären.

Es kann festgehalten werden, dass im Rahmen des gemeinsamen Workshops sehr offen über die Erfahrungen der einzelnen Schulen gesprochen wurde und ein reger Informationsaustausch stattfand.

Im Juni 2007 folgte auf die qualitative Erhebung an den allgemeinbildenden Schulen eine ähnliche Interviewreihe an allen staatlichen Beruflichen Schulzentren der Stadt Leipzig. Die Stadt Leipzig verfügt über elf solcher Schulen, wobei eine davon eine Berufliche Förderschule[29] ist. Auch in diesem Fall wurde

---

29 Eine Berufliche Förderschule ist die sich anschließende Institution für Schüler, die eine allgemeinbildende Förderschule besucht haben. An derartigen Einrichtungen werden größtenteils Helfer- und Werkerberufe ausgebildet.

die Erhebung über die Sächsische Bildungsagentur, Regionalstelle Leipzig angekündigt und bei den Schulleitern um Unterstützung gebeten. Ebenfalls wurde der Interviewleitfaden mit der Bildungsagentur vor Ort abgestimmt.

Trotz einiger Terminschwierigkeiten, die auf den parallelen Prüfungszeitraum zurückzuführen sind, konnten die Interviews zwischen Mai und Juni 2007 an allen Einrichtungen durchgeführt werden. Als Gesprächspartner standen in der Regel die Schulleiter zur Verfügung, in einem Fall wurde das Interview mit dem stellvertretenden Direktor und einem weiteren Lehrer durchgeführt. Die Dauer der einzelnen Gespräche belief sich fast immer auf ca. eine Stunde.

Die Datenerhebung an den Beruflichen Schulzentren hatte von Beginn an eher eine ergänzende Funktion. Sie sollte zeigen, wie die berufsbildenden Schulen mit Schülern verfahren, deren Berufswahl nach dem allgemeinbildenden Schulsystem noch nicht zufriedenstellend verlaufen ist. Darüber hinaus wurde abgefragt, wie sie die Problematik der Ausbildungsabbrüche einschätzen und welche Verbindungen sie innerhalb dieser Thematik zu einer fehlerhaften Berufsvorbereitung ziehen sowie welche Bemühungen sie anstellen, die noch unversorgten Jugendliche in der Berufswahl und Ausbildungsplatzsuche unterstützen.

Anfang 2008 wurde gemeinsam mit der Initiative B.O.S.S. und der Sächsischen Bildungsagentur eine umfangreiche quantitative Befragung der Schulen im gesamten Regierungsbezirk Leipzig (nach den zu dieser Zeit geltenden Kreisgrenzen, d.h. für die Landkreise: Döbeln, Delitzsch, Muldental, Leipziger Land und Torgau/Oschatz sowie die Stadt Leipzig) initiiert. Über die Bildungsagentur wurden die Maßnahmen zur Berufs- und Studienorientierung aller relevanten allgemeinbildenden Schularten (Mittelschulen, Gymnasien und Schulen zur Lernförderung) mit Hilfe eines standardisierten Fragebogens evaluiert. Die erhaltenen Daten (Rücklaufquote: 79%) wurden angereichert durch Informationen, die der Initiative B.O.S.S. vorlagen. Darüber hinaus erfolgte durch B.O.S.S. eine Nacherfassung fehlender Daten per Telefon bzw. E-Mail. Außerdem gingen in diese umfangreiche Ist-Stand-Analyse verifizierte Informationen aus den von der Schule gepflegten Schulporträts bzw. Schulhomepages ein. Schließlich wurden die Daten mit den vorliegenden Informationen von Bildungsträgern, Unternehmen und dem Berater Berufswahlpass kritisch quergeprüft, sodass im Juni 2008 eine breite Datenbasis für eine vergleichende Analyse zur Verfügung stand. Diese Grundlage soll einerseits einer Analyse des aktuellen Standes dienlich sein und andererseits durch die Selektion der bereits ein Jahr vorher im Rahmen der Interviews befragten Schulen, Aussagen über die Entwicklungen und den Fortschritt an den Einzelschulen zulassen.

An den allgemeinbildenden Schulen gibt es in der Regel einen Lehrer, der für das Thema Berufs- und Studienorientierung zuständig ist. In 73% der Fälle hat mir dieser Lehrer im Rahmen der in der ersten Erhebung durchgeführten Interviews Auskünfte über die Aktivitäten seiner Schule gegeben.

Die eben geschilderte Datengrundlage soll helfen aufzuzeigen, wie sich die Situation an den Schulen zum Thema ‚Berufliche Orientierung' derzeit darstellt. Wie bereits erwähnt, ist diese Perspektive aber nicht der alleinige Bezugspunkt dieser Arbeit. Der Standpunkt der Eltern wurde in einer standardisierten Fragebogen-Erhebung während einer Berufsorientierungsmesse ermittelt. Aufgrund einer Überfrachtung von Studien zur Berufswahl der Schulen, entschloss ich mich, den Zugang zu den Eltern über einen anderen Weg als den schulischen Elternabend zur Berufsorientierung zu nutzen. Das Anliegen sollte zum einen sein, Zusammenhänge der familialen Konstellation bzw. Rahmenbedingungen und der innerfamiliären Bearbeitung des Themas ‚berufliche Lebensplanung' sichtbar zu machen. Zum anderen sollten Erkenntnisse zur Verantwortungsübernahme bzw. -attribution abgeleitet werden.

Empfundene Verantwortung, will heißen wie stark sich jemand in einer Aufgabe tatsächlich verantwortlich fühlt, sprich mit seiner gesellschaftlichen Aufgabenverantwortung identifizieren kann, lässt sich schwer operationalisieren. Über die Kenntnis des Standes im Berufsorientierungsprozess des eigenen Kindes lässt sich partiell schlussfolgern, wie groß das Interesse der Eltern an der Thematik ist und wie intensiv sie ihren Schützling bei dieser Entwicklung begleiten. Wie sie allerdings ihre Verantwortung apperzipieren und sich damit auseinandersetzen, entzieht sich größtenteils der öffentlichen Wahrnehmung. Noch schwieriger gestaltet sich eine vergleichende Gegenüberstellung. Meiner Meinung nach ist es ein gangbarer Weg, die empfundene bzw. übernommene Verantwortung aus dem elterlichen Interesse für die berufliche Entwicklung abzuleiten. Als alleiniger Indikator bietet dies aber keine hinreichende Sicherheit und die Befunde, die aus den Items für das elterliche Interesse und Wissen erwachsen, können nur als ungenügend belastbar bezeichnet werden. Die direkte Frage nach Verantwortlichkeiten allein reicht meiner Meinung nach auch nicht aus, um ein realistisches Bild zu erhalten, da in diesem Kontext die Antworten durch Effekte der soziale Erwünschtheit beeinflusst sein können. Zwischen der geforderten Aufgaben- und Rollenverantwortung und der tatsächlich gefühlten bzw. bewusst wahrgenommenen und zur Handlung führenden Verantwortung kann mitunter eine erhebliche Diskrepanz bestehen.

Unter den eben beschriebenen Schwierigkeiten gestaltete es sich durchaus problematisch, einen Fragebogen zu entwerfen, der Rückschlüsse auf die Konstitution der elterlichen Verantwortungswahrnehmung für die berufliche Zukunft ihrer Kinder zulässt und zugleich vom Forschungsdesign effektiv, unkompliziert, aber doch praktikabel sein soll.

Da ich mich entschloss, den Zugang zu potenziellen Probanden, d.h. Eltern von Kindern im berufswahlrelevanten Alter, über entsprechende Veranstaltungen zu wählen, musste der standardisierte Fragebogen kurz und prägnant gestaltet und ohne hohen zeitlichen Aufwand zu beantworten sein. Zu einer regionalen Ausbildungsmesse im Landkreis Delitzsch Ende September 2008 wurde der Fragebogen im Pretest an 39 Eltern erprobt. Die Reaktion der Eltern auf das Interesse an ihrer Wahrnehmung war erstaunlich positiv und die Bereitschaft, an der Befragung teilzunehmen, sehr groß.

Inhaltlich wurde der Fragebogen nach der Auswertung des Probedurchlaufs minimal modifiziert. Da im Pretest nur 12 der befragten 39 Eltern angaben, dass die Schule zuständig für die Berufsorientierung sei, wurde der Fragebogen dahingehend verändert, dass die Wichtigkeit verschiedener Akteure der Berufsorientierung mit Hilfe einer Rankingskala abgefragt wurde. Im Pretest existierte weiterhin eine Frage, die darauf abzielte zu ermitteln, ob die befragten Eltern andere Berufswünsche für das Kind haben als die Schüler selbst. Diese Frage wurde zu 100 Prozent verneint bzw. es wurden übereinstimmend die Wünsche der Kinder angegeben. Aus diesem Grund ist die Frage aus dem Fragebogen entfernt worden.

Im Rahmen einer überregionalen Informationsveranstaltung für Jugendliche im beruflichen Orientierungsprozess im November 2008 wurde der modifizierte Fragebogen eingesetzt. Die Gesamtstichprobe beläuft sich auf 98 auswertbare Fragebögen. Hinsichtlich der Gütekriterien der Messung muss darauf hingewiesen werden, dass der Anforderung der Repräsentativität nicht hinreichend Rechnung getragen werden konnte. Durch die Befragung begleitender Eltern auf einer Berufsorientierungsmesse wird eine Selektion der Gesamtpopulation vorgenommen. Eltern, die ein eingeschränktes Interesse für die Unterstützung und Beratung ihrer Kinder im Berufsorientierungsprozess haben, sind auf einer solchen Veranstaltung nur selten anzutreffen. Tatsächlich konnten nur wenige Eltern aus den schwierigen sozialen Schichten befragt werden. Das lässt sich daran ablesen, dass über 90% der befragten Eltern berufstätig sind. Auch der Fakt, dass weit über die Hälfte der Probanden Eltern von Gymnasiasten sind, spricht dafür, dass von einer solchen Messe nur eine bestimmte Elternklientel angesprochen wird und diese eher den bildungsnahen Schichten zuzuordnen ist. Neben der relativ kleinen Stichprobe und der Selektion zugunsten interessierter Eltern, gelang es auch nicht, im Rahmen der Untersuchung alle Schularten zu spiegeln. Im Sampel fehlen Eltern von Schülern an Schulen zur Lernförderung. Die Stichprobe bietet daher kein repräsentatives Abbild der Gesamtpopulation. Dennoch sind von der Befragung nützliche Hinweise für die angestrebte Gesamtdarstellung des beruflichen Orientierungssystems zu erwarten.

Die Ergebnisse werden zunächst einzeln dargestellt, interpretiert (Kapitel 8.1 bis 8.3). Im Anschluss gilt es, sie in einem ganzheitlichen Bild zu verschmelzen (Kapitel 8.5), um, ohne die spezifischen Kausalitäten zu vernachlässigen, in Form einer komplexen Gesamtschau neue Erkenntnisse, möglicherweise auf einem höheren Abstraktionsniveau, zu entwickeln.

7 Gesellschaftliche Rahmenbedingungen der Untersuchungsregion

Um die Ergebnisse der Erhebungen kontextbezogen richtig interpretieren zu können, ist es unabdingbar, die regionalen Gegebenheiten zu kennen und für eine korrekte Einordnung und Verknüpfung mit den Rahmenbedingungen Sorge zu tragen.

Im Folgenden werde ich die sozialen, bildungspolitischen und wirtschaftlichen Entwicklungen und Eigenheiten der Region in einem kurzen Abriss charakterisieren. Viele der später aufgeworfenen Überlegungen bedürfen einer genauen Kenntnis des systembestimmenden gesellschaftlichen Hintergrunds. Der sich anschließende kurze Exkurs in die spezifische gesellschaftliche Lage des Untersuchungsgebietes beabsichtigt, alle relevanten Entwicklungen und Besonderheiten zu erfassen, kann allerdings dem Anspruch einer umfassenden, tiefgründigen und detaillierten gesamtgesellschaftlichen Analyse der Region nicht gerecht werden. Ich beschränke mich auf die für den Kontext wichtigen Parameter. Nur exemplarisch weise ich auf Sachverhalte hin, die einen marginalen Einflusscharakter besitzen. Für eine umfassendere Darstellung wird an den entsprechenden Stellen auf einschlägige Literatur zur Vertiefung der Problematik verwiesen.

7.1 Die sozialpolitischen Entwicklungen im historischen Abriss

Der historische Abriss über gesellschaftliche Entwicklungen des Untersuchungsgebietes wird folgend in drei Kapitel gegliedert, die im Bezugsrahmen bedeutsame Ausschnitte der sozialwissenschaftlichen Systeme in den Fokus nehmen. Nach einem kurzen Exkurs in sozialpolitische Rahmendaten und Prozesse der letzten Jahre (Kapitel 7.1.1) werden die Besonderheiten des Bildungssystems, genauer des Schulsystems (Kapitel 7.1.2), analysiert und abschließend ein Blick auf die regionale und lokale Wirtschaft (Kapitel 7.1.3) geworfen. Die Entwicklungen der letzten Jahre werden bis zum heutigen Zeitpunkt nachgezeichnet. In den drei sich anschließenden Kapiteln (Kapitel 7.2.1 bis 7.2.3) wird dann der derzeitige Stand dargestellt, der als der aktuelle gesellschaftliche Rahmen meiner Erhebung gelten kann.

Ausgangspunkt dieser Rückschau bildet die Wiedervereinigung Deutschlands. Die Angleichung an das bundesrepublikanische Gesellschaftssystem hat von den ostdeutschen Bundesländern enorme Anpassungs- und Transformationsleistungen gefordert. Die mit diesen Veränderungsprozessen in Zusammenhang stehenden gesellschaftlichen Entwicklungen der Region haben die in meinen Betrachtungen relevanten Subsysteme (Sozialsystem, Schul- und Bildungssystem und die wirtschaftlichen Voraussetzungen) massiv geprägt. Beruf und Arbeit, entwickelten sich, so Heintze (2005), für die Ostdeutschen im Transformationsprozess zu einer Schlüsselgröße. „Neben der materiellen Absicherung" garantiert der Beruf den Erhalt „stabiler Handlungsmuster und Lebensorientierung" (Heintze 2005, S. 18).

Ohne das Wissen über die Vergangenheit und die Charakteristik des Entwicklungsprozesses bis zum heutigen Status wäre eine korrekte Interpretation und gesellschaftliche Einordnung der Untersuchungsergebnisse nicht brauchbar. Sie bilden die Folie, auf der die Ergebnisse meiner Erhebungen zum authentischen Abbild der Realität projiziert werden.

7.1.1 Demografie, Armut und Arbeitslosigkeit – die Veränderung von Lebenslagen

Die Stadt Leipzig gilt als eine der attraktivsten und modernsten Großstädte im östlichen Teil der Bundesrepublik. Seit 2005 veröffentlicht das städtische Dezernat Jugend, Soziales Gesundheit und Schule jährlich einen Sozialreport, in dem die Sozialdaten der Stadt kommuniziert werden. In meiner kurzen Zusammenfassung der sozialpolitischen Entwicklungen in Leipzig stütze ich mich größtenteils auf diese Berichterstattung und möchte an dieser Stelle auf die erschienenen Dokumente zur vertiefenden Lektüre verweisen (Sozialreport Stadt Leipzig 2005 bis 2007).

Durch eine äußerst progressive Stadtpolitik ist es gelungen, die sozioökonomische Talfahrt der 1990er Jahre zu stoppen und eine positive Trendwende herbeizuführen. Das äußert sich beispielsweise in den 2002 erstmalig und seitdem konstant ansteigenden Einwohnerzahlen. Nach dem massiven Bevölkerungsrückgang in den Nachwendejahren verzeichnet die Stadt Leipzig einen zuzugsbedingten[30] Anstieg der Einwohnerzahlen. Leicht steigende Geburtenraten sowie die sinkenden Abwanderungszahlen stabilisieren darüber hinaus das erreichte Bevölkerungsniveau. Fortzüge aus der Stadt Leipzig sind größtenteils arbeitsmarktbedingt.

Der demografische Wandel hat auch die Stadt Leipzig erreicht und äußert sich in einer kontinuierlichen Abnahme der Unter-18-Jährigen von 19, 5% im Jahr 1990 auf 12,8% im Jahr 2005. Dieser Trend wird sich in den kommenden Jahren fortsetzen und verstärkt die Wirkung der Bevölkerungsentwicklung bei den Über-65-Jährigen, die einen deutlichen Zuwachs von 15,7% im Jahr 1990 auf 21,1% im Jahr 2005 verzeichnen konnten (vgl. Sozialreport Stadt Leipzig 2006, S. 6ff). Trotz der leichten Aufwärtsverschiebung der Altersstruktur der Leipziger Wohnbevölkerung verfügt die Stadt dank eines ausgebauten Hoch-

---

30 Das natürliche Bevölkerungssaldo des gesamten Stadtgebietes ist allerdings weiterhin negativ. Das heißt, es sterben in Leipzig mehr Menschen als die Geburtenzahlen ausgleichen können (vgl. Sozialreport Stadt Leipzig 2006, S. 7).

schulnetzes über einen erheblichen Anteil Jugendlicher, der die Stadt jung und dynamisch wirken lässt und das soziale Leben intensiv beeinflusst.

Seit den 1990er Jahren ist ein deutliches Anwachsen des Armutspotenzials zu verzeichnen, das „vor dem Hintergrund abnehmender Sicherheiten, wohlfahrtsstaatlicher Kürzungen und Umstrukturierungen auf dem Arbeitsmarkt" auf steigende ökonomische Ungleichheiten zurückzuführen ist (vgl. Spellerberg 1996, S. 205). Auch in Leipzig ist die Armutsquote deutlich angestiegen und variiert je nach zugrunde liegender Berechnung zwischen ca. 17% und 19%. Da sowohl die verwendeten Äquivalenzskalen, Mittelwert- bzw. Medianbestimmung, als auch die Datenbasis zur Armutsquotenberechnung in der Sozialberichterstattung oftmals differieren, ist ein Vergleich mit gesamtdeutschen Werten schwierig. Mit Sicherheit kann nur gesagt werden, dass ein Anstieg der Einkommensarmutsquote in Leipzig von ca. 10% (1999) auf 19% (2005) stattfand. Das Jahr 2006 war aus sozialpolitischer Perspektive äußerst positiv. Die Armutsquote konnte auf 14% gesenkt werden (vgl. Sozialbericht Stadt Leipzig 2007, S. 26), was auf einen deutlichen Rückgang der Arbeitslosenzahlen[31] zurückzuführen ist.

Weiterhin weist der Sozialreport der Stadt eine signifikante Auseinanderbewegung der einkommensarmen Bevölkerungsschichten und der als einkommensreich geltenden Einwohner aus (Einkommensschere) und es kann ein beträchtlicher Anstieg der Armut im Kindesalter (vgl. Sozialreport Stadt Leipzig 2006, S. 25) konstatiert werden. Kinder bilden inzwischen die Gesellschaftsgruppe, die das höchste Armutsrisiko besitzt. Dieses gesellschaftliche Phänomen wird auch als „Infantilisierung der Armut" bezeichnet (vgl. Joas 1997, S. 75).

Armut korreliert mit Arbeitslosigkeit (vgl. Chassé et al. 2005, S. 16). Bereits im theoretischen Teil konnte dies aus den Sozialberichten der Bundesrepublik abgeleitet werden. Die Arbeitslosenquote der Stadt Leipzig ist seit den 1990er Jahren bis auf 20,5% im Jahr 2005 (Quelle: Bundesagentur für Arbeit, Arbeitsmarktstatistik) gestiegen. Im Jahr 2005 zählten 28,2% der erwerbslosen Einwohner zum Rechtsbereich der Arbeitsförderung (SGB III) und 78,2% in die Zuständigkeit des SGB II. Der Anteil der als langzeitarbeitslos geltenden Arbeitslosen lag in der Stadt Leipzig 2006 bei 45,9 % (vgl. ISG 2007, S. 30). Die berufliche Biografie dieser Bevölkerungsgruppe ist mit der politischen Wende in eine dauerhafte Krise geraten. Die regelmäßigen Misserfolgserfahrungen im Erwerbsystem und eine konsistente Arbeitslosigkeit stellen für die betroffenen Menschen eine Hürde bei der Bewältigung und Gestaltung ihres sozialen und kulturellen Lebens dar.

---

31 Dieser Rückgang betraf allerdings nur Bürger, die kürzer als ein Jahr arbeitslos waren. Langzeitarbeitslose scheinen von diesem Trend größtenteils ausgeschlossen (vgl. Sozialreport Stadt Leipzig 2007, S. 27).

Der Sozialreport der Stadt Leipzig weist den Anteil der arbeitslosen Bevölkerung auch nach Stadtbezirken aus. Erkennbar werden daraus bestimmte besonders problematische Regionen der Stadt, zu denen beispielsweise der Leipziger Westen, Leipzig Alt-West und der Osten der Stadt zählen. Diese Stadtgebiete können als die sozialen Brennpunkte der Stadt bezeichnet werden. Sie erfahren seitens der sozialen Förderung und Unterstützung besondere Aufmerksamkeit.

In der Region Leipzig[32] liegt die Arbeitslosenquote leicht unterhalb des städtischen Wertes und auch in Gesamtsachsen ist die Arbeitslosenquote geringer als in Leipzig (vgl. ISG 2007, S. 30).

Zugenommen hat in den vergangenen Jahren die Jugendarbeitslosigkeit. In der Stadt Leipzig wuchs die Quote junger Erwerbsloser (bis 25) auf 12% im Jahr 2005 (vgl. Sozialbericht Stadt Leipzig 2006, S. 27). Auch 2006 stieg die Zahl der arbeitslosen Unter-25-Jährigen an (vgl. Sozialreport Stadt Leipzig 2007, S. 53), bevor 2007 der demografisch bedingte Rückgang einsetzte.

Finden Jugendliche nach dem Verlassen der allgemeinbildenden Schule keinen direkten Einstieg in die Erstausbildung oder in eine weiterführende berufsqualifizierende Bildungseinrichtung, führt ihr Weg in den meisten Fällen in das Berufsvorbereitungsjahr[33] (BVJ) bzw. das Berufsgrundbildungsjahr[34] (BGJ). Dort absolvieren sie die einjährige Berufsschulpflicht. In einer aktuellen Studie des DJI befinden sich 14% der Leipziger Mittelschulabsolventen des Abgangsjahres 2008 im Spätherbst desselben Jahres in einer Berufsvorbereitungsmaßnahmen (vgl. Kuhnke et al. 2008, S. 16). Gelingt es auch nach den erfolgreich durchlaufenen Maßnahmen nicht, einen Ausbildungsplatz zu finden, existiert für die jungen Erwachsenen in Leipzig eine breite Palette an beruflichen Bildungsmaßnahmen und überbetrieblichen Ausbildungsstätten. Zum Ausbildungsbeginn 2006 standen in der Stadt Leipzig 6223 Bewerbern nur reichlich halb so viele Berufsausbildungsstellen gegenüber. Diese Diskrepanz bestätigt sich auch in der Betrachtung des Bewerberaufkommens pro realiter Ausbildungsstelle. So bemühten sich 2006 durchschnittlich 3,4 Bewerber um ein und denselben Ausbildungsplatz (Quelle: Statistik der Bundesagentur für Arbeit: Arbeitsmarktstatistik). Derartige Missverhältnisse der letzten Jahre haben eine hohe Anzahl von jungen Arbeitslosen mitverursacht, die sich als jährlich wiederkehrende Altbe-

---

32 Region Leipzig meint das Stadtgebiet und die Landkreise des Direktionsbezirkes.
33 Das BVJ ist für Schüler ohne Schulabschluss vorgesehen. Sie bekommen innerhalb eines Jahres die Möglichkeit, den Schulabschluss nachzuholen und den Einstieg in die Ausbildung erneut vorzubereiten.
34 Das BGJ vermittelt Schülern mit anerkanntem Schulabschluss, denen eine direkte Aufnahme in ein Ausbildungsverhältnis nicht gelungen ist, innerhalb eines Jahres bereits erste berufliche Qualifikationen. Erhält der Jugendliche nach dem BGJ einen Ausbildungsplatz im Berufsfeld des absolvierten BGJ, kann das Grundbildungsjahr auf die Ausbildungszeit angerechnet werden.

werber ungünstig auf den Ausbildungs- und Arbeitsmarkt auswirken. Ab 2007 ist aufgrund der rückläufigen Absolventenzahlen davon auszugehen, dass sich sowohl die Kluft zwischen Aspiranten und tatsächlichen Lehrstellenangebot minimiert, als auch die Zahl der Altbewerber sukzessive abgebaut werden kann. Trotz der großen Anzahl ausbildungssuchender Jugendlichen, blieben viele Lehrstellen angesichts qualitativer Unzulänglichkeiten seitens der Bewerber unbesetzt.

In den Zeiten des immensen Überangebotes von ausbildungssuchenden Jugendlichen wurde eine Reihe von Modellen und Maßnahmen zur beruflichen Qualifizierung und Zertifizierung entwickelt. Das Programm „Gemeinschaftsinitiative Sachsen" (GISA) erzielte beispielsweise beträchtliche Erfolge durch betriebsnahe Ausbildung. Auch das 2007 gestartete Konzept der Einstiegsqualifizierung (EQJ) konnte einen Beitrag zur Reduzierung unbesetzter betrieblicher Ausbildungsplätze leisten.

Die gesammelten Erfahrungen, insbesondere in der beruflichen Qualifizierung Benachteiligter, müssen nun genutzt werden, um so vielen Jugendlichen wie möglich den Weg in die berufliche Erstausbildung zu ebnen. In der jüngsten Vergangenheit wurden in der Region Leipzig darüber hinaus Ausbildungsplatzentwickler eingesetzt, um in der freien Wirtschaft zusätzliche Ausbildungskapazitäten zu schaffen. Das eben beschriebene quantitative Defizit hat sich zu einer qualitativen Herausforderung modifiziert. Das Hauptproblem der Regulierung der Nachfrage ausbildungssuchender Jugendlicher ist nicht mehr die Existenz freier Lehrstellen, sondern die Passfähigkeit der noch unversorgten jungen Menschen zum Anforderungsprofil vakanter Ausbildungsplätze.

Die Darstellung der sozialpolitischen Entwicklungstendenzen der Stadt Leipzig in den vergangenen Jahren kann jedoch nicht losgelöst von einer landes- und bundesanalytischen Verortung vorgenommen werden. Aus diesen Gründen soll das Untersuchungsgebiet in bedeutenden sozialpolitischen Aspekten in einem gesamtsächsischen und -deutschen Zusammenhang betrachtet werden. Faktoren von sozialpolitisch hoher Bedeutung sind beispielsweise: Bevölkerungsentwicklung, Arbeitsmarkt, Armut, Bildung und Gesundheit. Im Kontext der Arbeit sind vor allem die ersten vier sozialpolitischen Grundkategorien relevant.

Demografische Faktoren gelten als langfristig wirksame Effekte (vgl. Schäfers 2004, S. 98) mit nachhaltigen Auswirkungen auf alle gesellschaftlichen Subsysteme. Trotz der verheerenden Folgen für die sozialstaatlichen Errungenschaften haben Politik und Wirtschaft vor den bekannten Prognosen lange Zeit die Augen verschlossen und verpasst, den Trends entgegenzuwirken (vgl. von Schweitzer 2002, S. 168). In ganz Deutschland vollzieht sich derzeit ein massiver demografischer Wandel, der die Bevölkerung in den kommenden Jahren enorm altern lassen wird. Dieser Effekt ist zum einen auf die steigende Lebenserwartung zurückzuführen, zum anderen sorgt der eklatante Geburtenrückgang der Nach-Wende-Jahre für eine Verschärfung der Situation. Auch im Freistaat Sachsen hat sich die Zahl der jungen Menschen verringert. So ist beispielsweise die Zahl der Kinder seit 1992 fast um die Hälfte gesunken (vgl. SMS 2007, S. 210). Die Auswirkungen auf bildungsstrukturelle – insbesondere in schulsystemischer Hinsicht – Aspekte, die sich daraus ergeben, werden im nachfolgenden Kapitel erläutert.

Ein weiteres Moment, das Veränderungen im Sozialsystem einer Region hervorrufen kann, sind Wanderungsbewegungen. Das Land Sachsen kann im Vergleich zu anderen ostdeutschen Bundesländern eine ungleich bessere Situation bilanzieren. Allerdings sind die Unterschiede regional höchst differenziert. Im sächsischen Vergleich ist der Direktionsbezirk Leipzig die Region mit den geringsten Abwanderungsbewegungen. Im Landkreis Nordsachsen sowie der Stadt Leipzig ist sogar mit einem Anstieg der Zahl der Haushalte zu rechnen (vgl. SMS 2007, S 43). Sachsenweit können die kreisfreien Städte Dresden und Leipzig als deutliche „Bevölkerungsmagnete" charakterisiert werden (ebd., S. 29). Als ein Risikofaktor für die Stabilisierung der Bevölkerungsentwicklung muss die hohe Abwanderungsquote von jungen Frauen bewertet werden, da mit ihnen potenzielle Mütter die Region verlassen (vgl. ebd., S. 28). Ein reichliches Drittel (36,1%) der sächsischen Bevölkerung lebt in den kreisfreien Städten (vgl. Sächsisches Bildungsinstitut 2008, S. 16). Das bedeutet, dass dort die infrastrukturelle Lage und die Konzentration sozioökonomischer Einrichtungen am kompaktesten ist. In den Städten existieren das dichteste Schulnetz, die meisten Ausbildungs- und Arbeitsplätze, die größte Anzahl sozialer Einrichtungen und das umfangreichste Angebot an öffentlichen und kommerziellen Bildungsgelegenheiten.

Die demografischen Entwicklungen haben auch Auswirkungen auf die Kinder- und Jugendhilfe. Die Bevölkerungszahlen der relevanten Alterskohorte, d.h. die Gesamtpopulation der 0- bis 27-Jährigen, haben in den vergangenen Jahren nicht nur den Bedarfsplan für Kindertageseinrichtungen hochdynamisch gehalten, sondern entfalten ihre Wirkung zeitversetzt auch in der Jugendarbeit. Durch regionale Disparitäten und dem sozialraumabhängigen differenzierten Bedarf werden sich vor allem im ländlichen Raum die Angebote reduzieren. Aussagen zum Bedarf an Maßnahmen der Jugendsozialarbeit lassen sich nur unbefriedigend mit allgemeinen Bevölkerungsentwicklungen beantworten. Entscheidend sind hierbei vielmehr soziale Prämissen und die Quote der hilfebedürftigen Leistungsempfänger. In diesem Zusammenhang ist darauf hinzuweisen, dass im großstädtischen Milieu aufgrund der sozialen Färbung wesentlich häufiger Adressaten der Jugendsozialarbeit zu finden sind (vgl. Sächsisches Landesamt für Familie und Soziales 2007, S. 20ff).

Allgemein lässt sich damit eine Benachteiligung ländlicher Regionen konstatieren, die zum einen aus den Bevölkerungsentwicklungen resultiert und zum anderen auf das erhöhte Aufkommen Jugendlicher mit komplexen Problemlagen im städtischen Gebiet zurückzuführen ist.

Erwerbsarbeit ist eine wichtige Voraussetzung der sozialen Sicherheit einer Familie. Als existenzschützende Variable stabilisiert sie nicht nur die finanzielle Situation einer Familie, sondern ermöglicht darüber hinaus den Zugang zu soziokulturellen Gütern. Damit hat sie weitreichende Auswirkungen auf die Entwicklung der in der Familie lebenden Kinder. Seit der Wiedervereinigung hat sich die Beschäftigungssituation der neuen Bundesländer gravierend verschlechtert. Deutschlandweit stiegen die Arbeitslosenzahlen „von 2,6 Mio. 1991 auf knapp 4,6 Mio. im Jahr 2005" an. Auch in Sachsen ist die Arbeitslosenquote in dieser Zeit auf ca. 20% angewachsen (SMS 2007, S. 57). Die Stadt Leipzig nimmt, wie andere Großstädte, in diesem Kontext eine ambivalente Position ein. Sie ist einerseits der Ort der höchsten Arbeitsplatzdichte und gleichzeitig das Gebiet der höchsten Arbeitslosigkeit sowie einer konzentrierten erwerbsbedingten Armut.

Armut ist ein Thema, das deutschlandweit und äquivalent in Sachsen vermehrt im Zusammenhang mit den Lebenslagen von Kindern und Jugendlichen diskutiert wird. Die Armutsquote dieser Gruppe stieg in den vergangenen Jahren überdurchschnittlich an. Besonders alarmierend sind die Zahlen speziell bei Kindern. So wuchs die Armutsquote Unter-14-Jähriger „von 4% im Jahr 1995 auf 10% im Jahr 2004" (SMS 2007, S. 216).

Alle genannten sozialen Rahmenbedingungen stehen im engen Zusammenhang mit den Chancen und Möglichkeiten, die den Weg des Jugendlichen zur beruflichen Zukunftsgestaltung markieren und begrenzen.

7.1.2 Schulen in Veränderung

Die Vereinigung der beiden deutschen Staaten hat im Bildungssystem und besonders in der Schulorganisation der neuen Bundesländer zu tiefgreifenden Veränderungen geführt. Innerhalb kürzester Zeit wurde das DDR-Schulsystem an die föderale Organisation der Bundesrepublik angepasst. Bereits 1992 waren die wesentlichen, der Vergleichbarkeit dienlichen Indikatoren der westdeutschen Schulstruktur auch in den östlichen Bundesländern eingeführt und die Polytechnischen und Erweiterten Oberschulen abgeschafft. Innersystemisch wurden besonders von der Schulaufsicht und den beschäftigten Lehrkräften umfangreiche Transformationsleistungen abverlangt. Viele Pädagogen zerbrachen an dieser Aufgabe. Schulfächer wurden abgeschafft, Lehrpläne novelliert, der Schulalltag von seinen sozialistischen Inhalten befreit, neues Lehrmaterial eingeführt. Eine Reihe schulnaher Dienste trat den Weg in die privatwirtschaftliche Ungewissheit an. Der staatliche Bildungs- und Erziehungsauftrag der Schulpädagogen wurde einer Blitzreform unterzogen.

Die neuartige Schullandschaft, die 1992 im gesamtdeutschen Design entstand, geriet Ende der 1990er Jahre erneut auf den Prüfstand, als der Wendeknick der Geburtenzahlen und die Abwanderungsauswirkungen die Grundschulen erreichten. Bereits 1995 wurden die ersten Grundschulen geschlossen (vgl. Sozialreport Stadt Leipzig 2007, S. 77). Dieser Prozess holte einige Jahre später die Mittelschulen sowie vereinzelt die Gymnasien ein und wird in den kommenden Schuljahren auch Auswirkungen auf die beruflichen Schulzentren haben.

Nach Aussagen der Sächsischen Bildungsagentur Regionalstelle Leipzig existierten im Jahr 1992 in der Stadt Leipzig 56 staatliche Mittelschulen. Heute sind es noch 25, und das trotz regionaler Ausdehnung des Stadtgebietes durch zwei Kreisgebietsreformen, bei denen auch Schulstandorte hinzugewonnen wurden.

Nicht nur reihenweise Schulschließungen hielten die Bildungslandschaft in einem permanenten Wandlungsprozess, sondern auch die Anreicherung des Schulnetzes um Einrichtungen in freier Trägerschaft, die nach den unterschiedlichsten pädagogischen Konzepten arbeiten. So wurden z.B. Gesamtschulkonzepte erprobt und etabliert, reformpädagogische Anschauungen hielten Einzug in verschiedene Schulmodelle, die Ganztagsschulentwicklung setzte ein. Im Ergebnis entstand in den vergangenen Jahren eine Bildungslandschaft mit einer breit gefächerten Palette schulischer Angebote.

Um den Entwicklungsprozess und seine Auswirkungen verstehen zu können, bedarf es allerdings einer äußerst sensiblen Analyse der Vorgänge. Besonders die umfangreichen Auflösungen von Schulstandorten haben das staatliche Schulsystem stark belastet und den beteiligten Pädagogen erhebliche Kräfte abverlangt. Das Ausmaß dieser Systembelastung möchte ich anhand einiger Aspekte kurz exemplarisch schildern. Es wird deutlich erkennbar, welche individuellen und systemischen Folgen daraus resultieren können. Das erscheint mir vor allem deshalb wichtig, weil auch die beruflichen Orientierungsleistungen von Einzelschulen durch die Konsequenzen der fusionsbedingten Schul- und Lehrererfahrungen geprägt sind.

Wird die Aufhebung einer Schule beschlossen[35], hat die betroffene Schule zunächst die Aufgabe sich selbst abzuwickeln. Es werden keine neuen Klassen aufgenommen und die Schule vereinsamt und stirbt quasi aus. Lehrkräfte werden sukzessive überflüssig und an andere Schulen teilweise oder vollständig abgeordnet. Neuanschaffungen wichtiger Lehrmaterialien und Sanierungsarbeiten am Schulgebäude werden weitestgehend vermieden. Durch die jährliche Reduzierung der Schülerzahlen verlieren Freizeitangebote im schulischen Kontext ihre Nutzer, der Schulalltag verödet. Schüler und Pädagogen erleben den Niedergang eines ihrer wichtigsten Sozialsysteme. Sind an der Schule nur noch die letzten oberen Klassenstufen übrig und der weitere Schulbetrieb kann nicht mehr

---

35 Die Entscheidung, welche Schulen aufgelöst werden, trifft in Leipzig der Stadtrat.

verantwortet werden, müssen die Schüler und Lehrkräfte in die festgelegte Aufnahmeschule überwechseln. Das bedeutet für die Jugendlichen ein neues soziales Umfeld, ein unbekanntes Terrain, mit dem sie sich noch nicht identifizieren. Lehrer kommen in ein neues Kollegium, in neue Räumlichkeiten. Nicht selten müssen sie mit ansehen, wie ihr ehemaliges Schulgebäude verfällt.

Auch für die aufnehmende Schule entstehen große organisatorische Schwierigkeiten und Herausforderungen. Räumliche Einschränkungen, eine neue Schülerschaft und neue Kollegen müssen erfolgreich integriert werden und der laufende Schulbetrieb darf davon so wenig wie möglich beeinträchtigt werden. Partiell wurde bei Schulschließungen auch das Kollegium der zu schließenden Schule komplett erhalten und in die neue Schule „umgepflanzt", dafür mussten Lehrer aus der aufnehmenden Schule an andere Schulen wechseln, damit die Last gleichmäßig auf alle Schultern verteilt wurde.

Bei der hohen Anzahl der Schulschließungen in Leipzig hat eine Reihe von Lehrkräften diese schwierige Situation nicht nur einmal erlebt. Es gibt durchaus Lehrer, die inzwischen an der dritten Schule nach der Wiedervereinigung tätig sind. Die psychosozialen Auswirkungen unbewältigter Fusionsprozesse, die ja nicht wie bei vergleichbaren Umstrukturierungen in der Privatwirtschaft professionell begleitet werden, lassen sich kaum abschätzen.

Die permanente strukturelle Unruhe in der Schullandschaft prägte auch deren Personalstruktur. An den aufnehmenden Schulen musste zudem dafür gesorgt werden, dass der sich ständig wechselnde Bedarf an Fachlehrern gedeckt bleiben. Um die Potenziale effektiv auszunutzen, bedeutet das für viele Pädagogen, dass sie an zwei Schulen tätig sind. Das bringt nicht nur zwei unterschiedliche Kollegien mit sich, in die man sich integrieren muss, sondern auch oftmals einen Mehraufwand an Verwaltungsarbeit (zum Beispiel durch die Teilnahme an den Gesamtlehrerkonferenzen beider Schulen) und logistische Herausforderungen. Für Teamentwicklungsprozesse und Formen guter Kooperationsbeziehungen wirken sich derartige Rahmenbedingungen hinderlich aus. Lehrer, die in solche Teilabordnungsstrukturen – mit variierender Intensität – eingebunden sind, gibt es in der Region Leipzig in großem Umfang. Im aktuellen Schuljahr 2008/09 befinden sich von 2188 Mittelschullehrern, die im ehemaligen Regierungsbezirk Leipzig tätig sind[36], knapp 14% (297 Pädagogen) in Teil- sowie Vollabordnungen, weitere 95 Lehrkräfte dieser Einrichtungen wurden zu Beginn des Schuljahres versetzt (Quelle: Aussagen der Sächsischen Bildungsagentur Regionalstelle Leipzig). Darunter leidet schlussendlich nicht nur die Identifika-

---

36 Der Verantwortungsbereich der Schulaufsicht ging zu Beginn des Schuljahres 2008/09 noch über die neuen Kreisgrenzen hinaus. Erst zu Beginn des Kalenderjahres 2009 passte sich die Zuständigkeit der Sächsischen Bildungsagentur Regionalstelle Leipzig den neuen Grenzen nach der Verwaltungsreform vom August 2008 an.

tion der Betroffenen mit ihrem Kollegium sowie der Schülerschaft, sondern auch mit der gesamten Schule in ihrem sozialräumlichen Kontext.

Das Sozialsystem Schule sollte eine stabile Einheit darstellen, um darin heranreifenden Persönlichkeiten die nötige Verlässlichkeit zu bieten. Ein konstantes Pädagogenteam bildet in diesem Zusammenhang eine wichtige Grundvoraussetzung. Besonders Funktionsstellen mit einer speziellen Verantwortlichkeit, z.B. Beratungslehrer[37] erfordern personelle Kontinuität. Nur wenn Ratsuchende in schwierigen Lebenslagen zu beratenden Lehrkräften ein belastbares Vertrauensverhältnis aufgebaut haben und den Lehrer als kompetente Anlaufstelle bei Problemen akzeptieren, kann dieses Beratungsangebot erfolgreich sein.

Viele Schulen haben in den vergangenen Jahren Außergewöhnliches geleistet, um ihre Daseinsberechtigung und den Schulstandort zu erhalten. Es wurden Mittel erkämpft, um die Schule besonders attraktiv zu gestalten. Es wurden Schulprogramme entworfen und Ideen entwickelt, die Alleinstellungsmerkmale aufwiesen, die Schulen vor dem drohenden Schließungsurteil bewahren sollten. Auch wenn mitunter Verzweiflung und Angst die Motoren der Entwicklung unterschiedlicher Schulmodelle und inhaltlicher Ausgestaltung waren, sind gute Konzepte entstanden, die allerdings nicht alle dem Rationalisierungsprozess standhielten. Ein probates Mittel gegen Schließungsvorhaben schien für viele Schulen in einem guten öffentlichen Ruf zu liegen. Um diesen zu festigen und zu transportieren, beteiligten sich viele Leipziger Schulen an überregionalen Programmen und Wettbewerben, oftmals in der Hoffnung, durch viele Auszeichnungen und öffentlichkeitswirksame Aktionen das Schließungsurteil abwenden zu können.

Durch den erheblichen Rückgang bis zur Halbierung der Schülerzahlen wurden nicht nur ganze Schulen überflüssig, sondern auch die Anzahl des pädagogischen Personals stand in keinem vernünftigen Verhältnis zur immer kleiner werdenden Schülerschaft. Das zog eine Reduzierung des Beschäftigungsumfangs der Lehrer nach sich. Die Stundendeputate wurden gekürzt und mit ihnen das Lehrergehalt, so dass lange Zeit ein Großteil der Schulpädagogen als Teilzeitbeschäftigte im Staatsdienst angestellt waren und sind. In diesem Zusammenhang wurden auch die Zahlen der neu eingestellten Lehrkräfte weitestgehend minimiert. Nachkommende junge Absolventen der Lehramtsstudiengänge hatten nur noch mit außergewöhnlichen und gesuchten Fachkombinationen gute Aussichten auf den Einstieg in den Lehrerberuf.

---

37 Beratungslehrer sind Fachlehrer, die einige (bis max. vier) Abminderungsstunden von ihrem Stundendeputat für die Beratung von Schülern zur Verfügung haben. Diese Beratungen betreffen meist die psychosoziale Betreuung von Schülern, Hilfe bei schulinternen Problemen, Unterstützung bei familiären Krisensituationen, Schullaufbahnberatung oder teilweise auch die Konsultation bei Fragen der Zukunftsplanung.

Kaum vom Rückgang der Schülerzahlen betroffen scheinen die Förderschulen. In den letzten zehn Jahren konnte diese Schulart als einziger allgemeinbildender Bildungsweg die Schülerzahlen fast konstant halten. Der geringe Rückgang um ca. 8% steht in keinem Verhältnis zu den vergleichbaren Rückgangsquoten am Gymnasium (49%) und der Mittelschule (56%) (vgl. Sozialreport Stadt Leipzig 2007, S. 77).

Die Gründe für die massive Verringerung der Schülerzahl besonders an der Mittelschule, die in den folgenden Betrachtungen im Zentrum stehen wird, möchte ich noch einmal kurz zusammenfassen. Zu einem Großteil geht der Schwund der Schüler an den Leipziger Mittelschulen auf die demografischen Veränderungen zurück, aber auch der vereinfachte Zugang zum Gymnasium hat die Mittelschule einige Schüler gekostet. Weiterhin ist festzustellen, dass prozentual betrachtet ein höherer Anteil von Schülern an Förderschulen gewiesen wird und auch das zunehmende Angebot von Schulen in freier Trägerschaft, die den Schulabschluss der Mittleren Reife anbieten, gräbt den staatlichen Mittelschulen das Schülerpotenzial ab.

Seit ca. 2002 nehmen die Schülerzahlen an den Grundschulen langsam, aber stetig zu. Das demografische Tal scheint durchschritten und wird in den kommenden Jahren auch die Sekundarstufen wieder stabilisieren. In den sächsischen Grundschulen wird bereits neues Lehrpersonal eingestellt und Stundenreduzierungen der Pädagogen werden aufgehoben. Nur vereinzelt wird über weitere Schulfusionen von Einrichtungen der Sekundarstufe nachgedacht.

7.1.3 Wirtschaftspolitische Entwicklungen

Bildung und Wirtschaft stehen in einem sehr engen Wechselverhältnis. Zum einen bilden gut qualifizierte Fachkräfte einen entscheidenden ökonomischen Standortfaktor und zum anderen bestimmt die wirtschaftliche Situation einer Region sowie ihr ökonomisches Entwicklungspotenzial die soziale Lage der dort lebenden Menschen. Berufsorientierung als Schnittmenge zwischen Wirtschaft und Bildung kann daher sowohl als wichtige beschäftigungs- und damit wirtschafts-, als auch sozialpolitische Aufgabe verstanden werden. Um einen allseitigen Blick auf die Situation der Berufsorientierung in Leipzig zu erhalten und deren Zusammenhänge zu verstehen, ist es unabdingbar, die wirtschaftlichen Entwicklungen und ökonomischen Meilensteine der letzten Jahre im Untersuchungsgebiet schwerpunktartig aufzuzeigen.

Die politische Wende 1989 hinterließ im regionalen Arbeitsmarkt einen tiefen Einschnitt. Die Menschen der DDR wuchsen in einem Arbeitssystem auf, das größtenteils durch Vollbeschäftigung und relative berufliche Sicherheit gekennzeichnet war. Mit der Vereinigung der beiden deutschen Staaten und der schnellen Angleichung des ostdeutschen politischen Systems an westdeutsche Maßstäbe wurde das Wirtschaftssystem der DDR quasi über Nacht abgeschafft.

Die planwirtschaftlichen staatlichen Großbetriebe der DDR wurden in den Nachwendejahren abgewickelt, kleine privatwirtschaftliche Unternehmen scheiterten am sich neu justierenden Absatzmarkt. Die Menschen verloren reihenweise ihre Arbeit und damit die finanzielle Sicherheit für sich und ihre Familien.

In den 1990er Jahren hat sich die ostdeutsche Wirtschaft langsam, aber stetig stabilisiert. Regionalspezifisch konnten neue Wirtschaftszweige erschlossen werden oder auch bewährte traditionelle Unternehmen ihren Betrieb wieder aufnehmen. Bis 1999 stieg die Anzahl der Betriebe in Sachsen kontinuierlich an. Nach diesem Höhepunkt setzte allerdings wieder eine Reduktion ein (vgl. IAB 2008, S. 4).

Der Region Leipzig werden im Vergleich zu anderen Regionen diverse „günstige Standortvoraussetzungen und spezifische Stärken" (ISG 2007, S. 7) attestiert, die zu einem dynamischen Wirtschaftswachstum der Stadt und Teilen des Umlandes beitragen konnten. Aufgrund einer gezielten und stringenten Wirtschaftsförderung zeichnet die Stadt Leipzig beispielsweise eine hohe Ansiedlungsattraktivität, vergleichbar günstige demografische Merkmale, eine gute Verkehrsinfrastruktur und ein vielversprechendes Innovationspotenzial aus (vgl. ebd., S. 7ff). Die Stadt Leipzig verfolgt wirtschaftspolitisch eine klare Clusterstrategie. Zukunftsträchtige und aussichtsreiche Branchen wurden in den vergangenen Jahren identifiziert, die konsequent gefördert werden.

Die positiven wirtschaftlichen Entwicklungen der Region schlagen auch auf den benötigten Fachkräftebedarf durch. Die regionale Wirtschaft unternimmt seit einigen Jahren erhebliche Anstrengungen, um sich auch langfristig genügend gut qualifizierten Nachwuchs zu sichern. Der Arbeitsmarkt blieb noch bis vor wenigen Jahren von den demografischen Entwicklungen verschont. Die Zahl der Schulabgänger war ausreichend, um den Bedarf an Auszubildenden zu decken. Teilweise waren die Unternehmen in der vorteilhaften Lage, ihre Stellen mit überqualifizierten Schulabgängern zu besetzen. Dies verursachte eine beachtliche Verschiebung der Anforderungsstruktur und den stetig wachsenden Bestand an unversorgten Ausbildungssuchenden bzw. Altbewerbern. Seit 2007 machen sich die Auswirkungen der nach der politischen Wende schlagartig zurückgegangenen Geburtenzahlen auf dem Ausbildungsmarkt bemerkbar. Unternehmen konkurrieren zunehmend um die immer knapper werdenden gut qualifizierten Schulabsolventen und können ihre vakanten Lehrstellen oftmals nicht mit adäquaten Jugendlichen besetzen. Die Zahl an gut gebildeten und beruflich orientierten Jugendlichen hat sich zu einem wichtigen Standortfaktor entwickelt.

Proportional zum regionalen Arbeitsmarkt hat sich auch der Ausbildungsmarkt entwickelt. Viele hiesige Unternehmen scheinen die Strategie zu verfolgen, mit selbst ausgebildetem Nachwuchs dem drohenden Fachkräftemangel zu begegnen (vgl. LAG Sachsen und AG der Sächsischen Handwerkskammern 2007, S. 11). Sie verstehen Ausbildung nicht nur als Kostenfaktor, sondern vielmehr als Zukunftsinvestition (vgl. Groth/Maennig 1998, S. 10). So steigerte das regionale Wirtschaftswachstum der vergangenen Jahre das Engagement der Unternehmen auf dem Ausbildungsmarkt.

7.2 Gegenwärtige Bedingungen

Der vorangegangene Abschnitt stand im Zeichen eines kurzen Exkurses in die Entwicklungen der sozialen Systeme in den Nachwendejahren, die im Problemhorizont der Arbeit wichtige Rahmenbedingungen konfigurieren. Die politischen und gesellschaftlichen Veränderungen, die nach der Wiedervereinigung in den ostdeutschen Bundesländern tiefgreifende Spuren hinterlassen haben, prägen das öffentliche Leben massiv und entfalten ihre Wirkungskraft fortlaufend. Vor dem Hintergrund dieses kurzen historischen Abrisses möchte ich folgend die aktuelle sozialpolitische Situation im Untersuchungsgebiet schildern und damit die gesellschaftliche Einbettung der Untersuchungsergebnisse vorbereiten.

7.2.1 Soziale Verhältnisse

Der Arbeitsmarkt bestimmt die soziale Situation einer Region. In der Stadt Leipzig stieg in den letzten Jahren die Zahl der versicherungspflichtigen Beschäftigten an. Im Jahr 2008 führte dies zu einer Senkung der Arbeitslosenzahlen um über einen Prozentpunkt von 15,1% im Vergleich zu 16,9% im Jahr 2007. Wie sich die derzeitige Krise des Finanzmarktes langfristig auf die konjunkturelle Entwicklung auswirken wird und welche Konsequenzen sie auf dem Arbeitsmarkt nach sich zieht, werden die kommenden Monate zeigen. Bereits die Arbeitslosenstatistik vom Februar 2009 zeigt mit einer Arbeitslosenquote von 16,0% einen leichten Anstieg im Vergleich zu den Vormonaten und damit möglicherweise erste Reaktionen auf die wirtschaftliche Schwächephase (Quelle: Statistik der Bundesagentur für Arbeit: Arbeitsmarktstatistik). Zu beachten sind in diesem Zusammenhang allerdings auch saisonbedingte Verschlechterungen, sodass sich das tatsächliche Ausmaß der konjunkturellen Einflüsse erst nach den Wintermonaten zeigen wird.

Die Zahl der jugendlichen Arbeitslosen scheint allerdings zu sinken. Die Ursache dafür liegt im demografisch bedingten Mangel an Ausbildungssuchenden. Zum regulären Ausbildungsbeginn im September 2008 konnte die Zahl der arbeitslosen Jugendlichen unter 20 Jahren auf 952 gesenkt werden[38]. Im Jahr davor waren es noch 1175 (Quelle: Statistik der Bundesagentur für Arbeit: Ar-

---

38 Lehrer berichteten von bewussten Zurückstellungen und Klassenwiederholungen von Schülern, um im Schuljahr 2007/08, wenn erstmalig die Schulabsolventenzahlen massiv einbrechen, ihre Startchancen am Ausbildungsmarkt zu erhöhen. Ob die Strategien aufgegangen sind oder ob sich das wiederholte Schuljahr nachteilig ausgewirkt hat, entzieht sich allerdings meiner Kenntnis.

beitsmarktstatistik). Im Zuge dieser Entwicklung werden in den kommenden Jahren auch überbetriebliche Ausbildungsplätze und berufsvorbereitende Maßnahmen, die bisher vom ersten Arbeitsmarkt zurückgewiesene Jugendliche aufgefangen haben, reduziert werden können.

Das bessere Verhältnis von Lehrstellenangebot und -nachfrage entfaltete seine Wirkung sachsenweit mit differenzierter Intensität. Insgesamt kamen auf eine betriebliche Lehrstelle zwei Bewerber (im Vergleich: 2006: 3,4). Auch die Passung von Angebot und Nachfrage konnte verbessert werden, so dass zum September 2008 nur noch 591 Stellen offen waren. Im Jahr zuvor waren dies trotz höherer Bewerberzahlen noch 743. Die Stadt Leipzig ist landesweit die Region mit dem größten Ausbildungsstellenangebot. Von sachsenweit 25.494 betrieblichen Lehrstellen sind in der Stadt Leipzig allein 5772 zu finden. Damit ist Leipzig Spitzenreiter, auch im Vergleich mit den beiden kreisfreien Städten Chemnitz und Dresden. In der Stadt Dresden kam es 2008 erstmalig zu einem Defizit von Schulabgängern, sodass schon allein rechnerisch der Bedarf an Bewerbern nicht gedeckt werden konnte (Quelle: Statistik der Bundesagentur für Arbeit: Arbeitsmarktstatistik).

Trotz der positiven Entwicklungen und dem steigenden Bedarf an jungen Arbeitskräften verursachen ungelöste soziale Probleme der Bevölkerung auch neuartige Herausforderungen und Schwierigkeiten. Es ist die sogenannte zweite Sozialhilfegeneration, die immer wieder zum Problemgegenstand sozialpolitischer Debatten designiert wird. Zu dieser Gruppe gehören die entmutigten Jugendlichen, die scheinbar ‚sowieso nicht wollen'. Es sind Schüler, deren Eltern schon seit vielen Jahren von staatlichen Transferleistungen leben und Familien der unteren sozialen Schicht. Diese Eltern haben oftmals im Zuge der politischen Wende ihren Arbeitsplatz und damit die finanzielle Unabhängigkeit und soziale Sicherheit verloren. Seitdem ist es ihnen nicht gelungen, einen neuen, gangbaren Weg in ein Erwerbsarbeitsverhältnis zu erschließen. Kinder, die in derartigen Verhältnissen aufwachsen, werden durch die sozialen Gegebenheiten der Familien sozialisiert und übernehmen zu oft die hoffnungslose Einstellung zur Arbeitswelt der Eltern. Sie erfahren das familiale Leben als Normalzustand und geben sich mit den eingeschränkten Lebensbedingungen zufrieden. Geht es im Jugendalter dann um das Entwerfen eines eigenen Lebensplans, markieren die elterlichen Biografien gangbare und bekannte Wege und stehen Pate bei der Entwicklung eigener anspruchsloser Zukunftsvorstellungen. Jugendliche, die solchen Mustern folgen, gelten als extrem schwer motivierbar und bedürfnislos. Es kann als eine der größten Herausforderungen und Aufgaben der sozialpolitischen Systeme angesehen werden, Konzepte gegen diese Teufelskreismechanismen zu entwerfen. Es muss gelingen, Jugendliche mit Zielen und Idealen zu konfrontieren, die ihnen helfen, unabhängig von ihren arbeitsmarktfernen herkunftsfamiliären Bedingungen realistische Zukunftsvorstellungen zu entwickeln, die nicht auf sozialstaatlichen Hilfesystemen und Transferzahlungen gründen. Aussichtsreiche Möglichkeiten bieten sich meines Erachtens im Rahmen der allgemeinbildenden Schule und der außerschulischen Jugendhilfe.

Schon seit einigen Jahren gibt es schulische und außerschulische Maßnahmen, die sich speziell mit der Beschäftigungsförderung benachteiligter Jugendlicher beschäftigen. Sie versuchen, die sozialisationsbedingten Schwierigkeiten einiger Schülerbiografien zu kompensieren. Diese Maßnahmen und Projekte werden sowohl über Mittel der kommunalen Jugendhilfe finanziert, als auch über andere Fördermittelquellen umgesetzt.

Derzeit werden viele beschäftigungspolitische Maßnahmen über das Budget der europäischen Strukturfonds realisiert. Seit der aktuellen Förderperiode (2007-2013) zählt die Region Leipzig zum Phasing-out-Gebiet[39]. Projekte und Maßnahmen müssen in den kommenden Jahren unter steigender Beteiligung von Drittmittelgebern und Kofinanzierern umgesetzt werden. Es besteht damit die Notwendigkeit, effektiven Mitteleinsatz zu erkennen und in sichere Finanzierungsmodelle zu gießen.

Im Fachplan des Jugendamtes Leipzig aus dem Jahr 2007 wurden neue Schwerpunkte für die Kinder- und Jugendförderung verabschiedet. Priorität nehmen dabei auch Maßnahmen der arbeitsweltbezogenen Jugendsozialarbeit ein. Vor dem Hintergrund der anhaltend hohen Arbeitslosigkeit in der Stadt liegen die Konsequenzen für die Kinder- und Jugendhilfe vor allem in der arbeitsweltbezogenen Frühförderung, der Unterstützung von Übergangsprozessen, der Begleitung und Initiierung von Lernprozessen sowie der Hilfe bei Konfliktlagen. In diesem Zusammenhang werden auch Maßnahmen zur beruflichen Orientierung gefördert. Als „etablierter Schwerpunkt der Jugendsozialarbeit" wird auch die Schulsozialarbeit exponiert (vgl. Stadt Leipzig 2007b, S. 36ff).

7.2.2 Die bildungspolitische Situation

Der in der historischen Betrachtung (Kapitel 7.1.2) beschriebene Fusionsmarathon der Leipziger Schulen neigt sich derzeit dem Ende entgegen. Aktuell diskutiert man in der Stadt Leipzig die letzten Schulschließungsurteile. Langsam ist davon auszugehen, dass sich eine Verstetigung der Schullandschaft einstellt und sich die Schulentwicklungsprozesse von äußeren, organisatorischen Gesichtspunkten auf die innerschulischen Prozesse verlagern. Lehrerkollegien können zusammenwachsen und kooperative Teamstrukturen bilden. Für Schulprogramme und -konzepte vermag dieses Moment zu einer neuen qualitativen Phase bei-

---

39 Im Zuge der EU-Osterweiterung wurde das durchschnittliche Bruttoinlandsprodukt der Mitgliedsstaaten wesentlich verringert. Vier bundesdeutsche Regionen des EU-Fördergebietes haben dadurch die 75%-Grenze des durchschnittlichen BIP überschritten und erhielten den Status der Phasing-out-Gebiete, was geringere Fördervolumina und eine regressive Zahlungsmodalität zur Folge hat.

tragen. Verantwortlichkeiten erhalten die notwendige Beständigkeit, um sich im Schulalltag zu etablieren. Eine kontinuierliche gemeinsame Arbeit an der Gestaltung des Schullebens scheint unter den aktuellen Voraussetzungen greifbar. Die Auswirkungen des langen Konkurrenzkampfes zwischen Schulen sind derzeit nach wie vor zu spüren. Schulen sind es beispielsweise nicht gewöhnt, mit anderen Schulen in den Austausch zu treten, um gegenseitig von den Erfahrungen der Nachbarschulen zu profitieren. Noch zu tief sitzen die Erlebnisse der vergangenen Jahre. Die Einzelschule ist oftmals zu stolz auf ihre schulischen Besonderheiten und die mühsam herausgearbeiteten Alleinstellungsmerkmale, um andere Schulen an den positiven Erkenntnissen teilhaben zu lassen.

Der Freistaat Sachsen hat 2008 über das Sächsische Bildungsinstitut (SBI) erstmalig eine länderspezifische Veröffentlichung über die Situation der Schulen in Sachsen herausgegeben und damit eine eigene Bildungsberichterstattung begonnen. Als Referenzschuljahr des Berichtes wurde größtenteils 2007/08 herangezogen. Der Bildungsbericht bietet damit eine äußerst aktuelle Grundlage zur Darstellung der momentanen Situation an sächsischen, und damit auch an Leipziger Schulen. Ich werde folgend einige Befunde des Berichtes zusammenfassen und besonders die im Problemhorizont der Arbeit stehenden Fakten für die später folgende Erhebung und deren Interpretation nutzbar machen. Im Schuljahr 2007/08 lernten 25,1% aller schulpflichtigen sächsischen Kindern an den im Fokus stehenden Mittelschulen (vgl. SBI 2008, S. 29), einer Schulart der Sekundarstufe I mit mehreren Bildungsgängen (Realschul- und Hauptschulbildungsgang) bzw. in einer vergleichbaren anerkannten Ersatzeinrichtung in freier Trägerschaft.

Der Anteil der Schüler mit Migrationshintergrund[40] ist in der Mittelschule mit 4,7% am höchsten (vgl. SBI 2008, S. 31). Ein Vergleich mit gesamtdeutschen Daten kann an dieser Stelle nicht vorgenommen werden, da die Daten des Sächsischen Bildungsberichtes sich lediglich auf Ausländer und Spätaussiedler beziehen und keine Schüler berücksichtigen, die bereits in Deutschland geboren sind. Allerdings befinden sich auch in der Bildungsberichterstattung der Bundesrepublik die meisten Schüler mit Migrationshintergrund im Hauptschul- und Realschulbildungsgang und damit an der Mittelschule (vgl. Konsortium Bildungsberichterstattung 2006, S. 152). In der Basiserhebung des DJI 2007 an den Leipziger Mittelschulen lag der Anteil der Schüler mit Migrationshintergrund bei 11%, was auf den städtischen Untersuchungsrahmen zurückzuführen ist (vgl. Kuhnke et al. 2007, S. 11). Der Sächsische Bildungsbericht weist darauf hin,

---

40 Die Bezeichnung ‚Schüler mit Migrationshintergrund' im Sächsischen Bildungsbericht ist irreführend, da in der Datenbasis ausschließlich schulpflichtige Migranten berücksichtigt wurden und keine Schüler erhoben wurden, die bereits in der 2. Generation oder länger in Deutschland leben. Die verschiedenen Daten bieten daher keine Vergleichsgrundlage.

dass in den allgemeinbildenden Schularten sachsenweit die meisten Schüler mit Migrationshintergrund im Schulaufsichtsbereich Leipzig gezählt wurden (vgl. SBI 2008, S. 33).

Ab 2005 konstatiert der Sächsische Bildungsbericht eine kontinuierliche Abnahme des prozentualen Anteils der sächsischen Schüler im Hauptschulgang (vgl. ebd., S. 35). Angesichts der schlechten Verwertbarkeit der Abschlusszertifikate am Ausbildungs- und Arbeitsmarkt verlor der Hauptschulbildungsgang deutlich an Attraktivität. Auch geschlechterspezifische Unterschiede lassen sich bezüglich der Verteilung in den Hauptschulklassen feststellen. Der Anteil der männlichen Schüler sächsischer Mittelschulen im Hauptschulbildungsgang lag 2007/08 mit 21,3% wesentlich über dem Anteil der Schülerinnen, der sich auf 13,8% belief (vgl. ebd., S. 35). Diese Werte stimmen auch in etwa mit der ermittelten Quote im Rahmen der Basiserhebung des DJI im März/April 2007 überein. In deren Stichprobe besuchten ca. 18% der befragten Mittelschüler die Hauptschulklasse (vgl. Kuhnke et al. 2007, S. 10).

Deutsche Lehrer sind im internationalen Vergleich sehr alt. Im gesamten Bundesgebiet sind knapp 50% der Lehrer älter als 50 Jahre (Autorengruppe Bildungsberichterstattung 2008, S. 261). Der Sächsische Bildungsbericht gibt ein Durchschnittsalter der Schulpädagogen von 48,2 Jahren an und hält fest, dass die meisten über 50-jährigen Lehrkräfte an den sächsischen Mittelschulen zu finden sind (vgl. SBI 2008, S. 47). Durch diese Altersstruktur an den Schulen ist in den kommenden 10 bis 15 Jahren ein erhöhter Bedarf an jungen Lehrkräften zu erwarten.

Das pädagogische Fachpersonal an Schulen ist größtenteils weiblich. Im bundesdeutschen Durchschnitt sind etwa 68% Lehrerinnen tätig, in Ostdeutschland liegt der Wert mit 78,5% sogar noch deutlich darüber und auch der Anteil von Lehrerinnen in Sachsen befindet sich mit 78% oberhalb des Durchschnittswertes der Bundesrepublik (vgl. Autorengruppe Bildungsberichterstattung 2008, S. 262). Männliche Lehrkräfte sind am häufigsten in berufsbildenden Schulen zu finden und kaum an Grundschulen (vgl. SBI 2008, S. 46).

Ich habe auf den letzten Seiten exemplarisch die derzeitige Situation und Rahmenbedingungen an sächsischen und speziell an Leipziger Schulen umrissen. Folgend möchte ich die wichtigsten Entwicklungen herausgreifen und in ihrer Relevanz und Auswirkung auf die beruflichen Orientierungsleistungen der Schulen bewerten.

Bereits als positiv herausgestellt habe ich die Beruhigung in der Schullandschaft als Ganzes. Durch die Festigung der Organisationsentwicklungsprozesse an den einzelnen Schulen kann der Fokus wieder verstärkt auf die inhaltliche Arbeit gelegt werden. Die personale Festlegung eines zuständigen Lehrers für Berufs- und Studienorientierung hat in den vergangenen Jahren oftmals gewechselt. Auch heute unterliegt die Verteilung von Zuständigkeiten den Einflüssen schul-

organisatorischer Maßnahmen. So verursachen beispielsweise Abordnungen bzw. Versetzungen widrige Diskontinuitäten.
Die Struktur des regionalen Schulnetzes kann allerdings mittlerweile als relativ stabil bezeichnet werden, d.h. die Zahl der anmeldungsberechtigten Schulen entspricht dem Schüleraufkommen und garantiert damit wachsende Konstanz und die systemerforderliche Berechenbarkeit (vgl. Regionalschulamt Leipzig 2004). In den nächsten Jahren werden sich infolgedessen die Kollegien festigen, formieren und mit ihren zugewiesenen bzw. angenommenen Aufgaben verstärkt identifizieren. In diesem Zusammenhang ist mit einer qualitativen Verbesserung der Arbeit und deren Auswirkungen zu rechnen.
Neue Ideen und moderne pädagogische Ansätze werden auch über junges Lehrpersonal in die Schule getragen, die nun wieder verstärkt Zugang zu den Bildungseinrichtungen finden. Sie stehen dem derzeitigen Wirtschaftssystem der Bundesrepublik sowie beispielsweise Bewerbungsmodalitäten näher als die Lehrkräfte, die ihre pädagogische Qualifizierung zu DDR-Zeiten erhalten haben. Als förderlich ist ebenfalls zu bewerten, dass schulisches Fachpersonal zunehmend durch andere pädagogische Experten im schulischen Kontext unterstützt wird. Beispielsweise sind aussichtsreiche Synergieeffekte durch die Anreicherung des Schulalltags mit Ganztagsangeboten, die Unterstützung durch Schulsozialarbeiter sowie der weitere Ausbau freizeitpädagogischer Bildungsangebote in Verbindung mit den staatlichen Bildungseinrichtungen zu erwarten. Sachsen liegt zum Beispiel im nationalen Vergleich hinsichtlich der Ausstattung der Schulen mit Ganztagsangeboten in allen Schularten weit über dem bundesdeutschen Durchschnitt. Über die Hälfte der sächsischen Mittelschulen verfügt über ganztägige Bildungs- und Betreuungsangebote (vgl. SBI 2008, S. 71).
Die prekären Arbeitsmarktverhältnisse und die stetige Steigerung der Anforderungsprofile für jugendliche Schulabgänger haben den Hauptschulabschluss sukzessive entwertet. In der Konsequenz versuchen viele junge Menschen, sich mit einem höheren Bildungszertifikat auszustatten, um ihre Chancen beim Übergang in das Berufsbildungssystem zu erhöhen. Der Rückgang der Schülerzahl in den Hauptschulbildungsgängen bringt eine Steigerung sowohl im Realschulbereich als auch in den gymnasialen Bildungswegen mit sich. Sachsen hatte im Schuljahr 2006/07 deutschlandweit die wenigsten Schulabgänger mit Hauptschulabschluss (vgl. ebd., S. 138). Dieser Trend ist ein deutliches Zeichen, dass die Jugend den an sie gerichteten Erwartungen Folge leistet und sich so gut wie möglich auf den Wettbewerb um gute Ausbildungsplätze vorbereitet.
Nach wie vor problematisch ist die Gruppe der Jugendlichen, denen es im Laufe ihrer Schulkarriere nicht gelingt, sich mit einem adäquaten Bildungsabschluss auszustatten, die also als Abgänger ohne Abschluss die Schule verlassen. Der prozentuale Anteil dieser jungen Menschen eines Schuljahrgangs ist in den letzten Jahren trotz aller bildungspolitischen Bemühungen relativ konstant geblie-

ben. Der bundesdeutsche Durchschnitt weist für das Schulabgangsjahr 2006 eine Quote von 7,9% auf. Sachsen liegt mit 8,7% über diesem Durchschnitt (vgl. Autorengruppe Bildungsberichterstattung 2008, S. 272). Auch innerhalb Sachsens variiert diese Größe. Wirft man einen Blick auf die regionale Differenzierung im Freistaat, ergibt sich für den Schulaufsichtbereich Leipzig ein sehr ambivalentes Bild. Auf der einen Seite hat die Region Leipzig landesweit die höchste Quote von Schülern, die mit der allgemeinen Hochschulreife das Schulsystem verlassen, auf der anderen Seite weist sie auch die höchsten Anteile an Hauptschulabschlüssen und Jugendlichen ohne Schulabschluss (10,3%) auf. Innerhalb der Stadt ist der Anteil der Schulabgänger ohne Abschlusszeugnis mit 12% nochmals höher als im gesamten Schulaufsichtsbereich. Im sachsenweiten Vergleich liegt lediglich die Stadt Görlitz noch minimal über diesem Wert (vgl. SBI 2008, S. 143ff). Es zeigt sich demnach bereits im Schulsystem eine große Schere mit einem immer kleiner werdenden, gut qualifizierten Mittelfeld – jenes Feld, das der regionalen Wirtschaft den benötigten Fachkräftenachwuchs liefern soll.

Insgesamt lässt sich erkennen, dass die derzeitigen Rahmenbedingungen der Leipziger Schulen durchaus positiv zu beurteilen sind. Wenn es gelingt, die Schüler ohne Schulabschluss zu reduzieren und die jetzigen Hauptschüler höher zu qualifizieren und damit mehr Schüler auf den Weg einer allgemeinen Anhebung der schulischen Ergebnisse mitzunehmen, ist eine erste Antwort auf den erhöhten Bedarf qualifizierten Nachwuchses gefunden.

Eine anhaltende Herausforderung wird bleiben, die Schüler nicht nur mit verwertbaren Zeugnissen auszustatten, sondern auch schon so gut wie möglich auf das vorzubereiten, was nach der Schule kommt. Schulen müssen tragfähige Konzepte entwerfen, wie sie zur stetigen Steigerung der Leistungen ihrer Schüler sowie zur Entwicklung realistischer Zukunftsvorstellungen beitragen können. Gleichzeitig ist den Schulen anzuraten, sich konsequenter dem Sozialraum zu öffnen, da sie bei der Bewältigung dieses Anspruchs auf vielfältige und belastbare Kooperationen angewiesen sein werden.

Das Land Sachsen hat erkannt, wie wichtig eine frühzeitige und systematische Vorbereitung auf eine berufliche Zukunft bereits in der Schule ist und hat im Februar 2008 die Landesservicestelle Schule-Wirtschaft gegründet. Diese an das Sächsische Staatsministerium für Kultus angegliederte Beratungs- und Servicestelle hat die Aufgabe, die berufliche Orientierung in den Schulen zu systematisieren und zu professionalisieren sowie zu einer Kultur der konsequenten und für beide Seiten fruchtbaren Zusammenarbeit von Schule und Wirtschaft anzuregen. Es sollen Maßnahmen eingeleitet werden, die langfristig und nachhaltig die Qualität der schulischen Berufs- und Studienorientierung verbessern und damit die individuelle Berufswahlkompetenz steigern.

7.2.3 Die Wirtschaftslage und unternehmerische Aktivitäten zur Nachwuchsgewinnung

Der nun folgende kurze Blick richtet sich auf die derzeitige ökonomische Situation in und um Leipzig unter dem Schwerpunkt der Einstiegs- und Etablierungschancen von Jugendlichen am regionalen Arbeitsmarkt.

Bedingt durch das dynamische Wirtschaftswachstum der Region Leipzig und die Ansiedlung potenter Arbeitgeber in der unmittelbaren Umgebung der Stadt sowie dem ökonomischen Aufwärtstrend einiger klein- und mittelständischer Unternehmen ist der Bedarf an gut ausgebildeten Fachkräften deutlich gestiegen. Jugendliche mit den entsprechenden Abschlusszertifikaten und nachgefragten Fähigkeiten haben vergleichsweise gute Chancen, einen Ausbildungsplatz in einer zukunftsträchtigen Branche zu erhalten. Aufgrund der konsequent verfolgten Clusterstrategie Leipzigs zogen die Ansiedlungen großer Unternehmen auch eine Reihe Zulieferbetriebe und Subunternehmen an, die sich im wirtschaftlichen Bild der Stadt fest etabliert haben.

Die weltweite Finanzkrise hat 2008 auch die sächsische Wirtschaft erreicht und den Aufschwung deutlich gebremst. Umsatzeinbrüche und Absatzprobleme verunsichern die Unternehmer und trüben die Zukunftsaussichten (vgl. LAG Sachsen 2009, S. 2). In welchem Ausmaß die hiesige Wirtschaft betroffen sein wird, welche Branchen in Mitleidenschaft gezogen werden und wie lange die Folgen der konjunkturellen Krise in den Unternehmen der Region spürbar bleiben, lässt sich derzeit schwer prognostizieren.

Auch bezüglich der Personalplanung korrigieren die Betriebe ihre ursprünglichen Intentionen, 25% der Unternehmen rechnen krisenbedingt sogar mit Personalabbau (ebd. S. 4). Ebenfalls schwer absehbar sind die Konsequenzen für den Ausbildungsmarkt. Es kann davon ausgegangen werden, dass sich negative Effekte auch am Erstbewerbermarkt bemerkbar machen. Ob diese von langfristiger und tiefgreifender Wirkung im Transitionsvorgang zwischen Schule und Beruf signifikant werden, wird erst die dauerhafte Beobachtung offen legen. Derzeit sind eine kommende Tiefphase und ein Nachfragerückgang seitens der Wirtschaft am Ausbildungsmarkt noch nicht sichtbar. Die Personalentscheidungen vieler Unternehmen tragen dem drohenden Fachkräftemangel Rechnung und versuchen trotz widriger Umstände, den betrieblichen Fachkräftebedarf nachhaltig zu sichern. Diese präventive Haltung könnte auch den Ausbildungsmarkt vor der Krise bewahren.

In der Stadt Leipzig und dem Umland stehen mittlerweile so viele anspruchsvolle Lehrstellen zur Verfügung, dass der Bedarf oftmals nicht gedeckt werden kann. Dieses Mismatch ist größtenteils in qualitativen Ursachen begründet. Die noch auf Lehrstellensuche befindlichen jungen Schulabgänger entsprechen in vielen Fällen nicht den anspruchsvollen Anforderungen der Unternehmen. Das hat mitunter die Konsequenz, dass aussichtsreiche, zukunftssichere

Lehrstellen nicht besetzt werden und dadurch nicht nur die Möglichkeiten und Chancen für die jugendlichen Nachwuchsarbeitskräfte ungenutzt bleiben, sondern auch den Unternehmen wichtige, langfristig einkalkulierte Arbeitskräfte fehlen.

Die Wirtschaft mahnt immer häufiger sowohl abnehmende kognitive Leistungen der Schulabsolventen als auch „Defizite in Bezug auf die Fähigkeit zur selbstständigen Informationsbeschaffung, auf Kreativität, Konfliktfähigkeit sowie auf die Fähigkeit zum vernetzten denken" an (Struck, 2006, S. 20). Besonders eine mangelhafte Konzentrationsfähigkeit und abnehmende Allgemeinbildung werden den Jugendlichen vorgeworfen. Statistische Aussagen liefern hierzu allerdings noch keine belastbaren Ergebnisse. Vor dem Hintergrund gestiegener Qualifikationsanforderungen entbehrt dieser Vorwurf oftmals der Objektivität. Im Fachkräftemonitoring der sächsischen Kammern werden regionale Unternehmen regelmäßig zur Einschätzung ihrer Lehrlinge angehalten. Es werden folgende Kriterien abgefragt:
- schulische Kenntnisse,
- Berufsvorstellungen,
- Motivation,
- soziales Verhalten und,
- praktische Fähigkeiten.

In allen fünf Kategorien wurden die Lehrlinge der IHK-Unternehmen 2007 besser beurteilt als 2005. Nach wie vor kritisieren die Unternehmer die schulischen Kenntnisse am stärksten. In Handwerksunternehmen fällt die Bewertung der Azubis deutlich schlechter aus. Hier kann auch keine Steigerung der Fähigkeiten und Kompetenzen im Vergleich zu 2005 konstatiert werden (vgl. LAG Sachsen und AG der Sächsischen Handwerkskammern 2007, S. 20).

Der Altersdurchschnitt besonders in traditionellen Unternehmen in der Region Leipzig ist verhältnismäßig hoch, was das Interesse an jungen Arbeitskräften in den nächsten zehn Jahren zusätzlich steigern wird. Kleine und mittelständische Unternehmen, die eine langfristige und vorausschauende Personalplanung nicht verkraften können, werden sich in einigen Jahren mit großen Komplikationen konfrontiert sehen, wenn der plötzlich auftretenden Personalbedarf zu decken ist. Hier sind vor allem Kammern und Verbände gefragt, derartige Entwicklungen abzufedern und frühzeitig nachwuchspolitisch aktiv zu werden.

Im Zuge der drohenden Nachwuchsgewinnungsprobleme der regionalen Wirtschaft wird es immer wichtiger werden, möglichst zeitig mit Schulen in Kontakt zu treten, um den Schulabgängern klare Anforderungsprofile des Unternehmens zu kommunizieren und sich gleichzeitig als potenzieller Ausbildungsbetrieb für Schüler interessant zu machen. Unternehmen haben für derartige ‚Azubimarketingstrategien' unterschiedliche Ansätze. Ich möchte kurz beispielhaft verschiedene Möglichkeiten und Konzepte vorstellen, mit denen Wirtschaftsunternehmen auf der einen Seite versuchen, gute Auszubildende zu rekrutieren und an sich zu binden, auf der anderen Seite aber auch dazu beitragen, dass Jugendliche authentische Vorstellungen von der Arbeitswelt entwickeln. Frühzeitige und intensive Kontakte zwischen Schülern und Unternehmen bevorteilen demzufolge nicht nur die beteiligten Betriebe, sondern unterstützen die Jugendlichen beträchtlich im beruflichen Orientierungsprozess, so dass von einer Win-win-Situation gesprochen werden kann.

Unternehmenspräsentationen auf Messen
Häufig nutzen Unternehmen die Präsentationsmöglichkeiten auf (über-) regionalen Ausbildungsmessen. Der Vorteil einer solchen Marketingstrategie liegt in der Größe der erreichten Zielgruppe. Relativ viele Schüler können sich, oftmals gemeinsam mit den Eltern, über die Ausbildungsmöglichkeiten und Zukunftsperspektiven der jeweiligen Unternehmen informieren. Besonders für Schüler in den Abgangsklassen, deren berufliche Vorstellungen schon ziemlich konkret sind, bietet eine Messe gute Möglichkeiten, potenzielle Ausbildungsunternehmen für die anvisierte Ausbildung kennen zu lernen und mit Mitarbeitern der Unternehmen ins Gespräch zu kommen. Im Rahmen der beruflichen Orientierung hilft ein Messebesuch für Jugendliche in einer früheren Phase des Entscheidungsprozesses, wenn berufliche Zukunftsvorstellungen noch relativ vage sind, kaum bei der Präzisierung der Berufswegeplanung. Auch für Unternehmen, die eher wenig bekannte Ausbildungsberufe bereithalten, ist eine Messe selten geeignet, um potenzielle Azubis für die angebotenen Berufsfelder aufzuschließen. Messen bieten allerdings im Allgemeinen eine gute Chance, um zu zeigen, wie vielfältig die beruflichen Entwicklungsmöglichkeiten sind und welchen Bedarf die regionale Wirtschaft hat.

Kooperationen mit Einzelschulen
Viele Unternehmen wählen den Weg einer Partnerschaft bzw. direkten Kooperation mit einer Einzelschule. Derartige Patenschaften wurden über diverse Kooperationsprogramme installiert. Die Möglichkeiten, die eine solche intensive Zusammenarbeit bietet, sind ebenso vielfältig wie verschieden erfolgreich. Es gibt durchaus Partnerschaften von einzelnen Unternehmen mit Schulen, die sehr zweckmäßige Formen der gegenseitigen Unterstützung praktizieren. Schüler lernen oftmals schon in den niedrigeren Klassenstufen auf Betriebsbesichtigungen das Unternehmen und die dort herrschenden Arbeitsbedingungen kennen und können die Erfahrungen für den individuellen beruflichen Orientierungs- und Entscheidungsprozess nutzen. In höheren Klassenstufen ist es denkbar, gemeinsame Projekte zu gestalten, aus denen Kontakte resultieren, die mitunter für die Auswahl von Praktikumseinrichtungen oder sogar für die Bewerbung hilfreich werden. In einigen Fällen besteht die Kooperation aber aus nicht viel mehr

als einem repräsentativen, überdimensionalen Kooperationsvertrag, der das Schulhaus schmückt. Die Qualität und der Ertrag solcher Kooperationen hängen maßgeblich vom Engagement und Verständnis der verantwortlichen Pädagogen und Unternehmenspartner ab.

Beteiligung an Berufsorientierungsprojekten
Eine gute Möglichkeit, mit Schülern und potenziellen Lehrlingen in Kontakt zu treten, bietet sich auch über eine Beteiligung an größeren systematischen Berufsorientierungsprojekten, die oftmals mit Hilfe von Fördergeldern über einen Bildungsträger organisiert und realisiert werden. Diese Projekte werde ich in Kapitel 8.4 bei der Darstellung der Projektlandschaft in der Berufsorientierung ausführlich schildern und möchte daher meine Erklärungen zu dieser Form der Beteiligung an dieser Stelle möglichst knapp halten. Die Projekte bestehen in der Regel aus einem Unternehmenspool, der über dieses Projekt mit einer größeren Anzahl von Schulen zusammenarbeitet. Der organisatorische Aufwand wird aufgrund der Koordination über den Projektträger sowohl für die Schulen, als auch für die Unternehmen minimiert und bindet weniger zeitliche und personelle Ressourcen. Der Ertrag kann aber als relativ hoch eingeschätzt werden, da die Jugendlichen nach ihren Neigungen, Interessen und Berufswünschen an den Angeboten teilnehmen können. Die Trefferquote für die Unternehmen, tatsächlich interessierte und geeignete Schüler in Kleinprojekten, Praktika oder Diskussionsrunden kennen zu lernen, potenziert sich.

Beteiligungsmöglichkeiten von Unternehmen an Schulen sind in mannigfachen Varianten denkbar und auch in der schulstrukturellen Organisation umsetzbar. Besonders Schulen, die sich ihrem sozialräumlichen Umfeld schon weit geöffnet haben, kooperieren oftmals mit einer ganzen Reihe von Partnern aus der Wirtschaft, von denen sie speziell im Rahmen der schulischen Berufsvorbereitungsarbeit gewinnbringende Unterstützung erhalten. Im Hinblick auf die rasanten Veränderungsprozesse am Ausbildungs- und Arbeitsmarkt ist die Schule auf Partner angewiesen, die aktuelle Trends und Anforderungen auf glaubhafte Weise transportieren können.

Eine deutlich zunehmende Anzahl von Unternehmen ist angesichts des drohenden Fachkräftemangels bereit, soziale Verantwortung zu übernehmen und sich an Kooperationsprojekten mit allgemeinbildenden Schulen zu beteiligen. Auch Reputationsgründe und Formen der öffentlichkeitswirksamen Darstellung des gesellschaftlichen Engagements von Unternehmen spielen in diesem Zusammenhang eine nicht zu unterschätzende Rolle. Solange sich diese Aktivitäten zu positiven Erträgen sowohl auf Schul-, als auch auf Unternehmensseite auswirken, sind die wirtschaftlichen Interessen m.E. zu tolerieren.

8 Darstellung der Ergebnisse

Das folgende Kapitel ist als das Kernstück des empirischen Teils der Arbeit anzusehen. Es beinhaltet die Ergebnisse, Interpretationen und Schlussfolgerungen der im Rahmen der Dissertation durchgeführten Erhebungen. Es ist beabsichtigt, die Praxis der beruflichen Orientierungsleistungen pädagogischer Instanzen möglichst umfassend empirisch zu belegen und zu analysieren. Um die Präsentation der Befunde in eine logische Struktur zu gießen, beginne ich mit der Vorstellung der Hauptuntersuchung, die an den Leipziger Mittelschulen durchgeführt wurde. Aufbauend auf dieser Basis erfolgen weitere schulseitig relevante Erkenntnisse, die die vorangegangene Untersuchung in einem zeitlichen, regionalen und schulsysteminternen Kontext verorten. Der Schwerpunkt meiner Betrachtungen liegt auf der schulischen Ebene.

Ergänzend werden im Anschluss ausgewählte Standpunkte der Eltern zu diesem Thema vorgestellt und durch die Perspektive öffentlicher Unterstützungs- und Förderprogramme von freien Trägern und staatlichen Institutionen angereichert, so dass letztlich ein nahezu vollständiges Bild der pädagogisch basierten Beiträge zum jugendlichen Berufswahlprozess reproduziert werden kann.

8.1 Schulanalyse

Das Thema Berufsorientierung ist in der Schule angekommen. Keine Schule kann es sich heutzutage leisten, die pädagogische Mitverantwortung für diese gesellschaftliche Aufgabe zu leugnen. Betrachtet man die Einzelschule, ist zu diagnostizieren, dass diese Problemstellung äußerst vielfältig bearbeitet wird.

Seit der Reform der sächsischen Lehrpläne 2004 existieren für alle Schularten des Freistaates Leistungsbeschreibungen, die die Ziele und Aufgaben der Schulen fixieren. In diesen Texten ist die schulisch organisierte Vorbereitung der Schüler auf die berufliche Lebensplanung ein wichtiger Bestandteil für die Schulen der Sekundarstufe I und der gymnasialen Oberstufe (vgl. Comenius Institut 2004).

Berufliches Orientierungswissen und arbeitsmarktrelevante Handlungskompetenzen sind für die Schule als Lehrinhalt schwer greifbar. Als fächerübergreifender Aspekt eines komplexen Bildungs- und Erziehungsauftrages der Schule sind sie mit den tradierten Formen unterrichtlicher Lernorganisation nicht hinreichend erfolgreich zu bewerkstelligen. Auch wenn das Vorhandensein eines spezifischen Schulfachs, wie beispielsweise WTH (Wirtschaft/Technik/Haushalt und Soziales), an den sächsischen Mittelschulen als vorteilhaft eingeschätzt wird (vgl. Dedering 2002, S. 29), ist „das Aufgabenspektrum schulischer Berufsorientierung ertragreich nur zu bewältigen (...), wenn diese als pädagogische, didaktische und curriculare Querschnittsaufgabe begriffen wird" (Schudy 2002, S. 15). Schulorganisatorisch ist die Verankerung arbeitsweltspezifischer Lerninhalte über die Fixierung in Fachlehrplänen realisiert worden. Ein Verständnis, das berufliche Orientierungsleistungen auf wenige Schulfächer reduziert, greift im Kontext des enormen Wirkungsradius' der Schule zu kurz. Betrachtet man das allgemeinbildende Schulwesen in seiner komplexen Bedeutung für die Vorbereitung auf ein eigenständiges und selbstverantwortliches gesellschaftliches Leben, ihre Funktion als grundlegende Instanz zur Internalisierung lebenslangen Lernens und als Sozialraum der Entwicklung von Identität und Persönlichkeit sowie als Umgebung non-formaler und informeller Bildungsprozessen, wird die Tragweite ihrer sozialen Relevanz erst sichtbar. Unter Berücksichtigung dieser Aspekte ist nur eine fächerübergreifende Bearbeitung des Themas sinnvoll, die vielfältige Anreize in unterschiedlichen Organisationsformen schulischer Veranstaltungen bietet.

Wie sich die Schulen im Untersuchungsgebiet dieser Herausforderung stellen, welche Konzepte zur Bewältigung des wichtigen und komplexen gesellschaftlichen Auftrags sie entwickelt haben und wie sich die Umsetzungserfahrungen pädagogischer Programme zur beruflichen Orientierung auch in Zeiten problematischer Rahmenbedingungen gestalten, werde ich auf den folgenden Seiten mit Hilfe der involvierten Akteure illustrieren.

8.1.1 Triangulierendes Forschungsinstrumentarium

Die empirische Transparenz komplexer gesellschaftlicher Fragestellungen verlangt nach einer sensiblen und überlegten Auswahl der Methodik. Um in derartigen Bedeutungszusammenhängen die erforderliche spezifische Tiefgründigkeit zu erhalten, ohne an Objektivität in der Gesamtbetrachtung zu verlieren, habe ich mich für ein vielschichtiges Instrumentarium und methodenpluralistisches Vorgehen entschieden.

Den Ausgangspunkt und gleichzeitig das Hauptgewicht meiner empirischen Datenbasis bildet eine Befragung von Schulleitern und für die Berufsorientierung verantwortliche Lehrern Leipziger Mittelschulen (Kapitel 8.1.2). Ausgehend von 30 Interviews, die im Frühjahr 2007 an den genannten Schulen durchgeführt wurden, wird die Perspektive auf die Situation der beruflichen Orientierung aus Sicht der Schule selbst dargestellt. In den Interviews wurden sowohl quantifizierbare Fakten als auch Bewertungen und Statements abgefragt. Zunächst werden die quantitativen Daten vorgestellt, anschließend erfolgt die Darstellung und Interpretation der Erfahrungen, Meinungen und Einschätzungen zu verschiedenen Aspekten der berufsvorbereitenden Bemühungen der Schule und damit die qualitative Auswertung der Interviews.

Da eine subjektive, stark affektiv geprägte Schilderung allein aus dieser Blickrichtung objektive und generalisierbare Aussagen schwierig macht, wurden die gewonnenen Erkenntnisse durch weitere Untersuchungen ergänzt und können im Kontext einer Sekundäranalyse (Kapitel 8.1.3.) und einer Einbeziehung der Standpunkte schulartfremder Pädagogen (Kapitel 8.1.4) in einem objektiveren Rahmen reflektiert werden.

Aufgrund der inhaltlichen Kohärenz der ersten Erhebung und der Sekundäranalyse werde ich im weiteren Vorgehen die Chronologie der Erhebungsdurchführung zugunsten des thematischen Zusammenhangs und besseren Verständnisses vernachlässigen und die Interviews mit den Berufsorientierungsverantwortlichen direkt in den Kontext der Sekundäranalyse stellen und erst danach die Perspektive der sich anschließenden berufsbildenden Instanz bearbeiten. Auch wenn der Blick in schulsystemischen Grenzen bleibt, ist die Einschätzung der Schulleiter Beruflicher Schulzentren der Stadt Leipzig nur bedingt systemintern. Die befragten Personen nehmen in ihrer Rolle als Experten des Anschlusssystems eine Beurteilung ihrer Kollegen im allgemeinbildenden Schulwesen von einem externen Standpunkt aus vor und können daher maximal als systemverwandt betrachtet werden.

Im darauf folgenden Kapitel (8.1.5) steht eine synoptische Betrachtung des schulischen Bildungssystems der Region mit Schwerpunkt auf der Stadt Leipzig im Mittelpunkt. Die gewonnenen Daten können als eine Art Gesamtübersicht die Leistungen des hiesigen Schulwesens hinsichtlich einer berufsvorbereitenden Anschlussorientierung veranschaulichen.

In Kapitel 8.2 werden die Ergebnisse im Rahmen eines Abgleichs relevanter Gesichtspunkte mit einer vom DJI gleichzeitig durchgeführten Schülerbefragung in eine Schüler-Lehrer-Relation gebracht. Hauptsächlich soll ermittelt werden, ob die Einschätzungen der Schulpädagogen mit der Realität des Schülers am Ende seines Berufswahlprozesses übereinstimmen. Dies kann als wichtiges Kriterium für eine effektive und zielorientierte Weiterentwicklung der schulischen Berufsorientierung angesehen werden.

8.1.2 Untersuchung I: Lehrerbefragung

8.1.2.1 Einführung

Das staatliche Bildungswesen hat nicht nur über die selektive Beeinflussung von Bildungschancen und die adäquate Ausstattung mit Zertifikaten und Titeln eine gewisse arbeitsmarktrelevante Steuerungsfunktion, sondern wirkt an den individuellen Entwicklungsverläufen junger Menschen maßgeblich und direkt mit. Diese Charakteristik hat der Schule in den vergangenen Jahren die deutlich artikulierte Aufgabe zugeschrieben, vermehrt Lernanreize zu bieten, die positive Effekte auf die berufsbiografische Lebensplanung der ihr anvertrauten Schüler erzielen. Die Anerkennung dieser neuen gesellschaftlichen Verpflichtung ist an den Einzelschulen unterschiedlich ausgeprägt. Das äußert sich vor allem in dis-

paraten Einstellungen zur Rolle des Lehrers an öffentlichen Schulen und der höchst heterogenen Identifikation mit der zugewiesenen Verantwortung. In den geführten Interviews sollte genau dieses Verständnis der Schule und der darin beschäftigten Pädagogen reflektiert werden. Die Fragen, die im Spannungsfeld zwischen zugeschriebener und internalisierter Verantwortung für die Unterstützung und Begleitung in der Herausbildung realistischer Lebensentwürfe der anvertrauten Jugendlichen von Interesse waren, können wie folgt konturiert werden:
- Welche an die Schule adressierten Handlungsbedarfe und -felder akzeptieren die zuständigen Pädagogen? Wie sehen die verschiedenen Umsetzungskonzepte aus?
- Welche Methoden und Konzepte finden für die Zielerreichung Anwendung?
- Wie erfolgreich schätzen sich die befragten Lehrkräfte in der Bewältigung der schwierigen Aufgabe ein?
- Mit welchen Problemen und Herausforderungen sieht sich die Lehrerschaft konfrontiert?
- Wie ist das Thema im Schulalltag verankert?
- Welche Partner unterstützen die Schule in welcher Art und Weise im Kontext der beruflichen Orientierungsarbeit?
- Welche prägenden Erfahrungen wurden in der Herausbildungs- und Etablierungsphase des schuleigenen Berufsorientierungsprogramms gemacht?

Die sächsische Mittelschule ist die Schulart, die im Freistaat speziell auf den Übergang in eine duale oder vollzeitschulische Berufsausbildung vorbereitet. Nach dem Sächsischen Schulgesetz steht an der Mittelschule die berufsvorbereitende Bildung deshalb im Vordergrund, weil sich in der Regel der Besuch einer berufsbildenden Schule unmittelbar anschließt (vgl. Niebes et al. 2004, S. 47). Aus diesem Grund habe ich mich bei der Auswahl der Schulen auf Mittelschulen und Schulen mit mittelschuladäquaten Abschlüssen beschränkt. Im Untersuchungszeitraum existierten in der Stadt Leipzig 33 dieser Bildungseinrichtungen, worunter auch fünf Schulen in freier Trägerschaft zählten. An 26 staatlichen und vier privaten Schulen konnte im Frühjahr 2007 die Untersuchung durchgeführt werden, was einer Ausschöpfungsquote von knapp 91% entspricht.

In narrativ gestalteten, leitfragengestützten Interviews haben im Befragungszeitraum Vertreter der Schulleitung und berufsorientierungsverantwortliche Lehrer die spezifische Situation an der eigenen Einrichtung geschildert. 19 der Interviews wurden von dem Berufsorientierungslehrer der Schule wahrgenommen, in sechs Fällen standen der Schulleiter und zweimal der stellvertretende Schulleiter der Einrichtung zur Verfügung. Drei der 30 Interviews wurden vom Schulleiter und dem berufsorientierungsverantwortlichen Lehrer gemeinsam gestaltet. Alle Interviews wurden von mir selbst durchgeführt und konnten größtenteils mitgeschnitten werden.

In der folgenden Auswertung werden in einem ersten Teil quantifizierbare Aussagen zusammengestellt und einer vergleichenden Analyse unterzogen sowie zur Abbildung der Gesamtsituation an Leipziger Mittelschulen genutzt. Weiterhin bilden diese Ergebnisse die Referenzdaten zur im Kapitel 8.1.3 folgenden Sekundäranalyse, die ca. ein Jahr später erfolgte und partiell erste Anhaltspunkte für eine zeitliche Entwicklungsdimension bietet. In einem zweiten Teil werden die qualitativen Inhalte im Mittelpunkt stehen. Dieser Abschnitt fokussiert die Darstellung und Interpretation der Erfahrungen und Einstellungen sowie Wünsche, Ängste und die subjektiven Einschätzungen der befragten Schulpädagogen.

8.1.2.2 Auswertung der quantitativen Untersuchungsergebnisse

Organisation der Berufsorientierung an der Schule

Prinzipiell lässt sich sagen, dass die Berufsorientierung an den Schulen durchaus unterschiedlich gestaltet wird und auch in divergierenden Strukturen organisiert ist. Der letztgenannte Punkt äußert sich beispielsweise in der personellen Besetzung der Funktionsstelle des schulischen Berufsorientierungsbeauftragten. In den meisten Fällen trägt die Hauptverantwortung für die beruflichen Orientierungsaktivitäten ein bestimmter Lehrer.

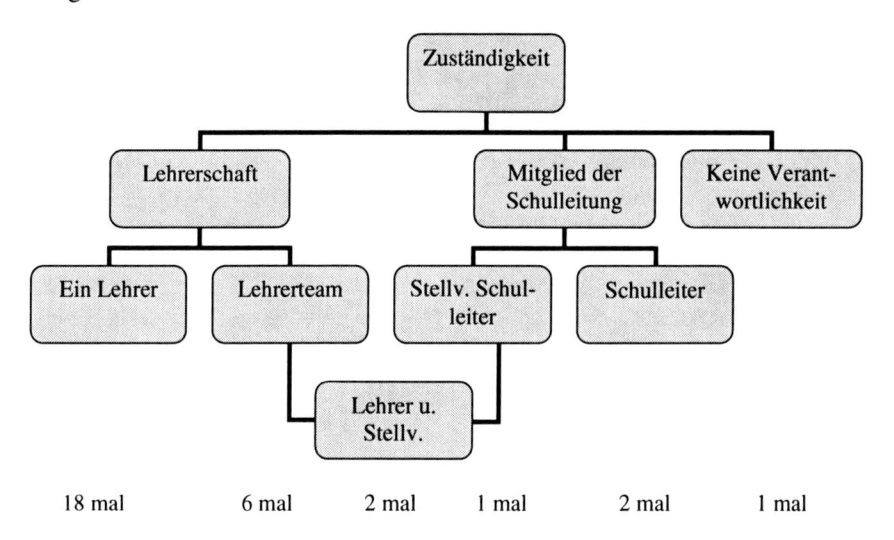

Abbildung 7: Personelle Struktur und Besetzung der Funktionsstelle Berufsorientierungsverantwortlicher

Will man den Lehrer, der für diese Aufgabe eingesetzt wird, charakterisieren, lassen sich folgende Merkmale zusammentragen: Nahezu 80% der Berufsorientierungslehrer an Leipziger Mittelschulen sind weiblich. Dieser Anteil stimmt in etwa mit der durchschnittlichen Geschlechterstruktur (75,1% Lehrerinnen) an sächsischen Mittelschulen überein (vgl. SBI 2008, S. 46). Wie eine später von der Initiative B.O.S.S. durchgeführte Untersuchung zeigte, sind die mit der Aufgabe betrauten Lehrkräfte oftmals die WTH-Lehrer oder sie sind in den für die Berufsorientierung lehrplanbedingt wichtigen Fächerkombinationen zu finden (Deutsch, Gemeinschaftskunde-Recht-Wirtschaft). Darüber hinaus konnte festgestellt werden, dass die Altersstruktur der Pädagogen, die mit der Sonderaufgabe der Berufsorientierung betraut sind, in etwa dem Mittel der an sächsischen Schulen beschäftigten Lehrern entspricht. Die mit der Berufsorientierung beauftragten Lehrer sind durchschnittlich seit 25 Jahren im Schuldienst.

Nicht alle der untersuchten Schulen haben den Auftrag der Organisation der schulischen Berufsorientierung einem Lehrer zugewiesen, der neben seiner Unterrichtstätigkeit nur dieses Aufgabenspektrum als spezielle Funktion innehat. In vielen Fällen übernimmt der Beratungslehrer aufgrund seiner thematischen Nähe durch Schullaufbahnberatungen von Jugendlichen das Amt einfach mit. Diese Verknüpfung erscheint nicht in jedem Fall zweckmäßig. Die Tätigkeit eines Koordinators für Berufsorientierungsaktivitäten einer Schule beansprucht enorm viel Zeit. Die Erledigung dieser Arbeit in den Abminderungsstunden des Beratungslehrers ist nur auf Kosten der Minimierung der schulischen Beratungsleistungen oder durch erhebliches Engagement in ehrenamtlicher Verrichtung zu realisieren. Das von Lehrern erwartete Engagement sollte daher fair auf mehrere Schultern verteilt werden. Erschwerend kommt hinzu, dass für die psychosoziale Beratung von Schülerproblemen andere pädagogische Fähigkeiten vonnöten sind als für die pragmatisch-sachliche Organisation und Koordination der Berufsorientierung. Bedingt durch die oftmals gleiche Klientel ist eine enge Zusammenarbeit des Beratungslehrers mit dem Verantwortlichen für Berufsorientierung allerdings sehr nützlich.

In elf der 30 Schulen existierten konkrete Pläne und Strategien zur Verankerung der Berufsorientierung im schulischen Alltag. Abgestimmt auf Lehrplaninhalte und Schuljahresorganisation wurden passende Veranstaltungen und Bausteine zur beruflichen Orientierung in den Schuljahresplan eingearbeitet. Derartige Vorstufen einer pädagogischen inhaltlich-konzeptionellen Arbeit waren in den befragten Schulen teilweise begonnen und sollen zu schuleigenen Berufsorientierungskonzepten ausgebaut werden.

Entscheidend für die Entstehung und Realisierung eines tragfähigen schuleigenen Berufsorientierungsprogramms ist das nötige Verständnis des Schulleiters. Ohne die Unterstützung und Mitwirkung der Direktion kämpft ein Einzellehrer auf verlorenem Posten.

Beginn der Berufsorientierung an den Schulen

Berufsrelevante Inhalte finden sich im Schulleben schon frühzeitig. Latent beeinflussen die Schule und ihr Lehrangebot die individuelle Zukunftsplanung von Anfang an. Offiziell thematisiert wird die Berufsorientierung aber erst viel später. Bei den meisten Schulen findet dies ab der 7. Klasse statt.

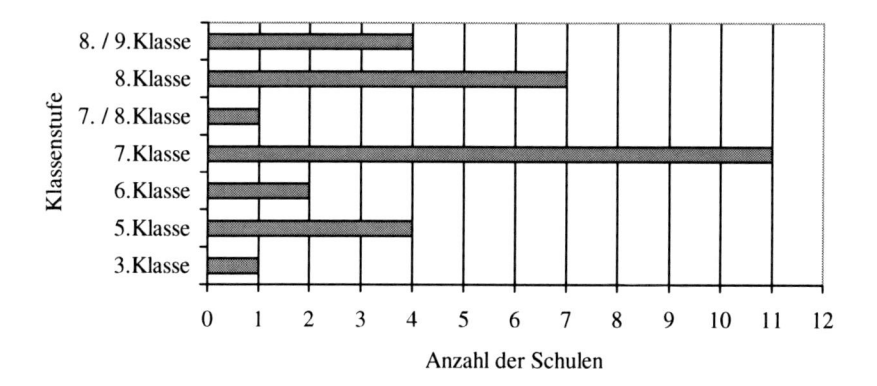

Abbildung 8: Beginn der Berufsorientierung an den Schulen

In Abbildung 8 sieht man deutlich, dass eine bewusste Beschäftigung mit Themen der Berufs- und Arbeitswelt in den befragten Schulen selten vor dem 7. Schuljahr einsetzt. Die Nennung der 3. Klasse hat im speziellen Einzelfall schulkonzeptbegründete Ursachen. Der Unterricht ist an der betreffenden Einrichtung epochal organisiert und beinhaltet bereits in 3. Klasse ein umfassendes Handwerksprojekt.

Einige Schulen unterscheiden in diesem Zusammenhang Haupt- und Realschulgänge und beginnen in den Hauptschulklassen, da diese Jugendlichen die Schule ein Jahr früher verlassen, entsprechend eher mit dem Berufsorientierungsangebot.

Ein wichtiger Zeitpunkt im Hinblick auf die beruflichen Entwicklungsmöglichkeiten liegt bereits vor Eintritt in die Mittelschule. Schon in der Grundschule müssen Entscheidungen getroffen werden, die enorme Auswirkungen auf die weiteren Laufbahnoptionen besitzen. Auch wenn in solchen frühen Lebensphasen gewöhnlich die Eltern jene elementaren Urteile fällen (vgl. Büchner 2002, S. 295), hat die Schule gewisse Beratungspflichten, damit Eltern stellvertretend für die Kinder eine angemessene Entscheidung treffen können. Diese Beratungsfunktion der Schule soll im Rahmen der vorliegenden Arbeit aber keine weitere Rolle spielen.

Die Schulen, die in der 5. oder 6. Klasse mit beruflichen oder arbeitsweltbezogenen Lern- und Bildungsinhalten beginnen, berichten von einer thematischen

Sensibilisierung. Sie bereiten Schüler langsam und sukzessive auf die Thematik vor und ebnen quasi in den ersten Klassen nach der Primarstufe der sich später anschließenden intensiven Beschäftigung mit berufsrelevanten Gegenständen den Weg.

Außerschulische Partner der Schulen in der Berufsorientierung
Zum Befragungszeitraum wiesen die meisten Leipziger Mittelschulen bereits ein dichtes Netz an Partnern auf, die sie im Rahmen der Berufsorientierung unterstützen.

Als gesetzlich legitimierter Partner der Schule in Fragen der Berufsvorbereitung fungiert die Berufsberatung der Agentur für Arbeit. Meist beginnend in Klasse 8 stellen die Berufsberater der Arbeitsverwaltung berufliche Anschlussoptionen und Zugänge in den Arbeitsmarkt an den Schulen vor. Im Rahmen der Schule nutzt die Mehrheit der Jugendlichen auch das Berufsinformationszentrum (BIZ), das viele Medien zur Selbstinformation bereithält. An einigen Schulen offerieren die Berufsberater Schulsprechstunden, die über die allgemeinen Auskünfte, die oftmals im Klassenverband stattfinden, hinausgehen und sich stärker der individuellen Betreuung der Jugendlichen widmen.

Wichtige Partner im schulischen Berufsorientierungsgeschehen stellen die verschiedenen Projektträger dar. Sie unterstützen die Partnerschule(n) zumeist sehr intensiv und langfristig und werden über unterschiedliche Förderprogramme für diese Arbeit honoriert. Die Bandbreite der angebotenen Projekte ist aufgrund der umfangreichen Förderkonzepte und Zielgruppen sehr vielfältig. Die Schulen kritisieren in diesem Zusammenhang aber fehlende Garantien, zeitlich begrenzte Angebote und mangelhafte Verlässlichkeit, die bedingt durch Finanzierungsmodalitäten gemeinsame Aktivitäten, die über viele Jahre hinweg Bestand haben, nicht planbar machen.

Besonders stolz sind die befragten Mittelschulen auf Kooperationsbeziehungen zur Wirtschaft. Von den 30 untersuchten Schulen unterhalten 14 Kontakte mit regionalen Unternehmen, wobei in 9 Schulen die Zusammenarbeit auch vertraglich reguliert ist. 3 der 16 Schulen ohne Unternehmenspartner berichten von laufenden Vertragsverhandlungen und einer möglichen Kooperationsanbahnung. Fragen der Qualität der aufgebauten Partnerschaften werden im anschließenden Kapitel erörtert.

Im Verlauf der letzten Jahre haben sich an fast allen Schulen feste Kooperationsstrukturen zu den gesetzlichen Krankenkassen aufgebaut. Diese übernehmen besonders in den (Vor-) Abgangsklassen Trainingsseminare für Bewerbungssituationen. Auch wenn die Motivation seitens der Krankenkassen klar durch Vertriebsinteressen geprägt ist, konnten hilfreiche Angebote installiert werden, die sowohl von Schülern als auch von der Schule gern genutzt werden.

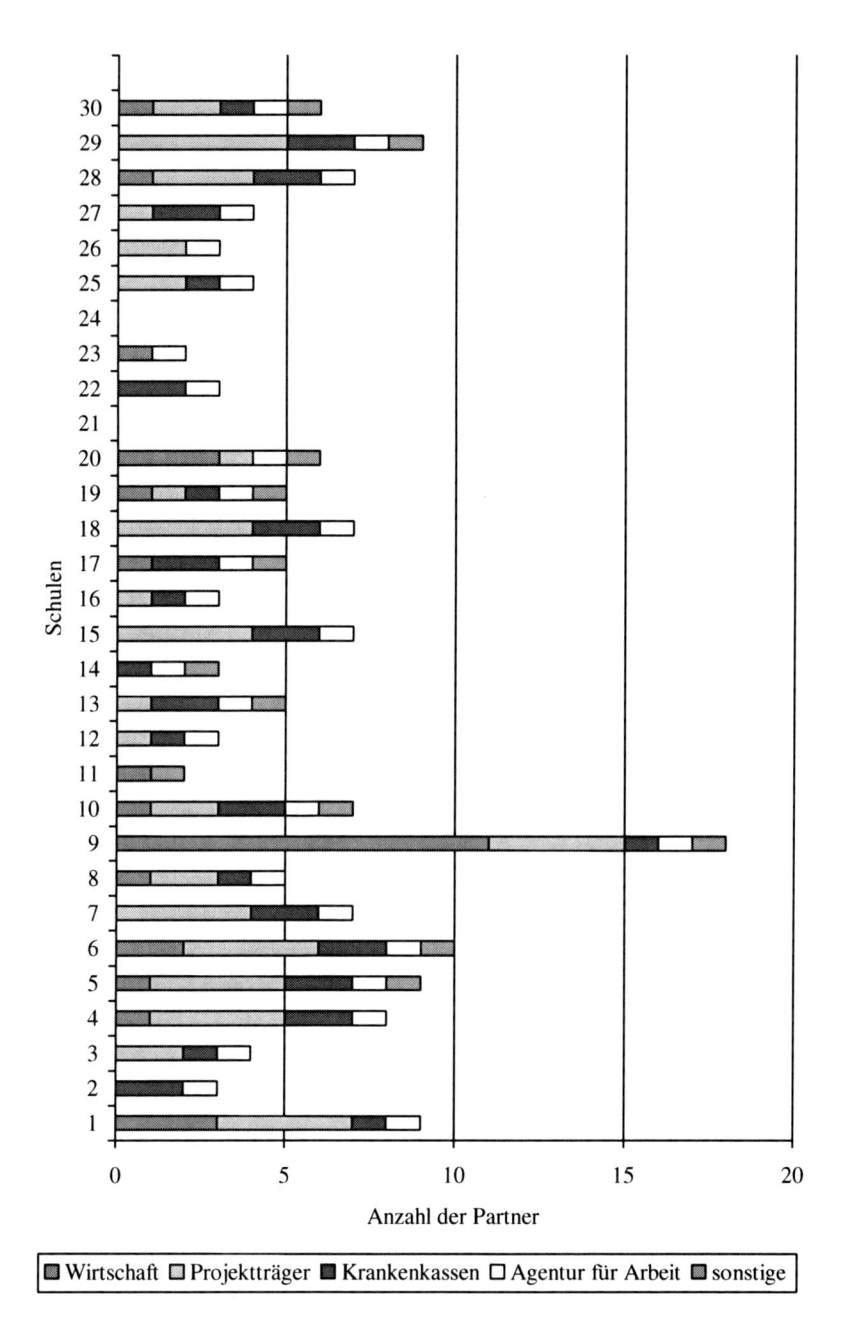

Abbildung 9: Schulen und ihre außerschulischen Partner in der Berufsorientierung

Die in der Abbildung dargestellten ‚sonstigen' Partner sind zumeist Vereine und Institutionen aus dem sozialräumlichen Umfeld der Schule. Gemeinsam mit diesen Akteuren werden beispielsweise schuleigene Projektwochen, spezielle Berufsorientierungstage (z.b. „Traumberufetag") oder Veranstaltungen zum fächerverbindenden Unterricht organisiert.

Ein wichtiger Partner für Schulen der Sekundarstufe I ist meiner Meinung nach das Berufliche Schulzentrum. Als berufsbildende Anschlussinstanz des Allgemeinschulwesens spielt es in der Vorbereitung auf das „Leben nach der Schule" eine bedeutsame Rolle. Die Zusammenarbeit von Mittelschulen mit berufsbildenden Schulen schreibt das Sächsische Schulgesetz (SchulG) in §6 Abs. 4 zu Verbesserung der schulischen Berufsvorbereitung vor. 13 der befragten Schulen pflegen aus diesen Gründen Kontakte zu verschiedenen berufsbildenden Einrichtungen der Stadt und weitere zwei Schulen haben gelegentlich in Sachen Berufsorientierung mit ihren Kollegen aus diesen Häusern zu tun. 15 Schulen haben keinerlei berufsorientierungsrelevante Berührungspunkte zu ihren Kollegen und deren Arbeit im Beruflichen Schulzentrum.

An 13 der befragten Schulen (etwa reichlich 40%) gibt es Schulsozialarbeiter. Für die berufswahlbezogenen Aktivitäten sind diese insofern eine anerkannte und erwünschte Unterstützung, da sie gemeinsam mit der Schule an der Umsetzung dieser Aufgabe arbeiten und darüber hinaus versuchen, die individuellen Hindernisse für eine problemlose Transition in den Ausbildungsmarkt abzubauen. Schulsozialarbeiter helfen der Schule bei der Gestaltung des schulischen Angebots zur Berufsorientierung und ergänzen es durch spezielle Angebote, die über die leistbaren Beiträge der Schule hinausgehen. Unter die Kategorie ‚außerschulische Partner' der Schule lässt sich die Schulsozialarbeit nur bedingt subsumieren. Auch wenn ihr Verhältnis zur Lehrerschaft und Schuladministration durchaus partnerschaftlich definiert sein sollte, ist die Schulsozialarbeit an einer Schule nur dann wirkungsvoll verortet, wenn sie in das schulische Geschehen vollständig integriert ist und als Bestandteil des pädagogischen Gesamtkonzeptes betrachtet wird.

Das Interesse von Schulen an Schulsozialarbeiterstellen ist groß. Die Mehrheit der Befragten kann nicht von einer sozialpädagogischen Unterstützung seitens der Jugendhilfe profitieren, sieht aber an ihrer Schule einen erheblichen Bedarf und befindet sich teilweise schon über Jahre in Antragsverfahren für eine entsprechende Stelle. Lediglich zwei Schulen haben geäußert, dass die Notwendigkeit einer schulischen Jugendsozialarbeit an ihrem Schulstandort (noch) nicht gegeben sei.

Das berufswahlvorbereitende Schülerbetriebspraktikum
Das Schülerbetriebspraktikum gehört zu den etabliertesten curricularen Angeboten zur schulischen Berufsvorbereitung (vgl. Schudy 2002, S. 191). Es bietet

vertiefte Einblicke in Arbeitsabläufe, Unternehmensorganisationen und Wirtschaftsprozesse. Über praktisches Tun kann der junge Mensch seine Fähigkeiten und Interessen in der betrieblichen Realität anwenden bzw. messen und darüber seine vormals theoretischen Vorstellungen mit der Praxis abgleichen. Das Betriebspraktikum – wenn es professionell vor- und nachbereitet wird und der Schüler tatsächlich seine Berufswünsche überprüfen kann – führt in der Regel zur Verstärkung des Berufswunsches oder bei Diskrepanzen zwischen der jugendlichen Imagination und der arbeitsweltlichen Wirklichkeit zur Revision oder Umorientierung. Auch in der Wahrnehmung der Jugendlichen ist das Betriebspraktikum ein bedeutsames Element auf dem Weg zur individuellen Berufswahl.

Laut einer Verwaltungsvorschrift[41] sind die Mittelschulen verpflichtet, mindestens ein vierzehntägiges Schülerbetriebspraktikum im Laufe der allgemeinbildenden Schulkarriere zu installieren. Durch relativ flexible Gestaltungsmöglichkeiten liegt es im Ermessen und der Verantwortung der Schule ein zweites oder drittes Praktikum anzubieten.

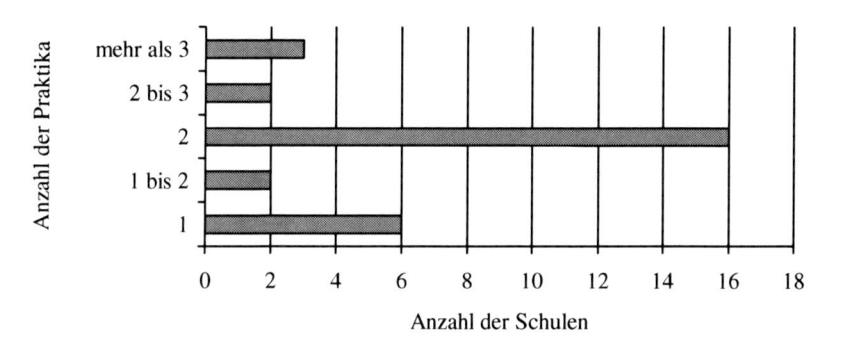

Abbildung 10: Anzahl der durchgeführten Schülerbetriebspraktika

Wie man in Abbildung 10 erkennen kann, hat sich bereits die Erweiterung um ein zweites Praktikum durchgesetzt. Normalerweise werden Praktika in der 8. und 9. Klasse bzw. 9. und 10. Klasse durchgeführt. Mehr als drei Praktika kommen größtenteils an den Schulen in freier Trägerschaft vor.

Die Durchführung eines Praktikums wird in den Schulen unterschiedlich vor- und nachbereitet. Besonders in der Vorbereitung und Auswahl der Praktikumsbetriebe sehen die Befragten durchaus noch Verbesserungsbedarf. Zur Auswertung und Reflexion gibt es an den Schulen verschiedene, teilweise standardisierte Instrumente zur Selbst- und Fremdeinschätzung sowie zur Dokumen-

---

41 Diese Verwaltungsvorschrift (VwV Betriebspraktika) wurde im April 2009 novelliert.

tation der erlebten Erfahrungen. Die vom Schüler angefertigte Berichterstattung wird häufig im Rahmen eines inhaltlich verwandten Unterrichtsfachs benotet.

Die Schüler der übergangsrelevanten Klassen werden von den Schulpädagogen auch auf die Möglichkeit hingewiesen, in den Ferien ergänzend zu den schulischen Praktika, in Eigenverantwortung weitere Betriebspraktika zu absolvieren. Allerdings sind sich die befragten Lehrer relativ einig, dass derartige eigeninitiierte Mittel nur von einem kleinen Teil der Schülerschaft angewandt werden. In einigen Schulen wird der Termin des Pflichtpraktikums so gelegt, dass er unmittelbar vor einer Schulferienphase liegt und somit die Möglichkeit gegeben ist, das Praktikum in den Ferien fortzuführen.

Die Arbeit mit dem Berufswahlpass (BWP)
Der Berufswahlpass ist ein Instrument, das den Schüler bei der Berufswahl im selbstorganisierten und eigenverantwortlichen Lernen begleiten und unterstützen soll. Dieses Arbeitsmittel wurde 2001 im sogenannten Nordverbund[42] entwickelt und getestet (vgl. Lumpe 2002, S. 253). Nach der erfolgreichen Modellphase haben sukzessive auch weitere Bundesländer in Anlehnung an den Pilotpass Adaptionen entworfen. Eine sächsische Variante für Mittelschulen und Schulen zur Lernförderung ist seit 2005 erhältlich, die Version zur Berufs- und Studienorientierung für sächsische Gymnasien erschien 2007. Der Berufswahlpass wird in der Regel in der 7. Klasse der Mittelschulen und Schulen zur Lernförderung und zumeist in Klassenstufe 9 des Gymnasiums eingeführt und begleitet die Schüler kontinuierlich bis zum Übergang in die Erstausbildung oder das Studium. Verantwortlich für die Koordinierung und Weiterentwicklung dieses Instruments ist in Sachsen die Landesarbeitsstelle Schule-Jugendhilfe Sachsen e.V. Als standardisierter Strukturgeber für die Berufs- und Studienorientierung gilt der Berufswahlpass als Teil der bildungspolitischen Strategie Sachsens zur beruflichen Orientierung und wird entsprechend unterstützt und gefördert.

Der sächsische Berufswahlpass ist ein Ringordner im DIN-A4-Format, der in vier Abschnitte untergliedert ist:
- Im ersten Teil hat der Jugendliche die Möglichkeit, alle relevanten Informationen der schulischen Berufsorientierung (wie beispielsweise Ansprechpartner in der Schule und der Agentur für Arbeit) zusammenzutragen.
- Im zweiten Abschnitt reflektiert der Jugendliche seinen persönlichen Berufswahlprozess und kann die entsprechenden Arbeitsmaterialien, die seine Entwicklung nachvollziehbar machen, dokumentieren. Das entsprechende Registerblatt informiert unter der Überschrift „Mein Weg zur Be-

---

42 Der Nordverbund ist ein Zusammenschluss von sieben Bundesländern, der sich im Rahmen des BMBF-Programms „Schule-Wirtschaft/Arbeitsleben" mit der Übergangsthematik beschäftigt hat.

rufswahl" über wichtige Aspekte, die zur beruflichen Entscheidungsfindung bearbeitet werden müssen.
- Der Teil drei dient dem Jugendlichen zur Dokumentation von berufsrelevanten Zertifikaten und Bescheinungen (z.B. Praktikumszeugnisse, Nachweise über Bildungsergebnisse spezieller pädagogischer Programme oder berufliche Qualifikationen).
- Im vierten Teil, im sogenannten ‚Lebensordner', erhält der Jugendliche wichtige Informationen rund um zentrale Themen des selbstständigen und eigenverantwortlichen Lebens und der Alltagsbewältigung.

Viele der Sachverhalte sind Gegenstand der schulischen Lehrpläne. Der Einsatz und die effektive Arbeit mit dem Berufswahlpass muss deshalb von der Schule sehr ernst genommen werden, damit alle relevanten Inhalte entsprechend bearbeitet und im Berufswahlpass für die spätere Lebensbewältigung nutzbar gemacht werden können. Auch an dieser Stelle sind die Zusammenarbeit der Lehrerschaft und die Mitarbeit aller Kollegen geboten. Letztlich kann der Berufswahlpass nur so gut sein „wie die pädagogische Arbeit in den zuständigen Bildungsinstitutionen, die ihn erst mit Leben füllt" (von Wensierski et al. 2005, S. 203).

Der Berufswahlpass ist, wenn er ordnungsgemäß eingesetzt wird, ein verlässlicher Begleiter im individuellen Entwicklungsprozess. Er macht die Fortschritte und berufliche Entwicklungsrichtungen nicht nur für den Jugendlichen selbst transparent und nachvollziehbar, sondern hält auch für die Eltern, Lehrer und Berater oder gar in Bewerbungssituationen für den Unternehmensvertreter Informationen bereit, um die Grundlagen und Erfahrungen, welche zur beruflichen Entscheidung geführt haben, einschätzen zu können.

Der Berufswahlpass hilft damit bei der Reflexion und Einordnung der subjektiven Erfahrungen und unterstützt die Entwicklung von berufsrelevanter Orientierungskompetenz. „Er soll dazu beitragen, dass die Schülerinnen und Schüler ihren Übergang von der Schule in die Berufsausbildung zielstrebig und organisiert vorbereiten und durchführen und damit ihre Chancen verbessern, den zu ihren Interessen, Fähigkeiten und Potenzialen passenden Weg einschlagen zu können." (Lumpe 2002, S. 254) Aber nicht nur für den Berufswahlprozess des Einzelnen stellt der Berufswahlpass ein flankierendes Strukturinstrument dar, sondern er weist auch für die schulische Organisation der Berufs- und Studienorientierung enorme Vorteile auf. Als positive Effekte werden in diesem Zusammenhang herausgestellt (in Anlehnung an Lumpe 2002, S. 256):
- Ihm kommt eine hohe Bedeutung bezüglich der Entwicklung und kontinuierlichen Qualifizierung des schuleigenen Konzeptes zur Berufs- und Studienorientierung zu.

- Er legt das schulische Angebot beruflicher Orientierungsaktivitäten offen und gestaltet es damit transparent für die Schüler, Eltern, Lehrer und Partner der Schule.
- Er dient als Entscheidungsgrundlage für die Planung und Umsetzung zielgerichteter, nachhaltiger Kooperationen.
- Er bietet eine Basis für fächerübergreifende Absprachen und die Zusammenarbeit des Kollegiums.
- Er kann als Thema für einen schulübergreifenden Erfahrungsaustausch genutzt werden.
- Er unterstützt die Präsentation des schulischen Curriculums in der Öffentlichkeit (z.B. für Eltern, Unternehmen, Kooperationspartner).

Zum Zeitpunkt der Lehrerbefragung an den städtischen Mittelschulen im Schuljahr 2006/07 war der sächsische Berufswahlpass noch relativ jung. Das schlägt sich in den Zahlen über Kenntnis und Einsatz des Instruments deutlich nieder.

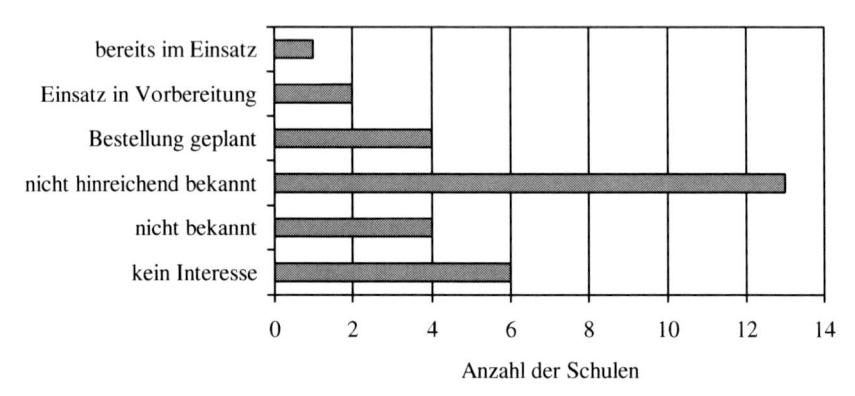

Abbildung 11: Kenntnisstand und Einsatz des Berufswahlpasses an den befragten Schulen im März/April 2007

In Ermangelung eines standardisierten Arbeitsinstrumentes haben viele Schulen in den vergangenen Jahren eigenständig entwickelte Ordner mit den Schülern bearbeitet, um den Berufswahlprozess in einem zentralen Instrument zusammenzuführen und zu dokumentieren. Vielen Schulen fällt es entsprechend schwer, das selbst geschaffene Arbeitsmittel gegen ein Einheitsinstrument einzutauschen. Der Berufswahlpass bietet dank seiner Gerüstfunktion allerdings gute Möglichkeiten, die Inhalte bisheriger Materialien in der professionellen Struktur des Passes zusammenzuführen.

Schon wenige Monate nach der Untersuchung, im folgenden Schuljahr, konnte der Berufswahlpass sein Standing in den Mittelschulen der Stadt sichtbar verbessern. Die steile Karriere des Berufswahlpasses in der Stadt Leipzig zeigt sich besonders deutlich im Vergleich der Daten aus der Lehrerbefragung 2007, der Sekundäranalyse zur Ist-Stand-Erhebung 2008 und den aktuell vorliegenden Zahlen. Auf diese Entwicklung werde ich in Kapitel 8.1.3 näher eingehen.

8.1.2.3 Auswertung der qualitativen Untersuchungsergebnisse

Im Anschluss an die quantifizierbaren Ergebnisse der Lehrerbefragung im Frühjahr 2007 soll nun eine qualitative Auswertung und Interpretation der durchgeführten Interviews erfolgen. Ich beschränke mich dabei auf Themenkomplexe, die im Rahmen der vorliegenden Arbeit von besonderer Wichtigkeit erscheinen. Es soll erreicht werden, die Situation an den Schulen und die Sicht der mit der Berufsorientierung beauftragten Lehrkräfte auf die Thematik tiefgründig zu hinterfragen und vor allem die von den Schulpädagogen wahrgenommene Verantwortung, die sich aus der gesellschaftlich wichtigen Aufgabe einer Vermittlung von beruflichem Orientierungswissen und arbeitsweltbezogener Handlungskompetenzen ergibt, abzubilden. Um die folgende Passage zu strukturieren, werden die Aussagen zu verschiedenen Schwerpunkten geclustert.

Der Lehrer, der sich verantwortlich für die Berufsorientierung zeichnet, wird im Folgenden mit ‚BOL' abgekürzt, der Schulleiter mit ‚SL' und der stellvertretende Schulleiter mit ‚SSL'. Die Codierung der interviewten Personen ermöglicht eine individualisierende Zuordnung. Gleiche Nummerierung bezeichnet demnach dieselbe Person. Durch eine zufällig ausgewählte Zuordnung ist der Rückschluss auf die spezielle Schule bzw. die interviewte Person nicht möglich. Diese Verfahrensweise wird auch im Kapitel 8.1.4 angewandt.

Wie der Berufsorientierungslehrer zu seiner Aufgabe kam ...

Hauptverantwortlicher Lehrer für Berufs- und Studienorientierung zu sein, ist keine Aufgabe, die durch eine sogenannte Funktionsstelle administrativ und organisatorisch an der Schule eingerichtet ist. Es ist vielmehr ein Amt, das der Lehrer zusätzlich zu seiner Fachlehrertätigkeit und evtl. einer Funktionsstelle bekleidet und für das keine aufgabenbezogene Anrechnungs- bzw. Abminderungsstunden[43] zur Verfügung stehen. Da ein Beratungslehrer auch verpflichtet ist, die Schüler in Fragen der Schullaufbahn und beruflichen Orientierung zu

---

43 Abminderungsstunden sind Zeitgutschriften, durch die ein Lehrer, der über seine Fachlehrertätigkeit hinaus eine Funktionsstelle innehat, entsprechend weniger unterrichten muss. Meistens bedeutet eine Abminderungsstunde 45 Minuten weniger Unterricht, für die allerdings zwei Zeitstunden im Rahmen einer Funktionstätigkeit aufgebracht werden müssen. Ein Beratungslehrer in Sachsen kann beispielsweise bis zu vier Abminderungsstunden für seine Beratungstätigkeit erhalten. Das bedeutet, der Lehrer hat vier Unterrichtsstunden weniger zu leisten als seine Kollegen, dafür muss er acht Zeitstunden wöchentlich für seine Beraterfunktion aufbringen, die er entweder mit der konkreten Beratung oder mit spezifischen Lehrerfortbildungen ableisten kann (vgl. Verwaltungsvorschrift für Beratungslehrer).

unterstützen, liegt es für die Schulorganisation aus dreierlei Gründen nah, den Beratungslehrer gleichzeitig verantwortlich für die schulischen Berufsorientierungsaktivitäten zu machen:
- die thematische Nähe,
- die Mitverantwortung,
- das vorhandene Abminderungsstundenpotenzial.

Bei einer großen Anzahl von Schulen findet man deshalb beide Funktionen vereint in einer Person. Wie bereits im letzten Kapitel kurz dargelegt, ist die Kombination aus Beratungslehrer und Verantwortlichem für die Berufsorientierung als problematisch zu betrachten, da klare Aufgabenzuschreibungen verwischen. Die etablierte Funktionsstelle des Beratungslehrers wird an den Schulen normalerweise in vollem Umfang für die Tätigkeiten benötigt, die ihr laut Aufgabenbeschreibung inhärent sind. Besonders durch die Zunahme herkunftsbedingter Schwierigkeiten, die aufgrund der sozialen Segregation im Bildungssystem hauptsächlich an den sächsischen Mittelschulen eine neue Dramatik erlangt hat, ist der Beratungslehrer in seiner originären Funktion an den Schulen von großer Wichtigkeit. Weniger als die Hälfte der befragten Schulen verfügt über einen Schulsozialarbeiter, der die psychosozialen Beratungsleistungen des Beratungslehrers abfedern könnte, wenn sich dieser verstärkt der Berufsorientierung widmen würde. Aus meiner Sicht ist aus diesen Gründen dringend davon abzuraten, den Beratungslehrer und Berufsorientierungsbeauftragten in einer Person zu vereinen. Einige Schulen sind in der komfortablen Lage, infolge der Fusionsprozesse mehrere Beratungslehrer zu beschäftigen. In einem solchen Fall ist die Aufteilung der Verantwortlichkeiten denkbar und wird zum Teil auch sehr erfolgreich praktiziert.

Die folgenden Ausschnitte aus den Interviews zeigen, wie die Betroffenen ihre Funktion und die organisatorische Verankerung an der Schule wahrnehmen. Auch hier wird die diffizile Verknüpfung des Berufsorientierungsbeauftragten und des Beratungslehrers kritisch reflektiert.

BOL 14: „Ich bin hier der Beratungslehrer, an und für sich in erster Person Fachlehrer für Deutsch und Geschichte, Beratungslehrer heißt, sich auch ein bisschen zu kümmern um die Berufsorientierung und um die Kontaktherstellung, Verteilung von Material. Also ich bin kein Berufsberatungslehrer an sich, so wie es den früher einmal gab."

BOL 8: „Ich meine, ich bin Beratungslehrer und habe auch einige Abminderungsstunden. Es kommen auch sehr viele Schüler mit Problemen. Und das muss ja auch in irgendeiner Form ordentlich behandelt werden. Und da von so vielen Seiten die Berufsorientierung kommt, und eben unsere Schüler nicht so doll interessiert sind, weil die eben überfüttert sind, da denk ich, da sollen ja ruhig die anderen mal, also ich mach nun nicht noch jede Bewerbung und da machen das die anderen Lehrer auch und demzufolge stürze ich mich lieber auf die Probleme, die jetzt in gewisser Weise mit Psychologischem und Lernen und so was zu tun haben."

BOL 2: „Der Beratungslehrer hat ja auch noch ganz andere Aufgaben. Da ist die Berufsorientierung ja nur die eine Schiene. Wobei ich sagen muss, in der 8. und 9. Klasse, da kommen die Schüler schon wegen solchen Fragen."

SL 5: „Es wäre günstig, wenn man direkt an der Schule einen Verantwortlichen dafür hätte mit den entsprechenden Abminderungsstunden beispielsweise, der sich beispielsweise um solche Dinge kümmern könnte. Es müsste direkt eine funktionsgebundene Abminderung sein, nicht dass das aus dem großen Schultopf herausgenommen wird. Da nehme ich nämlich woanders wieder was weg. Sondern dass man sagt, der für die Berufsorientierung verantwortliche Lehrer macht in der Woche von mir aus 2 bis 3 Stunden Unterricht weniger. Das wäre genügend, damit der sich drum kümmern könnte."

SL 15: „Die Berufsorientierung geht auch weit über die Beratungslehrertätigkeit hinaus. Natürlich hat der auch Berufsorientierung, aber man müsste eigentlich eine neue Funktionsstelle erfinden, wo man dann sagt ‚Berufskoordinator' oder so. Also ich würde mir das wünschen, dass es neben den Funktionsstellen Beratungslehrer, Vertrauenslehrer, Datenschutzbeauftragter auch so was gibt."

BOL 17: „Und was den Beratungslehrer betrifft, man muss davon ausgehen, erstens gibt's 'ne Menge Lehrer, die arbeiten bloß 77%, das zweite ist, bei uns beispielsweise der Beratungslehrer, der eigentliche Beratungslehrer, der ist abgeordnet an eine andere Schule. So, und wenn man abgeordnet ist, die Erfahrung habe ich auch gemacht, ich war ja auch abgeordnet, dann ist man in einer Schule Gast. Und das kann sogar passieren, dass man nicht nur an einer Schule Gast wird. Das kann ich mir zwar nicht vorstellen, dass das hier an der Schule passiert, aber an der damaligen Schule, wo ich war, da war das so. So, und da ist man im Prinzip überlastet. Und deshalb gibt's eben viele Beratungslehrer, die machen dann eigentlich erst mal nur das Nötigste. Weil sie gar nicht mehr können. Und wie gesagt, wenn ich jetzt meine vier, fünf Partner nicht hätte hier an der Schule, meine vier, fünf Kollegen, denen ich sagen kann: kannste mal hier hin gehen, kannste mal das machen, dann könnte ich auch sagen: ja, das war mal 'ne gute Idee, aber lassen wir's sein."

BOL 21: „Ach, man könnte sich schon hier und dort noch etwas einfallen lassen, bloß, da versteh ich den Kollegen auch, der sagt: „Dann bezahlt mich!" Ohne dem dreht sich auch in der Wirtschaft gar nichts."

Aus den Anmerkungen der Schulpädagogen wird nicht nur ersichtlich, dass eine Kombination aus Beratungslehrer und Berufsorientierungslehrer problematisch scheint, sondern auch, dass die Aufgabenfülle des Verantwortlichen für Berufsorientierung an der Schule, wenn sie verantwortungsvoll umgesetzt sein soll, über nebenbei zu Leistendes hinausgeht, ganz abgesehen von den organisatorischen Hindernissen, die nach wie vor von den Schulen der Region zu bewältigen sind. In einzelnen Interviews wird explizit herausgestellt, dass an den Einrichtungen noch immer schulnetzbedingte Abordnungsverfahren einen kontinuierlichen Ablauf auch der Beratungstätigkeit behindern. So sind beispielsweise Beratungs- und Berufsorientierungslehrer an andere Schulen abgeordnet und können deshalb ihren spezifischen Auftrag nicht hinreichend erfüllen. Von zwei Schulleitern wird ausdrücklich darauf hingewiesen, dass die Etablierung einer neuen Funktionsstelle für diese Aufgabe geboten sei. Allerdings wird dies nicht überall als das Hauptproblem gesehen. Immer wieder wird darauf aufmerksam gemacht, dass zur Übernahme dieser Aufgabe ein besonders hohes Engagement gehöre, das eine Regulierung über Abminderungsstunden letztlich problematisch erscheinen lässt, da sich die dafür notwendige Einstellung monetär nicht erzeugen lässt.

Insgesamt ist zu konstatieren, dass die Rahmenbedingungen für eine schulorganisatorische Regulierung dieser Aufgabe nicht als optimal bezeichnet werden können. Die allgemeine Beschäftigungssituation der meisten sächsischen Lehrer, die Einbindung von funktionsstelleninnehabenden Lehrkräften in Abordnungsverfahren sowie das Fehlen einer schulverwaltungsseitigen Festlegung hinsichtlich der Organisation und einer Richtgröße für den Umfang und die Abrechnungsmöglichkeiten dieses neuartigen Amtes in der Schule konterkarieren das einzelschulische Engagement und können als Hemmschuh für eine qualitativ hochwertige Berufsorientierung an allen Schulen gelten. Die Regelung über Abminderungsstunden erscheint zwar in einigen Fällen als ein guter Anfang der Etablierung einer zu neuer Relevanz gelangten Funktion, wird aber von vielen Befragten nicht als Königsweg angesehen und gilt vor allem nicht als probater Einzelschritt. Es lässt sich keine einheitliche Meinung zur Konstituierung einer neuen elaborierten Funktionsstelle für den berufsorientierungsverantwortlichen Lehrer diagnostizieren. Besonders von der Schulleitung würde eine derartige Regulierung begrüßt werden. Die Betroffenen selbst sind in ihren Forderungen an die Schulverwaltung diesbezüglich zurückhaltender. Sie vertreten vielmehr die Meinung, dass Interesse an der Thematik und ein selbstloses und enormes Engagement der verantwortlichen Person(en) die entscheidenden Erfolgskriterien für eine gute berufsorientierende Leistung einer Schule bilden.

Trägt ein Lehrer die Hauptverantwortung für das Geschehen in der Berufsorientierung, der nicht über eine Funktionsstelle verfügt, bedeutet dies, dass der Lehrer den Aufwand, der für die Erledigung der Zusatzaufgabe notwendig ist, nicht entsprechend abrechnen kann. Diese Variante ist nur dann denkbar, wenn der Lehrer überaus aktiv und interessiert am Thema ist. Ein solches Engagement ist häufig dann zu finden, wenn der betreffende Pädagoge seine Motivation auf eine persönliche Betroffenheit gründet bzw. ihm die berufliche Zukunft der Schüler übermäßig am Herzen liegt.

> BOL 16: „Abminderungsstunden bringen da auch nichts. Ich meine, entweder ich brenne für das Thema und engagiere mich oder nicht. Das hat mit Abminderungsstunden nicht wirklich was zu tun, muss ich ganz ehrlich sagen."

> BOL 7: „...naja, ich als Lehrer bin doch auch in meinen Fächern ausgebildet und nicht in der Berufsorientierung. Das Wissen, was ich in der Zwischenzeit habe, und

den vielen, denen ich helfen konnte, konnte ich nur deswegen helfen, weil ich immer sehr viel Kontakt zu den großen Klassen hatte und deswegen war ich immer in die Frage mit involviert. Und dann bot sich dieser Weiterbildungszyklus an und da bin ich dort immer hingetigert und dort habe ich meine Informationen her. Denn wir als Lehrer sind in der Berufsorientierung eigentlich auch nicht ausgebildet. Das, was hier der eine oder andere Kollege weiß, ist wirklich selber angeeignet. Aber eigentlich ist das auch nicht unsere Arbeit. Ich habe nicht mal die Stunden dafür. Jede Deutschstunde in der 10. Klasse ist extrem wichtig, trotzdem renne ich erst mal mit so einem Stapel Infos in die Klasse und dann wird erst mal verteilt, nachgefragt, Informationen gegeben. Normalerweise ist das im Rahmen des Unterrichts gar nicht möglich."

BOL 9: „Eine Kollegin hat sich das mit auf den Tisch gezogen und jetzt sind wir eigentlich ein ganz gutes Team. Und wir beide organisieren das Ganze. Natürlich müssen wir einen immensen Energie- und Zeitaufwand – da darfste eben nicht danach gucken und viele Lehrer werden sich sagen: Wozu? Also z.B. gestern, da sind wir gegen Mittag los, da haben wir uns noch beeilt, um aus dem Unterricht zu kommen, da haben wir die 8. Klasse mit Einverständniserklärung der Eltern auf den Flughafen bestellt, da haben wir 3 Stunden lang 'ne Flughafenführung gemacht – na da biste eben erst halb sechs wieder zu Hause. Du darfst halt nicht auf die Uhr gucken. Und die Kosten, die dir dabei entstehen, die darfste auch nicht hinterfragen. Aber man denkt ja dann: die Schüler waren begeistert und der hat das auch ganz toll gemacht. Man denkt ja dann: ein paar hat man wenigstens erreicht. Weil im Prinzip ersetzen wir damit die Eltern, die zum Teil nicht in der Lage sind, rein vom Können her, und manche woll'n vielleicht auch nicht."

BOL 6: „Ich habe das Projekt aus der Taufe gehoben, weil ich selbst Erfahrungen mit meiner eigenen Tochter hier an der Schule hatte, dass hier an der Schule berufsmäßig nix läuft. Das ist katastrophal für 'ne Lehrermutter mitzukriegen in der Mitte der 10. Klasse, man müsste sich ja mal bewerben. Hm, das ist katastrophal. Und da habe ich mir gesagt: Gut, das ist mir passiert, das passiert hier an der Schule nicht wieder. Und seit dem, seit mittlerweile vier Jahren, habe ich mir das hier auf die Fahnen geschrieben, dass ich mich hier drum kümmere und das den Leuten förmlich aus den Händen reiße, die sich drum gekümmert haben, dass die Materialstapel ins Altpapier kommen."

BOL 17: „Es ist also im Prinzip so entstanden: Als mein Sohn 2006 nach einem Beruf gesucht hat. Er war zehnte Klasse und hat im ersten Halbjahr absolut keine Vorstellungen gehabt. Da war ich natürlich als Lehrer total unglücklich darüber und ich hatte gesagt, er soll an seinem Gymnasium mal zum Berufsorientierungslehrer gehen. Den gab's aber an dem Gymnasium nicht. Er ist dann an die Mittelschule gekommen, hat also noch die zehnte Klasse an der Mittelschule beendet und hat dann eigentlich relativ schnell seine Bewerbungen geschrieben. (...) Ich muss dazu sagen, die Phase zwischen dem Bewerbungsgespräch und dem Ende der Schulzeit hat bei ihm einen solchen Motivationsschub ausgelöst, dass er sich also in acht Fächern verbessern konnte. Und da hab ich mir als Lehrer gesagt, oder sagen wir mal, das wissen wir hier an der Schule eigentlich alle, aber das war für mich letztendlich der

Beweis: ein Schüler, der zielgerichtet lernt und zwar mit dem Ziel ‚Beruf', der kann natürlich bessere Leistungen bringen als ein Schüler, der so in den Tag hinein lebt (...). Es ist also ein Lernzugmittel."

Es lassen sich ca. vier, allerdings wenig trennscharfe, Möglichkeiten ausmachen, nach denen das Amt zur Berufsorientierung an der Schule übernommen wird:
- Der Lehrer bekommt die Aufgabe direktiv zugewiesen: Dieser Typ zeugt für einen autoritären Führungsstil der Schulleitung, kann allerdings an den befragten Schulen nicht explizit dokumentiert werden. Die Grenzen zum folgenden Schema sind aber unpräzise.
- Der vorhandene Beratungslehrer übernimmt die Aufgaben von sich aus mit oder wird dazu angehalten: Diese Variante ist an den Schulen sehr häufig anzutreffen und es kann nicht in jedem Fall geklärt werden, ob der Betroffene mit diesem (neuen bzw. veränderten) Aufgabenprofil auch einverstanden war und ist.
- Der Lehrer hat sich durch seine Tätigkeit als geeignet herausgestellt: Dieser Fall ist zumeist dann anzutreffen, wenn sich ein Lehrer, beispielsweise Lehrer von Abschlussklassen oder der WTH-Lehrer, durch sein Engagement auf diesem Gebiet qualifiziert hat. Er wird häufig automatisch zum Berufsorientierungsverantwortlichen.
- Der Lehrer ist besonders an der Thematik interessiert und hat sich für diese Aufgabe angeboten. Beweggründe hierfür sind beispielsweise die geschilderte persönliche Erfahrung oder die Suche nach einer neuen Aufgabe, die viel Entfaltungsspielraum bietet.

Inhaltlich liegen die beiden ersten Beschreibungen ähnlich nah beieinander wie die letzten beiden. Für die Motivation des Lehrers sind die letzten beiden Beweggründe vorzuziehen. Sie versprechen darüber hinaus auch ein höheres Engagement und eine bessere Qualität der Erfüllung der Aufgabe.

Die verantwortliche Rolle der Schulpädagogen in der beruflichen Orientierung

Die Frage nach einer von den Pädagogen wahrgenommenen und internalisierten Verantwortung für die berufliche Orientierung der Schülerschaft ist nicht generell zu beantworten. Verantwortung ist ein emotionaler Begriff, der zwar überprüfbare Aufgaben impliziert, die auch im Kontext der Schule operationalisierbar wären, der Grad der Verantwortung, den ein Lehrer oder Schulleiter bezüglich einer spezifischen Aufgabe empfindet, lässt sich allerdings schwer ermitteln und kaum messen.

Analysiert man die Interviews und versucht, Hinweise auf eine verantwortungsbeschreibende Äußerung zu explizieren, erhält man ein sehr vielfältiges Konglomerat von Einstellungen, affektiven Anmerkungen und teilweise resignierten Zwischentönen. Es ist nahezu unmöglich, das tatsächliche Empfinden von Bemerkungen zu trennen, die negative Begleitumstände reflektieren oder deren Ernsthaftigkeit oder Absolutheit bezweifelt werden muss. Ich werde mich deshalb darauf beschränken, einige Eindrücke wiederzugeben und gelegentlich zu kommentieren.

SL 1: „Wir haben viele Schüler, aber das hängt hier mit dem Einzugsgebiet zusammen, wenn wir hier nichts machen, dann passiert bei denen nichts."

BOL 14: „Berufsberatung ist eindeutig in die Hände der Schüler gelegt, hier kann nur noch ein bissel Unterstützung erfolgen, aber die Hauptarbeit muss in den Familien passieren."

SL 27: „Machen wir uns doch nichts vor, derzeit wird alles, was mit Berufsorientierung zu tun hat, auf Schule abgeladen. Schule ist ja dafür grundsätzlich rundrum verantwortlich, kein anderer."

BOL 18: „Wir sagen den Kindern von Anfang an: wir legen mit euch Gleise, fahren müsst ihr dann alleine. Und ich sag mal, den Realschülern fällt das, mit ein paar Ausnahmen auch leicht. Aber wir haben auch ein paar Hauptschüler dazwischen, da ist es sehr problematisch."

SL 22: „Eigentlich sollte das Ziel einer Mittelschule sein, ihre Schüler nach der Schule in eine Lehre zu bringen. Und das haben wir uns schon irgendwie auf die Fahnen geschrieben. Die Schüler zu beraten und bei der Berufswahl zu unterstützen, halte ich für einen ganz wichtigen Punkt. Auch den Eltern Informationen zu geben. Es gibt immer wieder Eltern, die gar nicht wissen, was ihr Kind mit einem Hauptschulabschluss eigentlich machen könnte."

SL 1: „Wir werden nie alle Schüler retten können, aber, und das ist auch meine Philosophie und der Grund, warum ich hier her gegangen bin, solange wir für die Zeit, wo sie bei uns sind das Stück vermitteln können: wir sind Erwachsene und bereit an euch zu glauben und euch zu helfen, egal wie frech oder intelligent oder auch nicht intelligent sie sind, dann haben wir ihnen ein Stück geholfen, auf den Weg zu kommen. Aber ich bin überzeugt, dass viele, wenn die Schule dann nicht mehr da ist, wegbrechen."

BOL 9: „Was mich ja immer so hart trifft: also wir haben ja mittlerweile ganz viele junge Eltern, also die so 35, 37 sind, die eigentlich so 'ne ganz schlechte Motivation – wenn überhaupt eine – und Einstellung haben. Also wenn ihr Kind dabei sitzt, sagen die: „Ach, ich hatte in dem Alter auch noch keine Zielstellung und hab sie heute auch nicht." Das kann ich doch eigentlich nicht im Beisein meines Kindes von mir geben! Und das sind nicht mal welche, wo man weiß, da reicht's nicht so weit. Das schockiert mich eigentlich auch so ein bisschen. Also mit dieser Vorbildwirkung ist es oftmals richtig bitterböse traurig. Und wenn wir dann hier Werte vermitteln und denen Normen anerziehen wollen, naja klar, nach der Wende hieß es dann erst mal: Erziehung ist nicht mehr unsere Sache, wir sollen uns mehr auf das Pädagogische konzentrieren, aber mittlerweile ist das eigentlich das A und O wieder und man hat da vielleicht einen großen Fehler gemacht, weil man das ein bisschen vernachlässigt hat."

Die Wichtigkeit und der Einfluss der Sozialisationsinstanz Schule auf die jugendliche Entwicklung wird von den befragten Pädagogen größtenteils wahrgenommen. Sie fühlen sich durchaus in der Pflicht, ihren bestmöglichen Teil zur Entfaltung und Persönlichkeitsbildung der jungen Menschen beizutragen. Generell ist den Lehrern ihre Verantwortung für die in der Schule reifenden Schülerpersönlichkeiten bewusst. Wie weit allerdings diese Verantwortung im Einzelfall reicht, ist hochgradig differenziert. Auch in der Verantwortung für eine berufliche Lebensplanung sehen sich die befragten Schulpädagogen in diversen Positionen. Es wird grundlegend davon ausgegangen, dass die Eltern in der Berufsorientierung mit Abstand den größten Einfluss, folglich auch die größte Verantwortung zu tragen haben. In vielen Schulen wird deshalb energisch und nachdrücklich an diese elterliche Verantwortung appelliert. Es wird aber auch davon berichtet, dass eine Schülerklientel existiert, die Eltern besitzen, von denen keine fruchtbaren Beiträge für die Entwicklung ihrer Kinder zu erwarten wären. Und diese Schülerschaft nimmt besonders an der Mittelschule zu, wo der Umgang mit ihr die Lehrerschaft polarisiert. Es gibt Pädagogen, deren Verantwortungsgefühl für diese Schülerschaft steigt, eben weil die Unterstützung seitens des Elternhauses unterentwickelt ist. Man findet aber auch die gegenteilige Reaktion, bei der Lehrer speziell für diese Schüler konsequent an der elterlichen Verantwortung festhalten und die Eltern verstärkt in die Pflicht rufen. Vor dem Hintergrund zunehmender Unsicherheit und Hilflosigkeit vieler Eltern bei Fragen der Erziehung und Bildung ihrer Kinder scheint diese Position einzelner Lehrer besonders problematisch. Dieser Fakt ist nicht neu. Bereits seit Jahren kritisieren Experten die Verständnislosigkeit von Schule und Berufsberatung hinsichtlich der gewachsenen Unterstützungsbedürftigkeit von sozial schwachen Eltern (vgl. Braun et al. 2001, S. 15).

Es wäre wünschenswert, dass sich die Schule auch verstärkt den Jugendlichen widmete, deren elterliche Erziehungsleistungen mangelhaft erscheinen. Ziel muss es sein, dem betreffenden Jugendlichen Zugang zu einem umfangreichen Netzwerk aus außerschulischen Partnern zu eröffnen, das die unzureichende familiale Sozialisation kompensieren kann (vgl. Kramer/Helsper 2000, S. 205). Ich sehe die Schule hier in einer Verantwortung, die nicht impliziert, dass jeder Lehrer gleich stark in die Förderung aller Schüler einbezogen ist, sondern vielmehr muss das System als Ganzes funktionieren und der einzelne Lehrer ist verpflichtet, seinen bestmöglichen Beitrag zu diesem Ganzen zu leisten. Als Handelnder einer öffentlichen Institution mit einem spezifischen gesellschaftlichen Auftrag ist jeder Schulpädagoge mitverantwortlich dafür, dass jeder Schüler die passenden Angebote und Fördermöglichkeiten erhält, um sich optimal entwickeln und beispielsweise auch beruflich positionieren zu können.

Bei einem Großteil der Schülerschaft gelingt die Bewältigung der Entwicklungsaufgaben aufgrund eines stabilen und förderlichen Elternhauses. Bei den Schülern, wo diese Rahmenbedingungen defizitär sind, darf die Schule die Verantwortung nicht zurück an die anscheinend überforderten und hilflosen Eltern schieben, sondern im Idealfall gemeinsam mit den Eltern und den richtigen schulischen Partnern nach einem gangbaren Weg mit den entsprechenden Unterstützungsangeboten für den Jugendlichen suchen (vgl. Lumpe 2007, S. 209). Die Schule hat in diesem Kontext eine Art seismographische Knotenpunktfunktion. Sie kann frühzeitig Unterstützungsbedarf feststellen und verfügt über die nötigen Kontakte, um den förderbedürftigen Schüler in die notwendigen Hilfsmaßnahmen vermitteln zu können. Diese hohe Verantwortung wird nicht von allen befragten Lehrern im Interview zum Ausdruck gebracht und es kann davon ausgegangen werden, dass sie auch nicht in jedem Fall wahrgenommen bzw. in ihrem ganzen Ausmaß empfunden wird.

Berufsorientierung als Gemeinschaftsaufgabe der gesamten Schule
Wiederholt konnte im Laufe der Arbeit herausgestellt werden, dass die schulische Berufsorientierung eine komplexe Aufgabe ist, die nur in Zusammenarbeit aller Beteiligter maximale Erfolge erzielt. Damit ist nicht nur das Postulat der Kooperation mit außerschulischen Partnern gemeint, sondern auch die intensive Teamarbeit und ein gemeinsames Verständnis innerhalb des Lehrerkollegiums. Dieser idealtypische Duktus stößt im schulischen Geschehen auf einige Hindernisse, sodass Bemühungen, die berufliche Orientierung zur gesamtpädagogischen Querschnittsaufgabe zu machen, nur sehr schwer zu realisieren sind.

Durch die Ernennung eines hauptverantwortlichen Lehrers für Berufs- und Studienorientierung an jeder Schule wurde das Aufgabenpaket quasi offiziell in die Hand desjenigen gelegt, der dafür auserkoren wurde. An vielen Schulen scheint eine offizielle Zuweisung einer solchen Koordinierungsfunktion damit einherzugehen, dass andere Lehrkräfte sich aus diesem Aufgabenspektrum zurückziehen. Oftmals hat dies zur Folge, dass das gesamte Gewicht auf einer Einzelperson lastet. Es existiert aber auch der Fall, dass sich ein Lehrer im Laufe seiner Arbeit am Thema eine Art Expertenposition bzw. Monopol aufgebaut hat. Das Kollegium begegnet dieser Konstellation mit hohem Respekt und Anerkennung vor dem angeeigneten Spezialwissen. Als Konsequenz findet man nicht selten ein Kollegium, das die Thematik meidet.

Außerdem kommt erschwerend hinzu, dass der Lehrer an sich durch seine schulklassenbedingte und fachspezifische Zuständigkeit die Schule zumeist nicht aus ganzheitlicher Perspektive wahrnimmt, sondern kleinteilig und spezifisch im subjektiven Schulklassenhorizont agiert und jahrgangs- bzw. fachübergreifende Aspekte oftmals aus dem Blick verliert.

Aus den eben genannten Gründen gibt es an den Schulen bislang nur sehr selten innerhalb der gesamten Institution eine Zusammenarbeit aller Lehrkräfte, die mit dem Thema berufliche Orientierung in Berührung kommen. Die schulische Berufsorientierung wird in der Regel vom hauptverantwortlichen Lehrer allein oder in einem kleinen Team bewältigt. Dies spiegeln auch die Interviews wider. An einigen Stellen lassen sich jedoch Bemühungen erkennen, das Gesamtkollegium in die Arbeit zu integrieren und an der Weiterentwicklung und optimalen Umsetzung der schuleigenen Berufsorientierung zu beteiligen.

> BOL 9: „Ich will auch immer, dass die Klassenlehrer sich das mit anhören, denn die sollen ja nicht denken, das machen nur wir zwei und sie können sich zurücklehnen, so soll's ja nicht sein."

> BOL 20: „Wir haben einen Stamm von 4, 5 Lehrern, die an dem Thema arbeiten und da haben wir natürlich versucht, die anderen Kollegen auch mit dafür zu interessieren, dass es nicht so im eigenen Saft schmort. Und da haben wir auch immer für die Kollegen Veranstaltungen gehabt, also wir waren in mehreren Betrieben mit Kollegen und haben uns eben dort auch informiert über die Ausbildung."

> BOL 17: „Wenn man manchmal so Politiker hört, wie damals Gerhard Schröder, das hat uns schon ganz schön getroffen, wo damals gesagt wurde, dass Lehrer faule Säcke sind. Das trifft also hier bei uns an der Schule absolut nicht zu. Da macht also jeder was. So, und als ich hier her kam und meine Idee vorgestellt hab', da haben sich schon sofort 5 Kollegen gefunden, die mich also unterstützen, obwohl jeder noch woanders mit integriert ist. Das Ganze steht und fällt mit der Schulleitung. Ich bin ja auch erst neu an die Schule gekommen, nachdem meine Schule geschlossen wurde. Ich war Lehrer der 10. Klasse und bin nicht wie meine Kollegen mit ihren Klassen mitgegangen, sondern war vogelfrei. Und da ich an diese Schule schon mal abgeordnet war, hat mich dann die Schulleiterin gefragt. Das hab ich dann gemacht, weil die Schulleiterin war sympathisch und vor allem, die lässt uns hier arbeiten. Also, die reglementiert nicht, die lässt uns hier machen, die hat Vertrauen, die lobt die Kollegen, wenn sie was machen. Und das ist eigentlich auch das, wo ich sage: Es steht und fällt mit dem Schulleiter. Das motiviert natürlich. (...) Wir machen das hier doch als Hobby."

> BOL 26: „Naja, dieses Berufsberaten, ich mach das ja erst ab diesem Jahr, ich hab ja nie gedacht, dass das so einen Umfang annimmt und dass dann halt auch viele sagen, wenn ich dann immer zu den Klassenleitern komme und so, bissel mehr Anerkennung würde ich mir wünschen für diese ganze Sache und nicht immer: „Jetzt kommt die schon wieder mit irgend so einer Sache, jetzt muss die schon wieder fragen, jetzt müssen wir schon wieder Geld einsammeln für den Berufswahlpass" und so was, ich mein, das wächst ja nicht auf meinem Mist, ich würd's auch lieber lassen. Also, die Anerkennung in der Beziehung."

> BOL 8: „Wenn ich dann auf solchen Veranstaltungen und Fortbildungen war, da komme ich dann immer so motiviert zurück und berichte den Schülern gleich alles, bloß die interessiert es trotzdem nicht. Und die Kollegen schon gleich gar nicht."

Wie sich anhand der Interviews veranschaulichen lässt, ist das Spektrum, in dem sich die gemeinschaftliche Arbeit des Lehrerkollegiums zur Berufsorientierung bewegt, unwahrscheinlich breit. Es wird im Einzelfall von völligem Desinteresse der übrigen Lehrerschaft berichtet, aber auch von großem Engagement des gesamten Teams, das die Berufsorientierung nahezu zum gemeinsamen Hobby macht. Innerhalb dieser beiden Extremfälle bewegen sich alle Äußerungen, die auf das Zusammenwirken des Lehrerkollegiums einer Schule im Hinblick auf die Planung, Koordinierung und Umsetzung der schulischen Aktivitäten zur Berufsorientierung schließen lassen.

Ein besonders wichtiger Fakt, der auch in den Interviews eine Rolle spielte, ist die gute Zusammenarbeit mit der Schulleitung. Es kann angenommen werden, dass die Berufsorientierung an den Schulen als gemeinschaftliche Aufgabe aller dort beschäftigten Pädagogen angesehen wird, wo das Verständnis für die Thematik auch von der Schulleitung getragen wird und allgemein ein positives Arbeitsklima innerhalb des Kollegiums und der Leitungsebene herrscht. An den Bildungseinrichtungen, an denen die Schulleitung für die Thematik noch nicht ausreichend sensibilisiert scheint oder Spannungen im Kollegium oder zwischen Lehrerschaft und Direktion bestehen, ist auch die Wahrnehmung der pädagogischen Querschnittsaufgabe unterentwickelt und eine entsprechende Umsetzung nicht in Aussicht.

Wie wichtig werden externe Partner eingeschätzt?
In allen befragten Schulen spielen externe Partner eine große Rolle. Besonders für die Berufsorientierung konnten viele Schulen in den letzten Jahren ein dichtes und vielfältiges Netzwerk aus Akteuren aufbauen, die bei den schuleigenen Berufsorientierungsaktivitäten unterstützen. Die Wichtigkeit der Integration solcher schulfremden Experten wird von den Interviewpartnern wiederholt betont. Für die Schüler seien diese Partner, z.B. aus der Wirtschaft oder der Arbeitsverwaltung, authentische Repräsentanten der Berufs- und Arbeitswelt, denen bezüglich der Vermittlung von arbeitsweltrelevantem Wissen und nützlichen Informationen häufig mehr Glauben geschenkt wird als den Schulpädagogen. Außerdem erlangt das Lernen an außerschulischen Lernorten im schulischen Kontext immer mehr Bedeutung. Im Zuge dieser Öffnung von Schule zur außerschulischen Lebenswelt und der Nutzung von Bildungsgelegenheiten sowie Lernanreizen in schulfremden Situationen gewinnen auch Erfahrungen, die auf eine zukünftige berufliche Tätigkeit vorbereiten, an Stellenwert im schulischen Geschehen. Der allgemeine Bildungsauftrag der Schule verknüpft sich zusehends mit berufsbildenden Inhalten.

Für die befragten Lehrer ist der Kontakt zur Wirtschaft für die berufliche Orientierung und Vorbereitung des Übergangs von Schule in Beruf wichtig geworden. In einer Zeit, in der die wirtschaftlichen Entwicklungen derart starken und andauernden Veränderungen unterworfen sind, wandeln sich proportional auch die Anforderungen an zukünftige Arbeitnehmer. Für die jungen Menschen, die unmittelbar vor einer beruflichen Erstentscheidung stehen, ist es unabdingbar, die Anforderungsprofile für ihre favorisierten beruflichen Bildungswege zu kennen. Die Schule ist aufgefordert, den Schüler optimal für den Übertritt vom allgemeinen in das berufliche Bildungssystem vorzubereiten. Wichtige Aspekte dabei sind die Vermittlung der eben beschriebenen, aktuell geltenden Anforderungen der Wirtschaft an Berufseinsteiger und jugendliche Ausbildungsplatzbewerber, die Perspektiven im gewählten Beruf sowie die Karrieremöglichkeiten. Bei mehr als 350 Berufen und einer Vielzahl alternativer Qualifizierungs- und Weiterbildungsmöglichkeiten im Anschluss an das allgemeinbildende Schulsystem ist es den Pädagogen selbstverständlich nicht möglich, dieses spezifische Wissen für alle Berufswege und in topaktueller Form zu besitzen. Für die Information der Schülerschaft über derartiges Spezialwissen, ist die Schule auf Experten mit entsprechender Sachkenntnis über die individuellen Berufswünsche der jeweiligen Jugendlichen angewiesen. Die geeigneten Ansprechpartner dafür sind Vertreter von Unternehmen, die diese Berufe ausbilden.

Von den befragten Lehrern wird rückgemeldet, dass es vor allem die Authentizität steigert und eine höhere Glaubhaftigkeit erzeugt, wenn die Informationen zu Berufsbildern von einem Repräsentanten der jeweiligen Branche kommuniziert werden. Man nimmt an, dass die Schüler das Wissen der Lehrer über Berufsinhalte als weniger belastbar und überzeugend einschätzen, als Auskünfte direkt vom Unternehmen. Auch andere externe Partner der Schule, wie z.B. Projektträger oder Berufsberater, gelten in den Augen der Jugendlichen als kompetentere Ratgeber als die Lehrer, da jene dem Schüler nur in Zusammenhang mit der Berufsorientierung begegnen und deshalb eher als Experten auf dem Gebiet wahrgenommen werden. Besonders wichtig sind für die angehenden Bewerber Kontakte mit Unternehmen, die potenzielle Ausbildungsunternehmen darstellen könnten und demnach das Berufsbild vertreten, für das sich der Schüler interessiert. Diese Spezifik kann die Schule über Kooperationsbeziehungen nur teilweise gewährleisten. Hierfür können Praktika und individuelle Unternehmensbesuche genutzt werden, für die die Schule aber ein wichtiger Rahmengeber, Vermittler und Multiplikator bleibt.

Zudem wird darüber berichtet, dass die Erfahrung der späteren Brauchbarkeit von schulischen Lerninhalten und Qualifikationen zu einer Motivationssteigerung in der Lernbereitschaft der Schüler führen können. Für die Jugendlichen ist es bedeutend, dass die Fähigkeiten und Lerninhalte der schulischen Allgemeinbildung im zukünftigen Leben von Bedeutung bleiben und deshalb einen Sinn haben, der über die schulische Notengebung hinausgeht. Oftmals fehlen den jungen Menschen die Verknüpfung von in der Schule theoretisch erworbenen Kenntnissen und deren Anwendung in der Praxis und die Relevanz für das spätere Leben. Auch hier haben sich Kooperationen zu Partnern aus der Wirtschaft bewährt. Einige Schulen berichten, dass die Lernleistungen und die Lernbereitschaft der Schüler in den höheren Klassenstufen zugenommen hätten, seitdem die Schule sich verstärkt in der Berufsorientierung engagiert und vielfach Kontakte mit der Arbeitswelt möglich macht, in denen eine Anwendbarkeit des schulischen Wissens in der beruflichen Wirklichkeit getestet werden kann.

> BOL 9: „Wichtig ist, dass die mal aus anderem Munde erfahren, worauf es ankommt."

> BOL 6: „Und dass sich die Wirtschaftspaten ansprechen lassen, z.B. „Wozu brauche ich die verdammte Prozentrechnung? Die kann ich nicht, die will ich nicht, die ist Kacke." Und wenn jetzt der Schmied sagt: „Du mein Guter, bei mir musst du Prozentrechnung können, weil...." dann ist auch der Ticker von den Kindern wieder da: „Na gut, dann mach ich das."

> BOL 7: „Klar sag ich denen hier auch hin und wieder und erklär: „Auch ein Koch muss schreiben können, weil der vielleicht ´ne Speisekarte mit entwerfen muss, der muss auch rechnen können, weil er das alles kalkulieren muss". Ja schon, aber wenn ich denen das sage, dann geht das hier rein und dort raus. Wenn die das aber direkt von den Leuten vor Ort hören, ist das schon was anderes."

Von den Schulvertretern wird in aller Regel bestätigt, dass sie ihren gesellschaftlichen Auftrag allein nicht mehr bewältigen können und auf die Unterstützung einer Reihe außerschulischer Partner für die verschiedensten pädagogischen Aufgaben angewiesen ist. Es bleibt festzustellen, dass die befragten Schulen mit den bestehenden Partnerschaften zwar bereits vielfältige und tragfähige Strukturen aufbauen konnten, dass aber ein weiterer Ausbau des schulischen Netzwerkes für erforderlich gehalten wird. Die befragten Lehrer reflektieren in diesem Kontext nicht nur ein Mehr an Vielfalt und Quantität der Partnerschaften, sondern auch eine Intensivierung der einzelnen Kooperationen, um das Netz engmaschiger zu gestalten. Nicht nur im Rahmen der Berufsorientierung sind die außerschulischen Kooperationspartner von großer Bedeutung, sondern die Schule ist in zunehmendem Maße durch ihre sozial begründete, größere gesellschaftliche Verantwortung auf das Mittun von Experten aus nichtschulischen bzw. schulverwandten Institutionen angewiesen. Die genannten Inhalte der Berufsorientierung und Gestaltung des Ganztagsangebotes können hier auch noch um weitere Inhalte, wie beispielsweise Demokratieerziehung, Suchtprävention und Gesundheitserziehung, erweitert werden. Der ausgeweitete Bildungs- und Erziehungsauftrag in seiner ganzheitlichen Betrachtungsweise stellt die Schule vor Herausforderungen, die sie nur mit Unterstützung geeigneter Partner und Experten realisieren kann.

SL 27: „Ich meine, welche Möglichkeiten hat Schule allein? Da müssten auch einfach die Partner enger zusammenarbeiten. Da müsste eben auch der Anstoß, die Bereitschaft von nicht nur so wenigen Partnern, wie sie sicherlich jede Schule hat, denke ich einfach mal, sondern wenn schon Berufsorientierung eine komplexe Aufgabe sein soll, dann muss es ein gesellschaftliches Problem sein und nicht ein Problem der Schule."

SL 3: „Für das Ganztagsangebot versuchen wir jetzt auch außerschulische Partner ins Boot zu holen, damit das Angebot noch ein bissel breiter wird."

Im Zusammenhang mit der Partnerarbeit wird von den Lehrern immer wieder darauf hingewiesen, dass konsequente und erfolgreiche Kooperationsbeziehungen große zeitliche Ressourcen beanspruchen. Will man eine Partnerschaft effektiv und dauerhaft gestalten, muss sie sehr intensiv gepflegt werden, was auf beiden Seiten einen enormen Zeitaufwand mit sich bringt. Sind die Kooperationspartner dafür finanzierte Projektträger oder installierte Anlaufstellen, reduziert sich das aufzubringende Engagement auf die schulische Seite der Kooperationsbeziehung. Für die Schule bleibt allerdings die zeitliche, personelle sowie organisatorische Aufwendung, das Projekt sinnvoll in das Schulgeschehen zu integrieren. Betrachtet man allerdings die direkten Kooperationsstrukturen mit Unternehmen der regionalen Wirtschaft, werden auf beiden Partnerseiten entsprechende Investitionen notwendig, um die Kooperation in effektiver Art und Weise funktionstüchtig zu halten.

Angesichts knapper Ressourcen und ungünstiger Rahmenbedingungen in der Schulorganisation wird die Netzwerkarbeit an den Schulen durchaus problematisch eingeschätzt. Viele der befragten Pädagogen kritisieren dementsprechend die Möglichkeiten zur schulischen Partnerarbeit und begründen darüber die noch ausbaufähigen Netzwerkstrukturen.

SL 1: „Es gibt außerhalb der Schule sehr viele Partner, die bereit sind, Aktionen der Schule zur Berufsorientierung zu unterstützen; wenn sie es denn wissen. Also wir haben die Erfahrung gemacht. Aber da müssen Sie als Schule dranbleiben, das ist eine Frage des Zeitaufwandes."

BOL 8: „Ja, da gibt es ein Autohaus, die haben mit uns einen Vertrag. Aber wir haben inzwischen eben auch festgestellt, vom Prinzip her müsste da nun ununterbrochen ein Lehrer auch wieder hin und her das machen, weil die Leute, die dort arbeiten in der Autowerkstatt, die haben auch nicht massenhaft Zeit, um sich damit nun ständig... Natürlich gehen Schüler von uns in diesen Praktikumszeiten dort hin, wenn's irgendwie machbar ist und das empfehlen wir dann auch und die werden auch sehr gut geschult dort. Es ist einfach so, dieses ständige Hin und Her, das ist gar nicht machbar."

BOL 28: „Ein Partner aus der Wirtschaft intensiv ist vielleicht besser als alles irgendwo anzureißen. Weil es auch ein großer Aufwand ist für die Lehrer und unsere

Schulleitung, weil man ja ständig miteinander kommunizieren muss, sie kriegen auch ständig Schüler. Da müssen auch Absprachen getroffen werden. Wenn ich 3 oder 4 Partner habe, das krieg ich gar nicht alles unter einen Hut. Ich weiß nicht, wie das andere machen."

Die Schulen haben im Laufe der Zeit schon viele Erfahrungen in der Arbeit mit externen Partnern sammeln können. Nicht immer waren diese Erfahrungen positiv. Im Bereich der Projektträger werden Kooperationen bemängelt, die beispielsweise nicht das individuelle Interesse des Schülers zentrieren, sondern vielmehr dem Zweck dienen, den Trägern eine dauerhafte Finanzierung zu sichern. Doch auch im Rahmen von Kooperationen mit Unternehmen schildern die Lehrer derlei negative Erfahrungen. Ab und zu werden Schulpartnerschaften von den beteiligten Wirtschaftvertretern nicht mit der nötigen Ernsthaftigkeit und Konsequenz verfolgt, sodass die Schule nicht von einer verlässlichen Netzwerkstruktur mit Vorteilen für die schuleigenen Aktivitäten zur beruflichen Orientierung profitieren kann. Ursachen für defizitäre Kooperationsmodelle finden sich auf beiden Seiten, sowohl beim Unternehmen, als auch bei der Schule.

Zum einen gibt es Unternehmen, die einen Kooperationsvertrag mit einer lokalen Schule eher als Prestigeobjekt betrachten, als diesen zur Grundlage für eine Zusammenarbeit und gemeinsame Aktivitäten im Sinne der Berufsorientierung bzw. des Azubimarketings für das Unternehmen zu nutzen. Es finden sich aber auch Schulen, an denen Kooperationsverträge mit Unternehmen vielmehr zum Schmuck dienen, als der Regelung gemeinsamer Vorhaben.

Insgesamt kommt der schulischen Partnerarbeit der Duktus eines langwierigen Entwicklungsprozesses zu, der nie als abgeschlossen betrachtet werden kann. Kooperationen leben von den Personen, die sie gestalten. Da sowohl auf Seiten der Schule als auch im Unternehmen Zuständigkeiten unweigerlich Veränderungen unterliegen, müssen die Kooperationsbeziehungen immer wieder neu ausgelotet, überprüft und revidiert oder sogar aufgelöst werden.

BOL 6: „Das vergisst man am besten. Das ist ein Schuss in den Ofen gewesen. Wir haben damals tatsächlich diesen Kooperationsvertrag gemacht, hatten aber das Pech: Das Unternehmen unterstützt alle. Aber wir haben schließlich die Kooperationsvereinbarung mit der Berufsausbildungsabteilung gemacht und das ist so ziemlich ... null. Also es ist wirklich null. Ich bin gerade dabei, mich nach einem neuen Partner umzuschauen. Es spielt sich wirklich nichts ab. Da ist weder 'ne Unterstützung, wir haben angeboten, wir würden dort Ausstellungen von unserer Kunst machen, also Zeichnen und so. Aber: Nö, das ist ja nur die Berufsausbildung und die anderen interessiert der Kooperationsvertrag bei weitem nicht. Also such ich mir einen neuen Partner, der sich hier wirklich einbringen kann."

BOL 7: „Ich lehne zum Beispiel auch solche Kooperationen ab, ein Ausbilder von einem Zugunternehmen war z.B. auch erschrocken, der hatte einen, der sich dort für eine Ausbildung beworben hatte und fand eigentlich auch seine Leistungen und seine Hobbys, also das, was er dort gemacht hatte, eigentlich ganz gut. Dann guckte er sich seine Praktikumsunterlagen an. Hm, Bäcker. Der will hier bei mir im Zugwesen anfangen und hat beim Bäcker ein Praktikum gemacht. Na, was soll das denn? Und da war der interessiert und hat dort tatsächlich an der Schule angerufen, wie das sein könnte, dass einer, der zu den Zügen will, beim Bäcker ein Praktikum gemacht hat. Ja, es stellte sich heraus, die Schule hat 'ne Kooperationsvereinbarung mit verschiedenen Bereichen und dann sind die Schüler gezwungen, in diesen Firmen auch tatsächlich ihr Praktikum zu machen. Und dadurch hat der eben beim Bäcker Praktikum gemacht, obwohl er eigentlich was ganz anderes machen wollte. Wenn dieser Ausbilder sich dort nicht interessiert hätte, hätte der dort nicht angerufen und der wäre hinten runter gerutscht."

In der jüngsten Vergangenheit ist eine Vielzahl von Schulkooperationen gewachsen. In den kommenden Jahren muss es darum gehen, verstärkt auf die Qualität der Zusammenarbeit zu achten und sich ein Netzwerk aufzubauen und zu verstetigen, das aus gut etablierten Kooperationen besteht, aber auch hin und wieder neue Akteure aufnehmen kann. Wichtig ist, dass die Schule für ihr Berufsorientierungskonzept geeignete Umsetzungspartner besitzt, mit denen die Qualität der beruflichen Orientierung an der Schule gemeinsam weiterentwickelt werden kann. Fällt ein Kooperationspartner aus dem Geflecht heraus – z.B. aufgrund von Finanzierungsgrenzen oder wirtschaftlicher Komplikationen – ist es die Aufgabe der Schule, schnellstmöglich Ersatz für die entstandene Lücke im Berufsorientierungsgeschehen zu schaffen.

SSL 30: „ Die Unübersichtlichkeit, gerade hier in der Großstadt, der vielen Angebote macht uns das nicht wesentlich leichter. Das hat eben mit zur Folge, dass man sich auf Bekanntes wieder stützt, weil das von der Erfahrung her gut war, sodass sie dann nach 'ner gewissen Zeit doch ein relativ eingefahrenes System wieder haben, ein bisschen im eigenen Saft schmoren."

Wo sehen die Lehrer das größte Problem bezüglich der Berufsorientierung der Schüler?
Allgemein wird von den meisten Lehrern berichtet, dass die Schüler das Bewusstsein für die Ernsthaftigkeit der Thematik zu spät erlangen. Thomä beschreibt dieses Phänomen als „beneidenswerte Ignoranz der Zukunft", über die Kinder verfügten (Thomä 1992, S. 104). Heutzutage ist es besonders bei Großunternehmen üblich, dass sich Aspiranten bereits in den ersten Monaten des Abschlussschuljahres bewerben. Viele Schüler beginnen aber erst in dieser Phase, sich intensiv mit der Thematik auseinander zu setzen. Es ist die Zeit, in der scheinbar fundierte Berufswünsche noch einmal ins Wanken geraten, in der Jugendliche merken, dass sie das Anforderungsprofil für den Traumberuf u.U. nicht erfüllen und in der sich Beweggründe für eine Entscheidung entfalten, die bislang keine Rolle spielten, bspw. lokale Nähe des Ausbildungsbetriebes, die aktuelle Situation und Prognosen für den Ausbildungsmarkt oder monetäre Ur-

sachen. Ist der Berufswunsch in der Abschlussklasse noch nicht fest konstituiert, kann das Benachteiligungen im Bewerbungsprozess nach sich ziehen. Ein frühzeitiges Hinarbeiten und systematisches Vorgehen der Schule könnte hier vorbeugend wirken. Allerdings sehen sich die Lehrer bis zur 8. oder 9. Klasse häufig mit einem erheblichen Desinteresse der Schülerschaft konfrontiert, das den frühen Ansatz konterkariert. Den Jugendlichen wird nicht nur attestiert, dass sie sich zu spät ernsthaft für ihre berufliche Zukunft interessieren, sondern auch, dass eine zu lange Zeit unrealistische Vorstellungen die Lebensentwürfe bestimmen. Oftmals werden erst im Bewerbungsprozess Wunsch und Möglichkeit in ein brauchbares Verhältnis gebracht, aus dem berufliche Perspektiven hervorgehen, die als Kompromiss zwischen Aspiration und Option tatsächlich umsetzbar erscheinen. Viele Schüler vergeben sich darüber die Chancen einer hilfreichen Kontaktaufnahme mit potenziellen Ausbildungsunternehmen bereits während der Schulzeit, die einen Übergang von Schule in Beruf möglicherweise um ein Vielfaches hätte erleichtern können.

> SL 3: „Das ist überhaupt ein großes Problem, dass unsere Jugendlichen, also viele, naja ein großer Prozentsatz, dass die bis kurz vor Toresschluss a) keine Vorstellungen haben und b) naja phhh sehr sehr leichtfertig und fahrlässig muss man sagen..."

> BOL 8: „Wir reden uns de Gusche fusselig – es interessiert schlicht und einfach nicht. Ich habe eine 10. Klasse im Vertiefungskurs Wirtschaft – also, die müssten es ja nun wirklich wissen. Da gibt es drei, die sich schon fleißig bewerben und bei zweien hat es auch schon geklappt. Aber die anderen .... ich weiß nicht, auf was die warten."

> BOL 8: „Ich glaube, die glauben, dass sich irgendwann irgendjemand um sie kümmert."

> BOL 17: „Das große Problem ist eigentlich, dass es den Schülern erst relativ spät bewusst wird. Ich meine, das ist schon klar, dass in der 7. Klasse jemand nicht weiß, was er machen will. Das ist schon klar, das ist bei und früher auch so gewesen."

In diesem Zusammenhang wachsen bei einzelnen Lehrern aber auch durchaus Zweifel und sie geben zu bedenken, dass die Jugend auch ein Recht auf eine unbeschwerte Zeit habe und diese Lebensphase von den jungen Menschen über die Berufsfindung hinaus auch noch ganz andere Leistungen verlange. Die Lehrer reflektieren in den Interviews sehr eindrucksvoll das Dilemma zwischen gesellschaftlich gewünschter frühzeitiger sozialer Wegbereitung, die dem individuellen Entfaltungsspielraum der jungen Menschen entgegensteht. Billigt man den Heranwachsenden uneingeschränkt die Bewältigung individueller Entwicklungsaufgaben im jugendlichen Schonraum zu, auch wenn sie möglicherweise dadurch benachteiligt werden, oder besteht man in Anbetracht der enormen Relevanz des Themas Berufsorientierung auf dessen Bearbeitung, auch wenn die

Jugendlichen dafür anscheinend nicht das nötige Interesse aufbringen? Ich denke, der Königsweg liegt irgendwo dazwischen. Es kann nicht darum gehen, junge Menschen unentwegt auf die Ernsthaftigkeit des Erwachsenendaseins hinzuweisen und allgegenwärtig die berufliche Entscheidungsfindung und soziale Platzierung zu thematisieren. Vielmehr muss das pädagogische Handeln darauf abzielen, dass Jugendliche die notwendigen Kompetenzen erwerben, die eine gelingende Berufswahl erst ermöglichen. Viele arbeitsrelevante Lerninhalte lassen sich optimal mit allgemeinen Bildungszielen verknüpfen und vermitteln wichtiges Orientierungswissen und berufliche Handlungskompetenz auf eine altersgerechte und eher mittelbare Art und Weise. Eine derart konzeptionalisierte Bildungsstrategie verspricht eine gewisse Bewahrung der jugendlichen „Sorglosigkeit" und gleichzeitig die Vermittlung wichtiger Kompetenzen für eine fundierte Berufswahl sowie eine latente Auseinandersetzung mit arbeitsweltlichen Inhalten, die Einfluss auf die subjektive Entwicklung und Konstituierung des Lebensplanes nehmen.

BOL 2: „Keine Vorstellungen. Da ist keine Vorstellung da und die Wenigsten haben ja leider auch einen Anspruch, aber vielleicht ist das auch das Recht der Jugend. Denn der Ernst geht ja beizeiten los. Vielleicht ist es schön, dass man noch so..., also die Ernsthaftigkeit wird nicht gesehen oder nicht erkannt. Ein Jugendlicher nimmt das nicht so, wie wir das aufnehmen, dass man da 'ne Zukunft, dass da 'ne Sicherheit – materiell und finanziell und dass das alles, also, das ist schwer zu vermitteln. Die haben ihre eigene Welt, die Jugendwelt und da ist die Vorstellung noch nicht etabliert, ja? Da ist der Freund oder die Freundin, da ist die Clique, das ist viel wichtiger, als jetzt da in den Beruf zu gehen. Sie haben aber auch welche, die da ganz gezielt gehen und auf dem Gymnasium ist es bestimmt noch extremer, man hat hier einzelne, aber die Masse sieht diesen Ernst noch nicht. Die sagen dann immer: „Der Lehrer erzählt, die Eltern erzählen, die Oma erzählt" – da rein und da raus. Und ich würde das nicht unbedingt mal als Vorwurf machen. Das ist eben so. Bloß gut, eigentlich ist es so, natürlich wär's schöner, wenn's ernsthafter wär, weil diese Ernsthaftigkeit fehlt eben dann auch in der Schule."

BOL 11: „Vielleicht sind die Schüler manchmal noch zu sorglos – es wird schon irgendwie weitergehen. Oder vielleicht empfinden die das auch gar nicht so. Gerade in dem Alter: mir kann nichts passieren, irgendwie geht's schon weiter. Wenn da manchmal Schüler zwei Jahre später mal wieder an die Schule kommen, da sagen die dann manchmal: „Also so wie die Schüler waren wir damals nicht." Ich sag: „Ihr wart genauso.""

BOL 16: „Viele sind sich der Ernsthaftigkeit der Thematik wirklich noch nicht bewusst. Wobei ich manchmal auch hinterfrage, ob ein 15-Jähriger überhaupt so intensiv über seine Zukunft nachdenkt."

Will man diesen hinderlichen Mechanismen nachhaltig entgegenwirken, muss es gelingen, die Schüler frühzeitig aufzuschließen und die Thematik in der kindlichen und frühjugendlichen Lernwelt altersgerecht zu platzieren. Sollen Arbeit und Beruf einen festen Platz im Lebensentwurf Heranwachsender erlangen, haben zeitig einsetzende und kontinuierlich wiederkehrende Erlebnisse in authentischen Erfahrungswelten sowie eine unterschwellige Verknüpfung allgemeiner und beruflicher Bildungsinhalte höhere Erfolgsaussichten, als eine unvorbereitete Konfrontation mit einem gesellschaftlichen Imperativ in Zeiten schwerwiegender und vielfältiger individueller Entwicklungsprozesse. Auch vor dem Hintergrund, dass die Berufswahl heute kein einmaliges Geschehen im Leben ist, werden die Kompetenzen, die zu einer fundierten beruflichen Entscheidungsfindung notwendig sind, immer wichtiger. Die Fähigkeit zur zielführenden Auseinandersetzung mit persönlichen Interessen, Stärken und Neigungen sowie den Anforderungen des Arbeitsmarktes (vgl. Jung 2008, S. 137), gehört in Zeiten diskontinuierlicher Erwerbskarrieren zu den Grundlagen, um ein Leben in Erwerbsarbeit zu bestreiten.

> BOL 17: „Wir wurden auch schon schief angeguckt, weil wir gesagt haben, dass wir in der 7. Klasse anfangen: „Wer soll denn mit 12 wissen, was er werden will, das hab ich da auch nicht gewusst". Das ist eigentlich auch nicht Sinn und Zweck, wir wollen die bloß aufschließen. Früher hatte ein Schüler zu DDR-Zeiten PA[44] gehabt und wusste von der 7. Klasse an, wie es in einem Betrieb aussieht. Das weiß heute so gut wie kein Schüler. Wir haben auch sehr viele Schüler, wo die Eltern Langzeitarbeitslose sind, das heißt, woher sollen die wissen, wie es in einem Betrieb aussieht?"

Das wohl schwerwiegendste und tiefgreifendste Problem, das eine für alle erfolgreiche Berufsorientierung an der Schule fast unmöglich macht, sehen die befragten Lehrer und Schulleiter in sozial benachteiligten Elternhäusern und prekären Herkunftsmilieus begründet. Dieses Hemmnis wird deshalb so stark hervorgehoben, weil es die Lehrer vor eine nahezu unlösbare Aufgabe stellt – nämlich gegen die familiale Sozialisation anzukämpfen. Konfrontiert mit einer pessimistischen und teilweise anspruchslosen Schülerschaft, die nichts weiter erwartet als ein Leben von staatlichen Transferleistungen, kämpft der Lehrer bei dieser Klientel mit der eigenen pädagogischen Maxime und pendelt zwischen Hoffnung und Resignation. Unter den nächsten beiden Überschriften soll dieser Sachverhalt intensiver bearbeitet werden. Da die Eltern das entscheidende Bindeglied zwischen Schule und familialem Sozialraum verkörpern, wird das Themengebiet damit eingeführt, die Kontakte zwischen Elternhaus und Schule zu

---

44 PA steht für ‚Produktive Arbeit' und war ein Schulfach im DDR-Schulsystem, in dem Schüler der 7. bis 10. Klassen wöchentlich in volkswirtschaftlichen Betrieben tätig waren. In den Klassenstufe 7 und 8 umfasste diese Fach vier Wochenstunden, in der 9. und 10. Klasse 6 Unterrichtsstunden. Ziel war es, dem Schüler Achtung vor der Berufstätigkeit zu vermitteln sowie sie auf die eigne berufliche Zukunft vorzubereiten.

analysieren und die Zusammenarbeit beider Erziehungs- und Bildungsinstanzen darzustellen.

Elternarbeit zur Berufsorientierung
Bildung und Erziehung sind Aufträge, die im Zusammenwirken öffentlicher und privater Instanzen realisiert werden. Die Eltern als primäre Sozialisationsagenten sind für die gesamte Entwicklung ihrer Nachkommen von erheblicher Bedeutung. Auch wenn die Schule ihren Beitrag zur Entwicklung der jungen Menschen unabhängig von den elterlichen Vorleistungen gestaltet, bleibt der familiale, insbesondere der elterliche Einfluss wirksam. Das äußert sich vor allem darin, dass die enorme Schulleistungsvarianz größtenteils auf die Unterstützungsleistungen durch das Elternhaus zurückgeführt werden kann (vgl. Krumm 2000, S. 129). Eltern werden damit zum wichtigen Partner für die Schule hinsichtlich der Begleitung individueller Entwicklungsprozesse ihrer Schüler. Eine enge Zusammenarbeit der beiden bedeutsamsten Sozialisationsinstanzen im Schulalter erscheint unter diesem Aspekt dringend geboten. „Schule kann ohne Eltern ‚funktionieren', aber sie ist dann in Gefahr, um sich selbst zu rotieren." (Keck 1990, S. 96, Hervorhebung im Original)

Für ein Zusammenwirken von Schule und Elternhaus wurde eine Vielzahl von Beteiligungsmöglichkeiten entwickelt (für eine umfangreiche Aufzählung vgl. Huppertz 1990, S. 77), die an den einzelnen Schulen eine durchaus unterschiedliche Akzeptanz, Ausgestaltung und Umsetzung finden.

Alles in allem wird die Zusammenarbeit mit den Eltern von der Mehrheit der Befragten als überaus problematisch eingeschätzt. Die meisten Vertreter der staatlichen Mittelschulen bemängeln allgemein das Interesse ihrer Elternschaft für die Schule und teilweise auch für die eigenen Kinder. Besonders häufig wird kritisiert, dass genau die Eltern von der Schule unerreicht bleiben, die auf besondere Unterstützung eigentlich angewiesen seien.

> „Versteht man (...) Bildungspolitik als soziale Integrationspolitik, so wird man vor allem bei den ‚unteren' Sozialschichten das Bildungsinteresse wecken und eine Kooperationswilligkeit entwickeln müssen. Die Voraussetzungen sind hierbei besonders ungünstig, weil Lehrer gerade mit jenen Eltern seltener ins Gespräch kommen, deren Kinder es aufgrund des andersartigen Sozialisationsmilieus am nötigsten hätten." (Schleicher 1972, S. 46, Hervorhebung im Original)

Trotz der vielfältigen Möglichkeiten einer Zusammenarbeit von Schule und Eltern finden sich bei einem Großteil der Schulen die Gestaltung von Elternabenden und bestenfalls die Existenz regelmäßiger Elternsprechtage als die einzigen Angebote zur Elternarbeit. Nur in wenigen Fällen werden darüber hinaus die Eltern beispielsweise in Projekte (zur Berufsorientierung) integriert.

Es kann festgehalten werden, dass die Kooperation zwischen Schule und Elternhaus auf beiden Seiten entwicklungsbedürftig erscheint. Auf der einen Seite muss die Schule mehr Angebote zur Elternbeteiligung bereitstellen und diese vor allem auf die individuellen Bedürfnisse der jeweiligen Elternschaft abstimmen. Auf der anderen Seite muss es besser gelingen, die gesamte Elternschaft zu aktivieren und auch diejenigen Eltern in ihre Verantwortung zu rufen, die von der Schule derzeit noch unerreicht bleiben. Das Bewusstsein, zur Zusammenarbeit mit der Schule im Sinne des Kindes verantwortlich zu sein, ist in die Elternhäuser zu kommunizieren und zu implementieren. Das kann nicht nur allein Aufgabe der Schule sein, sondern dies gilt es normativ zu platzieren.

> BOL 21: „Also für die Eltern haben wir eigentlich nichts. Die Beratungslehrerin hat mich mal angesprochen, ob wir in einem Elternabend mal das Thema anschneiden, welche Anschlussmöglichkeiten es gibt, wenn man keine Lehrstelle findet. Aber bislang hat so was noch nicht stattgefunden. Das wäre dann eher mal so 'ne einmalige Geschichte, wo eben auch nicht so viele dabei sind."

> BOL 18: „Weil auch die Eltern oftmals sich so ein bisschen auf uns verlassen wahrscheinlich und denken, die Schule macht das schon, trotz Informationen zu den Elternabenden, die wir durchführen. Das ist ganz schwierig. Für mich persönlich ist es ganz wichtig, vor den Schülern vor allem und auch den Eltern ein Gesicht zu bewahren und zu sagen: „Wir haben das und das und das gemacht und mehr geht nicht."

Es existieren nur vereinzelt Schulen, die versuchen, in der Elternarbeit sehr innovative Wege zu gehen und die Erziehungsberechtigten permanent am schulischen Geschehen zu beteiligen. Diese Schulen sehen sich oftmals mit der Hürde konfrontiert, dass Eltern, besonders in problematischen Lebenslagen, sehr schwer zu aktivieren sind. Für das Aufschließen solch problematischer Elternklientel sind bereits vereinzelt Konzepte entstanden, die veranschaulichen, wie diese Problematik schulseitig bewältigt bzw. zumindest angegangen werden kann. Wichtig erscheint, dass die Eltern von Beginn an im regen Austausch mit der Schule stehen und dieser nicht erst mühsam aufgebaut wird, wenn schwierige Entwicklungsaufgaben anstehen. Besonders eine frühzeitig gewachsene vertrauliche Basis trägt zu einer guten Partnerschaft zwischen Schule und Elternhaus bei. Hierbei ist es unumgänglich, die Schule als verlässlichen Ansprechpartner und als Beratungsinstanz zu etablieren, die für hilfesuchende Eltern jederzeit zur Verfügung steht. Wie auch von den Schulpädagogen in den anschließenden Interviewausschnitten angerissen wird, haben vor allem Eltern aus prekären gesellschaftlichen Milieus Berührungsängste mit öffentlichen Einrichtungen, zu denen auch die Schule zu zählen ist. Die schlechten Erfahrungen mit Behörden und Ämtern haben diese Elternklientel auch für die Schule schwer zugänglich bzw. verschlossen gemacht. Ängste, die solche Konstellationen beherrschen, müssen in einem sensiblen Prozess abgebaut werden, damit daraus ein vertrauensvolles Verhältnis zwischen Lehrern und Eltern wachsen kann. Erst eine solche Grundlage verspricht eine rege und nützliche Beteiligung von Eltern am schulischen Geschehen.

Ein weiteres Hindernis der konstruktiven Erziehungspartnerschaft zwischen Eltern und Lehrern ist in ihrer Beziehung zueinander begründet. Beide Instanzen begegnen sich selten als gleichwertige „Vertragspartner", vielmehr wird der Lehrer dank seiner Berufsrolle als „Experte", die Eltern eher als „Laien" wahrgenommen (Krumm 2000, S. 140). Eine vertrauensvolle Basis verlangt ein Treffen auf Augenhöhe.

> BOL 9: „Wir machen eigentlich ganz viel Elternarbeit, auch zur Suchtprävention und Pubertät und so, also die Eltern sind eigentlich nicht allein gelassen. Nur wie es genutzt wird, das ist eben das Problem."

> SL 1: „Also, das ist ganz unterschiedlich, muss ich Ihnen sagen. Ich habe immer sehr auf Eltern gesetzt und zwar in der Form, dass man ihnen ein Stückchen, ich nenn es immer gern ‚Schwellenangst', diese Angst vor der Schule nimmt. Schule als Behörde. Die sind ja gleich nach der Wende mit allen möglichen Behörden konfrontiert worden, und weil sie auch von sich, von ihrem ganz persönlichen Habitus nicht in der Lage sind, ängstlich sind, die haben also die unterschiedlichsten Erfahrungen gemacht, denen diese Angst zu nehmen, in die Schule zu kommen. Die Angst ist so langsam weg, was natürlich nicht heißt, dass bei allen das Interesse damit geweckt ist. Sie kommen auf jeden Fall zu den Elternsprechstunden. Aber es kann natürlich nicht sein, dass die Eltern die Termine einfach vergessen und sich die Kinder dann schämen, dass die Eltern so reagiert haben."

> SL 1: „Was ich als negativ empfinde, ist, dass die Rolle der Eltern dringend gestärkt werden müsste. Das können sie aber nicht mit einem Elternabend machen. Die Ideen hätte ich, dass Schule als Raum da ist aber dass es Partner beispielsweise gibt in Form von Elternseminaren. Also so eine Elternschule würde ich sofort begrüßen. Vielleicht könnten auch die Elternabende verändert werden. Wir machen immer so 'ne inhaltlichen Elternabende, klassenübergreifend."

Eltern sind im Rahmen der Berufsorientierung für die Schule doppelt relevant: Sie sind die wichtigsten Berater der Jugendlichen in Fragen der Zukunftsplanung und damit als wesentlichster Mitakteur von der Schule ins Boot zu holen. Auf der anderen Seite sind sie Vertreter eines sehr breiten Spektrums arbeitsweltlicher Erfahrungen, das für die Schüler nutzbar gemacht werden kann (vgl. Aurin 1990, S. 13). Diese beiden Sachverhalte sind den befragten Lehrern durchaus bewusst, allerdings gibt es nur wenige Ansätze, die ein planvolles Nutzen der Ressourcen vermuten lässt.

In den meisten Schulen werden thematische Elternabende zur Berufsorientierung veranstaltet. Diese finden in aller Regel in Klasse 8 oder 9 statt. Sie werden oftmals gemeinsam mit externen Partnern arrangiert, bspw. mit den Berufsberatern der Agenturen für Arbeit, Unternehmenspartnern oder Krankenkassen.

Bei vielen Schulen erschöpft sich in diesem Angebot die Zusammenarbeit mit den Eltern in puncto Berufsorientierung. Nur selten schaffen es Schulen, die Eltern dauerhaft und intensiv an der schulischen Berufsorientierung zu beteiligen. Die Möglichkeiten der elterlichen Beteiligung an Aktivitäten zur Berufsorientierung sind unbegrenzt, nur werden diese selten praktiziert. Kreative und innovative Ansätze bzw. positive Erfahrungsberichte gibt es nur wenig. Staatliche Schulen können bezüglich funktionierender Formen der Zusammenarbeit von Schule und Elternhaus durchaus von den Erfahrungen ihrer Kollegen profitieren. Einige Schulen haben in der Beteiligung von Eltern am schulischen Geschehen Erfahrungen sammeln können, die anderen Einrichtungen bei der Etablierung eines schlüssigen Elternangebotes hilfreiche Hinweise bieten könnten. Ein konstruktiver Erfahrungsaustausch wäre an dieser Stelle notwendig und wünschenswert.

BOL 25: „Ich denke schon, dass die Elternarbeit bei uns intensiver ist als an anderen Schulen. Wir haben die üblichen Elternabende und die thematischen und dann gibt's ab und zu mal Elternbörsen, wo Eltern ihre Berufe vorstellen können, aber das ist nicht jedes Jahr. Und dann müssen die Schüler vor den Eltern ihren Praktikumsaufenthalt präsentieren. Das ist wirklich eine gute Sache, auch wenn die Schüler das natürlich hassen."

BOL 7: „Prinzipiell haben die Eltern immer die Möglichkeit, uns bei der Berufsorientierung zu unterstützen: Berufe vorzustellen, eine Führung in der eigenen Firma zu organisieren oder ähnliches. Da sind wir immer offen. Oder wenn uns Eltern mit begleiten wollen bei solchen Veranstaltungen. Wir hatten da bei der Bahn schon eine Veranstaltung und eine Mutti, die bei der Stadt arbeitet, hat da auch schon mal was organisiert. Also das funktioniert schon. Da muss man natürlich immer dran bleiben."

Hinsichtlich des elterlichen Einflusses auf das Berufswahlverhalten der Jugendlichen wird von den Schulen auch immer wieder darauf hingewiesen, dass die Kenntnisse der Eltern über die wirtschaftliche Situation und die aktuellen Bewerbungsmodalitäten teilweise ausgesprochen mangelhaft und mitunter sogar falsch seien. Vor dem Hintergrund des hohen Wirkungsgrades elterlicher Ratschläge und des großen Vertrauens der Kinder in ihre Eltern in Fragen der Lebensplanung und Berufswahl ist dieser Sachverhalt problematisch zu bewerten. Es wird sogar davon berichtet, dass einige Eltern aufgrund antiquierter Vorstellungen eigentlich überhaupt nicht in der Lage seien, ihre Kinder in Fragen der Berufswegeplanung sinnvoll zu unterstützen. Diese Aussage lässt sich allerdings nicht pauschalisieren. Auch wenn vermutet werden kann, dass der Großteil der beratenden Eltern nicht über den aktuellen Kenntnisstand verfügt, haben sie doch Gelegenheit, sich gemeinsam mit ihren Kindern auf das bevorstehende Berufswahlereignis vorzubereiten und sich entsprechend zu informieren. Dass diese Möglichkeit nicht immer optimal genutzt wird, beweisen folgende Ausschnitte aus den geführten Interviews:

> SL 7: „Wobei, ich muss immer wieder sagen, nehmen wir nicht den Eltern die Arbeit ab! Die Gefahr besteht. Wir werden hier ja zugeschüttet mit Informationsmaterial und was man alles soll und Eltern fragen mich vor zwei Jahren, wann sie denn die Karten kriegen, mit der sie sich bewerben können. Also die, die es zu DDR-Zeiten gab. Da gab's einen Startschuss, einen Tag vor den Herbstferien, da kriegten die Bewerber, und da hat ja jeder 'ne Lehrstelle gekriegt, und damit sich jeder nur auf eine bewirbt, mussten die eine Karte von der Schule kriegen, so eine Anmeldekarte und mit der haben die sich bei den Betrieben beworben. Und da haben die auch die Lehrstelle gekriegt. Und da haben vor ein paar Jahren Eltern noch darauf gewartet, dass sie von der Schule gesagt bekommen: „Und jetzt geht's los." Das heißt, unsere Eltern haben da eigentlich viel mehr Nachholbedarf als unsere Schüler."

> BOL 15: „Ich bin manchmal überrascht, wie viele Eltern noch in DDR-Maßstäben leben. Damals gab es ja noch diese Bewerbungskarten, die im zweiten Halbjahr der zehnten Klasse ausgegeben wurden. Erschrocken bin ich mal in einem Gespräch mit Eltern, als die dann fragten: „Was, das ist wohl heute anders?" Und da habe ich dann das Gefühl, dass manche Schüler, die da nicht so richtig aus dem Knick kommen, von zu Hause aus falsche Vorstellungen mitbringen oder Informationen bekommen. Und die warten dann, obwohl schon viele Betriebe Ende Oktober, November oder Dezember Bewerbungsschluss haben. Und wir reden schon mit Engelszungen."

> BOL 2: „Ich merke das ja als Lehrer ganz genau. Sie kriegen sofort mit, welches Elternhaus dahinter steht, wer sich dahinterklemmt und wer sich rührt. Und die, die sich nicht rühren, da kriegen Sie halt dann in so 'ner Elternversammlung die Frage: „Na, kriegen wir denn da mal irgendwas?" Da können sie sich totlachen – immer noch, nach 17 Jahren."

> BOL 23: „Ein Großteil der Eltern erfährt in dem thematischen Elternabend zur Berufsorientierung in Klasse 9 überhaupt erst mal, wie das Berufsbildungssystem jetzt aufgebaut ist. Also, da ist so gut wie kein Wissen da."

Die bisher angeführten Statements zur Elternarbeit stammen aus dem Regelschulwesen. Einrichtungen in freier Trägerschaft verfügen in dieser Beziehung über einige Besonderheiten und Vorteile, die sich äquivalent auf das Interesse bezüglich der Berufswahl auswirken:
- Die Entscheidung für eine private Bildungseinrichtung treffen Eltern bewusst; diese Wahl impliziert quasi automatisch ein hohes Interesse der Eltern am Werdegang ihrer Kinder. Eine Mitwirkungsbereitschaft im schulischen Geschehen ist zwangsläufig höher als an den staatlichen Schulen.
- Eltern bezahlen an freien Schulen mitunter sehr viel Schulgeld, was ebenfalls ihren Mitbestimmungswillen steigert.

- Eltern, die eine Schule in freier Trägerschaft für ihr Kind wählen, gehören seltener zur bildungsfernen Schicht. Dieser Fakt erhöht nochmals das Engagement und auch die individuellen Mitwirkungsmöglichkeiten.
- Durch hohe Anmeldezahlen können sich die freien Schulen in der Regel ihre Schülerklientel und damit unwillkürlich ihre Elternschaft aussuchen. Eltern, die kein Interesse am schulischen Geschehen zeigen, können so frühzeitig herausgefiltert werden.

Entsprechend den eben aufgezählten Vorteilen, die Schulen in freier Trägerschaft gegenüber den staatlichen Bildungseinrichtungen aufweisen, zeigt sich ein Bild, das den bisherigen Äußerungen der Schulvertreter diametral entgegensteht. Allerdings wird bei den Bemerkungen auch manches Mal deutlich, dass zu viel Elternengagement und Mitwirkungswille auch nicht immer förderlich eingeschätzt wird bzw. willkommen ist.

BOL 11: „Das Engagement der Eltern ist bei uns sehr hoch, wir haben manchmal eher das Problem, wie wir sie ... wieder losbekommen. Denn, wenn die Eltern überall mitreden und sich beteiligen wollen, kommt man auch nicht so richtig vorwärts."

SL 22: „Wenn sie Eltern haben, die sich für eine freie Schule interessieren, dann sind das zumeist nicht gerade Eltern bildungsferner Schichten, wenn ich das mal so sagen darf. Das sind schon Eltern, die hinterher sind. Das kostet auch Geld, die Eltern müssen also auch Schulgeld bezahlen, also da müssen die Eltern schon wollen."

BOL 13: „Naja, es kommt auch einfach ein bisschen darauf an, was man für eine Elternklientel hat. Das muss man ehrlicherweise dazusagen. Wir haben sehr engagierte Eltern. Eltern, die zu uns kommen – es ist nicht leicht, zu uns zu kommen, die Anmeldezahlen sind sehr hoch – den Eltern, die zu uns kommen, denen ist das wichtig, was ihre Kinder für einen Weg gehen, und dementsprechend setzen die sich natürlich auch ein. Ich denke, das ist etwas anderes, als wenn man zum Beispiel in Grünau 'ne Schule hat. Das ist einfach so, das muss man fairerweise dazusagen."

Insgesamt kann festgehalten werden, dass die Elternarbeit speziell an den staatlichen Bildungseinrichtungen durchaus Reserven hat. Eine optimale Zusammenarbeit von Schule und Elternhaus kann bei kaum einer Schule konstatiert werden, was auch die Lehrerschaft selbstkritisch eingesteht. Auch für das Thema der Berufsorientierung werden die Kontakte zur Elternschaft eindeutig noch in zu geringem Maße genutzt. An wenigen Schulen gibt es aussichtsreiche Ansätze und Ideen für eine Professionalisierung und Qualitätssteigerung in der Elternarbeit, die es in den kommenden Jahren zu etablieren gilt. Als ein Fundus für gelingende Elternarbeit können die Erfahrungen der Schulen in freier Trägerschaft angesehen werden. Erprobte und erfolgreiche Modelle könnten als *best-practice* kommuniziert und für einen Transfer in das allgemeinbildende Schulsystem aufbereitet und modifiziert werden. Berufsorientierung ohne die erfolgreiche Einbindung der Eltern bleibt unvollkommen, da der wichtigste Partner an der

Entwicklung des Jugendlichen nicht beteiligt wird und die schulische Arbeit durch die heimische Sozialisation unterlaufen werden kann. Die Abstimmung mit den Eltern und deren Integration in das schulische Berufsorientierungsgeschehen bilden einen wichtigen Handlungsbedarf.

„Problemzone" Elternhaus
Das Aufwachsen in prekären sozialen und familialen Verhältnissen stellt für die Bewältigung der Entwicklungsaufgaben eine zusätzliche Herausforderung dar. Auch auf den Berufswahlprozess und die Konstituierung beruflicher Aspirationen hat die soziale Herkunft einen bedeutenden Einfluss. Das Gefüge, in dem ein Kind aufwächst und im Jugendalter eigene Lebenspläne generiert, prägt die individuelle Entwicklung erheblich (vgl. Achtenhagen/Lempert 2000, S. 15f). Das den jungen Menschen umgebende Milieu konstruiert eine Normalität, die als Maßstab für die Entfaltung eigener Zukunftsvorstellungen herangezogen wird. Ist das Umfeld des Heranwachsenden bestimmt durch Armut und Arbeitslosigkeit, werden diese ebenfalls als Lebensoptionen für das spätere Erwachsenendasein anerkannt. Viele Kinder aus den prekären sozialen Schichten wachsen in relativer Armut und häufig in zerrütteten Familien auf, in denen oftmals mindestens ein Erwachsener schon lange Zeit arbeitslos ist. Die Kinder erfahren bereits in ihren ersten Lebensjahren, noch bevor sie das schulpflichtige Alter erreichen, einen unstrukturierten Alltag, der von den Erwachsenen oftmals nicht optimal für Bildung und Erziehung organisiert werden kann. Sie erleben mitunter das wiederholte Scheitern der Eltern am lokalen Arbeitsmarkt, das Arrangieren mit der problematischen Situation und letztendlich die Resignation der Eltern hautnah mit. Bisweilen bilden auch Gewalt- und Suchterlebnisse sowie familiäre Krisensituationen Rahmenbedingungen, die ein unbeschwertes Aufwachsen unmöglich machen. Das nicht selten praktizierte planlose In-den-Tag-Hineinleben überträgt sich schon in den Kindertagen auf die infantile Vorstellung des gesellschaftlichen Daseins im Erwachsenenalter.

Kulturell und sozial sind diese Kinder segregiert von Gleichaltrigen aus stabilen sozialen Verhältnissen und haben aufgrund ihrer Herkunft um ein Vielfaches schlechtere Startbedingungen für ein Leben in gesellschaftlich anerkannter Eigenverantwortung und Selbstständigkeit. Von der Schule wird immer wieder erwartet, diese soziale Diskrepanz zu kompensieren und durch eine chancengerechte Bildung auszugleichen (vgl. Fuhr 1998, S. 69). Hierbei überschätzt man jedoch die Möglichkeiten der Schule. Die institutionell geschaffene Wirklichkeit in der Schule kann die alltagsweltliche Realität der Kinder und Jugendlichen nicht hinreichend verändern. Die „wahre Welt" erfährt das Kind, bevor institutionelle Maßnahmen gegensteuern können. Auch während der Schulzeit gelingt es dem Bildungssystem nicht, das soziale Weltbild der Kinder zu normieren. Auch wenn die Schulanfänger mit dem Eintritt in das öffentliche Schulsystem alle an ein und derselben Startlinie beginnen, dauert es nicht lange, bis die soziale Herkunft sie einholt und entsprechend selektiert. In der derzeitigen Organisation von Schule wird es nicht möglich sein, die herkunftsbedingten Sozialisationseinflüsse und die Alltagserfahrungen der Schüler in ihrer prekären Realität zu neutralisieren und damit allen jungen Menschen die Chance auf eine erfüllte und gesellschaftlich legitimierte sowie erwünschte Lebensbewältigung zu geben. Möglicherweise gelingt es der Schule hin und wieder durch das erhöhte Engagement einzelner Pädagogen, eine überschaubare Anzahl dieser Jugendlichen auf einen erfolgreichen Lebensweg zu leiten, ein Patentrezept für die Präformierung arrivierter Biografien durch die Schule gibt es allerdings nicht.

Von den befragten Schulpädagogen werden sehr eindrucksvoll die Umstände geschildert, unter denen so mancher Jugendlicher seinen Alltag bestreiten muss. Dass unter derartigen Bedingungen die Herausbildung beruflicher Zukunftspläne und die Konstituierung anerkannter gesellschaftlicher Lebensentwürfe schwer möglich oder mitunter gar nebensächlich sind, veranschaulichen die folgenden Interviewausschnitte:

BOL 8: „Was für mich immer wieder schlimm ist bei der ganzen Sache, dass so viele sagen: „Ich krieg sowieso nichts, ich mach BVJ und dann krieg' ich Stützte." Also ich muss sagen, wenn man in dem Alter schon so abgeklärt über solche Themen spricht, dann wird mir ganz himmelangst. Weil die haben jetzt schon für sich festgelegt, dass es sowieso nichts wird. Und sehen aber offensichtlich irgendwo in der Familie oder dem Bekanntenkreis, dass man auch mit dem Wenigen das Leben bestreiten kann. Und dann hat man ja auch noch jede Menge Zeit dazu. Das ist auch nicht schlecht. Man hat zwar nicht so viel Geld, aber eigentlich kriegt man ja 'ne Menge vom Staat. Und da bleibt man eben zu Hause. Ich bin eigentlich kein Pessimist, aber das ärgert mich. Das finde ich so schlimm, dass man die so wenig animieren kann."

BOL 26: „Irgendwie geht's schon weiter, so ist die Mentalität. Und da die ja auch kein höheres Niveau gewöhnt sind, wir haben hier bestimmt 50-70%, wo beide oder mindestens einer von den Eltern keine Arbeit hat. Und die kann man ja nicht mal motivieren damit, dass man fragt: „Willst du dir nicht mal das und das leisten?" „Nö, wieso denn das?" Naja, was will man da machen?"

BOL 21: „Das ganz schlimme Erlebnis war vor zwei Jahren, als eine Schülerin zu mir sagte: „Mein Freund lebt von der Sozialhilfe und wenn ich dann ein Kind kriege – wir kommen zurecht!" Neunte Klasse, die war schwanger. Und wenn die, das klingt jetzt abwertend, Eltern dann Kinder kriegen ..."

SL 1: „Wir haben Schüler, da ist das Vertrauen in die Erwachsenen total kaputt, die glauben gar nicht, dass da jemand ist, der ihnen helfen will. Damit können die gar nicht umgehen. Und da sprechen wir von Berufsorientierung – die haben Probleme, heil durch den Alltag zu kommen."

SL 27: „Von zu Hause kommt vielleicht bei einem Drittel der Schüler noch was, bei den Hauptschülern so gut wie gar nicht, das kann man an einer Hand abzählen. Und wenn da Schule nicht wirklich auch step by step arbeitet mit den Kindern, passiert da nicht allzu viel."

SSL 30: „Wir haben hier eine Elternschaft, die, ich will nicht sagen alle, das ist ja Quatsch, aber einen nicht unerheblichen Teil, die mit sich so große Probleme hat, dass die Sorgen und Nöte der Kinder an vielen Stellen, ich will nicht sagen egal sind, aber vielleicht nicht die Beachtung finden, die sie finden müssten. Obwohl sie's von der Zeit her ermöglichen könnten und auch vom Intellekt her, aber die sind so arbeitslosigkeitsgeschädigt, dass die irgendwo – scheinbar kommt dann irgendwann der Punkt, wo man nicht mehr will oder kann und sich nur in sich zurückzieht."

Die Aussagen der Schulpädagogen beschreiben ein besorgniserregendes Bild. Sie sind charakterisiert durch eine latente oder offensichtliche Hilflosigkeit oder gar Resignation und spiegeln die schwierige Situation der Bewältigung herkunftsbedingter Beeinträchtigungen in den Mittelschulen wider. Die interviewten Lehrer sind besonders betroffen von der pessimistischen und resignativen Lebenseinstellung der Jugendlichen. Durch die prozentual hohe Quote von Schülern aus problematischen sozialen Verhältnissen kumulieren die Erfahrungen mit bedenklichen Lebenseinstellungen und -plänen junger Menschen an den Mittelschulen und dort vor allem in den Hauptschulbildungsgängen, was die Bearbeitung der vielschichtigen individuellen Probleme der Jugendlichen schwierig gestaltet und mitunter Konflikte potenziert. Häufig wird von den Pädagogen in diesem Zusammenhang kritisiert, dass es den betreffenden Jugendlichen am nötigen Ehrgeiz fehle, der für eine stringente und aussichtsreiche Zukunftsplanung erforderlich sei. Stattdessen hätten viele Heranwachsende ein individuelles Idealbild konzeptualisiert, das den scheinbar bequemen Weg in staatlich subventionierte Sicherheit symbolisiert. Als finanzielle Lebensgrundlage und probates Mittel zur Existenzsicherung erweisen sich die sozialstaatlichen Unterstützungszahlungen in den Augen dieser Jugendlichen als durchaus zureichend und legitim.

Man spricht in diesem Kontext oft von der ‚zweiten Sozialhilfegeneration'. Darunter versteht man, dass die Jugendlichen, die in einem sozialhilfeabhängigen Haushalt aufwachsen, durch die widrigen Umstände sozialisiert werden und sich der niedrige Lebensstandard in die Zukunftsentwürfe der Heranwachsenden überträgt. Das hat zur Folge, dass die jungen Menschen weder mit einer Erreichung eines höheren sozialen Standards noch mit ihnen unbekannten und deshalb ‚wertlosen' Konsum- oder Luxusgütern motiviert werden können. Arbeit als Mittel zur Verbesserung der eigenen Lebenssituation ist in ihrer Vorstellung nicht existent. Hin und wieder wird sogar davon berichtet, dass die Erwerbsarbeit an sich in den Lebensplänen einiger Jugendlicher aus der Unterschicht keine

Rolle spielt. In den Interviews findet man dieses Phänomen auch als ‚Teufelskreis Hartz IV' beschrieben. Es soll veranschaulichen, dass ein Großteil der Kinder aus prekären sozialen Schichten nicht in der Lage ist, sich aus eigenen Kräften aus den Verhältnissen zu befreien und durch vertikale soziale Aufwärtsmobilität den individuellen Status zu verbessern.

Unter Berücksichtigung der schwierigen sozialen Bedingungen tritt bei einigen Lehrkräften das Thema der Berufsorientierung sogar ein wenig in den Hintergrund, da ihnen die Jugendlichen mit derart vielschichtigen und enormen Problemen belastet erscheinen, dass sich eine Hilfestellung zur Bewältigung des Alltags und der tagtäglichen Verarbeitung der familialen Realität als wichtiger darstellt und sich somit die Prioritäten in der Vorbereitung auf ein Erwachsenendasein in Selbstständigkeit von der beruflichen Verwirklichung hin zu einer allgemeinen Lebensbewältigung verschieben. Hieran wird deutlich, dass die Schule nicht nur ihre zukunftsweisende Funktion zu erfüllen hat, sondern mit den Schülern differenzierter Vergangenheiten eine Gegenwart bestreiten muss. „Sie soll zugleich helfen, dass ihre Schülerinnen und Schüler auch ihren gegenwärtigen Alltag bestehen, ihre Welt, in der sie jetzt leben, besser ergründen, entschlüsseln und deuten lernen." (Becker/Seydel 1993, S. 17) Erst in der Kombination aus einer befriedigenden Gegenwart und der Orientierung auf eine polyvalente Zukunft erreicht pädagogisches Handeln optimale Bedingungen (vgl. Liebau 2001, S. 11).

Aus den Interviews wird deutlich, dass Eltern in prekären Lebenslagen oftmals keine Unterstützungsinstanz für ihre heranwachsenden Kinder sind. Es wird berichtet, dass die betroffenen Eltern allenfalls damit beschäftigt sind, ihr eigenes Leben zu meistern. Deshalb finden sie entsprechend wenig Zeit und kaum wirksame Methoden für eine intensive und zielführende Begleitung und Beratung im jugendlichen Prozess des Erwachsenwerdens. Auch für die Unterstützung in Fragen der beruflichen Zukunftsplanung ist der junge Mensch durch seine Eltern eher gehandicapt. Wiederholt kritisiert wird in diesem Kontext die mangelhafte Vorbildfunktion der Elterngeneration. Kinder orientieren sich an den bekannten Lebensmustern ihres sozialen Umfelds und ganz besonders stark an denen der Eltern. Wird den Kindern ein Leben ohne wertschöpfende Erwerbsarbeit vorgelebt, manifestiert sich diese Einstellung im jugendlichen Gesellschaftsbild. Ein Ausmerzen der bereits sozialisierten, aber normwidrigen und gesellschaftlich nicht akzeptierten Einstellungen ist durch die Schule nicht befriedigend leistbar.

SL 1: „Ich denke, dass ein sehr großer Teil unserer Schüler zu Hause nicht, oder, oder eine Realität erlebt, die schrecklich ist. Die nämlich so aussieht, dass die Eltern schon über viele Jahre aus dem Arbeitsprozess raus sind und ich sag dann immer: die Schüler die einzigen sind, die einen geregelten Tagesablauf haben, geregelt dann, wenn sie den Stundenplan einhalten und regelmäßig zur Schule gehen, wobei, wie gesagt, wir haben einige Schüler, die Schulbummler sind, aber das ist das Problem manchmal nicht. Das Problem ist, dass aufgrund der sozialen Zusammensetzung der Schülerschaft von vielen Eltern ein Vorleben gar nicht möglich ist, weil die Eltern keine Arbeit haben. Und das merken Sie. Sie erleben hier die Schüler, wo Sie wissen, die Eltern gehen zur Arbeit, anders im Unterricht als die, bei denen es eigentlich schlimm aussieht zu Hause. Und was mich persönlich, und ich kenne wirklich viele Eltern, weil ich denke, dass wir diese Schwellenangst hier überwinden konnten, viele Eltern, die, natürlich wenn hier die Tür zu ist, sitzen und die auch kein Geld manchmal haben, um das eine oder das andere bezahlen zu können. Und die sich dennoch bemühen, dass ein paar grundlegende Dinge umgesetzt werden und mit denen Sie auch sprechen können und auf die Sie auch zählen können. Aber was ich schlimm finde, ist das Erleben und ich will's mal krass sagen, das Überleben in manchen Familien, das ist so. Ob da Alkohol 'ne Rolle spielt, oder wie auch immer, ich denke, dass für viele nach der Wende etwas weggebrochen ist, die Kinder, die jetzt in der 8./9. Klasse sind, sind in diese Zeit hineingeboren worden und erleben dort zu Hause etwas, was ihnen den Start schwierig macht. Und wir haben hier zum Glück viele Lehrer, die sich auf den Plan gerufen haben, denen zu helfen, damit die überhaupt eine Möglichkeit haben – bis hin zur Sekretärin und zum Hausmeister. Das ist so. [Pause] Aufstehen früh, wenn die Mutter im Bett bleibt ... außerdem, wo haben Sie hier eine Familie, die aus Vater, Mutter, Kind besteht? Meine Statistik vor zwei Jahren hat gezeigt: über 50% der Schüler kommen aus alleinerziehenden Haushalten... dann oft noch mehrere Kinder – das ist ein düsteres Bild, aber es ist so. Und ich habe manchmal das Gefühl, dass das gar nicht bewusst wahrgenommen wird."

SL 27: „Der negative Einfluss von zu Hause spielt eine große Rolle, die mangelhafte Motivation und, ich denke auch, fehlende Strukturen, eben dass die Kinder nicht bewusst geführt und gelenkt werden, sondern eben einfach dieser Phlegmatismus, entweder weil die Eltern arbeitslos sind oder weil die Eltern beide in Lohn und Brot sind und dann keine Zeit haben. Also das ist das andere Extrem, sag ich jetzt mal. Also ich glaub, das ist das grundsätzliche Problem: die Orientierungslosigkeit der Kinder, weil die Vorbildwirkung in der Familie fehlt. Da ist es für Schule sehr schwer, man kann's in der Schule vermitteln, aber man kann es nicht vorleben oder nur bis zu' nem gewissen Punkt vorleben. Und ich denk, das ist das, was die Kinder eigentlich bräuchten. Ich meine, wenn die Mutter zu Hause ist und nicht arbeiten geht, vor um 10 früh nicht aus dem Bett kommt und die Kinder dann in der 5. Klasse alleine aufstehen, leise, psst, bloß Mutti nicht wecken... ja, was ist das? Ich mein', da können wir hier in der Schule Kopfstände machen, (...) da fehlt wirklich einfach dieses Vorleben in der Familie."

An den Zitaten der Schulpädagogen lässt sich ablesen, welche fundamentalen Auswirkungen die soziale Herkunft im Bezug auf die Konstituierung gangbarer und anerkannter Lebensentwürfe und beruflicher Pläne besitzt. Ein problematisches Elternhaus benachteiligt eine positive Entwicklung des jungen Menschen auch im Kontext dieses Bedeutungsrahmens derart, dass die befragten Schulpädagogen selbst in eine hilflose und resignierte Position geraten, da sie im Kampf gegen die Herkunft der Schüler bereits zu oft gescheitert sind. Trotz allem sehen die Interviewpartner die große Aufgabe der Schule, in diesem, wenn auch oftmals aussichtsloses Gefüge, mit den Schülern gemeinsam die Weichen zu stellen, die das Elternhaus nicht bewegen kann. Dem einen oder anderen Jugendlichen kann darüber möglicherweise doch ein Ausweg aus den restriktiven sozialen Verhältnissen aufgezeigt werden. Viele Lehrer sind der Meinung, es lohne sich immer wieder aufs Neue, dafür anzutreten.

Die Probleme der Hauptschüler
Der folgend erörterte Sachverhalt steht in engem Zusammenhang mit dem eben behandelten Thema. Die Mehrheit der im vorangegangenen Abschnitt beschriebenen Schüler findet man in den Hauptschulbildungsgängen. Der niedrige Anspruch an das Leben und das Aufwachsen in bildungsfernen Gesellschaftsschichten vereint die individuell beeinträchtigten und sozial benachteiligten Kinder und Jugendlichen oftmals im Hauptschulbildungsgang. Die beiden Problematiken können folglich nicht ausschließlich isoliert betrachtet werden, sondern erfordern ebenfalls eine synthetische Perspektive.

Die Schüler im Hauptschulbildungsgang werden von den Lehrern als signifikant problematischste Gruppe hinsichtlich einer Berufsorientierung und Berufswahlvorbereitung mit Erfolgsaussichten angesehen. Ihre Zukunftsperspektiven stehen, besonders bei Nichterreichen eines Schulabschlusses, unter keinem guten Stern (vgl. Galuske 1993, S. 159). Dessen sind sich häufig nicht nur die Lehrer bewusst, sondern auch der Schüler selbst schätzt seine Chancen auf dem Ausbildungs- und Arbeitsmarkt als unzureichend ein, was zum potenziellen Hemmschuh für seine berufliche Entfaltung und bildungsbezogene Motivation werden kann. In den vergangenen Jahren entsprach dieses Bild auch in etwa der Realität des regionalen Arbeits- und Ausbildungsmarktes. Bei einem Überangebot an lehrstellensuchenden Jugendlichen entschieden sich viele Unternehmen für eine leistungs- und zertifikatsgeleitete Auswahl der künftigen Auszubildenden. Schüler mit schlechtem oder gar ohne Schulabschluss hatten in diesem Konkurrenzkampf denkbar ungünstige Voraussetzungen. Mittlerweile hat sich die Situation, bedingt durch den demografischen Wandel und die Knappheit an gut qualifizierten Ausbildungsplatzbewerbern, erheblich entspannt. Zunehmend werden nun auch Hauptschulabsolventen für die Wirtschaft wieder interessanter. Konnten es sich die Unternehmen in der Vergangenheit noch leisten, ihre freien Ausbildungslätze mit überqualifiziertem Bewerbern zu besetzen, korrigiert die neue Situation am Ausbildungsstellenmarkt die Auswüchse der vergangenen Jahre und steigert zwangsläufig die Chancen für Hauptschulabsolventen. Allerdings bleibt in diesem Zusammenhang zu sagen, dass Abschlüsse nach wie vor einen erheblichen Einfluss auf die beruflichen Entwicklungsoptionen ausüben. Wer erfolgreich am Arbeitsmarkt agieren will, benötigt auch in Zeiten personeller Engpässe verwertbare Bildungszertifikate. Voraussichtlich wird sich die Situation für Schüler ohne Schulabschluss nicht wesentlich verbessern. Die Chancen für Hauptschüler mit Abschluss werden jedoch sichtbar ansteigen.

Bei den derzeitigen Hauptschülern wirkt noch die ungünstige Lehrstellensituation der vergangenen Jahre nach und sie sehen für sich wenige Chancen am regionalen Arbeitsmarkt. Laut Lehrerschaft muss es zukünftig möglich sein, auch diesen jungen Menschen Perspektiven aufzuzeigen, die eine positive Entwicklung hin zu realistischen Zukunftsvorstellungen mit entsprechenden beruflichen Plänen möglich machen.

Besonders für Hauptschüler wird die praktische Arbeit als wichtige Grundlage zur Berufsfindung hervorgehoben. Die schulisch organisierte und mit Lerninhalten gekoppelte praktische Arbeitserfahrung steigere bei vielen Schülern die Motivation, die Schule überhaupt zum Abschluss zu bringen und trägt erheblich dazu bei, beruflich nutzbare Fähigkeiten und Fertigkeiten zu entdecken und weiterzuentwickeln (vgl. Borkenhagen 2001, S. 39).

> BOL 17: „Ideal wäre für uns, wenn die Hauptschüler so aller drei Wochen mal in einen Betrieb reinschnuppern könnten und dort eine Aufgabe lösen würden. Also wir wollen realisieren, dass die wieder mehr in die Praxis kommen, zumindest die Hauptschüler."

> BOL 6: „Wir haben auch immer drei Hauptschulklassen. Das sind meist Schüler, die nicht mehr wollen oder nicht mehr können. Hauptschüler sind von sich so überzeugt: Leck mich am Arsch, ich will ja eigentlich gar nicht und ich sitz hier nur meine Zeit ab. Das ist Grundtenor. Und vielfach sind da die Eltern arbeitslos, die Kinder sehen also von zu Hause aus keine Chance, was zu werden, in der Schule haben sie das Versagen, weil sie in der Hauptschulklasse sitzen, also was soll's."

> SL 1: „Es geht immer darum, praktisch tätig zu sein. Die Hauptschüler sind ja die, das wissen Sie, die müssen immer ein Ergebnis sehen und nach Möglichkeit auch schneller als die Realschüler, um ein stückweit wieder Motivation zu bekommen."

Vor allem den Hauptschülern wird nachgesagt, dass sie oftmals ein unrealistisches Selbstkonzept besitzen und nicht zu verwirklichende Berufswünsche favorisieren. Vermutlich liegen Gründe dafür in der Unkenntnis von Berufsbildern und Fremdheit der realen Arbeitsbedingungen in entsprechenden Unternehmen. Vielleicht ist eine Ursache auch darin zu suchen, dass sich einige Schüler im Hauptschulbildungsgang deshalb für besonders abwegige und unerreichbare berufliche Ziele entscheiden und diese kommunizieren, weil sie sich über diese Strategie einen schnelleren Zugang in das staatliche Transfersystem versprechen. Die Deutung des Sachverhaltes bietet eine umfangreiche Grundlage für Spekulationen. Eine Klärung und Bearbeitung ist daher nur im individuellen Einzelfall möglich.

BOL 23: „Und was ganz doll auffällt, vor allem in den Hauptschulklassen: „Ich will mich mal nicht dreckig machen." Irgendwie überheblich, arrogant und einen Anspruch an das spätere Leben, der absolut nicht mit dem übereinstimmt, was sie selber sind. „Also, ich will 'ne saubere Arbeit haben und ich möchte regelmäßig arbeiten, schwer soll's nicht sein, dreckig soll's gar nicht sein". Also, das ist absolut tabu und je geringer der Leistungsstand ist, umso massiver ist das."

Das Thema Schulverweigerung spielt in diesem Bezugsrahmen auch eine Rolle. Es ist jedoch kein Phänomen, das man ausschließlich im Hauptschulbildungsgang antrifft. Trotzdem wird es häufig im Zusammenhang mit der Hauptschulproblematik erwähnt, da Schüler, deren Schulbummelei bereits größere Ausmaße angenommen hat, die nötigen Leistungen nicht mehr aufweisen können und deshalb quasi zwangsläufig im Hauptschulbildungsgang enden (vgl. Tillmann 2004, S. 37). Das Problem der aktiven und passiven Schulverweigerung[45] wurde in den Interviews oft im Zusammenhang mit praktischen Lernangeboten erwähnt. Die praktische Erprobung in berufsrelevanten Tätigkeiten scheint nicht nur für den Hauptschüler an sich, sondern auch für die Bearbeitung von schulspezifischen Problemen nützlich zu sein.

Lehrer berichten, dass sie, auch wenn Schüler häufig schulabstinentes Verhalten zeigen und auf dem besten Weg in Richtung Schulverweigerung sind, gute Erfahrungen mit praktischen Betätigungen gemacht haben, die den Schüler zurück zur Schule oder gar zu einem auf dem Arbeitsmarkt verwertbaren Abschluss bringen. Die Lehrer schilderten sehr sensibel die Situationen der Schüler, die mit der ausschließlich theoretischen Seite der Bildung keine Erfolge verzeichnen können und deshalb dringend des Erlebnisses bedürfen „überhaupt etwas zu können".

SL 1: Wir haben von 2004 bis 2006 das Praktische Lernen, und zwar hab ich 2004, und zwar durch Zufall, 'ne Veranstaltung besucht, die angeboten war, damals noch vom Regionalschulamt, jetzt nennen die sich ja Sächsische Bildungsagentur, wo von einem Berliner Institut für Produktives Lernen, dieses Projekt „Produktives Lernen" vorgestellt [wurde]. Das ist ein Projekt für Schulverweigerer, passive und aktive Schulverweigerer, und auch in verschiedenen Bundesländern an Schulen erfolgreich durchgeführt. Das läuft also seit vielen Jahren, ich denk mal das läuft seit 10 Jahren, bestimmt. Das wird gestützt und finanziert mit Mitteln aus dem Europäischen Sozialfonds und der Sinn und Zweck besteht ganz einfach darin, Schülern oder Schulverweigerern die letzte Chance, die Möglichkeit zu einem schulischen Abschluss zu gelangen, geben. Das sieht in der Praxis so aus, dass das Schuljahr nicht in Halbjah-

---

45 Aktive Schulverweigerung bedeutet, dass der eigentlich schulpflichtige Jugendliche nicht mehr oder nur sehr unregelmäßig in der Schule erscheint und sein Fehlen nicht durch eine anerkannte Entschuldigung legitimiert ist. Passive Schulverweigerung beschreibt den Schüler, der zwar physisch in der Schule noch anwesend ist, sich aber am Unterrichtsgeschehen nicht beteiligt.

re geteilt ist, sondern in Trimester und dass die ausgewählten Schüler, also hier geht's um ganz individuelle Lernforderung auch, dass die Schüler pro Schuljahr an drei verschiedenen Praxisplätzen tätig sind, die sie sich selbst suchen. Und auf die Woche runtergebracht sieht das so aus: die sind Montag, Dienstag, Mittwoch in der Praxis und haben donnerstags und freitags, man könnte das vielleicht auch anders machen, dann sogenannten Stützunterricht in Deutsch und Mathe. Aber ganz individuell und immer in Verbindung mit der Praxis. Der Sinn und Zweck dieser ganzen Sache ist, ja, sie zum Ersten ein Stückchen mit verschiedenen Praxisfeldern bekannt zu machen und zum Zweiten aber daraus auch dann für den Schüler die Erkenntnisse zu gewinnen ‚ich bin was wert'. Das sind ja oft Schüler, die, ja, absolut keine Wertschätzung erfahren haben, die ein derart niedriges oder gar kein Selbstwertgefühl haben, ein Stücken wieder den Glauben an sich selbst wiederzufinden und auch, um zu begreifen ‚ich kann was' und um was leisten zu können, sind bestimmte Voraussetzungen notwendig. Wir haben's gemacht und haben nur, am Anfang nur Lob bekommen. Die Eltern haben bestätigt, ihre Kinder sind zu Hause nicht wiederzuerkennen. Auf der anderen Seite haben wir aber auch erfahren, wie schwierig das ist, so ganz grundlegende Dinge, die Sie zu Hause gelernt haben, die ich zu Hause nicht anders gelernt habe, ja, durchzusetzen. Beispiel: Ein Schüler war in einem An- und Verkauf – Möbel. Er hatte sich dort diesen Platz gesucht und der Chef hat ihn mitgenommen und ist also mit ihm in die privaten Haushalte gefahren zu Leuten, die ihre Möbel wollten, hat sich das angesehen und hat gesagt: „So und so viel könnten wir ihnen dafür zahlen". Der hat ihn natürlich mitgenommen (lacht) und der hat sich dann hingesetzt, und da war gerade der Fernseher an, und hat die Fernbedienung genommen und hat rumgezappt. So ganz, so, wo man sagt: Normalerweise dürfte es so was gar nicht geben. So, aber alle Schüler, wir haben mit einer Gruppe von 12 Schülern angefangen, wichtig war, dass sie durchhalten, dass sie begreifen, ich muss Leistung bringen und von den 12 waren es 7, die wir zurück in die Klasse gegeben haben und 5, die das bis zu Ende gemacht haben. Die 5 haben alle ihren Abschluss ordentlich gemacht. Also es bringt was diese individuelle Förderung. Und dann hat Kultus gesagt: „Nein, wird nicht wiederholt." Tja, und dann: Wohin mit unseren Hauptschülern?"

Zusammenfassung der qualitativen Auswertung

In diesem Kapitel sind die Lehrer und Mitglieder der Schulleitung Leipziger Mittelschulen bezüglich verschiedener Sachverhalte des thematischen Feldes mit dem Schwerpunkt auf Berufsorientierung zu Wort gekommen. Aus ihren Stellungnahmen und Antworten geht mitunter sehr eindrücklich hervor, mit welchen Schwierigkeiten und Herausforderungen sie tagtäglich in ihrer Arbeit für die berufliche Orientierung der Heranwachsenden konfrontiert werden. Die Auswahl der Statements und der Transkriptionen im Anhang wurde nach einem Selektionsschema vorgenommen, das die wesentlichen Fragestellungen der Arbeit in den Mittelpunkt rückt.

Auf die zentralen Schwerpunkte der dargestellten Lehrerperspektive möchte ich im Rahmen der schulsystemseitigen Interpretation und Synthese im Kapitel 8.1.5 explizit sowie in ganzheitlich impliziter Betrachtungsweise eingehen. Zum

Abschluss dieses Kapitels soll eine Hypothesenprüfung (vgl. Kapitel 6.3.2) vorgenommen werden, die auf Basis der geschilderten Sichtweisen und Standpunkte der Schulpädagogen eine Kontrolle der vorausgegangenen Vermutungen zulässt.

Anhand der quantifizierbaren Daten sowie durch die spezifischen Äußerungen der Lehrkräfte zu Schwerpunktthemen der beruflichen Orientierungsarbeit an den Mittelschulen der Stadt Leipzig konnte nachgewiesen werden, dass das einzelschulische Vorgehen und das Selbstverständnis der mit Berufsorientierung beauftragten Lehrern hochgradig unterschiedlich sind. Sowohl in allgemeinen Fragen zur Rolle der Schule im Kontext der beruflichen Orientierung als auch im Hinblick auf konkrete Einzelmaßnahmen gehen die Schulen sehr differenziert vor. Ein Grund für die heterogenen Modi und die differenten Positionen liegt zweifelsohne in den schwierigen schulgeschichtlichen Erfahrungen der jeweiligen Standorte. In den vergangenen Jahren waren die Schulen aufgrund des allgegenwärtigen Damoklesschwerts der Schulschließung gut beraten, sich durch öffentlichkeitswirksame Alleinstellungsmerkmale von der konkurrierenden Schullandschaft abzuheben. Ein strukturiertes, einheitliches und abgestimmtes Vorgehen entwickelt sich unter derartigen Rahmenbedingungen nicht. Allerdings haben diese Gegebenheiten teilweise eine hohe Dynamik und Entwicklungskraft evoziert, von denen die Schulen auch im sich stabilisierenden Schulnetz profitieren.

Hinsichtlich der schulischen Kooperationsstrukturen können die Vermutungen nur teilweise bestätigt werde. Alle Schulrepräsentanten sind sich sehr wohl bewusst, dass sie auf die Unterstützung außerschulischer Partner angewiesen sind. Ein Großteil der Einrichtungen hat sich dem sozialen Umfeld geöffnet und vielfältige Partnerschaften aufbauen können. Netzwerkarbeit ist eine wichtige, aber zeitintensive Angelegenheit. Ein Ausbau der einzelschulischen Kooperationsstrukturen ist nur in einem angemessenen Tempo sinnvoll zu bewerkstelligen. Die befragten Lehrer schätzen die Kapazitäten und Möglichkeiten der Schulen dahingehend realistisch ein und entscheiden sich bewusst für eine sukzessive und kontrollierbare Vorgehensweise. Nur in Einzelfällen bleibt zu vermuten, dass die Schule Potenziale bewusst ungenutzt lässt. Ein genereller Zusammenhang zwischen außerschulischen Kontakten, speziell den Kooperationen mit Akteuren der Arbeitswelt, und der Zufriedenheit mit der schulischen Berufsorientierungsleistung lässt sich nicht nachweisen. Häufig sind es besonders engagierte Schulen mit vielseitigen Kontakten, die noch Verbesserungs- und Optimierungsbedarf konstatieren.

Insbesondere an Schulen mit etablierter Schulsozialarbeit wird die Jugendhilfe als wichtiger Partner wertgeschätzt. Die an den Leipziger Mittelschulen tätigen Sozialpädagogen engagieren sich sehr stark im Feld der arbeitsweltbezogenen Orientierung und Unterstützung im beruflichen Entscheidungs- und Bewerbungsprozess. Die interviewten Lehrer stellen immer wieder heraus, dass besonders benachteiligte Jugendliche, d.h. Schüler aus problematischen familiären und sozialen Verhältnissen und arbeitsmarktfernen Herkunftskonstellationen, erhöhten Unterstützungs- und individuellen Beratungs- und Begleitungsbedarf haben. Nahezu alle Schulen ohne sozialpädagogische Fachkraft äußern den Wunsch nach einem Schulsozialarbeiter sowie nach speziellen Angeboten für benachteiligte Jugendliche.

Dieser Aspekt steht in engem Zusammenhang mit einer weiteren Hypothese. Die befragten Schulpädagogen geben an vielerlei Stellen Anlass zur Annahme, dass sie partiell mit der Aufgabe der beruflichen Orientierung aller Schüler überfordert seien. Vor allem bezüglich der notwendigen intensiven Betreuung Jugendlicher aus prekären Milieus, die als motivationsresistent, anspruchslos und gleichgültig beschrieben werden, äußern sich die Lehrer hilflos und appellieren resigniert an komplementäre Sozialisationsinstanzen oder rufen verstärkt die oftmals überforderten Eltern in eine kaum erfüllbare Verantwortung. Um die Konsolidierung sozialer Positionen über vererbte Armutskarrieren zu bekämpfen und eine doppelte Benachteiligung gefährdeter Jugendlicher zu verhindern, ist ein konsequenter und intensiver Ausbau frühzeitig einsetzender sozialpädagogischer Hilfen auf dem Gebiet der beruflichen Entwicklung dringend geboten. An Schulen mit sozialpädagogischem Personal kann nach meiner Einschätzung die Zusammenarbeit von Schule und Jugendhilfe entsprechend intensiviert und optimiert werden.

8.1.3 Untersuchung II: Sekundäranalyse der Schulen im Forschungsgebiet

Im Zuge der Neugründung der Landesservicestelle Schule-Wirtschaft in Sachsen im Februar 2008 wurden in den drei sächsischen Regionen (Chemnitz, Dresden, Leipzig) umfangreiche Ist-Stand-Erhebungen durchgeführt, um sich ein Bild über die Situation der Berufs- und Studienorientierung an den sächsischen Schulen zu verschaffen. Das dabei zusammengetragene und verwendete Datenmaterial möchte ich nun folgend nutzen, um im Vergleich mit den Daten, die in der Erhebung 2007 erfasst werden konnten, Aussagen zur Entwicklung der beruflichen Orientierungsarbeit an den städtischen Mittelschulen treffen zu können. Außerdem liefern die vorhandenen Ergebnisse auch Anhaltspunkte, um die schulischen Berufsorientierungsaktivitäten einem Stadt-Land-Vergleich zu unterziehen sowie eine Gegenüberstellung der verschiedenen Schularten abzubilden.

Die Berufsorientierung ist in der jüngsten Vergangenheit zu einem prominenten und viel diskutierten politischen Thema avanciert. Mit den ersten Anzeichen des drohenden Fachkräftemangels infolge des steigenden Nachwuchsbedarfs seitens der Wirtschaft, aber eklatant abnehmender Schulabsolventenzahlen wurden immer deutlichere Anforderungen an das Bildungssystem formuliert, das durch eine bessere berufliche Vorbereitung der Schüler und die Steigerung der Quote ausbildungsfähiger Jugendlicher dieses Mismatch ausgleichen sollte. Der Auftrag an die Schulen verlangt nicht nur ein Mehr an Berufsorientierung, sondern vor allem eine professionelle und zielgerichtete Arbeit.

Dieser Appell trifft die Schulen der Region in einer Zeit, in der sich das Schulsystem nach unruhigen Jahren, der durch den Rückgang der Schülerzahlen hervorgerufenen zahlreichen strukturellen und organisatorischen Veränderungen, langsam wieder zu stabilisieren beginnt. Noch immer kämpfen die Schulen mit den Folgen der massenhaften Schulschließungen und -fusionen, noch immer sind Lehrerkollegien und Schülerschaft mit den Prozessen des Zusammenwachsens beschäftigt.

Das Thema Berufsorientierung ist für die Schulen allerdings nicht neu. Einmal abgesehen von den sehr berufspraktisch geprägten Erfahrungen aus dem DDR-Schulwesen, ist diese Aufgabe auch nach der politischen Wende für die Schule bedeutend geblieben. In den 1990er Jahren wurde die schulische Berufsorientierung im außerunterrichtlichen Kontext größtenteils durch die Zusammenarbeit mit den Berufsberatern der damaligen Arbeitsämter bestimmt. Als 1997 mit der Novellierung des Arbeitsförderungsgesetzes das Berufsberatungsmonopol der Arbeitsämter nicht mehr vorhanden war, wurde der Weg für die Schulen frei, sich neue und ergänzende Partner für diese Arbeit zu suchen und sich selbst stärker dem Thema anzunehmen (vgl. Rademacker 2002, S. 51). Seither sind an den Schulen vielfältige Kooperationsstrukturen und Partnerschaften gewachsen, die das staatliche Bildungswesen bei der Bewältigung der komplexen Aufgabe der beruflichen Orientierung unterstützen und mit flankierenden Angeboten sowohl im unterrichtlichen als auch im außerunterrichtlichen und außerschulischen Bereich das curricular festgelegte Angebot zur Berufs- und Studienorientierung erweitern.

In der Reform der sächsischen Lehrpläne 2004 wurde die Aufgabe der Schule zur Berufs- und Studienorientierung in den Leistungsbeschreibungen aller sächsischen Schularten neu zementiert. Der Schule wird darin eine zentrale Rolle für die Vorbereitung auf eine berufliche Zukunft und die Erreichung der Ausbildungsreife bzw. Studierfähigkeit der nachwachsenden Generation zugesprochen. Zugleich räumt man der Einzelschule eine höhere Autonomie und Selbstverantwortung ein, die ihr die nötigen Freiheiten gibt, ein schuleigenes pädagogisch-didaktisches Programm zur Berufs- und Studienorientierung zu entwickeln.

Die Schulen der Region haben sich, wie bereits in der vorangegangenen Untersuchung beschrieben, zu dieser Aufgabe sehr unterschiedlich positioniert. Dieses Bild hat sich auch ein Jahr später, zum Zeitpunkt der Sekundäranalyse, nicht grundlegend gewandelt. Festzuhalten ist allerdings ganz allgemein, dass die Berufsorientierung an den Schulen in Bewegung gekommen ist. Einige

Schulen, die 2007 in der beruflichen Orientierungsarbeit noch als eher zurückhaltend eingestuft wurden, sind aus ihrem Dornröschenschlaf erwacht und öffnen sich mehr und mehr der Thematik.

Auch schulverwaltungsseitig ist die Berufsorientierung stärker in den Fokus gerückt. Der gewachsene Stellenwert lässt sich beispielsweise daran messen, dass Ende 2007 die ersten sächsischen Schulen mit dem sogenannten Qualitätssiegel für Berufs- und Studienorientierung ausgezeichnet wurden, das vom Sächsischen Staatsministerium für Kultus als Prädikat für vorbildliche Schulen auf diesem Gebiet ins Leben gerufen wurde. Zudem kann die Gründung der Landesservicestelle Schule-Wirtschaft (LSW) als deutliches Signal für eine Politisierung des Themas gewertet werden.

Die Ist-Stand-Erhebung im Frühjahr 2008 zeigte, dass sich ca. 72% der staatlichen allgemeinbildenden Schulen ab Sekundarstufe I[46] der Stadt Leipzig an Berufsorientierungsaktivitäten außerhalb des Regelunterrichts beteiligen. Diese Aktivitäten können unterschiedlicher Art sein, beispielsweise die Beteiligung an Projekten mit freien Trägern, die Teilnahme an gebündelten Aktivitäten und regionalen Veranstaltungen oder auch schuleigene Projekttage oder -wochen.

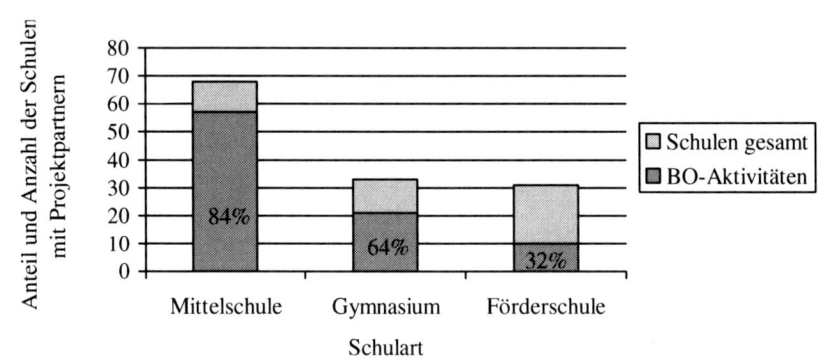

Abbildung 12: Beteiligung an Projekten zur Berufs- und Studienorientierung nach Schularten (N=144 Schulen[47])

Die abgebildeten Daten der Förderschule (Abbildung 12) lassen keine belastbaren Aussagen zu, da lediglich die Schulen zur Lernförderung im Rahmen der Berufsorientierung eine vergleichbare Schulart zu Mittelschulen und den Gymnasien bilden. In der Abbildung werden jedoch alle Arten der Förderschulen zusammengefasst dargestellt. Die einzelnen Leistungen und Möglichkeiten anderer

---

46 Hierzu zählen: Förderschulen, Mittelschulen, Gymnasien, Gemeinschaftsschulen.
47 Das sind alle staatlichen allgemeinbildenden Schulen des ehemaligen Regierungsbezirkes Leipzig.

Förderschultypen bedürfen einer gesonderten Betrachtung. Schließt man demnach die Förderschulen aus den eben genannten Gründen aus, findet man ein fast identisches Bild zur Stadt Leipzig auch im gesamten ehemaligen Regierungsbezirk.

Die Mittelschule ist dem Gymnasium in Sachen beruflicher Zukunftsvorbereitung weit voraus. Sie kann im Untersuchungsgebiet in jeder Hinsicht als aktivste Schulart in der Berufsorientierung angesehen werden. Als dem Ausbildungssystem direkt vorgeschaltete Bildungsinstanz bringt diese Schulart in Sachsen den höchsten Anteil von Jugendlichen hervor, die unmittelbar nach dem Verlassen der Schule mit einer beruflichen Erstentscheidung ihre Erwerbskarriere beginnen. Der Einfluss des Gymnasiums auf die weitere Biografie und den nächsten Schritt der Abiturienten ist ähnlich präformierend, wie in den anderen Schularten. Durch das zwischengeschaltete Studium, das nicht immer als sicherer Indikator für die danach folgende berufliche Karriere fungiert, verwischen allerdings die Wirkmechanismen des gymnasialen Bildungsgangs auf die beruflichen Entscheidungen. Das ist ein Grund, weshalb an das Gymnasium bisher wenige Vorwürfe der unzureichenden beruflichen Orientierung adressiert wurden. Seit den 1990er Jahren wechselten viele Abiturienten nicht gemäß ihrer Vorbildung und Zugangsberechtigung in einen Hochschulbildungsgang, sondern bewarben sich am regionalen Ausbildungsmarkt (vgl. Dammer 2002, S. 49). Auch vor diesem Hintergrund brauchten die Gymnasien keine Kritik an ihrer Vorbereitungsleistung zu befürchten, waren die Abiturienten doch in zweifacher Hinsicht gegenüber den Konkurrenten der Mittelschulabsolventen im Vorteil: Durch die längere Schulzeit waren die Gymnasiasten zum einen reifer und selbstständiger und zum anderen konnten sie die besseren Zertifikate über eine höhere allgemeine Bildung nachweisen.

Seit einigen Jahren wird auch an die gymnasiale Oberstufe verstärkt die Forderung formuliert, der beruflichen Orientierung im Schulgeschehen mehr Platz einzuräumen. In Zeiten knapper Absolventenzahlen hat das Gesellschaftssystem als Ganzes erhebliches Interesse daran, die jungen Menschen optimal und effizient an die passenden Positionen zu lotsen. Dies bedeutet eine intensive und frühzeitige Vermittlung von lebensweltlichem Orientierungswissen und zukunftsrelevanter Handlungskompetenz für alle Schüler im allgemeinen Bildungswesen.

Um zu veranschaulichen, inwieweit diese Forderung der intensiven beruflichen Bildung in allen Schularten bereits in der Praxis angekommen ist und von den Einzelschulen umgesetzt wird, bietet sich ein Schulartenvergleich für die Region Leipzig an. Ich beschränke mich in meinen Darstellungen auf die allgemeinbildenden Schularten. Auch an Beruflichen Schulzentren existieren Bildungsgänge, die einer fortführenden beruflichen Orientierungsarbeit bedürfen, z.B. das Berufliche Gymnasium, die Fachoberschule oder die Berufsvorbereitungsklassen. Diese werden bei der folgenden Analyse außer Betracht gelassen.

In Ansätzen zeigt sich im Schulartvergleich eine Verteilung, auf die auch Rademacker 2002 hingewiesen hat. Je niedriger der Bildungsgang, desto wichtiger scheint die Rolle der Berufsorientierung in der Schule zu sein (vgl. Rademacker 2002, S. 55). Besonders im Hauptschulgang der Mittelschulen und in den Schulen zur Lernförderung wird ein starker Bezug zu praktischen und arbeitsweltbezogenen Inhalten von den Schulpädagogen für wichtig erachtet (vgl. Kapitel 8.1.2.3). Folglich bedeutet das für die Gymnasiasten, dass sie relativ wenige Berührungspunkte mit berufsrelevanten Lerninhalten haben. Hier steht nach wie vor die vorakademische Bildung im Vordergrund. Damit wird erkennbar, dass Berufsorientierung noch immer als Unterstützung für den direkten Übergang in eine berufliche Ausbildung mit begrenzten beruflichen und gesellschaftlichen Möglichkeiten (vgl. Dammer 2002, S. 49) – derer besonders bildungsbenachteiligte Schüler bedürfen – angesehen wird. Angesichts der tiefgreifenden Veränderungen am gesamten Arbeitsmarkt und der umfassenden Neugestaltung von Erwerbsverläufen lassen sich allgemeine und berufliche Bildung immer weniger trennen. Auch Gymnasiasten benötigen in einer unübersichtlichen Welt Wegweiser und propädeutische Unterstützungsmöglichkeiten, die eine richtige Wahl der akademischen oder beruflichen Laufbahn als Qualifikation und Vorbereitung für anschließende Arbeitswege zulassen. Die gymnasiale Oberstufe hat auf diesem Gebiet noch die größten Reserven.

Nur randständig sei in diesem Zusammenhang bemerkt, dass ein Blick auf die Zahlen der Fachwechsel und Studienabbrüche an den Universitäten und Hochschulen sehr wohl erkennen lässt, das auch die gymnasiale Oberstufe erhebliche Defizite in der Vorbereitung ihrer Absolventen auf eine fundierte Erstwahl der schulischen Anschlussinstanz besitzt. Diese Schlussfolgerung unterstützt auch ein weiterer Fakt, der in Abbildung 14 noch einmal aufgegriffen wird. Nur eine geringe Anzahl der untersuchten Gymnasien unterhält Kontakte zu Hochschulen der Region.

Der Querschnitt durch die einzelnen Schularten zeigt deutliche Unterschiede in der Ausgestaltung der Berufs- und Studienorientierung in den verschiedenen Bildungsgängen. Nicht ganz so auffällig sind die Differenzen, wenn man lediglich die Kooperationsbeziehungen der Mittelschulen und Gymnasien zur Wirtschaft gegenüberstellt. Die Förderschulen spielen bei Kooperationen mit Unternehmen eine eher marginale Rolle. Nur reichlich 20% dieser Schulen pflegen Kontakte zur Wirtschaft. Besonders vor dem Hintergrund des zunehmenden Fachkräftemangels wird die Schule zur Lernförderung verstärkt in das Interesse rücken, um ungenutzte Potenziale aufzuspüren. Unter diesem Aspekt werden die Schulen zur Lernförderung auch als Kooperationspartner für Unternehmen interessant, die vor allem niedrig qualifizierte Arbeitskräfte suchen.

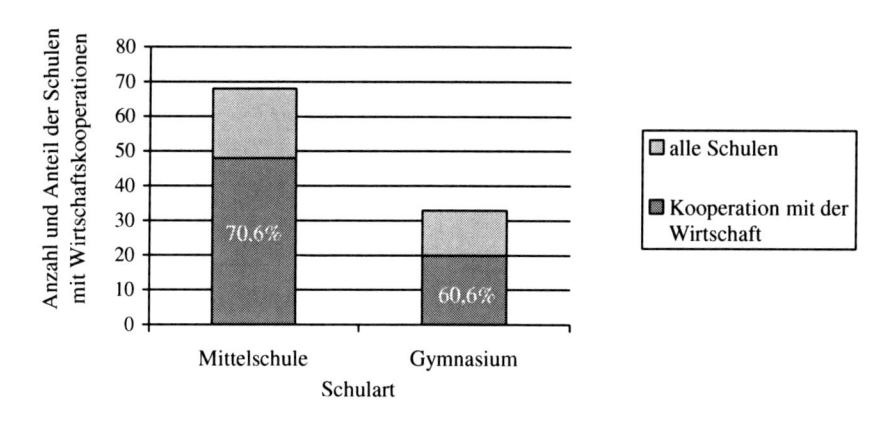

Abbildung 13: Vergleich der Kooperationsbeziehungen mit der Wirtschaft von Mittelschulen und Gymnasien der Region Leipzig

Die angegebenen Unternehmenspartnerschaften sind in hohem Maße heterogen. Man kann davon ausgehen, dass einige Schulen ihre Kooperationspartner sehr intensiv für gemeinsame Aktivitäten nutzen, andere arbeiten eher sporadisch zusammen und es gibt Schulen, deren Kooperationsbeziehungen größtenteils auf dem Papier existieren. Auch nicht jede der angegebenen Partnerschaften ist vertraglich geregelt. Besonders die Schulen im ländlichen Raum scheinen die Zusammenarbeit wesentlich seltener über schriftliche Kooperationsverträge zu fixieren als Schulen im Stadtgebiet. Aus der Übersicht geht nicht hervor, wie viele Unternehmenskontakte die Einzelschule im Durchschnitt besitzt. Eine spätere Abbildung wird zeigen, dass der Großteil der Schulen einen Kooperationspartner aus der Wirtschaft besitzt. Man findet aber besonders unter den Mittelschulen auch vereinzelt Schulen, die bis zu elf Partnerschaften mit regionalen Unternehmen pflegen (vgl. Abbildung 15).

Die Kooperationen der Schulen zu den Anschlussinstanzen aus dem Wirtschaftssystem spiegeln nur eine Seite wider: die berufspraktische. In der Regel gehören zur Ausbildung oder zu einem dualen Studium auch die fachtheoretischen Partner. Bei einer universitären Karriere folgt der Schule eine Einrichtung des Hochschulsystems. Die Kontakte zu berufsbildenden Schulen und akademischen Bildungsanstalten sind für die allgemein-bildende Schule ebenso ertragreich und zukunftsvorbereitend, wie die direkten Kontakte in Unternehmen.

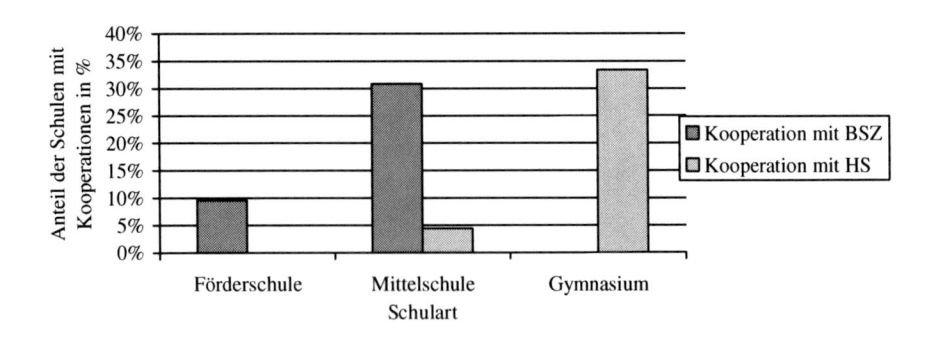

Abbildung 14: Kooperationen aller staatlichen allgemeinbildenden Schulen mit Beruflichen Schulzentren und Einrichtungen des Hochschulsystems

Kooperationen mit Beruflichen Schulzentren und den Hochschulen können aus meiner Sicht als entwicklungsbedürftig angesehen werden. In der Regel haben Schüler des allgemeinbildenden Schulwesens diese Einrichtungen lediglich über Tage der offenen Tür kennen lernen können. Aktuell entstehen erste Annäherungen, die über diese unverbindliche Form hinausgehen und eine gemeinsame Projektarbeit im Auge haben. Obwohl per Schulgesetz verpflichtet, kochte die Kooperation von allgemeinbildenden Schulen zu Beruflichen Schulzentren außerhalb der Schullaufbahnberatung eher auf Sparflamme. Dabei ist gerade die Berufsschule als berufstheoretischer Akteur der dualen Ausbildungsgänge für die Berufsorientierung ein durchaus konstruktiver Partner. Für Schüler, die sich für ein bestimmtes Berufsbild interessieren, ist es nicht nur ertragreich zu erfahren, welche Erwartungen das Unternehmen an einen Auszubildenden stellt und wie die tägliche Arbeit in diesem Beruf aussieht, sondern es ist auch förderlich zu wissen, welche theoretischen Anforderungen die Ausbildung mit sich bringt. Dieser Part kann am authentischsten von der jeweiligen Ausbildungsstätte selbst geschildert werden.

Eine sehr vertrauensvolle Informationsquelle über Ausbildungsberufe stellen Auszubildende im entsprechenden Beruf dar. Aufgrund der altersbedingten Nähe zum Schüler in den Abschlussklassen ist die Hemmschwelle zum persönlichen Erfahrungsaustausch relativ niedrig. Lehrlinge dienen demzufolge als wichtiger Mittler von Berufsinhalten und -anforderungen an interessierte Jugendliche. Auch Unternehmen nutzen häufig diesen Vorteil und bringen zu entsprechenden Veranstaltungen, z.B. auf Messen oder bei Schulbesuchen, Lehrlinge mit. Eine gute Möglichkeit, mit Berufsanfängern ins Gespräch zu kommen, bietet sich für die Schule auch über Kooperationsbeziehungen zu Beruflichen Schulzentren. Gemeinsame Projekte könnten hier eine Brückenfunktion übernehmen.

Für die Hochschulen und Universitäten ist die direkte Zusammenarbeit mit Schulen ein eher unbekanntes Terrain. Bislang hatten die Einrichtungen der akademischen Bildung wenige Probleme, ihre Studienangebote auszulasten. Mit dem beträchtlichen Rückgang der Schülerzahlen, der seit diesem Jahr auch die Hochschulen in voller Stärke erreicht hat und dem steigenden Konkurrenzdruck durch Studiengebühren, sind auch die Hochschulen vermehrt zu Marketingmaßnahmen übergegangen. Die konkrete Zusammenarbeit einer universitären Einrichtung mit einzelnen Schulen ist in diesem Zusammenhang wenig ertragreich. Vielmehr muss es darum gehen, die Attraktivität der regionalen Hochschullandschaft bei der ansässigen Schülerschaft bekannt zu machen und die allgemeine Studierneigung von zukünftigen Abiturienten zu steigern. Dies kann neben den verschiedenen individuellen Angeboten der Hochschulen für einzelne interessierte Schüler (beispielsweise über Ferien-Unis, Summer Schools oder Schnuppervorlesungen) über Projekte mit mehreren Schulen geschehen. Modelle für derartige Projekte werden in Kapitel 8.5 vorgestellt.

Auf den vorangegangenen Seiten wurden die Ergebnisse der Sekundäranalyse in einer schulartvergleichenden Form aufbereitet. Es konnte gezeigt werden, dass sich alle Schulen in zunehmender Intensität der Aufgabe einer Orientierung auf das Leben nach der Schule zuwenden. Nach wie vor ist die sächsische Mittelschule die Schulart, die sowohl traditionell als auch aktuell die meisten Anreize zur beruflichen Orientierung ihrer Schülerschaft bereitstellt.

Im Folgenden soll der Fokus verstärkt auf eine zeitliche und entwicklungsbezogene Dimension verlagert werden. Die Erfahrungen und zentralen Ergebnisse der Lehrerbefragung im Frühjahr 2007 werden mit den Daten der Sekundäranalyse im zweiten Halbjahr des Schuljahres 2007/08 verglichen und vereinzelt, soweit bekannt und belegbar, mit aktuellen Zahlen aus dem Schuljahr 2008/09 ergänzt.

Es wurde schon angesprochen, dass die Thematik der Berufs- und Studienorientierung an den sächsischen Schulen in der jüngsten Vergangenheit immer weiter ins Blickfeld politischer und bildungssystemischer Interessen gerückt ist. Es liegt daher die Vermutung nahe, dass sich die ersten Auswirkungen dieser öffentlichen Aufmerksamkeit bereits in der schulischen Praxis widerspiegeln.

Zunächst soll der Blick auf die schulischen Partnerschaften gerichtet werden. Da im Mai/Juni 2008 viele schulische Projekte mit Trägern der Jugendhilfe und privaten Bildungsträgern finanzierungsbedingt[48] beendet wurden, sind objektive Aussagen zu schulischen Projektpartnern der Berufs- und Studienorientierung kaum möglich.

---

48 Zum Ende des Schuljahres 2007/08 liefen viele Berufsorientierungsprojekte, die durch Mittel des ESF finanziert oder kofinanziert wurden, aus, da sie als letzte Projekte der vergangenen Förderperiode nicht verlängert werden konnten. Fortführende oder neue Projekte gelangen erst sukzessive an die Einrichtungen.

Ein gutes Beispiel, um zu veranschaulichen, dass die Kontakte der Schulen zu Einrichtungen der Arbeitswelt zugenommen haben, lässt sich an der Anzahl der Kooperationsbeziehungen zu Unternehmen ablesen.

Noch im Schuljahr 2006/07 hatten nur knapp die Hälfte der staatlichen städtischen Mittelschulen feste Kontakte zu regionalen Unternehmen. Bereits ein Jahr später war dieser Anteil auf über 70% angewachsen. Aber nicht nur die Anzahl der Schulen mit derartigen Partnerschaften konnte ein Plus verzeichnen, sondern der Einzelschule gelang es teilweise auch, zu bestehenden Kooperationen weitere Unternehmen hinzuzugewinnen, so dass die 24 Unternehmenskontakte vom Schuljahr 2006/07 auf 37 Partnerschaften im Schuljahr 2007/08 ausgebaut werden konnten.

Im Zuge der Ist-Stand-Erhebung wurden nicht nur Schulen zu ihren Aktivitäten zur Berufs- und Studienorientierung befragt, sondern auch Unternehmen zu ihre Bereitschaft, mit Schulen des sozialen Nahraums zu kooperieren. In diesem Zusammenhang konnte festgestellt werden, dass die Unternehmen in und um Leipzig sehr interessiert an Kontakten zu Schulen sind. Es kann davon ausgegangen werden, dass den Betrieben durchaus bewusst ist, dass sie, wenn sie ihren Nachwuchsbedarf nachhaltig decken wollen, auf frühzeitige Kontakte zu potenziellen Auszubildenden angewiesen sind. Die Schule stellt in diesem Kontext ein wichtiges Bindeglied dar.

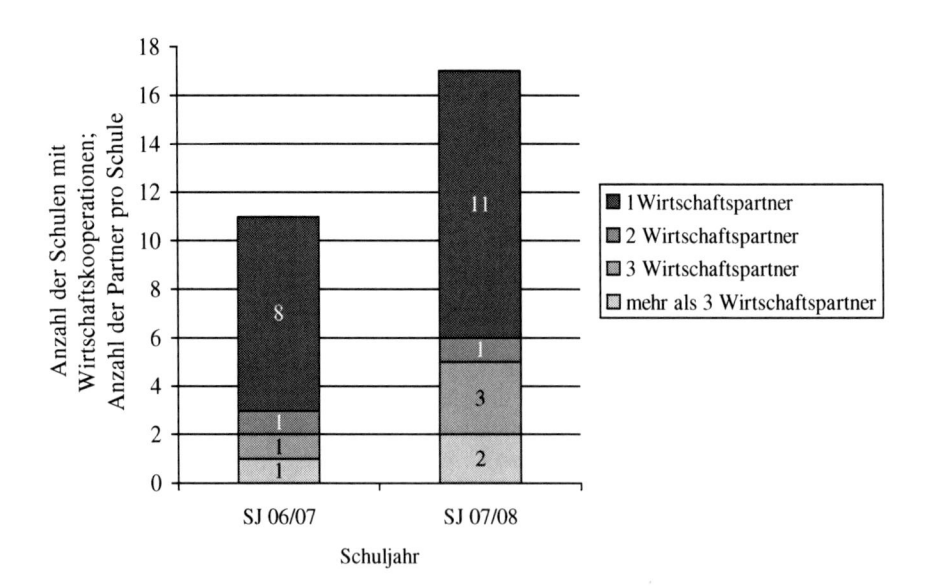

Abbildung 15: Anzahl der Kooperationspartner aus der Wirtschaft der staatlichen Mittelschulen in der Stadt Leipzig im Schuljahr 2006/07 und 2007/08

In der Auswertung der Untersuchung I wurde im Zusammenhang mit der Strukturierung der beruflichen Orientierungsarbeit an den sächsischen Schulen der Berufswahlpass eingeführt und vorgestellt. Wie bereits dort angesprochen, hat der Einsatz des Berufswahlpasses zur Systematisierung der schulischen Berufsorientierungsaktivitäten enorm an Bedeutung hinzugewinnen können. Um die Entwicklung des Instruments zu veranschaulichen, ist in der folgenden Abbildung der Anstieg der den Pass nutzenden Schulen nachgezeichnet. Die verwendeten Daten stammen aus den eigenen Erhebungen und wurden mit den Zahlen der Koordinierungsstelle des Berufswahlpasses (LSJ Sachsen e.V.) abgeglichen. Wenn der Berufswahlpass diesen Erfolgskurs an den Schulen fortsetzt, scheint eine flächendeckende Verbreitung, wie sie vom Kultusministerium angestrebt wird, keine unrealistische Zukunftsmusik zu sein.

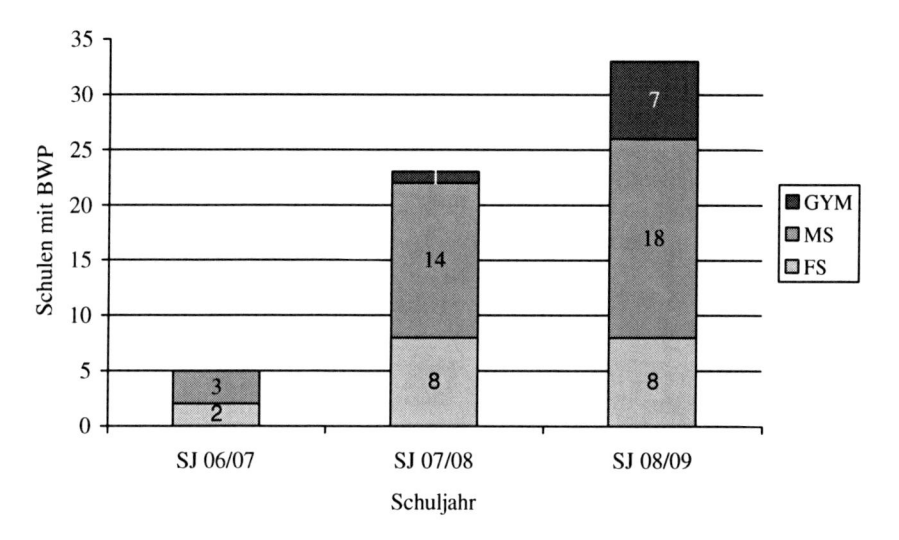

Abbildung 16: Entwicklung des Berufswahlpasses an den staatlichen allgemeinbildenden Schulen der Stadt Leipzig (Quelle: LSJ Sachsen e.V.)

Der effektive Einsatz des Berufswahlpasses an der Schule bedarf der Einbindung in die schulische Strategie zur Berufs- und Studienorientierung. Die bisherigen Ergebnisse zeigen, dass die Schulen sehr vielfältige Lernanreize bieten, die der junge Mensch zur Entwicklung und Konkretisierung eines eigenen Lebensentwurfs mit einem adäquaten beruflichen Plan nutzen kann. Die einzelnen Angebote zur Berufs- und Studienorientierung konnten aber oftmals aufgrund der diffizilen, systemisch bedingten Einpassung in den schulischen Alltag noch nicht optimal verortet werden. Zu oft stehen die Angebote zur Vorbereitung eines beruflichen Einstiegs noch relativ losgelöst zum curricularen Geschehen. Zukünftig muss es den öffentlichen Bildungseinrichtungen besser gelingen, die allgemeine mit der beruflichen Bildung zu verknüpfen und ihre Angebote zur beruflichen Orientierung stringent und systematisch, entlang des individuellen Berufswahlprozesses aufeinander aufbauen zu lassen. Bei solch einem Vorhaben ist es hilfreich, wenn die Schule über ein schuleigenes Konzept zur Berufs- und Studienorientierung verfügt.

Eigenverantwortliche methodisch-didaktische Programmentwicklung hat an den Schulen der Region keine lange Tradition. Vor einigen Jahren schon wurden die Schulen mit der Aufgabe konfrontiert, ihr eigenes pädagogisches Schulprogramm zu erarbeiten und niederzuschreiben. Ein schuleigenes Programm zu pädagogischen Schwerpunkten kann nur als Gemeinschaftswerk des gesamten an der Schule beschäftigten pädagogischen Personals realisiert werden. Ruft man sich die organisatorischen Herausforderungen ins Gedächtnis, mit denen die Schulen in den vergangenen Jahren beschäftigt waren (vgl. Kapitel 7.1.2), ist ein solches Vorhaben nicht von heute auf morgen zu bewerkstelligen.

Mit der Aufforderung, ‚jetzt auch noch' für die Berufs- und Studienorientierung ein Strategiepapier zu erarbeiten, sind viele Schulen überfordert. Erst wenige Einrichtungen haben die Vorteile einer solchen Konzeption erkannt und beginnen, die schulischen Ziele einer beruflichen Orientierung zu formulieren und daraus für jede Klassenstufe einen effektiven Maßnahmenplan abzuleiten, der jährlich als Grundlage für die Erstellung der aktuellen Arbeitspläne dient. Solche ersten Schritte hin zu einem schuleigenen Konzept, das die Zusammenarbeit mit allen schulischen Partnern regelt, die Verantwortlichkeiten transparent und gleichmäßig auf alle Schultern verteilt, Lücken und Handlungsbedarfe der Schule aufdeckt, die Leistungen der Schule in der Berufs- und Studienorientierung für alle Lehrer, Schüler und Eltern sichtbar macht und eine öffentlichkeitswirksame Präsentation nach außen zulässt, hat erst eine kleine Minderheit der Schulen in Angriff genommen. Abbildung 17 zeigt, dass 22% der städtischen Schulen und erst 16% der Einrichtungen in den Landkreisen erste Konzepte entwickelt haben. Die entstandenen Schriftstücke und Grobkonzeptionen werden von den Schulen in den meisten Fällen noch nicht als vollendet angesehen. Es sind vielmehr vorsichtige Anfänge, die in den kommenden Jahren professionalisiert und qualifiziert werden müssen. In dieser Phase ist auch ein Großteil der Schulen auf Unterstützung angewiesen. Hierfür stehen Lehrerfortbildungen, schulische Einzelberatungen und Seminare an der Schule mit dem gesamten Kollegium, beispielsweise im Rahmen pädagogischer Tage oder schulinterner Lehrerfortbildungen (SCHILF) zur Verfügung.

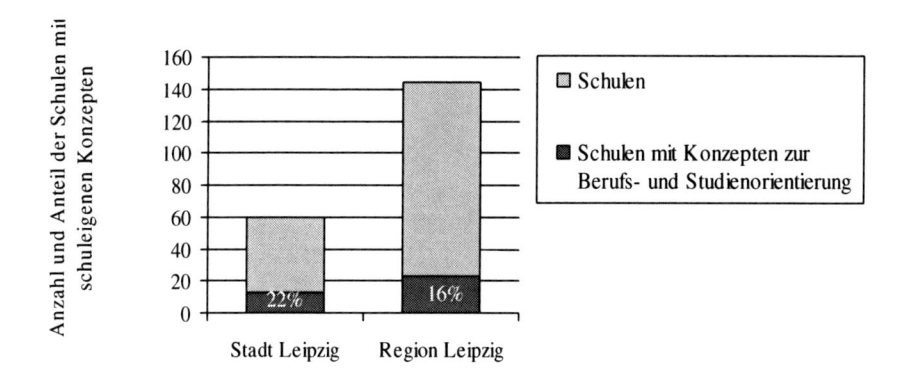

Abbildung 17: Schulen (ohne Grundschulen) mit Konzepten zur Berufs- und Studienorientierung im Schuljahr 2007/08

Vergleicht man die Verteilung der Konzepte zur Berufs- und Studienorientierung in der Stadt und auf dem Land, fällt auf, dass es in der Organisation der berufsorientierenden Aktivitäten sozialgeografische Unterschiede zu geben scheint, da prozentual mehr Schulen, die über ein Konzept verfügen, im städtischen Gebiet zu finden sind. Das legt die Vermutung nah, dass die Schulen der Landkreise auch in anderen Kriterien schlechter abschneiden als die Stadtschulen bzw. als benachteiligt gelten können.

Eine Schlechterstellung der Landschulen ist allerdings nur in drei Kriterien nachweisbar:
- in der Existenz schuleigener Konzepte zur Berufs- und Studienorientierung,
- im Bestand vertraglich regulierter Kooperationsbeziehungen mit Unternehmen der regionalen Wirtschaft,
- in der Teilnahme an langfristigen und systematischen Berufsorientierungsprojekten mit freien Trägern. Prüft man die Herkunft der Schulen in derartigen Projekten in der Region, sind 65% der beteiligten Schulen im Stadtgebiet angesiedelt und nur 35% im ländlichen Raum.

Erklärungsansätze für das schlechtere Abschneiden der Landschulen in diesen drei Kriterien bleiben eher spekulativer Natur. Die Benachteiligung hinsichtlich der Mitwirkung in Berufsorientierungsprojekten ist meiner Meinung nach in der Entfernung zum Träger zu vermuten. Viele Bildungsträger befinden sich im städtischen Gebiet. Die nötige Mobilität der Landschulen, um an Projekten mit städtischen Trägern teilzunehmen, erfordert erhebliche finanzielle und zeitliche Ressourcen, die oftmals weder vom Träger zu finanzieren noch von der Schule aufzubringen sind. Ein Erklärungsversuch für die Diskrepanz im Vorhandensein schriftlich fixierter Kooperationsverträge und Konzepte zur Berufs- und Studienorientierung ist nur alltagstheoretisch möglich, indem davon ausgegangen wird, dass außerhalb des Stadtgebietes aufgrund stärkerer traditioneller Strukturen noch eher das Wort gilt und die Bürokratisierung in höherem Maße abgelehnt wird.

In vielen anderen Punkten ist das Stadt-Land-Verhältnis ungewöhnlich ausgewogen, sodass von einer generellen Benachteiligung der Schüler in Landschulen nicht ausgegangen werden kann. In Abbildung 18 sind wichtige Kriterien für die Berufs- und Studienorientierung in ihrer Stadt-Land-Verteilung dargestellt. In einigen Gesichtspunkten ist sogar bei den Schulen der Landkreise ein minimaler Vorteil zu konstatieren. Man kann auch deutlich erkennen, dass, obwohl nicht mit Kooperationsvertrag konsolidiert, die meisten Partnerschaften mit Unternehmen der regionalen Wirtschaft im ländlichen Gebiet existieren. Bezüglich der allgemeinen Beteiligung externer Partner an der schulischen Berufsorientierung ist die Verteilung sehr ausgeglichen, ebenso im Vorhandensein von Schülerfirmen, die einen großen Einfluss auf die ökonomische Bildung der beteiligten Schüler ausüben. Im Übrigen war der Berufswahlpass im Schuljahr 2007/08 häufiger in Landkreisschulen im Einsatz als in der Stadt Leipzig. Auch wenn die ländlichen Schulen an Berufsorientierungsprojekten externer Anbieter seltener beteiligt sind, ist einer Benachteiligung zu widersprechen, da sich an den Schulen der Landkreise wesentlich häufiger schuleigene Projekte zur Berufs- und Studienorientierung finden (beispielsweise über Projekttage oder -wochen, schuleigene kleine Ausbildungsmessen), welche die fehlenden Angebote von freien Trägern bisher kompensieren konnten.

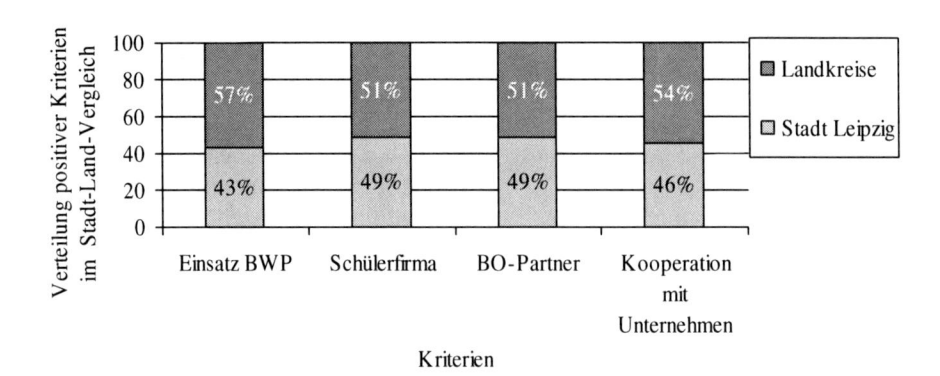

Abbildung 18: Stadt-Land-Verhältnis nach verschiedenen Kriterien der Berufs- und Studienorientierung im Schuljahr 2007/08

Zukünftig muss nach Mitteln und Wegen gesucht werden, um die ländlichen Schulen in derartige systematische Projekte zu integrieren.

Ganz aktuell sind erste Anzeichen zu verspüren, dass sich städtische Bildungsträger zunehmend in ländliche Gebiete ausdehnen. Die einsetzende Trägermobilität ist möglicherweise auf das verstärkte Engagement regionaler Koordinierungsinstanzen zurückzuführen.

Zusammenfassend lässt sich festhalten, dass eine Benachteiligung der ländlichen Schulen nicht nachgewiesen werden kann. Sowohl die Schulen in den Landkreisen als auch in der kreisfreien Stadt Leipzig verfügen über ein vielfältiges Programm an Aktivitäten zur beruflichen Orientierung. In den wichtigsten Merkmalen, die hier als Indikatoren zum Vergleich herangezogen wurden, herrscht ein relativ ausgewogenes Verhältnis.

Am Ende dieses Kapitels möchte ich die wichtigsten Erkenntnisse noch einmal zusammenfassen:

- Allgemein lässt sich konstatieren, dass die Aktivitäten zur beruflichen Orientierung von Schülern in der Sekundarstufe I und partiell in der gymnasialen Oberstufe ansteigen und der Aufgabe an den öffentlichen Bildungseinrichtungen zunehmend eine größere Bedeutung beigemessen wird.
- Es ist festzustellen, dass die Angebote selbst vielfältiger werden und sich auch die Qualität der Maßnahmen erhöht, auch wenn eine optimale Integration in das gesamtschulische Curriculum noch in den wenigsten Fällen erreicht wird.
- Die Schulen haben realisiert, dass sie die komplexe Aufgabe der Berufsorientierung nur mit Unterstützung externer Partner erfolgreich bewältigen können. Selbst innerhalb des einen Schuljahres, das zwischen der Erstbefragung und der Sekundäranalyse lag, konnten die Schulen vorhandene Kooperationsbeziehungen stärken und neue, vor allem zu Unternehmen der regionalen Wirtschaft, aufbauen.
- Durch die Expansion der Aktivitäten und einem erhöhten Koordinierungsaufwand in der Organisation der Kooperationsbeziehungen mit externen Partnern der Schule ist das Gesamtprogramm oftmals sehr unübersichtlich und intransparent geworden. Zur Strukturierung und Systematisierung sind die Schulen angehalten, ein tragfähiges Konzept für ihren Beitrag zur beruflichen Orientierung der Schüler zu erarbeiten. Dieses Vorhaben konnte erst ein Bruchteil der Schulen verwirklichen.
- In den kommenden Jahren ist mit einer Zunahme der Existenz schuleigener Konzepte zur Berufs- und Studienorientierung an den sächsischen Schulen zu rechnen, was eine nachhaltige Steigerung und langfristige Sicherung der Qualität in der beruflichen Zukunftsvorbereitung bewirken kann.
- Der Bedeutungszuwachs der beruflichen Bildung in der allgemeinbildenden Schule ist von großer Dynamik. Ein repräsentatives Beispiel dafür ist die Verbreitung des Berufswahlpasses. Obwohl das Instrument in der Be-

fragung im Frühjahr 2007 einigen Lehrern noch gänzlich unbekannt war oder abgelehnt wurde, zeigen die aktuellen Zahlen, dass sich der Pass durchsetzen kann. Bei einem gleichbleibenden Anstieg der Zahlen ist in wenigen Jahren von einer nahezu flächendeckenden Ausstattung der Schulen mit diesem Arbeitsmittel auszugehen.
- Die deutlich aktivste Schulart in der Berufsorientierung der Region Leipzig ist die Mittelschule. Als traditionelle Bildungseinrichtung, die einer beruflichen Ausbildung vorgeschaltet ist, wird sie ihrer Verantwortung in der Vorbereitung der Schüler auf eine arbeitsweltbezogene Zukunft am stärksten gerecht. Sie bietet das vielfältigste Programm und kontinuierliche Lern- und Erfahrungsanreize zur Auseinandersetzung mit der Erwerbsarbeitswelt.
- Das Gymnasium hat diesbezüglich noch die größten Reserven. Die Schulen zur Lernförderung haben in der Mehrzahl sehr engagierte Lehrerschaften, die bislang aber nur sehr schwer tragfähige Kooperationen mit Unternehmen aufbauen konnten, da sie eine für Unternehmer eher weniger interessante Schülerklientel besitzen. Es wäre wünschenswert, dass auch für die Förderschulen zukünftig praktikable und nutzbringende Kooperationsbeziehungen entstehen.
- Im letzten Abschnitt wurde belegt, dass in den schulischen Maßnahmen zur beruflichen Orientierung kein Stadt-Land-Gefälle besteht. Ganz gleich ob Stadt- oder Landschule, die Problematik hat alle Bildungseinrichtungen erreicht und wird mit den regionalen Möglichkeiten und den zur Verfügung stehenden Mitteln und Partnern in Angriff genommen.

8.1.4 Untersuchung III: Befragung der Berufsschulleiter

In Deutschland schließt sich an das Bildungswesen der Sekundarstufe I ohne folgende gymnasiale Oberstufe in aller Regel ein Übertritt in das berufsbildende Schulsystem an. Unabhängig davon:
- ob sich der Jugendliche nach einer erfolgreichen allgemeinenbildenden Schullaufbahn für einen dualen Ausbildungsberuf entschieden hat,
- ob er eine vollzeitschulische Ausbildung z.B. an einer voll- oder teilqualifizierenden Berufsfachschule beginnt,
- ob er seine Bildungszertifikate durch einen weiterführenden Schulbesuch am Beruflichen Gymnasium verbessern möchte,
- ob er bislang im Bewerbungsprozess keinen Erfolg verzeichnen kann und seinen beruflichen Bildungsweg mit einem Berufsgrundbildungsjahr startet,
- im Berufsvorbereitungsjahr nachträglich den Hauptschulabschluss erreichen möchte.

Die Mehrheit der Mittelschulabsolventen setzt ihre berufliche Laufbahn zur Erfüllung der Berufsschulpflicht sowie zur Weiterqualifikation und beruflichen Spezialisierung in einer berufsbildenden Einrichtung fort. Neben einer Vielzahl privater Institutionen zur beruflichen Qualifizierung gibt es in Sachsen die sogenannten Beruflichen Schulzentren, die als staatliche Bildungseinrichtungen einen Großteil der beruflichen Qualifizierungsmöglichkeiten und schulischen Weiterbildungsangebote vereinen. Diese beruflichen Bildungsanstalten sind daher für die meisten Jugendlichen eine Anschlusseinrichtung an das Allgemeinschulwesen.

Bezüglich der beruflichen Orientierung von Heranwachsenden besitzen die Beruflichen Schulzentren eine Doppelfunktion. Zum einen beherbergen und beschulen sie im BVJ, in diversen Maßnahmen und bedingt im BGJ junge Menschen, die noch keine realistischen beruflichen Präferenzen entwickelt bzw. noch keinen passenden Ausbildungsplatz akquirieren konnten und deshalb weiterhin Unterstützungsbedarf im Prozess der beruflichen Entscheidungsfindung suggerieren. Für diese Klientel gestaltet sich der Auftrag an die begleitenden Lehrkräfte ähnlich wie in den Mittelschulen: Es muss versucht werden, eine Passung zwischen den individuellen Wünschen und Voraussetzungen und dem tatsächlichen Angebot auf dem Ausbildung- und Arbeitsmarkt herzustellen. Auf der anderen Seite ist die Berufsschule als fachtheoretischer Partner im dualen Ausbildungssystem gleichzeitig das Ziel einer gelungenen Berufswahl. Dort tätige Lehrkräfte werden damit zu Experten für die schulischen Inhalte und Anforderungen von Ausbildungsberufen. Für die allgemeinbildende Schule fungiert das Berufliche Schulzentrum ähnlich wie ein Unternehmen der regionalen Wirtschaft als wichtiger Partner für die Vermittlung anschlussrelevanten Wissens.

Das staatliche Berufsbildungssystem hat im Kontext dieser Arbeit demnach eine mehrdimensionale Funktion. Im Zuge einer weiterführenden Begleitung bislang erfolgloser Jugendlicher im Übergangssystem knüpft es an die Vorleistungen des allgemeinen Schulwesens an und ist in diesem Zusammenhang mit ähnlichen Herausforderungen konfrontiert. Hierbei dürfte die Einschätzung der Pädagogen berufsbildender Einrichtungen bezüglich des Umfangs und der Qualität berufsorientierender Vorleistungen ihrer Kollegen im allgemeinbildenden Schulwesen besonders aufschlussreich sein, um Defizite und Handlungsbedarfe an den Mittelschulen zu dokumentieren. Es wurde bereits aufgezeigt, dass die Beruflichen Schulzentren als wichtige Partner in einem systematisch strukturierten Berufsorientierungsangebot von Mittelschulen gelten können. Inwieweit Kooperationsstrukturen vorhanden sind und ob diese von den beteiligten berufsbildenden Einrichtungen als tragfähige Partnerschaften verstanden bzw. eingeschätzt werden, ist dabei kritisch zu hinterfragen. In Anbetracht der bereits vorliegenden Auswertung der Mittelschulbefragung ist von einem hohen Optimierungs- und Ausbaubedarf auszugehen.

Um diese zentralen Schwerpunkte im Zusammenspiel staatlicher Bildungseinrichtungen im Übergangssystem zu kontrastieren, wurde im Anschluss an die Mittelschulbefragung eine Totalerhebung der staatlichen berufsbildenden Einrichtungen der Stadt Leipzig durchgeführt. Die Stadt Leipzig betreibt zum Zeitpunkt der Untersuchung elf dieser Institutionen, inklusive einer berufsbildenden Förderschule. An allen Schulzentren konnten im Juni 2007 mit den Leitern der Einrichtungen Interviews zu dieser Thematik geführt werden, die im Anschluss, ähnlich wie die Mittelschulbefragung, nach einem schwerpunktartigen Selektionsschema ausgewertet wurden. Die Prioritäten lagen auf der Bewertung der Kooperationserfahrungen mit den städtischen Mittelschulen und der Einschätzung deren Berufsorientierungsleistung sowie auf den eigenen Erfahrungen und Schwierigkeiten bei der berufsvorbereitenden Arbeit mit Jugendlichen im Berufsfindungsprozess.

Zusammenarbeit mit Mittelschulen

Die Einbindung von Einrichtungen der beruflichen Bildung in die Berufsorientierungstätigkeit an allgemeinbildenden Schulen erscheint in mehrerlei Hinsicht vorteilhaft: Die Vertreter beruflicher Bildungsinstitutionen fungieren als Experten auf dem Gebiet berufsspezifischer Ausbildungsinhalte, als Fachleute für weiterqualifizierende Anschlussperspektiven, als Bindeglieder für Austauschprozesse mit Auszubildenden sowie als Projektpartner für konkrete Berufsorientierungsmaßnahmen und berufspraktische Erfahrungen, beispielsweise in Lehrwerkstätten. Von den befragten Vertretern der Beruflichen Schulzentren wird allerdings zum Ausdruck gebracht, dass die Kooperationsbeziehungen zwischen berufsbildenden und allgemeinbildenden Einrichtungen als rückständig und entwicklungsbedürftig charakterisiert werden müssen, wobei die fehlende Bereitschaft für eine konstruktive Zusammenarbeit den Mittelschulen zugeschrieben wird, wie folgende Aussagen belegen:

> BSZ SL 3: „Ich bin immer sehr skeptisch, was passiert an den Mittelschulen zur Berufsvorbereitung. Passiert dort überhaupt was? Also Angebote von uns, an die Mittelschulen zu gehen und dort bestimmte Bildungsgänge vorzustellen, werden in der Regel abgelehnt. Das können Sie mir glauben. Selbst bei Bildungsgängen, wo wir noch Plätze hätten, wo wir noch Leute unterbringen könnten...."

> BSZ SL 8: „Wir haben den Mittelschulen angeboten, zu Elternabenden zu kommen oder auch zu sonstigen Informationsveranstaltungen. Es war kein Zuspruch. Unsere Einladungen zum Tag der offenen Tür wurden zum Teil nicht aufgehangen von einigen Schulen. Hier fehlt der Kontakt vollkommen. Die sind alle zu unbedarft. Und man kann auch nicht erst in der 10. Klasse anfangen, Bewerbungen zu schreiben. Das muss mindestens Anfang der 9. geschehen, sodass hier vielleicht auch Auflagen von Betrieben kommen können. Dieses große Theater ‚Es gibt keine Lehrstellen', könnte ganz klar unterlassen werden. Es gibt viele Betriebe, die die Stellen nicht besetzen können, weil die Bewerber nicht geeignet sind."

Es liegt die Vermutung nahe, dass die Beruflichen Schulzentren als Scharnierstelle und hilfreiche Partner in der Berufsorientierung zu wenig wahrgenommen werden und das Potenzial dieser Einrichtungen allgemein unterschätzt wird. Die Mittelschulen haben im Rahmen ihrer Netzwerkarbeit vorrangig direkte Kontakte zu Unternehmen der regionalen Wirtschaft fokussiert. Eine Anreicherung dieser Strukturen um die fachtheoretische Ausbildungsdimension durch die Integration berufsbildender Schulen erscheint in diesem Kontext Erfolg versprechend.

Weiterhin wird von den befragten Schulleitern der beruflichen Bildungseinrichtungen mehrfach das mangelhafte Wissen der verantwortlichen Schulpädagogen im Allgemeinschulwesen kritisiert. Durch die fehlende Kenntnis der schulsystemischen Akteure voneinander entstehen auf beiden Seiten falsche Vorstellungen. Ein Zusammenrücken der systemverwandten Pädagogen könnte hier künftig helfen, Konflikte zu vermeiden und sogar Synergieeffekte erzeugen.

BSZ SL 9: „Ich habe auch mal Beratungslehrer von den Mittelschulen an meine Schule geholt. Da hat man erst mal gesehen, wie wenig Beratungslehrer über das Thema Schullaufbahn wissen. Das hat bei denen wirklich in der Klasse 10 aufgehört."

BSZ SL 6: „Weil die Schüler nachlässig sind, die wachen auf, wenn alle Messen gelesen sind. Dort ist schon Bewerbungsschluss und da ist Bewerbungsschluss. Und das kann ich auch nicht verstehen, ich sag' das ganz pauschal: Ich kann das nicht verstehen, dass das der Beratungslehrer in der Mittelschule, das sind ja kleine Schulen, nicht wie bei uns mit 1700-1800 Schülern, das sind ja glücklicherweise Schulen mit 200-300 Schülern, dass das ein Beratungslehrer oder Klassenlehrer nicht schaffen, das versteh ich auch nicht. Weil das ist ´ne reine Organisationsfrage, das lässt sich doch alles regeln."

BSZ SL 4: „Ich weiß nicht, wie die beratenden Lehrer an den Mittelschulen da organisiert sind, ob die zu wenig Abminderungsstunden bekommen oder so, oder ob die sich überfordert sehen, oder ob das jeder Klassenleiter macht. Es gibt ja offensichtlich einen, der das so ein bissel für alle Abschlussklassen macht. Also, wir wissen das gar nicht so richtig. Auf keinen Fall habe ich direkte Ansprechpartner, wo ich sagen könnte: Die schreib ich jetzt mal an. Eigentlich ist das schade, dass wir denselben Arbeitgeber haben und den gleichen Schulträger und dass dann diese Übergabe so zufällig erfolgt."

BSZ SL 7: „Wir machen oftmals die Erfahrung, dass das Wissen der Kollegen an den Mittelschulen teilweise sehr oberflächlich ist. Da kommen also manchmal sehr seltsame Vorstellungen bei uns hier an."

Ganz allgemein lassen sich auf dem Gebiet der Kooperation zwischen den allgemeinbildenden Schuleinrichtungen und ihren berufsbildenden Anschlussinstanzen erhebliche Defizite konstatieren. Die Kenntnis der Lehrkräfte an den jeweiligen Einrichtungen über die Arbeitsweise ihrer Kollegen an den systemverwandten Institutionen muss als mangelhaft charakterisiert werden. Es bestehen lediglich sehr sporadische Kontakte zwischen den Pädagogen, die nur unzureichend den notwendigen Informationsaustausch sicherstellen können. Von einer synergetischen Form der Zusammenarbeit wird nur in seltenen Einzelfällen berichtet. Im Gegensatz zu den Lehrkräften an den befragten Mittelschulen kommunizieren die Mitglieder der Schulleitung an den Einrichtungen der beruflichen Bildung dieses Manko deutlich.

Die Struktur der dualen Berufsausbildung stellt die reguläre Praxis des deutschen Berufsbildungssystems dar, auch wenn wiederkehrend daran Kritik geübt wird und regelmäßig Zweifel an ihrer Tauglichkeit (vgl. dazu Steinmann 2000, S. 56), die Anforderungen des gegenwärtigen Arbeitsmarktes hinreichend zu erfüllen, auftreten. Dieses System verlangt vom Auszubildenden neben der erfolgreichen Bewältigung der praktischen Anforderungen im Unternehmen auch das Bestehen der fachtheoretischen Berufsausbildung, die an den Berufsschulen vermittelt wird. Den Ansatz, die Beruflichen Schulzentren als Experten auf dem Gebiet der schulischen Anforderungen an die Ausbildung in die Berufsorientierungsaktivitäten an Mittelschulen zu integrieren, erscheint nicht nur vor diesem Hintergrund als lohnenswert.

Von den Akteuren der Berufsorientierung wird immer wieder berichtet, dass die Vermittlung von Anforderungen an einen speziellen Beruf von Schülern im Berufswahlprozess dann besonders gut angenommen wird, wenn die Erfahrungsberichte von in dieser Ausbildung befindlichen Lehrlingen vorgetragen werden. Geringe Altersunterschiede und die emotionale Nähe aufgrund der wenig differenzierten angrenzenden Entwicklungsphase erhöhen die Wirkung und Glaubhaftigkeit der referierten Inhalte auf den Jugendlichen in der Orientierungs- und Entscheidungsphase. Die Berufsschule als Ort des aggregierten Vorhandenseins von Auszubildenden an unterschiedlichen Stationen ihres Werdegangs wird für die allgemeinbildende Schule damit zur leicht zugänglichen Kontaktstelle für einen jugendgerechten Erfahrungsaustausch.

Wie eine effektive Kooperation strukturiert, organisiert und tragfähige Modelle etabliert werden können, wird erst die Zukunft zeigen können. Die kommenden Jahre erfordern zunächst eine Annäherung der beiden Schulsysteme und die Entwicklung von Konzepten für eine nachhaltige und Nutzen bringende Zusammenarbeit.

Vorbereitung auf das Berufsleben
Als direkte Anschlussinstanz an das allgemeinbildende Schulwesen fungiert das Berufliche Schulzentrum als eine Art Messfühler für die Berufswahlvorbereitung. Ausbildungsabbrüche oder Wechsel von Ausbildungsunternehmen bzw. -richtungen sind die deutlichsten Zeichen für eine missglückte Erstentscheidung

und spiegeln eine unzureichende Vorbereitung auf die Berufswahl wider. Aber auch die Zufriedenheit mit der getroffenen karriererelevanten Entscheidung und das Maß der Bewältigung berufsausbildungsrelevanter Inhalte wird von den an der Ausbildung der jungen Menschen beteiligten Instanzen registriert. Die Pädagogen der berufsbildenden Schulen können damit treffsichere Einschätzungen über das Ausmaß und die Qualität der jeweiligen Vorbereitung auf die Berufswahl vornehmen.

In diesem Kontext sind allerdings einige Aspekte zu berücksichtigen. Auch wenn die am Ausbildungsprozess beteiligten Akteure zu bemerken meinen, dass ein Lehrling mit seiner getroffenen Berufswahl bzw. mit dem eingeschlagenen Karriereweg zufrieden ist, lässt sich daraus nicht zwangsläufig schlussfolgern, dass die Entscheidung aus individuellen und arbeitsmarktbedingten Gesichtspunkten im Einzelfall optimal war. Zum einen lässt sich der berufliche Erfolg des Individuums auch in der Berufsausbildung nicht hinreichend sicher prognostizieren und zum anderen gibt es eine Vielzahl von jungen Menschen, die eine einmal begonnene Ausbildung – möglicherweise sogar recht erfolgreich – abschließen, die unter rationaler Betrachtung keine maximale Passung zwischen den individuellen Eigenschaften und den beruflichen Anforderungen und/oder der beruflichen Qualifikation und der Nachfrage am Arbeitsmarkt verspricht. Die Folgen eines solchen Mismatch können sehr verschieden ausfallen:

- Der Jugendliche arrangiert sich mit seiner Lebenswirklichkeit. Oftmals setzen in dieser Konstellation sogar Mechanismen der unbewussten Überformung der Einstellung zum Beruf ein. Es kommt zu einer nachträglichen Identifizierung, die sogar darin gipfeln kann, dass die individuelle Passung über Approximationsprozesse hergestellt wird und sich quasi der gewählte zu einem geeigneten Beruf im Sinne des Selbstkonzeptes entwickelt. Imdorf bezieht sich in diesem Zusammenhang auf Gottfredson und erklärt dieses Phänomen damit, „dass sich die AspirantInnen im Anschluss an eine vollzogene berufliche Kompromissbildung psychologisch der neuen, ungeplanten Situation anpassen und ihre reale berufliche Situation schließlich wertschätzen" (vgl. Imdorf 2005, S. 285).
- Im Anschluss an die abgeschlossene Erstausbildung orientiert sich der Jugendliche um. Er versucht, mit den vorhandenen Qualifikationen den Einstieg in einen aussichtsreicheren oder seiner Meinung nach besser passenden Berufsweg zu realisieren, sich durch weiterqualifizierende Bildungsmaßnahmen einem neu entwickelten Berufsziel anzunähern oder durch eine Neuwahl einer weiteren beruflichen Ausbildung in einen Beruf einzumünden, der besser auf die individuellen Bedürfnisse, Interessen und Fähigkeiten abgestimmt ist.
- Wird die Einmündung in den erlernten Beruf durch aktuelle Arbeitsmarktentwicklungen erschwert, entscheidet das Individuum, ob der einmal ein-

geschlagene Bildungsweg trotz schwieriger Angebotssituation weiterverfolgt wird oder eine Umorientierung in eine zukunftsträchtigere Berufsrichtung stattfindet.

Von all diesen innersubjektiven Entwicklungen müssen die pädagogischen Fachkräfte an den Beruflichen Schulzentren nicht zwangsläufig etwas bemerken. Häufig jedoch spüren sie, ob der Jugendliche mit seiner beruflichen Entscheidung im Laufe der Erstausbildung zufrieden ist und bleibt. Nicht selten stehen im Falle einer beobachtbaren Unzufriedenheit oder artikulierter Zweifel die Schulpädagogen oder Beratungslehrer an den Einrichtungen den Jugendlichen unterstützend zur Seite.

Über die Unsicherheiten bezüglich der getroffenen Berufswahl hinaus beschäftigen die Jugendlichen während der Zeit ihrer Berufsausbildung auch die veränderten Bedingungen einer neuen Lebenswirklichkeit. Der Bruch zwischen dem Dasein als Schüler einer allgemeinbildenden Schule und der Alltagsgestaltung eines Berufsschülers wird von den interviewten Vertretern der berufsbildenden Einrichtungen als massiv beschrieben. Die Ausdehnung der lernaktiven Zeit von einer Halbtagsbeschäftigung hin zu einem Acht-Stunden-Rhythmus und möglicherweise recht zeitintensiven Anfahrtswegen erfordern von den Jugendlichen extreme Anpassungsleistungen. Die neue Situation mit den bislang unbekannten Herausforderungen des beruflichen Alltags muss adäquat gemeistert werden. Alles in allem haben die Jugendlichen am Übergang von der Schule in den Beruf gravierende physische und psychische Assimilationsprozesse zu bewältigen. Einige der befragten Schulleiter äußerten auch in diesem Zusammenhang die Notwendigkeit einer Verbesserung der Vorbereitungsangebote, um den Schülern den Berufseinstieg zu erleichtern.

BSZ SL 4: „Also, bei Ausbildungsabbrüchen gibt es alle Varianten von Gründen. Sicher, ich hab mich verwählt, was nicht sein müsste, was weiß ich, weil er zu wenig orientiert war. Viel stärker, weil sie nicht schrittweise auf die Belastung eingestellt wurden. Also, es ist ein dramatischer Umstieg von den Lebensgewohnheiten des Mittelschülers auf einen Azubi. Das ist unvorstellbar. Die sind nicht gewöhnt, nach der Uhr zu leben, da red' ich noch nicht vom Zeitig-Anfangen, aber für die ist ja alles zeitig. Dann sind die wie der heutige moderne Mensch: nichts darf über eine Stunde gehen. Also, alles, was länger geht... also acht Stunden am Stück ist unvorstellbar. Das ist nicht mal vorstellbar. Also nicht zu schaffen. Dass die da alle da durch müssten, aber diese Situation ist wirklich schwierig. Die schlafen uns im Unterricht richtig ein. Die kippen einfach weg, weil sie nicht gewöhnt sind 8-9 Stunden körperlich und geistig zu arbeiten, vielleicht noch ein bissel Freizeit dazu zu machen und dann früh wieder da zu sein. Also, das ist wirklich so. Und dass man sich durch Konditionierung daran gewöhnt, so weit denken eben manche nicht, sondern das ist der Beruf und das ist dann immer so. Also, da müsste das Training schon vorher anfangen. Einen Marathon lauf ich ja auch nicht aus dem Stand. Also, die sind vom letzten Jahr Mittelschule diese Belastung nicht gewöhnt. Nun sind sie auch nicht an bestimmte Ordnungszüge gewöhnt, so wie das bei denen zu Hause im Zimmer aussieht, und das sage ich quer durch die Strukturen, also nicht nur in den unteren Strukturen, sondern auch die im Dachgeschoss im Einfamilienhaus, da sieht das Zimmer ganz genauso furchtbar aus. Nun geht das im Betrieb nicht, da muss ich jedes Ding wieder dort hin zurücklegen, wo ich es hergenommen habe. Und das alles führt zu einem derartigen Frust, dass die dann alles sinnlos finden."

BSZ SL 6: „Der Übergang von der Mittelschule hier her ist schwierig. Die müssen zeitig aufstehen, die haben lange Anfahrtswege, der Schultag ist wesentlich länger, die müssen dann schon wieder arbeiten am nächsten Tag. Das ist ein anderes Leben, was dann losgeht für die. Und viele sind nach einem viertel Jahr soweit und stellen sich dem und verkraften das auch und machen das auch gerne und ein paar, da schreibt eben die Mutti ‚hatte Bauchschmerzen, hatte Kopfschmerzen' und das geht eben nicht."

Im Rahmen der Überlegungen für eine konstruktive Kooperation zwischen allgemein- und berufsbildenden Schulen stellt es sich als weitere Aufgabe heraus, darüber nachzudenken, ob und wie ein weicherer Übergang zwischen beiden Systemen gestaltet werden könnte. Eine schrittweise Heranführung an die Belastungen eines Arbeitstages könnte besonders Schülern, die über instabile Selbstkonzepte verfügen und bereits im allgemeinbildenden Schulkontext eine verminderte Leistungsfähigkeit, beispielsweise Konzentrationsschwächen, aufwiesen, den Übergang erleichtern und belastungsbedingte Ausbildungsabbrüche reduzieren. Für einen Großteil der Schüler ist die Transition mit all ihren Begleitbedingungen als wichtige Entwicklungsaufgabe auf dem Weg zum Erwachsenwerden auch unter den derzeitigen Voraussetzungen zu bewältigen.

Chancen von BVJ-Schülern
Als besonders schwierige Gruppe werden in den Interviews immer wieder die Schüler im Berufsvorbereitungsjahr (BVJ) herausgestellt. Diese Klientel setzt sich aus Schülern zusammen, die im bisherigen Schulwesen wenig erfolgreich waren und keine beruflich verwertbaren Bildungszertifikate erwerben konnten. Die Gruppe stammt zumeist aus den allgemeinbildenden Hauptschulklassen und vereint oftmals Jugendliche aus prekären sozialen Herkunftsmilieus. Außerdem befinden sich unter ihnen viele Einzelschicksale, deren Bildungsbiografien von Schulverweigerung, mehrmaliger Klassenwiederholung und dauerhaftem schulischen Misserfolg sowie Schulmüdigkeit geprägt sind.

Die Schüler des BVJ erfüllen in der berufsbildenden Schule ihre Berufsschulpflicht. Durch eine regelmäßige und aktive Unterrichtsteilnahme erwerben sie nachträglich ein dem Hauptschulabschluss vergleichbares Bildungszertifikat zu, das ihre Chancen auf einen Ausbildungsplatz erhöht.

Betrachtet man die soziale Zusammensetzung derartiger BVJ-Klassen, wird schnell erkennbar, dass es in dieser Konstellation nur einem sehr kleinen Teil der Jugendlichen gelingen wird, diese Möglichkeit für sich zu nutzen. Die pädagogische Arbeit mit diesen Jugendlichen wird von den Vertretern der Beruflichen Schulzentren als schwierig und oftmals aussichtslos charakterisiert. Die sozialen Herkunftsbedingungen der Schüler werden bei diesen Einschätzungen immer wieder als deutlichstes Hemmnis für eine erfolgreiche Entwicklung im Berufsvorbereitungsjahr hervorgehoben. Umfangreiche Probleme der Alltagsbewältigung, die schon von den Lehrern der Mittelschulen für die Schüler der Hauptschulbildungsgänge thematisiert wurden, gestalten auch eine erfolgreiche Bildungsarbeit an der weiterführenden berufsbildenden Einrichtung äußerst diffizil. Rein formal unterliegen die Schüler des BVJ einer rechtsgültigen (Berufs-)Schulpflicht. Allerdings wird in den Interviews berichtet, dass ein Großteil der Jugendlichen so viele Fehlstunden und -tage gesammelt habe, dass ihnen das Abschlusszertifikat schon allein aus diesem Grund verwehrt bleibt. Ein Nutzen bringendes und verwertbares Resultat der neunmonatigen Verweildauer im BVJ erzielt nur eine Minderheit. Unter all diesen Aspekten und den Problemen, die folgende Interviewausschnitten schildern, stellt sich nahezu zwangsläufig die Frage, ob eine Zwangsbeschulung schulmüder Jugendlicher in der Art und Weise des Berufsvorbereitungsjahres nicht als dringend reformbedürftig eingeschätzt werden muss. Die Chancen der BVJ-Schüler am Arbeitsmarkt werden von den Befragten ganz allgemein und unabhängig davon, ob der Abschluss im Beruflichen Schulzentrum erreicht wird oder nicht, als äußerst gering veranschlagt. Sie sind die potenziellen Arbeitnehmer für Arbeitsplätze mit geringem Anforderungsniveau bzw. für Anlerntätigkeiten, d.h. für die Beschäftigungspositionen, die der moderne Erwerbsarbeitsmarkt immer seltener zur Verfügung stellt bzw. in „deregulierte Graumärkte auslagert" (Imdorf 2005, S. 89).

BSZ SL 1: „Es wäre Illusion zu glauben, die BVJ-Schüler würden im Anschluss scharenweise in die Ausbildung kommen. Das liegt schon daran, dass der Schulbesuch eben sehr unregelmäßig ist. Wer die Schule bummelt, wird am Ende kein erfolgreiches Zeugnis bekommen und damit sind natürlich die Chancen gleich null. Die Chancen sind im BVJ, naja, ich will nicht sagen von Anfang an gleich null, aber fast."

BSZ SL 8: „Sagen wir so, wir sind mittlerweile froh, wenn wir so 3 bis 4 aus dem BVJ erreichen. 7 bis 8 werden bestehen und, es gibt auch Einzelfälle, wir hatten vor 5 bis 6 Jahren im BVJ ein Mädchen, das verkauft jetzt Bücher. An solchen Einzelfällen müssen wir uns aber hochziehen."

BSZ SL 6: „Viele Schüler im BVJ haben auch vom Elternhaus her nicht gelernt, einen strukturierten Tag, Schuljahr oder für ihr Leben durchzuhalten. „Na, wenn ich's verschlafen habe, dann habe ich's eben verschlafen." Häufig sind die Schüler ja auch die einzigen, die zu Hause aufstehen müssen, alle anderen dürfen ja liegen bleiben. Die Betreuung vieler Schüler am Nachmittag durchs Elternhaus ist sicher nicht so, wie das bei vielen anderen Schülern ist, wo darauf geachtet wird. Häufig sind neue Väter da oder auch neue Mütter, da sind wieder kleine Kinder angekommen, wo die Schüler meinen, dass die im Vordergrund stehen. Also, die sozialen Probleme, die die haben, sind schon groß. Und demzufolge sich bei einem Betrieb vorzustellen und zu präsentieren, wissen Sie, und auch die Stärken herauszuarbeiten, das begreifen die in dem Alter überhaupt noch nicht. Also nicht alle natürlich immer."

BSZ SL 8: „Gestern wollte die Polizei mir einen Schüler bringen – BVJ, der war seit September nicht einen Tag hier. Als seine Mutter hier war, mussten wir den ganzen Tag lüften, so eine Fahne war das. Und wenn sie einen in den Knast schicken, sagt die Mutter: „Das ist wie früher im Ferienlager, alles da, die können spielen..."

BSZ SL 3: „Naja, welche Perspektive haben die Kerle und die Mädels natürlich auch? Wo kommen die her, wo sind die aufgewachsen, was woll'n die hier in neun Monaten bewirken, was vorher das Elternhaus in 15-16 Jahren verdorben hat oder was Mittelschule natürlich auch nicht beheben konnte?"

Die Bilanz, die sich für Schüler des BVJ nach diesen Schilderungen ziehen lässt, bleibt traurig. Ihre vergleichsweise schlechten Chancen, sich am Ausbildungsmarkt zu etablieren, können durch das Berufsvorbereitungsjahr nicht grundlegend gesteigert werden. Für die Lehrer, die in solchen Schulklassen unterrichten, sind diese Rahmenbedingungen extrem belastend. Sie kämpfen mühsam auf nahezu aussichtslosen Posten. Nicht nur, dass sie täglich mit einer schwierigen Schülerklientel arbeiten müssen, ihnen sind auch nur selten Erfolgserlebnisse vergönnt, die ihre Motivation auf einem dienlichen Niveau halten könnten. Resignation, Mutlosigkeit und Zweifel am Sinn der eigenen Arbeit zermürben das Engagement und den Enthusiasmus, die für eine solch anspruchsvolle sozialpädagogische Aufgabe notwendig sind.

Die Ausschnitte aus den Interviews zeigen, mit welchen Problemen die Jugendlichen im BVJ größtenteils konfrontiert sind. Vor dem Hintergrund derart schwerwiegender Belastungen im sozialen Bereich, fehlenden Netzwerken im familialen Umfeld und den vorangegangenen, oft misserfolgsgeprägten Schulerfahrungen, bleibt es zweifelhaft, ob ein schulisch konzipiertes Programm wie das Berufsvorbereitungsjahr hier angebracht ist.

Ein stärker berufspraktisch ausgerichteter Ansatz, der nur ein absolutes Minimum an schulischen Elementen enthält, könnte für einen Großteil der schulmüden Jugendlichen eine sinnvolle Alternative bieten. Es könnten berufsrelevante Inhalte vermittelt werden, die dem Jugendlichen möglicherweise mehr nützen und sich besser am Arbeitsmarkt verwerten lassen als ein unstetig besuchtes Berufsvorbereitungsjahr in herkömmlicher Form. Ähnlich wie immer wieder im Maßnahmesystem der Beschäftigungsförderung angemahnt, müsste allerdings sichergestellt werden, dass der Jugendliche in das für ihn passende Programm lanciert wird, um die Chance auf einen nachgeholten Schulabschluss, der am regulären Ausbildung- und Arbeitsmarkt nach wie vor notwendige Voraussetzung für Erfolg ist, bei entsprechender Eignung nicht zu verspielen.

Elternarbeit
Elternarbeit hat an Einrichtungen der beruflichen Bildung nicht den Stellenwert, den sie im allgemeinbildenden Schulwesen einnimmt. Das ist darüber zu begründen, dass die Mehrzahl der dort unterrichteten Schüler bereits das 18. Lebensjahr vollendet hat. Lediglich bei den Schülern der ersten Lehrjahre, die eine Berufsausbildung im Anschluss an die Mittelschule begonnen haben und für Schüler der Berufsvorbereitung und -grundbildung werden Angebote zur Information der Eltern unterbreitet.

In den Klassen zur Berufsausbildung oder schulischen Weiterqualifizierung wurden in den Interviews keine Auffälligkeiten oder Probleme artikuliert. Bezüglich der Elternarbeit in den BVJ-Klassen werden allerdings erhebliche Schwierigkeiten zur Sprache gebracht. Nicht nur die Schüler selbst werden durch das Programm und die Schule, in der sie ihr BVJ absolvieren, schwer erreicht, sondern auch deren Eltern. Die befragten Pädagogen berichten in diesem Zusammenhang von keinerlei positiven Erlebnissen. Vielmehr thematisieren sie diverse Komplikationen in der Zusammenarbeit mit den Eltern dieser problembelasteten Schülerklientel.

Interessant ist in diesem Kontext die Bedeutung der allgemeinbildenden Schulen, die in zwei Interviews skizziert wird. Die bereits von den Lehrern der Mittelschulen angesprochene Schwellenangst vor öffentlichen Institutionen, die Eltern aus sozial schwierigen Verhältnissen aufweisen und die sich möglicherweise im Laufe der Schullaufbahn des Kindes konsolidiert hat, setzt sich beim Schulbesuch des Kindes an einer berufsbildenden Schule fort. Konnte es den vorgeschalteten Lehrern, beispielsweise an der Mittelschule, gelingen, diese Angst abzubauen, sind die Bedingungen für ein Interesse und die entsprechende Mitwirkung der Eltern im Berufsbildungssystem günstig. Eine wichtige Grundlage für die Beteiligung der Eltern am schulischen Geschehen stellt die frühzeitig aufgebaute Vertrauensbasis zu den öffentlichen Erziehungs- und Bildungseinrichtungen dar. Der Grundstein für ein solches partnerschaftliches Miteinander muss dafür bereits in den Kindertagesstätten und der Grundschule gelegt werden und in allen Phasen der gemeinschaftlichen Arbeit gestärkt und aufrechterhalten werden.

> BSZ SL 2: „Die meisten Eltern, ich sage mal viele Eltern, nicht die meisten, sag ich mal lieber, denken immer: Schule mache mal! Und das ist Quatsch. Das A und O, zu 90% sind die Eltern dafür zuständig und verantwortlich, anders funktioniert es nicht. Und der Kultusminister hat vor zwei Jahren mal ganz deutlich gesagt: „Die Schule ist nicht der Reparaturbetrieb der Familien."

BSZ SL 8: „Beim BVJ ist die Teilnahme der Eltern am Elternabend auf ca. 3 beschränkt, mehr erscheinen hier nicht. Die kriegen Sie also nicht vom Sofa hoch."

BSZ SL 7: „Die Eltern werden natürlich schon informiert, wenn das Söhnlein oder Töchterchen nicht zur Schule kommt und Ordnungsmaßnahmen werden erst dann eingeleitet, wenn solche Gespräche, solche Kontakte mit den Eltern stattgefunden haben. Und da kommen dann eben solche tragischen Sachen heraus, wie: „Ja, was soll ich denn machen? Ich bring' sie ja schon früh an die Schule, ich seh' doch, wie sie reingeht". Aber was die Mutter eben nicht sieht, ist, wie sie auf der anderen Seite wieder rausgeht. Da steckt teilweise auch von den Eltern viel Mühe dahinter. Teilweise. Die kümmern sich da sehr, aber bei manchem steckt der Schulverweigerer, da ist das im Laufe der Schulzeit so drin."

BSZ SL 1: „Der Besuch und das Interesse der Eltern ist sehr gering. Sicher auch aus den Erfahrungen der allgemeinbildenden Schule, und wenn ich hier an das BVJ denke, haben wir ja auch ein Klientel von Abgängern von Klasse 5 bis 8, ja, und die Elternhäuser sind auch dort nicht so interessiert, weil es da in der Vergangenheit schon meist negative Erfahrungen gab und sich das hier auch abzeichnet, dass das nicht immer so erfolgreich ist. Wir brauchen die Eltern in dem Boot, aber das Interesse der Eltern ist eben nicht immer so, wie wir es uns wünschen."

BSZ SL 10: „Manchmal trifft man auf Eltern, die doch ein großes Interesse an Schule haben. Das hat auch was mit der Schule vorher zu tun. Und manche sagen: „Das war immer Scheiße, also gehen wir auch hier nicht hin." Und die erreicht man dann auch nicht in dem Jahr."

In den Interviewausschnitten wird deutlich, dass die Mitarbeit und die Abstimmung durch intensive Elternarbeit besonders in Fragen der beruflichen Entwicklung von größter Bedeutung sind. Ähnlich wie an den Mittelschulen wird das mangelnde Interesse der Eltern kritisiert. Auch an den Einrichtungen des staatlichen Berufsbildungssystems kann damit ein Verbesserungsbedarf bezüglich funktionierender Konzepte der Elternarbeit konstatiert werden. Es ist davon auszugehen, dass sich eine stärkere und bessere Einbeziehung der Eltern in die Bildungs- und Erziehungsarbeit im allgemeinbildenden Schulsystem positiv auf die Bereitschaft zur Beteiligung über diese Schularten hinaus auswirkt und das berufliche Bildungssystem von einer besseren Vorleistung in den Grund- und Mittelschulen profitieren könnte. Unabhängig davon gilt es ebenso für die Klassen an den Beruflichen Schulzentren, neue und Erfolg versprechendere Wege für die Elternarbeit einzuschlagen.

Zusammenfassung der Berufsschulbefragung
Es lässt sich festhalten, dass sich die Probleme und Herausforderungen bezüglich der Schüler, die ihren beruflichen Weg noch nicht gefunden haben, an den Beruflichen Schulzentren nicht wesentlich von den Einschätzungen ihrer Kollegen an den Mittelschulen unterscheiden. Die Schwierigkeit der Integration von

problembelasteten Schülern aus prekären Herkunftsmilieus in ein erfolgreiches Konzept der beruflichen Entscheidungsfindung und Berufswahl wird von beiden Schularten als beschwerliche und diffizile Angelegenheit beschrieben. Auf beiden Seiten häufen sich in diesem Kontext resignierte und teilweise hilflose Äußerungen.

Die notwendigen Kooperationsstrukturen zwischen den Einrichtungen der allgemeinen und der beruflichen Bildung werden von den Schulleitern der städtischen Beruflichen Schulzentren als unbefriedigend eingeschätzt. Aus ihrer Sicht existieren kaum tragfähige Beziehungen und erforderliche Plattformen für einen konstruktiven Erfahrungsaustausch. Auch die Bewertung der Berufsorientierungs- und Vorbereitungsleistungen der Mittelschulen werden von den pädagogischen Kollegen aus den Beruflichen Schulzentren als ausbaufähig und weiterentwicklungsbedürftig charakterisiert. Zu viele Jugendliche kämen mit ungenauen oder falschen Vorstellungen über Berufsbilder und Inhalte der Ausbildung im Berufsschulwesen an. Um dadurch bedingte Ausbildungsabbrüche und Umorientierungsprozesse zu minimieren, sollte eine bessere Vorbereitung im Sinne einer stringenten Karriereplanung favorisiert werden.

Insgesamt lässt sich sagen, dass die Zusammenarbeit beider Schularten im Sinne einer gelingenden beruflichen Orientierung und fundierten Vorbereitung auf den Übergang in das Berufsleben zu vertiefen und zu verbessern ist. Die Kooperation mit Unternehmen der regionalen Wirtschaft ist ein wichtiger Schwerpunkt der Berufswahlunterstützung an den Mittelschulen und an den berufsbildenden Einrichtungen. Sie spiegelt aber nur eine Dimension der Ausbildung wider. Bei einer Anreicherung durch die enge Verzahnung beider Schulsysteme sind weitere Synergieeffekte für eine umfassende Berufsorientierung zu erwarten.

8.1.5 Resümee aus den Schuluntersuchungen

Eine Zusammenfassung der bisherigen Ergebnisse soll veranschaulichen, welchen Weg die staatlichen Bildungseinrichtungen des Freistaates Sachsen in der Region und Stadt Leipzig eingeschlagen haben, um ihre Schüler auf das Leben nach der Schule und einen Übergang in das Ausbildungs- und Erwerbssystem vorzubereiten.

Trotz teilweise widriger Umstände und Rahmenbedingungen ist den pädagogischen Einrichtungen eine offene Haltung bezüglich der modernen gesellschaftlichen Anforderungen einer arbeitsweltorientierten und berufsbildenden schulischen Qualifizierung zu attestieren. Entsprechende Inhalte wurden in die sächsischen Lehrpläne integriert und berufskundliche Veranstaltungen konnten sich in den pädagogischen Schulprogrammen und Jahresplanungen zu festen Bestandteilen etablieren. Immer mehr Bildungsinstitutionen gelingt eine fruchtbare und Gewinn bringende Öffnung zum sozialen Umfeld, aus der nützliche

Partnerschaften für eine lebens- und arbeitsweltorientierte schulische Bildungsarbeit resultieren. Auch wenn noch nicht alle hilfreichen Kooperationspartner identifiziert und in das schulische Geschehen eingebunden werden konnten, so ist doch eine aussichtsreiche Basis geschaffen, auf der sich in den kommenden Jahren ein professionell organisiertes und strukturiertes Netzwerkmanagement aufbauen lässt. Die berufliche Orientierung ist aus den meisten schulpädagogischen Einrichtungen als Schwerpunkt einer Lebensvorbereitung nicht mehr wegzudenken.

Ungeachtet dieser positiven Tatsache und der fortschrittlichen Einstellung vieler der befragten Schulpädagogen, lassen sich eine Vielzahl von Handlungsfeldern zukünftiger Weiterentwicklungen diagnostizieren und Veränderungs- und Optimierungsbedarf konstatieren.

Zunächst erscheint es dringend ratsam, die mühevoll aufgebauten Kooperationsstrukturen zu festigen und auszubauen. Eine Schule als institutionalisiertes öffentliches Netzwerkzentrum für eine umfassende, ganzheitliche Bildung und Vorbereitung auf ein selbstbestimmtes und eigenständiges Leben in der Gesellschaft verlangt eine enge Verknüpfung der beteiligten Akteure und eine vertrauensvolle Basis der Zusammenarbeit. Nur im Schulterschluss aller notwendigen Bildungs- und Erziehungsinstanzen sowie der sozialräumlichen Akteure der gesellschaftlichen Wirklichkeit ist es möglich, die heranwachsende Generation für die sich ständig wandelnden Zukunftsanforderungen einer komplexen Welt angemessen zu präparieren und zu qualifizieren. Hierfür ist es erforderlich, die berufliche Orientierung nicht wie bisher als Zusatzleistung zu betrachten, was der allgemeinbildenden Funktion der Schule quasi additiv als weitere bzw. ergänzende Aufgabe überantwortet wird. Vielmehr muss hier ein Paradigmenwechsel einsetzen, der diesen Schwerpunkt als integralen Bestandteil einer ganzheitlichen Bildung in der Schule versteht und entsprechend in den pädagogischen Gesamtprogrammen der einzelnen Einrichtungen implementiert. Nach wie vor ist dieses moderne Verständnis von Schulbildung, das besonders vermehrt nach den PISA-Ergebnissen in der Öffentlichkeit diskutiert wurde, noch nicht hinreichend in der schulischen Realität umgesetzt. Die in diesem Zusammenhang gestellte Frage nach den erforderlichen Kompetenzen, die für eine Bewältigung des Lebensalltags und eine selbstverantwortliche gesellschaftliche Teilhabe notwendig scheinen (vgl. Oberliesen/Schulz 2007, S. 1), warf einen kritischen Blick auf die Leistungen des Bildungssystems und konfrontierte das traditionelle Schulwesen mit einer Reihe Reformaufgaben. Diese entsprechend der länderspezifischen Besonderheiten und Rahmenbedingungen in ausgereiften Konzepten zu formulieren und den Einrichtungen handhabbare Leitfäden als Hilfestellung zur Seite zu stellen, bedarf nicht nur einer adäquaten Organisationsstruktur, sondern vor allem Realisierungszeit inklusive der notwendigen Erprobungszeiträume und Modellphasen sowie deren Evaluierung.

Will man einen solchen Perspektivenwechsel auch in der untersuchten Region erreichen, gilt es nicht nur inhaltliche Veränderungen anzustoßen, sondern zuallererst müssen die Rahmenbedingungen für eine solche Reform geschaffen werden. Unter den derzeitigen Systembedingungen kann man auf keine große Mitwirkung seitens der beteiligten und betroffenen Pädagogen hoffen. Außerdem sollten neue Anschauungen und die passenden didaktischen Prinzipien und Methoden Eingang in die Lehrerausbildung finden, um das System auch Stück für Stück von innen heraus zu reformieren. Der anstehende Generationswechsel in den öffentlichen Bildungseinrichtungen kann dafür durchaus genutzt werden.

Die qualitative Schulentwicklung ist als Prozess zu verstehen, dessen unvermeidliches Manko zu sein scheint, immer nur auf den aktuellen Bedarf der Zeit reagieren zu können und das zumeist mit erheblicher Zeitverzögerung. Es bleibt Illusion anzunehmen, man könne entsprechend dem gegenwärtigen Anforderungsbedarf der modernen Gesellschaft ein detailliertes Bildungs- und Erziehungsprogramm entwerfen, welches alle Jugendlichen, die es durchlaufen, optimal befähigt, mit den zukünftigen Herausforderungen ihres individuellen Erwachsenendaseins zurecht zu kommen. Vielmehr muss es um eine Art ganzheitliche Grundbildung gehen, die eine anschlussfähige Entwicklung von verschiedenen Basiskompetenzen fördert (vgl. Hurrelmann 1975, S. 105). An diesen Grundapparat ist dann im lebenslangen Lernprozess selbstständig anzuknüpfen, und das Individuum kann sich entsprechend seiner persönlichen Präferenzen und seiner Erfahrungswelt weiterqualifizieren und spezialisieren.

Ein solcher anschlussfähiger Basisapparat und die Fähigkeit, in selbstgesteuerten und eigenverantwortlichen Lernprozessen auf dieses Fundament aufzubauen, muss in der Schule angelegt werden. Die dafür notwendige Reform im Selbstverständnis von Schule bringt tiefgreifende Veränderungsprozesse mit sich und noch nicht alle aufgeworfenen Problemstellungen, wie beispielsweise die Frage nach der Messbarkeit der erreichten Lernerfolge ohne ein allgemeingültiges Ziel, sind ausreichend erörtert und zufriedenstellend gelöst.

Eines lässt sich jedenfalls festhalten, eine Modernisierung des Schulwesens in Richtung eines neuen Verständnisses von Bildung und Erziehung verlangt nicht nur partielle Veränderungen, wie beispielsweise die Aufnahme berufsbildender Inhalte in das althergebrachte System, sondern eine generelle Reform des Bildungssystems hin zu einem dichten Geflecht aus privaten und öffentlichen Akteuren. Diese müssen gemeinsam eine Art Entwicklungsagentur für heranwachsende Persönlichkeiten bilden und ihr ganzheitliches Bildungs- und Erziehungshandeln eine zukunftsfähige lebens- und arbeitsweltorientierte Komponente implizieren.

8.2 Vergleich mit der Schülerbefragung des Deutschen Jugendinstituts

Zeitgleich zu meiner Befragung der Lehrer und Mitglieder der Schulleitung zur Berufsorientierung an ihrer Bildungseinrichtung im März und April 2007 fand eine vom Deutschen Jugendinstitut (DJI) realisierte, erste Erhebung einer Längsschnittstudie unter dem Titel „Leipziger Mittelschülerinnen und Mittelschüler auf dem Weg von der Schule in die Berufsausbildung" statt. Durch die thematische Nähe der beiden Untersuchungen empfiehlt es sich, die Ergebnisse in einer Zusammenschau vergleichend zu betrachten.

In dieser Gegenüberstellung beziehe ich mich lediglich auf die Daten aus dem veröffentlichten Bericht zur Basiserhebung der Leipziger Schulabsolventenstudie (Kuhnke/Reißig 2007). Obwohl zum jetzigen Zeitpunkt bereits Ergebnisse der Folgeuntersuchungen vorliegen, veranschaulichen die Befunde der ersten Querschnittserhebung am deutlichsten die schulischen Leistungen und effektiven Faktoren für die tatsächliche Berufsorientierung und Berufswahlvorbereitung. Die Erhebung wurde an 28 der zum Befragungszeitraum existierenden 31 staatlichen Mittelschulen der Stadt Leipzig durchgeführt (ebd., S. 10), d.h. die Übereinstimmung, der in die Untersuchung einbezogenen Schulen, dürfte bis auf das Fehlen der Angaben zu Schulen in freier Trägerschaft nahezu identisch zu meinem Sampel sein. Es konnten 1168 Jugendliche befragt werden. Das entspricht einer Ausschöpfungsquote von knapp 60% der Schüler im letzten Pflichtschuljahr (vgl. ebd., S. 11), die demnach kurz vor ihrer ersten beruflichen Entscheidung stehen. Der Bericht verspricht fundierte Aussagen über den beruflichen Orientierungsstatus der befragten Jugendlichen und ihrem Stand im Berufswahlprozess.

Ich möchte in diesem Kapitel die für den Deutungsrahmen meiner Arbeit wichtigen Ergebnisse der DJI-Studie vorstellen und sie mit den Befunden aus den von mir durchgeführten Interviews mit den Lehrkräften der Schulen abgleichen. Dies soll einen umfassenden Einblick in die Berufsvorbereitung und Berufswegeplanung Leipziger Mittelschüler sowohl aus eigener Perspektive als auch aus der ihrer Lehrer gewähren.

Das DJI untersuchte neben den Bedingungen des familialen Umfeldes, jugendlichen Interaktionen im sozialen Umfeld, Aspekten der individuellen Persönlichkeit und der jeweiligen Bildungsbiografie auch die Pläne und den Stand der Vorbereitung für den Übergang von Schule in Beruf.

Zunächst lässt sich festhalten, dass die Frage der beruflichen Zukunftsplanung in der jugendlichen Lebenswelt eine große Bedeutung erfährt. Mit 39% konnten die Sorgen um die berufliche Zukunft als die höchste Problembelastung der befragten Jugendlichen identifiziert werden (vgl. ebd. S. 35). Dies stimmt größtenteils mit den Lehrermeinungen überein, die ebenfalls konstatierten, dass

Fragen der beruflichen Lebensplanung besonders in der Abschlussklasse an Bedeutung gewinnen und das Interesse der Jugendlichen für Themen der beruflichen Anschlussperspektiven zunimmt, je näher der Übergang rückt.

Einen großen Einfluss auf die Berufsorientierung und -wahl haben Beratungs- und Unterstützungsinstanzen. Für die Schüler der Leipziger Abschlussklassen sind in dieser Funktion besonders Personen des sozialen Nahraums wichtig. Als einflussreichste Ratgeber fungieren die Eltern, die bei 90% der Jugendlichen in Entscheidungen der Berufswahl konsultiert werden, 70% der Jugendlichen wurden im Sinne der Übergangsvorbereitung durch die Berufsberatung unterstützt. Auf den anschließenden Positionen folgten Freunde und Geschwister sowie Verwandte. Die Lehrer spielen in der Wahrnehmung der Schüler für die Berufsorientierung eine eher geringere Rolle, nur knapp 30% der befragten Schüler wiesen ihnen eine wichtige Rolle zu. Weniger als 20% nannten in diesem Zusammenhang Angebote der Jugendhilfe (vgl. ebd., S. 46).

Die Untersuchung des DJI konnte nachweisen, dass die institutionellen Ratgeber besonders für Schüler aus prekären Wohngegenden bzw. mit problematischen sozialen Herkunftskonstellationen oder schwierigen Bildungsverläufen an Relevanz zunehmen. Das bestätigt das Engagement und die Bemühungen der Lehrkräfte speziell um Hauptschüler und benachteiligte Jugendliche an den Mittelschulen. Der Auftrag der intensiven Unterstützung dieser Klientel wurde von den meisten befragten Lehrern erkannt und erfährt an den Schulen eine besondere Aufmerksamkeit, auch wenn die Schulpädagogen dieser Aufgabe zum Teil recht hilflos gegenüberstehen. Anhand der Zahlen des DJI lässt sich belegen, dass diese Anstrengungen fruchten, da die Lehrer bei Schülern mit Migrationshintergrund und aus den Hauptschulbildungsgängen sowie aus Schulen in sozialen Problemgebieten eine erheblich größere Bedeutung im Berufsfindungs- und Entscheidungsprozess verzeichnen. Allgemein kann man sagen, dass Jugendliche mit erhöhtem Unterstützungsbedarf in Fragen der Berufswahl institutionalisierte Hilfsangebote, z.B. auch sozialpädagogische Angebote, stärker in Anspruch nehmen als Gleichaltrige ohne Benachteiligungsfaktoren (vgl. ebd., S. 45).

Im Rahmen der Studie wurden die Schüler auch nach ihrem Stand der Bewerbungsphase befragt. Etwa drei Monate vor Beendigung der regulären Pflichtschulzeit liegt für viele die Zeit der aktiven Bewerbung um einen Ausbildungsplatz bereits in der Vergangenheit. Besonders in Großunternehmen beginnt das Auswahlverfahren schon im ersten Halbjahr der Abgangsklasse. Es lassen sich demnach zum Erhebungszeitpunkt Daten erfassen, die die tatsächlichen Bemühungen der Schüler im Verfolgen ihrer beruflichen Pläne abbilden. Für die Mehrheit der Schüler steht der Übergang in eine berufliche Erstausbildung im Zentrum der schulischen Anschlussperspektiven, für 65% der befragten Schüler rangiert dieser Wunsch an erster Stelle. Ca. 20% streben an, ihre Bildungszertifikate auf einer weiterführenden Schule zu verbessern, 4% planen den Besuch berufsvorbereitender Maßnahmen. Rund 11% werden in der Kategorie ‚Sonstiges' gruppiert und enthält: Unentschlossenheit über die angestrebte Anschlussinstanz, Jobben oder andere Vorhaben, die nicht in die erwähnten Kategorien fallen (vgl. ebd., S. 57). Entsprechend des meist genannten Ziels, des Eintritts in ein Ausbildungsverhältnis, das zu einem anerkannten Berufsabschluss führt, haben bereits über 80% der befragten Jugendlichen Erfahrungen im Bewerbungsprozess gesammelt (vgl. ebd., S. 54). Dieser Wert differiert von der Anzahl der Jugendlichen, die auch noch zum Befragungszeitpunkt einen Übergang in ein Ausbildungsverhältnis anstreben. Gründe hierfür können beispielsweise in Änderungen der Anschlussperspektive aufgrund negativer Erfahrungen und Misserfolg im Bewerbungsprozess oder auch in einer entwicklungsbedingten Veränderung der individuellen Präferenzen liegen.

Im Schreiben von Bewerbungen liegen die Realschüler weit vor den Hauptschülern. Sie schicken mit durchschnittlich 13 Bewerbungsmappen nahezu doppelt so viele Ausbildungsplatzgesuche ab wie ihre Schulkameraden in den Hauptschulbildungsgängen. Auch Schüler mit Migrationshintergrund lagen mit knapp acht Bewerbungen unter dem Durchschnitt (vgl. ebd., S. 54).

Dieses Ergebnis stimmt erneut mit den Erfahrungen der Lehrerschaft überein, die bemängeln, dass vor allem in den Hauptschulklassen und vereinzelt bei Schülern aus schwierigen sozialen Lagen die Zahl der Bewerbungsverfahren deutlich unter dem Durchschnitt liege. Einen Erklärungsansatz dafür bietet beispielsweise die relativ hohe Anzahl (11%) von Schülern aus dem Hauptschulbildungsgang, die einen Übergang in eine berufsvorbreitende Maßnahme anstreben (vgl. ebd., S. 57), was sicherlich auf die antizipierten schlechten Chancen am Ausbildungsstellenmarkt zurückzuführen ist.

Die Sicherheit und Stabilität des Berufswunsches wurden ebenfalls abgefragt. Hier zeigte sich, dass ca. 60% der Jugendlichen relativ sicher wissen, welchen Beruf sie erlernen möchten (vgl. ebd., S. 54). Vor dem Hintergrund, dass viele Bewerbungsfristen zum Zeitpunkt der Erhebung bereits abgelaufen sind, wäre es zukünftig wünschenswert, dass mehr Jugendliche frühzeitiger ihre beruflichen Präferenzen identifizieren können. In diesem Kontext muss zwar bedacht werden, dass ein bestimmter Anteil der Jugendlichen plant, mit einem weiterführenden Schulbesuch ihre Chancen am Ausbildungs- und Arbeitsmarkt zu vergrößern, aber es muss auch im Blick bleiben, dass sich bereits 80% der Jugendlichen um einen Ausbildungsplatz beworben haben, was in Anbetracht der Tatsache, dass nur 60% der Befragten klare Vorstellungen und Wünsche verfolgen, fragwürdig erscheint. Es ist ein bekanntes Phänomen, dass Jugendliche der Abschlussklassen häufig ihre bis dahin sicheren Berufswünsche revidieren und eine erneute Unsicherheit um sich greift (vgl. Holling et al. 2000, S. 26), da oftmals erst im konkreten Bewerbungsprozess festgestellt werden kann, ob der anvisierte Berufswunsch realisierbar ist oder aufgrund des fehlenden Angebotes oder unzureichender Qualifikationen korrigiert werden muss. Die Ergebnisse der DJI-Studie decken sich in etwa mit den Einschätzungen der Lehrer, nach denen selbst in den Abschlussklassen eine erhebliche Streubreite der Status im Berufswahlprozess zu konstatieren ist. Die Lehrer berichten von zwei polarisierten Gruppen von Jugendlichen; eine, die sich sehr frühzeitig und zielstrebig um ihre berufliche Anschlussinstanz bemüht und eine, die bis zum Ende der allgemeinen Schulpflicht keine Vorstellungen über ihren beruflichen Werdegang besitzt. Innerhalb dieser Extreme befinde sich die Mehrheit der Jugendlichen. Die beiden Gruppen wurden auch in der Erhebung des DJI identifiziert. 23% der befragten Jugendlichen konnten bereits einen sicheren Ausbildungsplatz vorweisen. Sie gehören damit zu den von den Lehrern als vorbildlich beschriebenen Schülern, 10% bildeten die Gruppe derjenigen ohne Vorstellungen über eine Anschlussperspektive (vgl. Kuhnke/Reißig 2007, S. 54).

Die Studie des DJI konnte darüber hinaus nachweisen, dass die Entscheidung für eine berufliche Erstausbildung und das Praktikum in einem engen Zusammenhang stehen. Hat ein Schüler im Abschlussjahr seiner Schullaufbahn ein Praktikum absolviert, erhöht dies den Wunsch nach einem direkten Einstieg in die Berufsausbildung (vgl. ebd., S. 67). Diese Korrelation unterstützt die Bestrebungen der Mittelschulen, mehr Praktika als das obligatorische Schülerbetriebspraktikum anzubieten und die Schüler zu weiteren Praktika in der schulfreien Zeit zu animieren.

Auf der Basis von logistischen Regressionsanalysen wurden vom DJI zudem Faktoren für den Bewerbungserfolg bei der Ausbildungsplatzsuche ermittelt. Als einflussreichste Effekte stellten sich hierbei das Anregungs- und Unterstützungspotenzial der Eltern und der Bildungserfolg der Jugendlichen heraus. Gute Noten in Deutsch und Mathematik im Realschulbildungsgang sowie Anregungen und Unterstützung aus dem Elternhaus erhöhen die Chancen auf ein frühzeitig erfolgreiches Bewerbungsverfahren. Hingegen können Schüler im Hauptschulbildungsgang und Kinder arbeitsloser Eltern deutlich später eine Bewerbungssituation für sich entscheiden (vgl. ebd., S. 72f). Auch diese Zusammenhänge wurden von den Schulpädagogen in den Interviews vermutet. Das Aufwachsen in von Arbeitslosigkeit geprägten Elternhäusern korreliert dabei stark mit dem Fehlen von Anregungen und Unterstützungsleistungen seitens der Eltern und von alltagskulturellen Anreizen. Damit schlagen beide Dimensionen der sozialen Herkunft auf die Berufswahl durch: die sozioökonomische Position der Familie und die Charakteristik des Binnenmilieus (vgl. Meulemann 1985, S. 226). Ein solch restringiertes Milieu wird von den Lehrern als besonders nachteilig für das erfolgreiche Umsetzen beruflicher Aspirationen angesehen. Weiterhin als problembelastete Gruppe wurden die Schüler des Hauptschulbildungsganges bezeichnet. Zu diesen Ergebnissen kommt auch die Studie des DJI.

Allgemein bleibt festzuhalten, dass sich die Ergebnisse der Schülerbefragung des DJI mit den Einschätzungen der Lehrerschaft in hohem Maße kongruent verhalten, was einen großen Erfahrungsschatz und die notwendige Sensibilität der Schulpädagogen für die Bewertung der Situation ihrer Schüler voraussetzt. In der Auswertung der Basiserhebung der Schulabsolventenstudie konnten keinerlei Anhaltspunkte gefunden werden, die den Meinungen der interviewten Lehrer widersprechen. Diese große Übereinstimmung zeigt anschaulich, dass die Schulpädagogen die Lage an ihren Schulen sehr realistisch einschätzen können sowie Probleme und die nötigen Handlungsbedarfe kennen. Dies bildet eine günstige Voraussetzung für die Weiterentwicklung der beruflichen Orientierungsarbeit und Berufswahlbegleitung an den Leipziger Mittelschulen.

Aufschlussreich wäre aus meiner Sicht, die Befragung des DJI in ca. zwei bis drei Jahren zu wiederholen. Die Schüler, die zum Befragungszeitraum die Stichprobe bildeten, wurden durch bewegte schulstrukturelle Zeiten sozialisiert, in denen nur wenige Schulen die Berufsorientierung als schulischen Schwerpunkt gestalteten. In der Zwischenzeit hat sich das Leipziger Schulnetz nahezu stabilisiert und Fragen der schulischen Vorbereitungsleistungen für einen erfolgreichen Eintritt in die Ausbildungs- und Arbeitswelt sind von den Bildungseinrichtungen intensiv bearbeitet worden. Auch für die kommenden Jahre ist eine Weiterentwicklung und Professionalisierung der schulischen Angebote, die individuelle Berufswahlprozesse der Jugendlichen unterstützen und begleiten sollen, zu erwarten. Interessant erscheint mir in diesem Zusammenhang vor allem nachzuprüfen, ob die Schule durch ihre Bemühungen in der Berufsorientierung ihre Bedeutung und den Einfluss auf die jugendliche Berufswahl steigern kann und ob die Jugendlichen den Lehrern in Zukunft eine höhere Bedeutung im Berufswahlprozess beimessen.

8.3 Untersuchung IV: quantitative Erfassung der Elternperspektive

Die immense Bedeutung des Elternhauses für die Entwicklung des Jugendlichen im Allgemeinen und für die Herausbildung und erfolgreiche Umsetzung beruflicher Präferenzen im Speziellen wurde im Fortgang der Arbeit wiederholt betont. Die im vorangegangenen Kapitel vorgestellte Studie des DJI bestätigt diesen Sachverhalt auch ausdrücklich für das relevante Untersuchungsgebiet. Es wurde klar formuliert, dass die Eltern in vielerlei Hinsicht den Berufswahlprozess ihrer Kinder beeinflussen. Es können drei Konstrukte angenommen werden, über die sich die elterliche Einwirkung sowohl mittel- als auch unmittelbar nachweisen lässt:

- Eltern konstituieren über ihren alltagskulturellen Habitus die Vorstellung und Haltung des Jugendlichen zum eigenen Lebensplan und die immanenten berufsbiografischen Intentionen.
- Der Erwerbsstatus der Eltern hat einen starken Effekt auf die Berufswunschentwicklung und die erfolgreiche Umsetzung der arbeitsweltlichen Aspirationen der jungen Menschen. Die elterliche Modellwirkung schlägt gemeinhin auf die Verhaltensweisen der Kinder durch, auch bezüglich ihrer Erwerbsentwürfe. 49
- Im Berufswahlprozess der Heranwachsenden fungieren die Eltern als wichtigste Beratungsinstanz. Fragen der beruflichen Lebensplanung werden größtenteils im familiären Nahraum erörtert. Das Vertrauen in die elterlichen Ratschläge bestimmt so manche berufsrelevante Entscheidung (vgl. auch Rademacker 2007, S. 101).

Diese drei Sachverhalte wurden bereits häufig durch Übergangsstudien (vgl. Kuhnke/Reißig 2007b; Beinke 2000) sowie das tatsächliche Berufswahlverhalten der Jugendlichen attestiert und können als hinreichend belegt gelten.

In diesem Zusammenhang stellt sich die Frage, wie die Eltern selbst diese Rolle und die damit verbundene Verantwortung einschätzen. Elternbefragungen zu dieser Thematik sind in der Forschung wenig zu finden. Den sichersten Zugang zu Eltern schulpflichtiger Kinder im berufswahlrelevanten Alter bietet die Schule selbst. Allerdings konnte auch schon aufgezeigt werden, dass besonders die schwierige Elternklientel aus problematischen Milieus vom institutionalisierten Schulsystem schwer erreicht wird und gerade bei Veranstaltungen für Eltern hauptsächlich diese Gruppe fernbleibt. Auch andere Zugänge, z.B. über Berufsorientierungsveranstaltungen, implizieren fast zwangsläufig eine Verzerrung der Elternpopulation und können somit nur sehr unbefriedigende und selten repräsentative Ergebnisse zu Tage fördern.

Trotz dieser Schwierigkeiten sollte die Elternperspektive in meiner Arbeit nicht unbeleuchtet bleiben. Auch wenn die folgend vorgestellte Untersuchung nicht die Kriterien für eine repräsentative, empirisch belastbare Studie erfüllt, so kann sie doch Tendenzen aufzeigen sowie Anhaltspunkte liefern, die Aussagen auf den Prozess der Berufsorientierung aus der Sicht der Eltern zulassen.

Das zentrale Anliegen der Untersuchung kann mit dem Sichtbarmachen elterlicher Wünsche, Ängste, Probleme und Meinungen im Hinblick auf die berufliche Entwicklung ihrer Kinder umrissen werden. In einem kurzen leitfadenge-

---

49 Die ersten beiden Aspekte können kaum getrennt voneinander betrachtet werden, da oftmals die Arbeitslosigkeit eine Reduzierung alltagskultureller Vielfalt bedingt. Es gibt aber auch Eltern, denen es trotz der eigenen Erwerbslosigkeit gelingt, den gesellschaftlichen und individuellen Wert der Berufsarbeit zu transportieren und ihren Kindern ein für die berufliche Entwicklung anregendes Milieu zu verschaffen.

stützten Interview[50] mit elf geschlossenen Fragen (vgl. Fragebogen im Anhang) wurden Eltern auf einer lokalen Berufsorientierungsveranstaltung angesprochen. Allgemein war die Bereitschaft der Eltern, am Interview teilzunehmen sehr hoch. Neben wenigen sozialdemografischen Fragen war beabsichtigt, die elterlichen Aspirationen bezüglich des Karriereverlaufs des Kindes und das Wissen über die beruflichen Pläne des Kindes zu ermitteln sowie eine subjektive Bewertung der Berufsorientierungsakteure vorzunehmen. Darüber hinaus sollten sich einige Aussagen zur wahrgenommenen individuellen Verantwortung im Zusammenwirken der verschiedenen Institutionen des Berufsorientierungsgeschehens ableiten lassen.

Der Sachverhalt der empfundenen Verantwortung ist nicht nur über die direkte Frage danach zu klären, sondern kann auch aus anderen Fragen, die den Problemhorizont latent enthalten, hergeleitet werden.

Um die Dimensionen der elterlichen Verantwortung empirisch belegbar zu machen, muss eine Form gefunden werden, die Emotionen operationalisierbar macht. Das gestaltet sich vor allem dadurch kompliziert, dass es vom befragten Individuum kontemplative Leistungen voraussetzt, die etwas äußerst Privates und Persönliches betreffen. Mit den Worten von Danner (1985) „ist praktische Erziehungsverantwortung selbstverständlich, aber die Reflexion darüber ist suspekt" (Danner 1985, S. 20). Konfrontiert man Erziehungsagenten mit der ihnen übertragenen Aufgaben- und Rollenverantwortung, werden unwillkürlich Erwartungshaltungen transportiert. Es ist davon auszugehen, dass sowohl Mechanismen der sozialen Erwünschtheit als auch individuelle Schutzprozesse bei befürchtetem Eingriff in die Privatsphäre der subjektiven moralischen Konstitution die Antworten beeinflussen und die Objektivität beeinträchtigen.

Trotz dieser schwierigen Voraussetzungen, die durch die Notwendigkeit eines kurzen, aber aussagekräftigen Erhebungsinstrumentes noch verstärkt wurden, sollten die Eltern im Rahmen der vorliegenden empirischen Arbeit selbst zu Wort kommen und ihre Perspektive auf den Berufsorientierungs- und -entscheidungsprozess unter den aktuellen gesellschaftlichen Bedingungen thematisiert werden.

Am Ende der Untersuchung, die an einem Novemberwochenende 2008 auf einer Ausbildungsmesse in Leipzig durchgeführt wurde, konnten 98 Fragebögen für die Auswertung herangezogen werden, die in relevanten Gesichtspunkten mit SPSS ausgewertet wurden.

Angesichts der geringen Fallzahl und knappen merkmalsabhängigen Unterschiede sind in der Untersuchung nur wenige signifikante Ergebnisse zu erwarten. Diese werden in den Tabellen fett markiert. Für eine ähnlich geartete Erhebung mit statistisch belastbaren Befunden ist anzuraten, die Fallzahl deutlich zu

---

50 Nur wenige der angesprochenen Eltern nutzten die anonymere Variante der eigenständigen schriftlichen Beantwortung des Fragenkataloges, was ihnen angeboten wurde.

erhöhen. Als additive Ergänzung meiner hauptsächlich qualitativ angelegten Studie soll die folgende Auswertung der Befragung allerdings ausreichen, um erste Anhaltspunkte zu liefern und eine umfangreiche Untersuchung anzuregen. Durch den unzureichenden Stichprobenumfang können keine Aussagen darüber gemacht werden, ob die geschlechtsspezifische Verteilung der Stichprobe die tatsächliche Quote der Messebesucher widerspiegelt. Das heißt, es kann trotz des höheren Anteils von Müttern innerhalb der Stichprobe nicht darauf geschlossen werden, dass Mütter die häufigeren Begleitpersonen der anwesenden Jugendlichen waren.

Tabelle 1: Verteilung der Stichprobe nach Geschlecht, Erwerbsstatus und Bildungsgang des Kindes

Geschlecht	Anzahl (ges.: 98)	Erwerbsstatus	Anzahl (gesamt: 98)	Bildungsgang des Kindes	Anzahl (ges.: 98)
männlich	46	berufstätig	89	Mittelschule	36
weiblich	52	erwerbslos	9	Gymnasium	57
				Sonstige	5

Der große Unterschied in der besuchten Schulart der Kinder allerdings lässt darauf schließen, dass tatsächlich mehr Eltern, deren Kinder das Gymnasium besuchen, an einer solchen berufsorientierenden Veranstaltung teilnehmen als Eltern, deren Kinder an einer niedriger qualifizierenden Schulart lernen. Geht man von einer allgemeinen Unterrepräsentanz der niedrigen Bildungsschichten aus (Eltern von Lernförderschülern weist die Stichprobe gar nicht auf), ließe sich dieser Fakt auch als Indiz dafür werten, dass Eltern aus eher bildungsfernen Schichten ihre Kinder im Berufswahlprozess weniger unterstützen und die Möglichkeiten zur gemeinsamen Orientierung seltener nutzen. Auch die relativ geringe Quote (9,2%) erwerbsloser Befragter würde eine solche Vermutung stützen.

Berufswahl ist heute keine einmalige Angelegenheit, sondern für die meisten der heranwachsenden Jugendlichen werden Berufsorientierungsprozesse das gesamte Arbeitsleben prägen (vgl. Famulla 2007, S. 71). In diesem Zusammenhang scheint es wichtig, zu ermitteln, inwieweit in den Herkunftsfamilien Erfahrungen mit brüchigen bzw. unsteten Erwerbsverläufen vorliegen. In Studien des IAB konnte bereits zu Beginn der 1990er Jahre gezeigt werden, dass nur ca. 55% der betrieblich qualifizierten Fachkräfte noch im gelernten Beruf tätig waren (vgl. Dostal 2007, S. 59). Zu einem ähnlichen Ergebnis kommt auch die vorliegende Untersuchung. Lediglich 48,5% der befragten Eltern gehen noch dem Beruf nach, den sie im Rahmen ihrer Erstausbildung erlernt haben.

Im Hinblick auf die Wirkung, die Eltern auf die Berufswahl ihrer Kinder ausüben, ist es von besonderem Interesse, die Motive zu hinterfragen, nach denen Eltern Berufe für ihre Zöglinge in Betracht ziehen. Den Eltern wurden im

Fragebogen fünf Kriterien vorgegeben, bei denen sie entscheiden sollten, ob diese Motive für die Wahl des Berufes eine Rolle spielen oder nicht. Mehrfachantworten waren möglich. Neben den Antwortoptionen Sicherheit, Spaß, Verdienst, Ansehen und Interesse hatten die Eltern die Möglichkeit, weitere Gründe zu benennen. Von diesem Angebot wurde allerdings nicht Gebrauch gemacht. Für die befragten Eltern ist das wichtigste Entscheidungskriterium der Berufswahl, dass der gewählte Beruf den Interessen und Neigungen ihres Kindes entspricht. 73,5% der Eltern halten diese Voraussetzung für notwendig. Bei 61,2% der Eltern ist auch der Spaß ein wichtiger Faktor für die Entscheidung für eine berufliche Tätigkeit. Die Sicherheit des Arbeitsplatzes spielt für 49,0% eine Rolle bei der Berufswahl. Monetäre Gründe rangieren mit 17,3% relativ weit abgeschlagen. Nur das Ansehen ist mit 7,1% noch unwichtiger. Ein vergleichbares Ranking haben auch Kuhnke/Reißig (2007) vornehmen lassen und die Schüler in der Absolventenstudie nach ihren Berufswahlmotiven gefragt. Fast identisch ist das anscheinend wesentlichste Kriterium, nach dem sowohl Eltern für ihre Kinder, als auch die Schüler selbst Berufswünsche entwickeln oder auswählen: das Interesse für den Beruf. Es nimmt Platz eins ein (Eltern: 73,5%, Schüler: 75%). Die Sicherheit des anvisierten Arbeitsplatzes ist den Schülern wichtiger als ihren Eltern (Eltern: 49%, Schüler: 67%), auch finanzielle Beweggründe bestimmen eher die Motive der Schüler als die Wünsche der Eltern (vgl. Kuhnke/Reißig 2007, S. 50).

Insgesamt lässt sich festhalten, dass für die Eltern die Zufriedenheit ihrer Kinder mit dem gewählten Beruf deutlich im Vordergrund steht. Die Motive, die ihrer Meinung nach über die Berufswahl entscheiden sollen, sind geprägt von den individuellen Interessen, Neigungen und Wünschen.

Interessant erscheint in diesem Kontext, zu prüfen, wie die Motive unter bestimmten Einflussfaktoren variieren. Geschlechtsspezifische Unterschiede können in diesem Fall nicht nachgewiesen werden. Es gibt lediglich minimale Abweichungen im Antwortverhalten der Väter im Vergleich zu dem der Mütter. Betrachtet man allerdings die Variable des ‚Erwerbstaus' können deutliche Differenzen konstatiert werden, und zwar hauptsächlich bezüglich des Motivs ‚Sicherheit'. Für erwerbslose Eltern spielt die Sicherheit, die eine gewählte Erstausbildung bietet, eine entscheidende Rolle für die Berufswahl. Gemeinsam mit den Wünschen nach Übereinstimmung von Interessen und Neigungen sowie der Freude an der gewählten Tätigkeit rangiert die Sicherheit auf Platz eins der entscheidenden Kriterien für die Berufswahl. Dies korrespondiert auch in etwa mit den Zusammenhängen, die Schröer betont. Er fasst zusammen: „Je niedriger die Bildungsvoraussetzungen des Elternhauses und je schwächer die ökonomischen Ressourcen, umso höher ist das Bedürfnis nach Sicherheit des Arbeitsplatzes" (Schröer 2000, S. 20). Diese Abhängigkeit ist auch für die Eltern nachweisbar.

Angesichts der schwierigen Situation am regionalen Ausbildungs- und Arbeitsmarkt der letzten Jahre ist davon auszugehen, dass sich die Eltern um den erfolgreichen Übergang vom Bildungs- ins Ausbildungssystem und in den Erwerbstätigenmarkt sorgen. Die nachstehende Tabelle zeigt, welche Merkmale die Ängste um den erfolgreichen Eintritt in das Berufsleben bestimmen.

Für die Errechnung des Signifikanzwertes wurde der Chi-Quadrat-Test angewendet. Die Merkmale ‚Geschlecht' (p=0,306) und der Bildungsgang des Kindes (p=0,494) erzielen keine signifikanten Ergebnisse. Die Überprüfung des Einflusses des elterlichen Erwerbsstatus' erzeugt zwar ein signifikantes Ergebnis, jedoch ist eine Voraussetzung des Chi²-Tests verletzt. Mehr als 20% der Zellen haben eine erwartete Häufigkeit von weniger als fünf Fällen (vgl. Brosius 1998, S. 407). Die Gruppe der Erwerbstätigen ist in diesem Sachverhalt zu klein.

Tabelle 2: Einschätzung der Eltern hinsichtlich der Chancen ihrer Kinder auf einen Ausbildungs- und Arbeitsplatz

Merkmal	Ausprägung/ Teilgruppe	Chance auf Ausbildung- und Arbeitsplatz			Total
		hoch	nicht sicher	schlecht	
Geschlecht	weiblich	22 (42,3%)	27 (51,9%)	3 (5,8%)	52 (100%)
	männlich	26 (56,5%)	19 (41,3%)	1 (2,2%)	46 (100%)
Erwerbsstatus*	berufstätig	45 (50,6%)	42 (47,2%)	2 (2,2%)	89 (100%)
	erwerbslos	3 (33,3%)	4 (44,5%)	2 (22,2%)	9 (100%)
Bildungsgang des Kindes	Gymnasium	27 (47,4%)	28 (49,1%)	2 (3,5%)	57 (100%)
	Mittelschule	19 (52,8%)	17 (47,2%)	0	36 (100%)
Total		48 (49%)	46 (46,9%)	4 (4,1%)	98 (100%)

* Das Ergebnis ist zwar signifikant, jedoch ist eine Voraussetzung des Chi²-Tests verletzt.

Es zeigt sich, dass die befragten Väter zuversichtlicher sind als die Mütter. Sie machen diejenige Gruppe aus, die die Ausbildungs- und Berufschancen ihrer Kinder mit Abstand am höchsten einschätzt. Mütter dagegen scheinen relativ pessimistisch bzw. unsicher. Aber es lassen sich nicht nur geschlechtsspezifische Differenzen ablesen, es zeigen sich auch deutliche Unterschiede in Abhängigkeit vom Erwerbsstatus der Eltern. Arbeitslose Eltern schätzen die Möglichkeiten ihrer Kinder auf einen sicheren Ausbildungsplatz wesentlich skeptischer ein als die berufstätige Vergleichsgruppe. Der Anteil derer, die die Chancen ihrer Kinder sogar als schlecht einstufen, ist in dieser Gruppe am größten. Gegen alle Erwartungen sind die Eltern, deren Kinder die gymnasiale Schulart besuchen, deren bildungstheoretischen Voraussetzungen auf einen erfolgreichen Übergang objektiv demnach besser eingeschätzt werden können als die Chancen von Jugendlichen, die nach der Sekundarstufe I die Schule verlassen, kritischer und unsicherer als Eltern von Mittelschülern.

Will man ermitteln, wie weit die Jugendlichen, die mit ihren Eltern die Messe zur Berufswahl nutzten, in ihrem Entscheidungsprozess fortgeschritten sind, lässt sich Frage 8 heranziehen („Wissen Sie, was Ihr Kind beruflich werden möchte?"), denn in fast jedem Fall geht die Unwissenheit der Eltern über den Berufswunsch des Kindes darauf zurück, dass der Jugendliche selbst noch unschlüssig ist. Über 60% der befragten Eltern wissen nicht, welche Berufsausbildung oder welches Studium sich an den Schulbesuch anschließen soll. Das ist besonders vor dem Hintergrund interessant, dass bei mehr als der Hälfte (56%) der jugendlichen Messebesucher die Entscheidung noch im selben Schuljahr ansteht, sie sich also in den Abschlussklassen befinden. Auch bei den Eltern, die angaben, den Berufswunsch des Kindes zu kennen, zeigte sich häufig, dass dieser noch ziemlich vage ist. So wurden beispielsweise nicht selten zwei potenzielle Ausbildungsberufe genannt, die wenig Verwandtschaft aufweisen. Es kam außerdem häufig vor, dass die Eltern nur eine Richtung oder Branche angaben, als nach dem konkreten Berufswunsch gefragt wurde. Das lässt darauf schließen, dass auch in diesem Fall noch kein expliziter Beruf bzw. Studiengang identifiziert werden konnte. Allgemein beschreibt die Datenlage eine relativ hohe Orientierungslosigkeit in Bezug auf die beruflichen Pläne der Kinder. Wahrscheinlich wurde die Veranstaltung hauptsächlich dafür genutzt, sich einen Überblick über Möglichkeiten zu verschaffen und weniger, um potenzielle Unternehmen oder Hochschulen für eine Bewerbung zu finden.

In Frage 9 wurde die Bedeutung der Akteure mittels einer Antwortskala abgefragt. Dies zielte darauf ab, sich dem Aspekt der Wahrnehmung von Verantwortung im jugendlichen Berufsorientierungsprozess aus der Perspektive der Eltern anzunähern, aber auch, um zu veranschaulichen, welchen Akteuren die Eltern überhaupt Bedeutung einräumen und wie sie die Rolle wichtiger Institutionen der Berufsorientierung bewerten. In Frage 10 sollten sich die Eltern explizit für den wichtigsten Akteur in der Berufsorientierung entscheiden.

Zunächst lässt sich ganz allgemein sagen, dass dem Jugendlichen selbst und seinen Eltern im Berufswahlprozess mit Abstand die größte Relevanz zugesprochen wird. Die Eltern rangieren hier in der Nennungshäufigkeit sogar noch vor den eigentlich Betroffenen (55,1%), ihren Kindern. 65,3% gaben an, dass den Eltern im Prozess der beruflichen Orientierung die größte Verantwortung zukommt. Die Schule und die Berufsberatung der Agentur für Arbeit spielen, wenn es um die Hauptverantwortung geht, nur eine marginale Rolle.

Im Folgenden werden die einzelnen Akteure in ihrer Wichtigkeit für den Berufsorientierungsprozess analysiert. Mit Hilfe einer fünfstufigen Rankingskala sollten die prominentesten Akteure und Unterstützungssysteme im adoleszenten Berufswahlprozess hinsichtlich ihrer Relevanz gewichtet werden.

Die Variable ‚Wichtigkeit' ist streng genommen nicht metrisch skaliert, da die Gleichabständigkeit (Äquidistanz) nicht bewiesen ist. Auch die grafische Darstellung der Mittelposition (ganz rechts) auf dem Fragebogen spricht gegen eine metrische Skala. Daher wird zum statistischen Vergleich der nonparametrische Mann-Whitney-U-Test berechnet. Da dieser mit schwer fassbaren Rangsummen operiert, ist in der Tabelle, trotz des ordinalen Datenniveaus, ein arithmetischer Mittelwert angegeben. Die Rankingskala codiert ‚sehr wichtig' mit 1 und ‚unwichtig' mit 5. Da die Gruppierungsvariable ‚Beratungssicherheit' mehr als zwei Ausprägungen hat, wird ein Kruskal-Wallis-H-Test gerechnet. Diese Verfahrensweise wird für die Tabellen 3 bis 8 beibehalten.

Tabelle 3: Einschätzung der Bedeutung der Eltern im Berufswahlprozess aus Sicht der Eltern

Merkmal	Ausprägung	Bedeutung der Eltern					Mittelwert
		sehr wichtig	wichtig	unsicher; teils/teils	eher unwichtig	unwichtig	
Geschlecht	männlich (n = 46)	21 (45,7%)	24 (52,2%)	0	1 (2,1%)	0	1,59
	weiblich (n = 52)	29 (55,8%)	23 (44,2%)	0	0	0	1,44
Erwerbsstatus	berufstätig (n = 89)	47 (52,8%)	41 (46,1%)	0	1 (1,1%)	0	1,49
	erwerbslos (n = 9)	3 (33,3%)	6 (66,7%)	0	0	0	1,67
Bildungsgang des Kindes	Gymnasium (n = 57)	26 (45,6%)	31 (54,4%)	0	0	0	1,54
	Mittelschule (n = 36)	22 (61,1%)	14 (38,9%)	0	0	0	1,39
Beratungssicherheit	ja (n = 25)	15 (60%)	9 (36%)	0	1 (4%)	0	1,48
	teilweise (n = 64)	32 (50%)	32 (50%)	0	0	0	1,50
	nein (n = 9)	3 (33,3%)	6 (66,7%)	0	0	0	1,67
Total		98 (100%)	50 (51%)	47 (48%)	0	1 (1%)	0	1,51

Man kann deutlich ablesen, dass die Eltern auch in ihrer eigenen Wahrnehmung eine entscheidende Rolle im Berufswahlprozess ihrer Kinder einnehmen. Bis auf eine Ausnahme schätzen alle Befragten die Wichtigkeit ihrer Beratung und Be-

Betreuung bei der beruflichen Entscheidungsfindung als sehr hoch bzw. hoch ein. Die minimalen Abweichungen zwischen den verschiedenen Gruppen müssen demnach immer unter dem Fokus betrachtet werden, dass die Differenzen lediglich zwischen den beiden Antwortkategorien ‚sehr wichtig' und ‚wichtig' differieren. In diesem minimalen Differenzspektrum lassen sich allerdings teilgruppenspezifische Unterschiede ausmachen. So bewerten Mütter die Relevanz der Eltern höher als Väter. Eine deutliche Diskrepanz zeigt sich zwischen der Gruppe der berufstätigen Eltern und den Erwerbslosen. Arbeitslose Eltern schätzen ihre Rolle in der Berufsorientierung geringer ein als berufstätige Eltern. Eine Abweichung ist auch in der schulspezifischen Betrachtung zu erkennen. So beurteilen Eltern von Mittelschülern ihre Wichtigkeit deutlich höher als die Referenzgruppe am Gymnasium. Dieser Fakt ist vermutlich auf die altersbedingten Unterschiede bei den Schülern der verschiedenen Schularten zurückzuführen. Die Kinder, die das Gymnasium besuchen und am Abschluss ihres Entscheidungsprozesses stehen, sind in aller Regel wesentlich älter, reifer und selbstständiger als Jugendliche an der Mittelschule. Die Fürsorgeverantwortung der Eltern von Mittelschülern ist dementsprechend höher. Ein Zusammenhang zwischen der empfundenen Beratungssicherheit der Eltern und der Einschätzung ihrer Wichtigkeit im Berufsorientierungsprozess ist ebenfalls festzustellen. Eltern, die sich uneingeschränkt in der Lage fühlen, ihre Kinder in Fragen der Berufswahl kompetent zu beraten, beurteilen die Rolle der Eltern höher als Väter und Mütter, die ihre Kompetenz bezweifeln.

Um einen Vergleich zu ermöglichen, möchte ich, in Abweichung von der Befragungsreihenfolge, als nächstes den Blick auf die Relevanz des betroffenen Schülers im eigenen Entwicklungsprozess richten.

Die Schüler werden von ihren Eltern in der Relevanz für die erfolgreiche Gestaltung des eigenen beruflichen Entwicklungsprozesses als sehr bedeutend eingeschätzt. Eltern sprechen ihrem Nachwuchs damit eine hohe Eigenverantwortung und einen großen Gestaltungsspielraum für die Umsetzung beruflicher Ziele zu. Die Kinder werden nicht als machtlose Opfer oder passive Spielbälle im Spannungsverhältnis von individuellen Möglichkeiten und aktuellen Marktanforderungen wahrgenommen, sondern als aktive und potente Mitgestalter der eigenen beruflichen Biografie.

Die ermittelte Eigenverantwortung wird von der Gruppe der Mütter und der der Berufstätigen höher eingeschätzt als von Vätern und Arbeitslosen. Das widerspricht der These, dass besonders erwerbslose Eltern die Verantwortung im Berufswahlprozess frühzeitig individualisieren. Weiterhin belegen die Ergebnisse der Untersuchung, dass den Schülern am Gymnasium eine höhere Selbstverantwortlichkeit zugesprochen wird. Dies kann zum einen auf die gewählte Schulart zurückgeführt als auch mit der altersbedingten Reifeentwicklung begründet werden. Unter Umständen werden den Gymnasiasten durch den höheren

Bildungsabschlusses mehr Möglichkeiten zugesprochen, die eigene Karriere aktiv zu gestalten. Insgesamt sind die Unterschiede zwischen den Teilgruppen in den Merkmalen Geschlecht, Erwerbsstatus und Beratungssicherheit relativ gering. Der Unterschied zwischen den Schularten ist mit einem p-Wert von 0,008 allerdings hochsignifikant.

Tabelle 4: Einschätzung der Bedeutung der Jugendlichen im eigenen Berufswahlprozess aus Sicht der Eltern

Merkmal	Ausprägung	Bedeutung des Jugendlichen					Mittelwert
		sehr wichtig	wichtig	unsicher teils/teils	eher unwichtig	unwichtig	
Geschlecht	männlich (n = 46)	39 (84,8%)	6 (13%)	1 (2,2%)	0	0	1,17
	weiblich (n = 52)	49 (94,2%)	2 (3,8%)	1 (2%)	0	0	1,07
Erwerbsstatus	berufstätig (n = 89)	81 (91 %)	6 (6,7%)	3 (2,3%)	0	0	1,15
	erwerbslos (n = 9)	7 (77,8%)	2 (22,2%)	0	0	0	1,22
Bildungsgang des Kindes **	Gymnasium (n = 57)	55 (96,4%)	1 (1,8%)	1 (1,8%)	0	0	1,05
	Mittelschule (n = 36)	29 (80,6%)	6 (16,6%)	1 (2,8%)	0	0	1,22
Beratungssicherheit	ja (n = 25)	22 (88%)	3 (12%)	0	0	0	1,12
	teilweise (n = 64)	58 (90,6%)	4 (6,3%)	2 (3,1%)	0	0	1,13
	nein (n = 9)	8 (88,9%)	1 (11,1%)	0	0	0	1,11
Total	98 (100%)	88 (89,8%)	8 (8,2%)	2 (2%)	0	0	1,12

** Das Ergebnis ist hochsignifikant, das Signifikanzniveau liegt bei weniger als 1%.

Ein im Rahmen der Arbeit besonders interessanter Aspekt ist Wahrnehmung der Schule in ihrer Funktion der Berufsorientierung aus Sicht der Eltern. Es stellt sich die Frage, ob Eltern die Rolle der Schule für die berufliche Entwicklung ihrer Kinder ähnlich bewerten wie die Schüler selbst (vgl. Kapitel 8.2).

In Tabelle 5 ist ablesbar, dass die Schule aus Sicht der Eltern ein wichtiger Partner in Fragen der Berufswahl ist. Grundsätzlich wird die Bedeutung der Schule vom überwiegenden Teil der befragten Eltern als ‚wichtig' bzw. sogar ‚sehr wichtig' eingeschätzt. Betrachtet man die Bewertung der Schule teilgruppenspezifisch, lassen sich Unterschiede erkennen. So bewerten Väter, Berufstätige und Eltern, deren Kinder das Gymnasium besuchen, die Schule als weniger einflussreich als ihre Referenzgruppen. Besonders deutlich ist der Unterschied in der erwerbsstrukturdifferenzierten Analyse. Hier wird erkennbar, dass in arbeitsmarktfernen Herkunftskonstellationen der Stellenwert der Schule für den Berufsorientierungsprozess klar ansteigt. Vom Grad der Beratungssicherheit der Eltern ist die Einschätzung der Schule nicht abhängig. Hier lassen sich keine Zusammenhänge ausmachen.

Tabelle 5: Einschätzung der Bedeutung der Schule im Berufsorientierungsprozess aus Sicht der Eltern

Variable	Merkmal	Bedeutung der Schule					Mittelwert
		sehr wichtig	wichtig	unsicher teils/teils	eher unwichtig	unwichtig	
Geschlecht	männlich (n = 46)	15 (32,6%)	21 (45,7%)	0	10 (21,7%)	0	2,11
	weiblich (n = 52)	21 (40,4%)	28 (53,8%)	0	3 (5,8%)	0	1,71
Erwerbsstatus	berufstätig (n = 89)	32 (36,0%)	44 (49,4%)	0	13 (14,6%)	0	1,93
	erwerbslos (n = 9)	4 (44,4%)	5 (55,6%)	0	0	0	1,56
Bildungsgang des Kindes	Gymnasium (n = 57)	18 (31,6%)	3 (52,6%)	0	9 (15,8%)	0	2,00
	Mittelschule (n = 36)	15 (41,7%)	17 (47,2%)	0	4 (11,1%)	0	1,81
Beratungssicherheit	ja (n = 25)	11 (44%)	11 (44%)	0	3 (12%)	0	1,80
	teilweise (n = 64)	19 (29,7%)	37 (57,8%)	0	8 (12,5%)	0	1,95
	nein (n = 9)	6 (66,7%)	1 (11,1%)	0	2 (22,2%)	0	1,78
Total	n = 98 (100%)	36 (36,7%)	49 (50%)	0	13 (13,3%)	0	1,90

Eng verknüpft mit der Schule als institutioneller Akteur ist die Bedeutung des Beratungslehrers, der an den jeweiligen Einzelschulen häufig u.a. für Schullaufbahnfragen sowie Aspekte der beruflichen Orientierung zuständig ist (vgl. Untersuchung I).

Entgegen der Erwartungen differieren die Ausprägungen der in Tabelle 6 betrachteten Daten von der vorher analysierten allgemeinen Schuleinschätzung (Tabelle 5). Dem Beratungslehrer als Fachkraft für die Berufsorientierung wird zunächst insgesamt weniger Bedeutung für die Berufswahl eingeräumt als der Schule im Allgemeinen. In der teilgruppenspezifischen Betrachtung variieren die Ergebnisse. Eine geschlechtsspezifische Diskrepanz ist bei der vorliegenden

Verteilung nicht belegbar. Väter und Mütter messen dem Beratungslehrer gleich viel Bedeutung zu. Arbeitslose Eltern sehen im Beratungslehrer wesentlich größeres Unterstützungspotenzial als die berufstätige Vergleichsgruppe. Darüber hinaus lässt sich ein teilgruppenspezifischer Unterschied für das Merkmal ‚besuchter Bildungsgang des Kindes' nachweisen. Anscheinend hat der Beratungslehrer an den Mittelschulen in der Wahrnehmung der Eltern einen größeren Einfluss auf die Berufswahl als seine Kollegen am Gymnasium. Dies würde mit der in Untersuchung I angenommenen These korrespondieren, dass die Beratungsleistungen bezüglich berufswahlrelevanter Aspekte an den regionalen Mittelschulen stärker ausgeprägt sind als an den hiesigen Gymnasien. Eine weitere Abweichung dokumentiert die Kategorie der elterlichen Beratungskompetenz. Zeigten sich in der vorangegangenen Analyse der Bedeutung der Schule allgemein keinerlei teilgruppenspezifische Diskrepanzen, können diese für die Bewertung des Beratungslehrers nachgewiesen werden. Die Bedeutung des Beratungslehrers korreliert negativ mit der Beratungssicherheit der Eltern. Je unsicherer und inkompetenter sich die Eltern in Fragen der Berufswahl fühlen, desto höher wird die Relevanz des Beratungslehrers anberaumt.

Tabelle 6: Einschätzung der Relevanz des schulischen Beratungslehrer für den Berufsorientierungsprozess aus Sich der Eltern

Merkmal	Ausprägung	Bedeutung des Beratungslehrers					Mittelwert
		sehr wichtig	wichtig	unsicher; teils/teils	eher unwichtig	unwichtig	
Geschlecht	männlich (n = 46)	8 (17,4%)	19 (41,3%)	7 (15,2%)	10 (21,7%)	2 (4,4%)	2,54
	weiblich (n = 52)	6 (11,5%)	28 (53,9%)	6 (11,5%)	8 (15,4%)	4 (7,7%)	2,54
Erwerbsstatus	berufstätig (n = 89)	10 (11,2%)	45 (50,6%)	13 (14,6%)	15 (16,9%)	6 (6,7%)	2,57
	erwerbslos (n = 9)	4 (44,5%)	2 (22,2%)	0	3 (33,3%)	0	1,89
Bildungsgang des Kindes	Gymnasium (n = 57)	7 (12,3%)	25 (43,9%)	9 (15,8%)	12 (21,0%)	4 (7,0%)	2,67
	Mittelschule (n = 36)	5 (13,9%)	20 (55,5%)	4 (11,1%)	6 (16,7%)	1 (2,8%)	2,39
Beratungssicherheit	ja (n = 25)	2 (8%)	12 (48%)	4 (16%)	4 (16%)	3 (12%)	2,76
	teilweise (n = 64)	11 (17,2%)	29 (45,3%)	9 (14,1%)	12 (18,7%)	3 (4,7%)	2,48
	nein (n = 9)	1 (11,1%)	6 (66,7%)	0	2 (22,2%)	0	2,33
Total	n = 98 (100%)	14 (14,3%)	47 (48%)	13 (13,2%)	18 (18,4%)	6 (6,1%)	2,54

Eine weitere wichtige Instanz für die Berufswahl ist die Agentur für Arbeit. Die Angebote des Berufsinformationszentrums (BIZ) und die Leistungen der Berufsberater wurden für die Untersuchung zusammengefasst. Wider die Annahme, dass erwerbslose Erwachse die Agentur für Arbeit als kompetenten Unterstützungsdienstleister aufgrund eigener negativer Erfahrungen ablehnen, dokumentieren die Daten einen anderen Befund. Arbeitslose Eltern bilden die Teilgruppe, die der Berufsberatung die höchste Relevanz konzediert. Trotz der geringen Fallzahl von erwerbslosen Befragten, erzeugt der statistische Vergleich ein signifikantes Ergebnis (p=0,026).

Weiterhin ist feststellbar, dass der Einfluss der Berufsberatung steigt, je unsicherer sich die Eltern selbst in der Rolle des Beraters fühlen.

Tabelle 7: Einschätzung der Relevanz der Agentur für Arbeit (inkl. BIZ) für den Berufsorientierungsprozess aus Sicht der Eltern

Merkmal	Ausprägung	Bedeutung der Agentur für Arbeit					Mittelwert
		sehr wichtig	wichtig	unsicher; teils/teils	eher unwichtig	unwichtig	
Geschlecht	männlich (n = 46)	6 (13%)	24 (52,2%)	3 (6,5%)	9 (19,6%)	4 (8,7%)	2,59
	weiblich (n = 52)	12 (23,1%)	22 (42,3%)	3 (5,8%)	8 (15,4%)	7 (13,4%)	2,54
Erwerbsstatus*	berufstätig (n = 89)	14 (15,7%)	42 (47,2%)	5 (5,6%)	17 (19,1%)	11 (12,4%)	2,65
	erwerbslos (n = 9)	4 (44,5%)	4 (44,5%)	1 (11%)	0	0	1,67
Bildungsgang des Kindes	Gymnasium (n = 57)	9 (15,8%)	29 (50,9%)	1 (1,8%)	12 (12%)	6 (10,5%)	2,60
	Mittelschule (n = 36)	6 (16,7%)	16 (44,4%)	5 (13,9%)	5 (13,9%)	4 (11,1%)	2,58
Beratungssicherheit	ja (n = 25)	3 (12%)	10 (40%)	2 (8%)	5 (20%)	5 (20%)	2,96
	teilweise (n = 64)	12 (18,8%)	33 (51,5%)	3 (4,7%)	11 (17,2%)	5 (7,8%)	2,44
	nein (n = 9)	3 (33,3%)	3 (33,4%)	1 (11,1%)	1 (11,1%)	1 (11,1%)	2,33
Total	n = 98 (100%)	18 (18,4%)	46 (47%)	6 (6,1%)	17 (17,3%)	11 (11,2%)	2,56

* Das Ergebnis ist signifikant (5%-Niveau).

Um alle institutionellen Unterstützungssysteme bei den Eltern abzufragen, wurde sich auch nach der Bedeutsamkeit von Einrichtungen der Jugendhilfe erkundigt.

Die Datenlage bestätigt ein bekanntes Problem der Jugendhilfe. Allem Anschein nach werden die Leistungen der Jugendhilfe in der Öffentlichkeit nach wie vor zu wenig beachtet. Die häufigste Nennung entfiel auf die mittlere Kategorie, was zum Ausdruck bringt, dass der Einfluss von Jugendhilfeakteuren auf die Berufsorientierung nicht eingeschätzt werden kann bzw. man unsicher ist, ob eine bestimmte sozialpädagogische Maßnahme tatsächlich Auswirkungen auf den Prozess erzielt.

Tabelle 8: Einschätzung der Relevanz der Jugendhilfe im Prozess der Berufsorientierung aus Sicht der Eltern

Merkmal	Ausprägung	Bedeutung der Jugendhilfe					Mittelwert
		sehr wichtig	wichtig	unsicher; teils/teils	eher unwichtig	unwichtig	
Geschlecht	männlich (n = 46)	4 (8,7%)	5 (10,8%)	16 (34,8%)	13 (28,3%)	8 (17,4%)	3,35
	weiblich (n = 52)	4 (7,7%)	19 (36,6%)	10 (19,2%)	9 (17,3%)	10 (19,2%)	3,04
Erwerbsstatus	berufstätig (n = 89)	6 (6,7%)	24 (27,0%)	22 (24,7%)	21 (23,6%)	16 (18%)	3,19
	erwerbslos (n = 9)	2 (22,2%)	0	4 (44,5%)	1 (11,1%)	2 (22,2%)	3,11
Bildungsgang des Kindes	Gymnasium (n = 57)	4 (7%)	13 (22,8%)	14 (24,6%)	14 (24,6%)	12 (21%)	3,30
	Mittelschule (n = 36)	2 (5,5%)	11 (30,6%)	11 (30,6%)	8 (22,2%)	4 (11,1%)	3,03
Beratungssicherheit[*]	ja (n = 25)	0	8 (32%)	7 (28%)	4 (16%)	6 (24%)	3,32
	teilweise (n = 64)	5 (7,8%)	14 (21,9%)	16 (25%)	17 (26,5%)	12 (18,8%)	3,27
	nein (n = 9)	3 (33,4%)	2 (22,2%)	3 (33,4%)	1 (11%)	0	2,22
Total	n = 98 (100%)	8 (8,2%)	24 (24,5%)	26 (26,5%)	22 (22,4%)	18 (18,4%)	3,18

* Im Teilgruppenvergleich signifikante Unterschiede

Leichte Differenzen lassen sich im geschlechtsspezifischen Vergleich diagnostizieren. Hier räumen die Mütter der Jugendhilfe einen kleinen Vorsprung ein und auch die Eltern von Mittelschülern scheinen im Bereich der Berufsorientierung schon häufiger positiv mit Jugendhilfeakteuren in Berührung gekommen zu sein.

Am prägnantesten sprechen die Ergebnisse der unsicheren und hilflosen Eltern für die notwendige Beteiligung der Jugendhilfe am Berufsorientierungsgeschehen. Bei dieser Gruppe der befragten Eltern steigt die Relevanz der Jugendhilfe auf das Niveau der Berufsberatung der Agenturen für Arbeit an. Die Signifikanzgrenze ist im Kruskal-Wallis-Test knapp überschritten (p= 0,065). Durch multiple Paarvergleiche (Mann-Whitney-U-Test) ergeben sich signifikante Unterschiede im Teilgruppenvergleich der Beratungsunsicheren mit den teilweise Unsicheren sowie mit beratungskompetenten Eltern. Zwischen beratungskompetenten Eltern und teilweise beratungskompetenten Eltern gibt es in Bezug auf die Einschätzung der Jugendhilfe keinen signifikanten Unterschied. An diesem Resultat wird deutlich, dass insbesondere die Eltern institutionelle Hilfsangebote schätzen, die sich selbst für nicht ausreichend kompetent halten oder sich hochgradig unsicher in der Beratung ihres Kindes fühlen.

Um die verschiedenen Merkmale hinsichtlich ihrer Auswirkungen auf die Beratungskompetenz zu untersuchen, wurde der Mann-Whitney-U-Test gerechnet.

Tabelle 9: Selbstwahrnehmung der elterlichen Beratungskompetenz im Berufsorientierungsprozess

Merkmal	Ausprägung	Eingeschätzte Beratungskompetenz			Mittelwert
		hoch	zweifelnd	gering	
Geschlecht	männlich (n = 46)	8 (17,4%)	33 (71,7%)	5 (10,9%)	1,93
	weiblich (n = 52)	17 (32,7%)	31 (59,6%)	4 (7,7%)	1,75
Erwerbsstatus*	berufstätig (n = 89)	25 (28,1%)	57 (64%)	7 (7,9%)	1,80
	erwerbslos (n = 9)	0	7 (77,8%)	2 (22,2%)	2,22
Bildungsgang des Kindes	Gymnasium (n = 57)	11 (19,3%)	40 (70,2%)	6 (10,5%)	1,91
	Mittelschule (n = 36)	12 (33,3%)	22 (61,1%)	2 (5,6%)	1,72
Total	n = 98 (100%)	25 (25,5%)	64 (65,3%)	9 (9,2%)	1,84

* signifikanter Unterschied auf 5%-Niveau

Wie Tabelle 9 belegt, sind in dieser Gruppe der ‚unsicheren elterlichen Berater' verstärkt erwerbslose Eltern (signifikantes Ergebnis, p=0,034) vertreten und tendenziell mehr Väter als Mütter. Erstaunlich ist die Tatsache, dass mehr Eltern von zukünftigen Abiturienten Zweifel bezüglich ihrer Beratungskompetenz hegen als Eltern von Mittelschülern. Eine Erklärung dafür kann meines Erachtens auf die größere Angebotsvielfalt zurückgeführt werden, die dem Abiturienten nach erfolgreichem Schulabschluss zur Verfügung steht. Alles in allem beurteilen die Eltern ihre eigene Beratungskompetenz sehr kritisch. Die Mehrheit fühlt sich zumindest teilweise mit der Aufgabe überfordert. Dies ist nicht weiter verwunderlich, liegen doch die Arbeitsmärkte und -felder der Zukunft „weit außerhalb der klassischen Vorstellungen der Elterngeneration, geographisch und ideell" (Schüller 1995, S. 197). Erwerbslose Probanden geben mit Abstand die größte Beratungsunsicherheit an und fühlen sich wenig bis gar nicht in der Lage, ihre Kinder in Fragen der Berufswahl kompetent zu unterstützen. Bilanziert man diese Aussagen mit den Angaben zur Relevanz institutioneller Beratungssysteme, erkennt man sehr deutlich, dass vor allem arbeitslose Eltern auf ein vielfältiges und dichtes Unterstützungsnetzwerk angewiesen sind.

In einer gemeinsamen Betrachtung der Instanzen Eltern, Schule, Agentur für Arbeit und Jugendhilfe sollen nun die Wertigkeiten noch einmal gegenübergestellt werden.

Tabelle 10: Mittelwertvergleich der Relevanz verschiedener Unterstützungssysteme im Berufswahlprozess aus Sicht der Eltern (1= ‚sehr wichtig' bis 5= ‚unwichtig')

Variable	Merkmal	Unterstützungssysteme im Berufsorientierungsprozess			
		Eltern	Schule	AA	Jugendhilfe
Total	n = 98	1,51	1,90	2,56	3,18
Geschlecht	männlich (n = 46)	1,59	2,11	2,59	3,35
	weiblich (n = 52)	1,44	1,71	2,54	3,04
Erwerbsstatus	berufstätig (n = 89)	1,49	1,93	2,65	3,19
	erwerbslos (n = 9)	1,67	1,56	1,67	3,11
Bildungsgang des Kindes	Gymnasium (n = 57)	1,54	2,00	2,60	3,30
	Mittelschule (n = 36)	1,39	1,81	2,58	3,03
Beratungssicherheit	ja (n = 25)	1,48	1,80	2,96	3,32
	teilweise (n = 64)	1,50	1,95	2,44	3,27
	nein (n =n 9)	1,67	1,78	2,33	2,22

Die Reihenfolge spiegelt die Wichtigkeit der Unterstützer für die Jugendlichen in den Augen der Eltern wider. Mit deutlichen Abständen werden die vier Akteursgruppen in der Berufsorientierung bewertet. Die Abfolge findet sich bis auf eine Ausnahme auch in der teilgruppendifferenzierten Aufsplittung der Befunde wieder. Dieser Sonderfall ist allerdings im Kontext der Arbeit essenziell: Erwerbslose Eltern messen der Schule die höchste Bedeutung für den Berufsorientierungsprozess ihrer Kinder bei. Sie selbst rangieren erst gemeinsam mit der Berufsberatung der Agentur für Arbeit (die in dieser Gruppe ebenfalls wesentlich bedeutsamer eingeschätzt wird als von anderen Eltern) auf Platz zwei. Bei arbeitslosen Erziehungsberechtigten mit Kindern im berufswahlrelevanten Alter zeichnet sich damit ein hohes Interesse an institutionellen Unterstützungssystemen ab. Dieses Resultat korrespondiert sowohl mit dem oft betonten Standpunkt der interviewten Schulpädagogen (vgl. Kapitel 8.1.2.3) als auch mit den Erkenntnissen der DJI-Studie51 (vgl. Kuhnke/Reißig 2007, S. 45) aus der repräsentativen Schulabsolventenbefragung. In Ergänzung zu diesen Befunden beschreiben die vorliegenden Ergebnisse der Elternbefragung eine hohe Übereinstimmung zwischen den externen Urteilen und der Selbsteinschätzung der betroffenen Eltern. Darüber hinaus zeichnet sich ab, dass die Eltern, die sich mit der beruflichen Beratung ihrer Kinder überfordert fühlen, verstärkt institutionelle Akteure konsultieren bzw. deren Unterstützung als notwendig erachten.

Berücksichtigt man die Zusammensetzung und die geringe Größe der Stichprobe, lassen sich natürlich nur Ansätze bzw. Tendenzen ablesen. Es ist davon auszugehen, dass Verzerrungen, die auf die Selektivität des Sampels zurückzuführen sind, vor allem dahingehend wirksam werden, dass in der Stichprobe hauptsächlich die Eltern unterrepräsentiert sind, die den beruflichen Entwicklungsprozess ihrer Kinder wenig bis gar nicht unterstützen. Es wird angenommen, dass dadurch die Daten dahingehend verfälscht werden, dass in einer unverzerrten Stichprobe sowohl die institutionellen Akteure, als auch der Jugendliche selbst Zugewinne verzeichnen könnten.

Will man allgemeine Ableitungen aus der Untersuchung abstrahieren, so empfiehlt sich eine gewisse Vorsicht, da die Datenlage den dem Anspruch auf Repräsentativität nur unzureichend genügt. Die teilgruppenspezifische Auswertung lässt in vielen Fällen nur knappe Differenzen erkennen, die angesichts der geringen Fallzahl keine signifikanten Ergebnisse erzeugen. Bei einer Replikationsstudie bzw. einer ähnlich angelegten Untersuchung ist deshalb unbedingt auf eine ausreichend große Fallzahl zu achten.

Zentrale Trends sollen an dieser Stelle aber noch einmal zusammengetragen werden. Die befragten Eltern reagieren durchaus sensibel auf die anstehende berufliche Entscheidungsphase ihrer Kinder. Das Thema interessiert die anwesenden Erziehungsberechtigten und viele bewegen durchaus Ängste und Zweifel, ob dem eigenen Kind der Übergang in das Erwerbssystem erfolgreich gelingen wird. Eltern nutzen derartige Messen oder vergleichbare Veranstaltungen, um gemeinsam mit dem Jugendlichen berufliche Möglichkeiten zu erschließen und

---

51 In der Untersuchung korrelieren sozioökonomische Herkunft und die Relevanz institutioneller Beratungsakteure. In sozialen Problemgebieten, in denen durch Arbeitslosigkeit geprägte Familienkonstellationen besonders häufig vorzufinden sind, gewinnen die öffentlichen Unterstützungssysteme deutlich an Wichtigkeit für die Berufswahl.

Berufsvorstellungen zu konkretisieren. Das äußert sich darin, dass ein Großteil der Befragten noch keine präzisen Berufswünsche der Kinder nennen konnte. Eltern fühlen sich bis auf wenige Ausnahmen in der Beratung der Jugendlichen zum Thema Berufswahl eher unsicher. Auch wenn sie sich selbst die größte Verantwortung in diesem Entwicklungsprozess ihrer Kinder einräumen, scheinen sie doch zunehmend durch die unübersichtlichen Angebotsvielfalt und unvorhersehbaren Marktanforderungen und -wandlungen verunsichert, was ihre Möglichkeiten schmälert, ohne Unterstützung dieser Verantwortung nachzukommen. Viele besonders der unsicheren und hilflosen Eltern vertrauen immer häufiger den institutionellen Experten und weisen auch der Schule auf diesem Gebiet eine gestiegene Verantwortung zu. Als auffallend offen für Unterstützungsangebote präsentieren sich die Mütter, Eltern von Mittelschülern und allen voran erwerbslose Eltern. Fehleingeschätzt werden die Potenzen der Jugendhilfe. Sie spielt in den Augen der Eltern eine deutlich nachgeordnete Rolle, oder ihre Bedeutung kann von den Befragten nicht definiert werden. Nach wie vor fehlen der Jugendhilfe auf dem Gebiet der Berufsorientierung öffentlichkeitswirksame Erfolge und eine objektive Wahrnehmung ihres Leistungsspektrums.

8.4 Die regionalen Projektlandschaft der Berufsorientierung

Einen quantitativen Stand von Projekten und Maßnahmen zur beruflichen Orientierung an einem speziellen Stichtag in der Region oder auch der Stadt Leipzig abzubilden, stellt angesichts der Programmvielfalt und überlagernder Förderzeiträume ein nahezu unlösbares Problem dar. Zunächst müsste man eine klare, trennscharfe Definition des Projektbegriffs in diesem Zusammenhang vornehmen. Dies erscheint mir vor dem Hintergrund der vielfältigen Verwendung des Begriffes allerdings nicht zielführend. Vielmehr möchte ich im Rahmen meiner Arbeit eine kontextuell begründete Dreiteilung vorschlagen:

1) Schulinterne Angebote
Es existieren Leistungsangebote, die von Schulen selbstständig und allein, z.B. im Rahmen von Projekttagen, durchgeführt werden. Derartige Projekte finden sich an allen Schulen mit unterschiedlicher Häufigkeit und Intensität.

2) Zeitlich befristete Initiativen mit Partnern
Darüber hinaus veranstalten Schulen in Eigenverantwortung gemeinsam mit Partnern Projekte, die sich zeitlich in eher kürzeren Abschnitt bewegen.

3) Längerfristige Kooperationen
Es gibt Kooperationsaktivitäten mit Projektträgern, die Schulen über einen langen Zeitraum in ihrer beruflichen Orientierungsarbeit unterstützen. Diese For-

men werden von mir künftig als systematische Berufsorientierungsprojekte bezeichnet und finden sich an knapp 40% der Schulen.

Projekte, die zum Ziel haben, die Berufswahlkompetenz von Jugendlichen zu verbessern, werden über die verschiedensten Förderrichtlinien und Finanzierungsoptionen verwirklicht. Fast ausschließlich richten sich diese Maßnahmen an die Jugendlichen direkt, eher selten sind Angebote speziell für Eltern angelegt. Den finanziellen Rahmen für derlei Vorhaben stecken beispielsweise die Richtlinien des Arbeitsförderungsgesetzes (über §§ 33, 421q SGB III), Ausschreibungen des Bundesministeriums für Bildung und Forschung (BMBF), die landesspezifischen Förderprogramme des Europäischen Sozialfonds und nicht zuletzt die kommunalen Strategien der öffentlichen und freien Jugendhilfe.

Im Kontext der langfristigen und systematischen Kooperationsprojekte mit Schulen spielt die Jugendhilfe, abgesehen vom Tätigkeitsfeld der Schulsozialarbeit und der einzelfallorientierten Vorgehensweise beispielsweise in den Kompetenzagenturen, eher eine marginale Rolle als Finanzierungsgrundlage. Die Jugendhilfe bleibt in ihrem Wirken innerhalb der beruflichen Orientierung oftmals beschränkt auf ihren individuellen sozialpädagogischen Ansatz für Einzelfälle mit erheblichen Integrationsschwierigkeiten. Im Bezugsrahmen der arbeitsweltbezogenen Jugendsozialarbeit finden sich berufliche Orientierungsleistungen am stärksten in den Jugendberatungsstellen, den Kompetenzagenturen und der Schulsozialarbeit wieder. Einige wenige Jugendfreizeiteinrichtungen erhalten derzeit Gelder für die Jugendberufshilfe. Darüber hinaus gibt es in der Region Leipzig wenige Projekte zur Berufsorientierung, die über Mittel der Jugendhilfe realisiert werden.

Unabhängig von Finanzierungshintergründen existiert in Leipzig eine sehr vielfältige Projektlandschaft, deren Institutionen sich dem Thema der Begleitung und Unterstützung von Jugendlichen im Berufswahlprozess widmen. Ich möchte an dieser Stelle einige Ansätze und Entwicklungen vorstellen. Berücksichtigt werden sowohl bewährte Konzepte als auch innovative Ideen und neue Impulse. Zu Beginn stelle ich Projekte vor, die im schulischen Kontext angesiedelt sind oder von der Schule organisiert werden. Anschließend wird die Herausarbeitung der Handlungsfelder und Anforderungen an die Jugendhilfe fokussiert, die das Angebot der Schulen ergänzend, flankierend oder im Einzelfall ersetzend aufgreifen muss, um das Gelingen des Übergangs von Schule in Beruf auch bei denjenigen jungen Menschen zu fördern, die über die Kanäle der Schule unerreicht bleiben bzw. nicht hinreichend intensiv betreut werden können. Danach sollen Standards und Qualitätskriterien entwickelt werden, die sich sowohl an schulische Projekte als auch an Maßnahmen der Jugendhilfe richten.

8.4.1 Projekttypen im schulischen Kontext

Unter Berücksichtigung der Tatsache, dass sie das gemeinsame Anliegen verfolgen, die regionalen Bedarfe mit den individuellen Bedürfnissen der jugendlichen Adressaten zielorientiert zu verknüpfen, gestaltet es sich äußerst schwierig, Projekte zur beruflichen Orientierung einer Klassifikation zu unterziehen. Auch wenn sich neue Vorhaben von bereits bestehenden Kooperationsstrukturen und Projektansätzen unterscheiden und eine innovative Spezifik nachweisen müssen, ist eine konturierte Typisierung und klare Abgrenzung kaum möglich. Konzepte und Umsetzungsstrategien vermischen sich unter dem Anspruch der Entwicklung und Etablierung funktionaler und erfolgreicher Methoden im Handlungsfeld ihrer sozialräumlichen Realität. Die folgenden exemplarisch vorgestellten Maßnahmeformen bzw. Projektdesigns im gewählten Unterscheidungsraster stellen keine allgemeingültige Katcgorisierung dar, sondern unterliegen einer der Veranschaulichung förderlichen Darstellung.

Die sich anschließende Beschreibung einzelner Projekttypen dient einem Überblick zu Maßnahmen der Kategorie 3 – langfristige Kooperationen – (vgl. Kapitel 8.4) und soll an einigen Beispielen die Vielfältigkeit der Landschaft im Untersuchungsgebiet illustrieren.

Projekte mit klar definierten Aufträgen
Berufsorientierungsprojekte versuchen auf den Bedarf des regionalen Arbeitsmarktes zu reagieren. Seit einigen Jahren ist besonders in ingenieurtechnischen Berufen ein enormes Fachkräftedefizit zu konstatieren. Um diesem Mangel entgegenzuwirken, müssen Jugendliche mit entsprechenden Potenzialen aktiviert werden, die bislang den Weg in ein adäquates Studium gescheut haben. Speziell für den ingenieurtechnischen Bereich werden diese ungenutzten Ressourcen in der Gruppe der jungen Frauen vermutet.

Noch immer treffen Jugendliche eine sehr traditionelle, rollengeprägte Berufs- und Studienwahl. Das sorgt für ein enormes Ungleichgewicht, vor allem in den rollentypischen Studienrichtungen und Berufsfeldern. So sind nach wie vor mehr weibliche Studierende in sozialen oder sprachlichen Profilen zu finden. Männliche Studierende hingegen präferieren häufig technische und naturwissenschaftliche Fächer. Dieses Muster findet sich ebenfalls in der Wahl von Ausbildungsberufen. Um Mädchen für ingenieurwissenschaftliche Werdegänge aufzuschließen, muss das Interesse für technische und naturwissenschaftliche Vorgänge frühzeitig geweckt, aufrecht erhalten und entsprechend kanalisiert werden. Einer Reduzierung durch eine geschlechtsspezifische, antiquiert rollenkonforme Überformung ist vorzubeugen. Derzeit widmet sich ein großes regionales Programm eben dieser Thematik. Das konkrete Anliegen ist es, besonders junge

Gymnasiastinnen nachhaltig für MINT-Fächer[52] zu begeistern und außerschulische themenadäquate Lernkontexte zu schaffen, in denen das geweckte Interesse vertieft wird. Leistungsfähigkeit und Leistungsbereitschaft müssen allmählich das traditionelle Rollenverständnis aufweichen, denn die hohen schulischen Leistungen der Mädchen qualifizieren sie für das gesamte Spektrum der Anschlussperspektiven. Mit dem Näherrücken des Übergangs von der Schule in das Studium wird dieser zielgerichtet vorbereitet und begleitet. Projekte, die eine solche klare Richtung aufweisen und die an der tatsächlich erreichten Quote bei der Studienwahl der Projekteilnehmerinnen gemessen werden, sehen sich oft mit dem Vorwurf konfrontiert, gezielt eine Berufs- oder Studienlenkung zu verfolgen. Diese Kritik ist in den meisten Fällen nicht gerechtfertigt. Die Projekte sollen keinerlei Beeinflussung vornehmen, sondern versuchen, auf die vorhandenen Interessen und Neigungen der Schüler aufzubauen und den Weg in ein Studium zu ebnen, welches diesen Interessen entspricht. Natürlich kann ein solches Projekt, das relativ spät im Berufsorientierungsprozess einsetzt, die stereotypen Rollenmuster, die Kinder viel früher erfahren, nicht mehr ausgleichen oder neutralisieren. Aber es kann Übergangsängste mindern und den Jugendlichen vor Studienbeginn die Möglichkeit geben, ihre Eignung für das gewählte Fach zu überprüfen und damit den Grundstein für eine fundierte und wohlüberlegte Wahl legen. Ein positiver Nebeneffekt dieses Konzeptes sollte sich auch in der Reduzierung der Studienabbrecherzahl niederschlagen.

Warum Projekte zur Studienorientierung notwendig sind
Durchschnittlich nur knapp 70% eines Abiturjahrgangs, d.h. der Studienberechtigten nehmen im Anschluss an ihre Schullaufbahn ein Studium auf (vgl. Heine et al. 2007, S. 14). Deutschland hat nicht nur im Vergleich zu den OECD-Ländern insgesamt eine wesentlich geringere Studienanfängerquote, sondern wird perspektivisch vor dem Hintergrund des demografisch bedingten Rückgangs der Studienberechtigtenzahl den Bedarf des Arbeitsmarktes an akademisch gebildeten Berufseinsteigern nicht decken können. Der OECD-Durchschnitt der Studienanfängerquote eines Jahrgangs lag 2005 bei 54%. Die Spitzenreiter im internationalen Vergleich sind Finnland, Schweden und die USA mit Quoten bis zu 76%. Deutschland liegt mit einer Quote von 36% im Jahr 2005 deutlich unter dem Durchschnittswert (vgl. Autorengruppe Bildungsberichterstattung 2008, S. 293). Es muss den deutschen Gymnasien zukünftig besser gelingen, die mit der allgemeinen Hochschulreife qualifizierten Jugendlichen zur Aufnahme eines Studiums zu motivieren. Projekte zur Studienorientierung, die ebenfalls der beruflichen Orientierung dienen, haben in diesem Zusammenhang drei Schwerpunkte:
- Sie sollen zum einen die Studierneigung der Jugendlichen erhöhen.

---
52 MINT steht für Mathematik, Informatik, Naturwissenschaften und Technik.

- Sie sollen die Jugendlichen befähigen, die richtige Wahl zu treffen, indem sie ausreichend über die Studienmöglichkeiten, Zugänge und Perspektiven informieren sowie die Feststellung der Eignung für das anvisierte Studienfach ermöglichen.
- sie sollen durch eine fundierte Vorbereitung und Orientierung im schulischen Kontext helfen, unnötige Fluktuationen zu vermeiden, d.h. Studienabbrüchen vorzubeugen und die Anzahl der Fachwechsel zu minimieren.

Ähnlich wie vergleichbare Projekte zur Berufsorientierung, dienen Maßnahmen zur Studienorientierung der effektiven und fundierten Berufswegeplanung. Sie verbinden Module, die über Möglichkeiten und den erwarteten Bedarf an Abschlussqualifikationen informieren, Studieninhalte und Anforderungen sowie Anschlussperspektiven transparent kommunizieren, eine individuelle Eignungsprüfung und darüber die Gelegenheit einer selbstreflexiven Auseinandersetzung möglich machen, die Zugänge und alternativen Strategien vergleichend gegenüberstellen und den konkreten Übergang vorbereiten. Um eine professionelle und authentische Verfahrensweise zu gewährleisten, ist die Einbeziehung akademischer Partner und deren Beratungsfachkräften dringend erforderlich.

Universitäten und Hochschulen offerieren zunehmend Möglichkeiten zur Information über das eigene Studienangebot und die Präsentation des Hochschulstandortes. Diese Gelegenheiten sind sinnvoll in das Maßnahmeprogramm zu integrieren und durch die spezifischen didaktischen Projektmethoden zu ergänzen. Empfehlenswert ist darüber hinaus auch die Zusammenarbeit mit Wirtschaftspartnern, um den Schülern potenzielle Einsatzmöglichkeiten nach einem erfolgreichen Studium darzulegen.

Projekte zum praktischen und produktiven Lernen
Projekte zum berufsbezogenen praktischen bzw. produktiven Lernen, haben sich vor allem für Hauptschüler als vorteilhaft herausgestellt (vgl. Aussagen der Lehrer im Kapitel 8.1.2.3). Schüler, die im theorieintensiven Schulunterricht wenig erfolgreich sind, entfalten oftmals in der praktischen, besonders der handwerklichen Auseinandersetzung mit Lern- und Berufsinhalten ihre Fähigkeiten (vgl. Borkenhagen 2001, S. 39). Durch entsprechend geartete Projekte konnten selbst bei abschlussgefährdeten und schulmüden Jugendlichen positive Effekte erzielt werden, die sich auch nachhaltig auf den schulischen Kontext auswirkten. Es aktiviert Schüler, wenn sie eigene Stärken, Eignung und Können erfahren. Über diese Erkenntnis konfigurieren sich berufliche Perspektiven, die in den misserfolgsgewöhnten Jugendlichen neuen Mut und Motivation auslösen können. Hauptsächlich ermöglicht ein solches Projekt allerdings eine praxisfundierte berufliche Orientierung und stattet benachteiligte Jugendliche mit beruflichen Qualifikationen aus, von denen sie im Bewerbungsprozess profitieren können.

Die Maßnahmen sind in der Regel so angelegt, dass sich die Schüler in verschiedenen Berufsfeldern erproben können und darüber eine Tätigkeit identifizieren, die ihren Interessen, Fähigkeiten und Neigungen entspricht.

In sinnvoller Verbindung werden solche Projekte mit Praktikumsphasen in Unternehmen der freien Wirtschaft kombiniert, wo die Jugendlichen im Anschluss die erworbenen Kenntnisse unter Beweis stellen können. Projekte dieser Art können verschiedenartig organisiert sein. Es gibt Maßnahmetypen, in denen der Praxiskomplex im Block stattfindet. Außerdem existieren Modelle der kontinuierlichen Unterrichtsbegleitung an sogenannten Praxistagen. Umfangreiche Möglichkeiten zum Kennen lernen und Austesten der unterschiedlichen Berufsfelder bieten sich derzeit in der Region Leipzig durch freie Kapazitäten in den überbetrieblichen Ausbildungsstätten. Mit Hilfe des BMBF-Programms „Berufsorientierung in überbetrieblichen Ausbildungsstätten" lassen sich diese frei gewordenen Ressourcen gewinnbringend nutzen. Ein sich anschließender Kontakt mit ausbildenden Unternehmen ist allerdings dringend geboten, um dem Anspruch der Authentizität gerecht zu werden und möglicherweise Kontakte herzustellen, die sich im späteren Bewerbungsverfahren als vorteilhaft erweisen können.

Berufsorientierungsprojekte im Branchenmix
Eine gute Möglichkeit, breite berufliche Orientierungsanreize zur Verfügung zu stellen, bietet sich im Rahmen von modular strukturierten Maßnahmen, die mit Unternehmen aus verschiedenen Branchen und beruflichen Qualifizierungseinrichtungen organisiert werden. Diese Projekte stellen Angebote zum Kennen lernen und Erproben in unterschiedlichen Berufsfeldern bereit. Nicht nur weil sie die subjektiven Interessen und bereits etablierten Berufswünsche der Jugendlichen berücksichtigen, sondern auch, weil sie es ermöglichen, am differenzierten individuellen Entwicklungsniveau anzuknüpfen, sind sie die ideale Antwort auf die Bedarfe heterogener Lerngruppen.

Im Einsatzfeld der schulisch organisierten Verankerung richten sich derartige Projekte zumeist an Schüler der Klassenstufen acht bis zehn der Real- und Hauptschulbildungsgänge. In Einzelfällen und je nach den Wünschen der beteiligten Schulen ist die Teilnahme der siebten Klassen an spezifischen Modulen ebenfalls denkbar und wird bereits erfolgreich praktiziert.

Ich möchte hier exemplarisch einige mögliche Bausteine eines solchen Projektes beschreiben und ihre sinnvolle Platzierung im beruflichen Orientierungsprozess veranschaulichen.

Die derzeit in der Region Leipzig durchgeführten Maßnahmen nach diesem Muster beinhalten nicht immer alle der vorgestellten Module, versuchen aber eine ähnlich logische Struktur und Abfolge sicherzustellen. In der Regel steht bei den einzelnen Aktivitäten nicht die Quantität, sondern eine hohe Qualität im

Vordergrund, die sich vor allem in der konsequenten und zielorientierten individuellen Vor- und Nachbereitung der Module äußert.

Betrachtet man den Berufswahlprozess im schulischen Rahmenplan, scheint analog zum Klassenstufensystem folgender Ablauf idealtypisch zu sein:

In den Klassenstufen 5 und 6 ist es wichtig, für die Themen Arbeit, Beruf und Zukunft zu sensibilisieren. Dafür bietet der sächsische Lehrplan ausreichende und vielfältige Möglichkeiten, so dass darauf vertraut werden kann, dass die Schule die Umsetzung in Eigenverantwortung leisten kann. Durch die Unterstützung von Eltern, die beispielsweise aus ihrem beruflichen Alltag berichten oder der altersgerecht aufbereitete Besuch eines Unternehmens kann das Lehrplanangebot sinnvoll ergänzen.

Ab Klasse 7 stehen breit gefächerte Informationen über Berufsfelder, -inhalte und Lebensläufe, das Bekanntmachen mit wichtigen Beratungs- und Unterstützungseinrichtungen sowie die Befähigung der Schüler, sich selbst Informationen zu beschaffen im Mittelpunkt. Authentische Einblicke in Berufsfelder in Kooperation mit regionalen Unternehmen (vorzugsweise aus dem sozialräumlichen Umfeld der Schule) sind dabei zu favorisieren. Auch das Erkennen von berufsrelevanten Stärken, Fähigkeiten und Interessen sowie deren praktische Erprobung und Reflexion spielen beginnend ab der 7. Klasse kontinuierlich eine große Rolle.

In der 8. Klasse sollte die Orientierung bereits eine Zielgerichtetheit aufweisen. Erste mögliche berufliche Perspektiven und Richtungen sollten vom Jugendlichen erkannt und im realen Kontext geprüft werden. Eine intensive Beschäftigung mit potenziellen Branchen und Berufswegen wird etabliert, die im ständigen Theorie-Praxis-Abgleich ermöglicht, die individuellen Vorstellungen mit den tatsächlichen Anforderungen und Realitäten in Einklang zu bringen und darüber die persönliche Eignung und Neigung zu konkretisieren bzw. Berufswünsche zu korrigieren. Auch Hinweise zum regionalen zukünftigen Bedarf an ausgebildeten Arbeitskräften sind für die Herausbildung fundierter Berufsperspektiven notwendig. Eine erste längere praktische Erprobungsphase, z.B. im Rahmen eines Praktikums oder einer Ferientätigkeit, kann bereits in der 8. Klasse zur Festlegung oder Revision einer Fehlplanung entscheidend beitragen.

In der 9. Klasse ist anzustreben, die Planung zu konkretisieren und zu präzisieren, sich auf bestimmte Berufe festzulegen, deren Angebot und Anforderungsprofile am Ausbildungsmarkt zu ergründen und mit dem eigenen Profil abzugleichen. Idealerweise hat der Jugendliche zu diesem Zeitpunkt einen konkreten Berufswunsch entwickelt, Alternativen in seine Planung aufgenommen und kennt die Zugänge zu den favorisierten beruflichen Zielen. In dieser Phase ist darauf zu achten, dass berufliche Erfahrungen und erste Qualifikationen erworben, der Berufswunsch durch weitere Praktika gefestigt sowie potenzielle Ausbildungsunternehmen recherchiert und Kontakte hergestellt werden.

Für die Hauptschulklassen ist in der 9. Klasse außerdem das Bewerbungsverfahren zu realisieren bzw. die weiterführende schulische Qualifizierung vorzubereiten. Die Stärkung der Jugendlichen für etwaige Misserfolgserfahrungen hat in dieser Schulart eine besondere Rolle zu spielen, da oftmals vor allem den Absolventen und Schulabgängern des Hauptschulbildungsganges kein geradliniger Übertritt in ein Ausbildungsverhältnis gelingt.

In der Klasse 10 des Realschulbildungsganges sollte der Übergang so gut wie möglich vorbereitet werden, wozu eine professionelle Bewerbung und das Training für Bewerbungssituationen ebenso gehört, wie das Erreichen des bestmöglichen Abschlusses.

Langfristige, systematisch angelegte Projekte ebenso wie Einzelaktivitäten, die diesen Berufswahlprozess unterstützen und fördern sollen, haben einerseits die Aufgabe, sich mit den entsprechenden Angeboten dem individuellen Entwicklungsstand der beteiligten Jugendlichen anzupassen und zum anderen die Bereitstellung der Praxispartner und Unternehmenskontakte zu garantieren, über die eine realitätsnahe, handlungsorientierte Auseinandersetzung mit der Thematik gewährleistet werden kann. Projekte sowie ein schlüssiges und systematisches schulisches Konzept mit authentischen Erfahrungen in der realen Arbeitswelt tragen dazu bei, dass der Schüler in reflektierter Auseinandersetzung mit der Arbeitswelt ein Anforderungsprofil verinnerlichen und sich somit sukzessive auf den Übergang vorbereiten kann. In diesem Zusammenhang rücken „individuelle Entwicklungsprozesse" vor „funktionalistische Passungsverhältnisse" (Schlemmer 2008, S. 23).

Der dargestellte idealtypische Verlauf des Berufswahlprozesses vollzieht sich allerdings in der Realität nach wesentlich vielfältigeren Mustern und kann auf die oben genannten Stationen nicht chronologisch genormt werden. In der empirisch belegten Wahrnehmung der Jugendlichen beginnt die bewusste Auseinandersetzung mit der beruflichen Zukunft häufig sehr spät, oftmals erst dann, wenn der Übergang bereits in greifbare Nähe rückt. Um den Prozess in der jugendlichen Lebenswelt frühzeitiger anzustoßen, bedarf es entsprechender entwicklungsspezifischer Anreize, die eine Betroffenheit und ein Interesse für das Thema auslösen.

Die Herausforderung von Projekten, die die Berufswahl begleiten, liegt in der Bereitstellung eben dieser Anreize und Erfahrungsmöglichkeiten. Das Vorhandensein einer grundsätzlichen Neugier von Schülern für Themen, die über schulische Lerninhalte hinausgehen und denen eine individuelle Bedeutung innewohnt, ist keine neue Erkenntnis. Sich dieses Interesse zu Nutze zu machen, ist gleichzeitig die Chance und die Schwierigkeit der beschriebenen Aufgabe der Schule und ihrer Partner.

Branchenspezifische Projekte
Ein neues Modell eines Berufsorientierungsprojektes befindet sich seit kurzer Zeit in der Region Leipzig in Erprobung. Die Klagen über desinteressierte Schüler bei Veranstaltungen im Klassenverband haben dazu geführt, dass ein branchenbezogener Projekttyp in zwei regionalen Zukunftsclustern (Automobil und Logistik) entstand.

Im inhaltlichen und methodischen Aufbau gleichen die Maßnahmen dem eben beschriebenen, systematischen Projekttyp, nur richten sie sich an eine Zielgruppe, die bereits ein etabliertes Interesse für ein spezielles Berufsfeld besitzt. Die Projekte können wesentlich zielgerichteter auf den Entwicklungsstand der Jugendlichen aufbauen und innerhalb einer Branche die Suche nach den geeigneten Berufsbildern begleiten. Der Vorteil derartiger Modelle liegt in der tiefgründigeren Auseinandersetzung mit fachlichen Anforderungen, in der Generierung berufsrelevanter Wissensbestände sowie im Erwerb nützlicher beruflicher Qualifikationen. Es wird angenommen, dass die Chance, dass die beteiligten Unternehmen im Rahmen des Projektes potenzielle Auszubildende und Schüler mögliche Ausbildungsunternehmen kennen lernen, erheblich größer ist, als in branchenübergreifenden Kooperationsstrukturen. Hier liegt auch eine besondere Chance für benachteiligte Jugendliche, die in einem intensiven Kontakt mit Unternehmen ihre praktische Qualifikation unter Beweis stellen können und durch persönliche Kontakte zum Unternehmen eine Bewerbungshürde möglicherweise überwinden können, die im anonymen Auswahlverfahren zum Scheitern geführt hätte (‚Klebeeffekte'). Dergleichen Projekte sind allerdings lediglich eine sinnvolle Ergänzung zu den allgemeinen, branchenübergreifenden Modellen, da es nicht gelingen kann, die gesamte Breite der beruflichen Entfaltungsmöglichkeiten – bei weit über 350 Berufen – über Branchenprojekte abzudecken und bei vielen Schülern der notwendige Status der Festlegung auf eine spezifische Branche nicht erreicht ist.

Projektartübergreifende Hinweise
Bei all diesen Varianten ist darauf zu achten, dass eine konstruktive Zusammenarbeit nicht nur mit den spezifischen Projektpartnern gepflegt wird, sondern auch alle weiteren, am individuellen Berufsorientierungsprozess beteiligten Instanzen angemessen und wirkungsvoll integriert werden. So ist eine Beteiligung der Schule, der Eltern oder auch der Agentur für Arbeit anzustreben, um die Entwicklungsfortschritte der Jugendlichen optimal und nachhaltig in ihre Lebenswelt zu transportieren.

Im Normalfall unterliegen die eben geschilderten Projekte einer temporären Limitierung, die durch die bewilligten Förderzeiträume von Beginn an kalkulierbar festgelegt ist. Die Episodenhaftigkeit, die besonders für ESF-finanzierte Projekte charakteristisch ist, stellt die beteiligten Akteure vor die Herausforderung, innerhalb der begrenzten Finanzierungsphase nachhaltige und empirisch belegbare Erfolge zu erzielen, die eine Fortführung der gewachsenen Kooperationskultur über den geförderten Zeitraum hinaus vorbereiten. Förderprogramme geben für bestimmte Phasen inhaltliche Schwerpunkte vor, die aufgrund eines starken öffentlichen Interesses und politischen Willens eine Anschubunterstützung erhalten. Im Fokus steht dabei die Schaffung von Strukturen, die Entwicklung eines grundsätzlichen Verständnisses und die Vermittlung basaler Kenntnisse, kurz, die Hilfe zur Befähigung der Projektpartner, ‚es selbst zu tun'. Der Anspruch, sich als Organisator und geförderter Projektträger überflüssig zu machen, ist oftmals schwer zu argumentieren.

8.4.2 Das spezielle Mandat der Jugendhilfe

Die eben deskriptiv dargestellten programmatischen Projekte finden im schulischen Bezugsrahmen ihre zweckmäßige Verankerung und sollten in Verantwortung der Schule entsprechend dem schuleigenen Konzept zur Berufs- und Studienorientierung platziert werden. Nicht jedem Schüler wird es gelingen, mit Hilfe der über die Schule organisierten Angebote den erfolgreichen Übertritt in das Berufsbildungssystem vorzubereiten. Vor allem sozial benachteiligte und individuell beeinträchtigte Jugendliche benötigen eine Förderung und Unterstützung, die über das von der Schule und ihren Partnern mögliche Leistungsvolumen hinausgeht. Hieraus leitet sich der spezielle Auftrag der Jugendhilfe ab. Die Schule vermag Lernanreize und Kenntnisse zu vermitteln, die sich eine breite Schülerschaft zu Nutze machen kann. Geht es um die individuelle Betreuung und Unterstützung von Jugendlichen mit erhöhtem Förderbedarf, stößt die Schule schnell an personelle und mitunter auch an methodische Grenzen. Hier ist die Jugendhilfe gefragt, die in sinnvoller Verknüpfung und Abstimmung mit der Schule und den schulischen Partnern alternative und ergänzende Angebote schafft, um ein breites Spektrum an Möglichkeiten zu gestalten, das den individuellen Bedürfnissen der Jugendlichen gerecht wird.

An dieser Schnittstelle wird das Potenzial der Jugendhilfe bezüglich ihrer Leistungen im individuellen Berufsfindungs- und Auswahlprozess sichtbar. Maßnahmen zur speziellen und über den Rahmen der schulisch möglichen Unterstützungsangebote hinausgehenden Förderung benachteiligter Jugendlicher sind im Spannungsfeld diverser sozioökonomischer Problembelastungen dringend erforderlich. Sozial verursachte Effekte verweisen mit Hofer auf Systemprobleme, die sich auch nur auf Systemebene lösen lassen (vgl. Hofer 1996, S. 18). Die Betrachtung des Individuums in seinem prägenden Umfeld wird darüber zur notwendigen Maxime. Soll es gelingen, die jungen Menschen mit tragfähigen Zukunftsmodellen auszustatten, die eine befriedigende Platzierung im gesellschaftlichen und beruflichen Gefüge zulassen, müssen die Jugendlichen in ihrer Lebenswelt betrachtet werden und Maßnahmen an den jeweiligen individuellen Ressourcen und der sozialräumlichen Realität anknüpfen. Will man die Jugendhilfe in einem System aus institutionellen Akteuren in diesem Einsatzfeld solide positionieren, ist es wichtig, ihr besonderes Leistungsspektrum herauszuarbeiten und dieses von den Aufgaben und Möglichkeiten anderer mitverantwortlicher Instanzen abzugrenzen.

Der schon häufiger angesprochene Aspekt, der die Jugendhilfe zum unverzichtbaren Mitstreiter werden lässt, leitet sich aus ihrem Selbstverständnis ab. Die Aufgabe der Jugendhilfe ist es stets, sich am persönlichen Bedarf ihrer Klienten zu orientieren und den individuellen Entwicklungsstand als Ausgangspunkt sämtlicher Hilfeleistungen zu zentrieren. Jugendliche aus sozial schwierigen Milieus und problembelasteten Elternhäusern sind auch im beruflichen Orientierungsprozess gegenüber anderen Jugendlichen benachteiligt. Oftmals benötigen sie spezielle Maßnahmen, die eine defizitäre familiäre Sozialisation – wenigstens teilweise – kompensieren können. Beispielsweise fehlt Jugendlichen aus prekären Herkunftsmilieus das Erleben von Beruf und Arbeit im persönlichen und familialen Umfeld. Nicht selten mangelt es ihnen an tragfähigen und für eine berufliche Orientierung nutzbaren sozialen Netzen. Ihnen bleiben wichtige Erfahrungswelten mit beruflich relevanten Lern- und Bildungsanreizen verschlossen. Das bedeutet eine Einschränkung der arbeitsweltbezogenen informellen und non-formalen Kompetenzentwicklung. Sie finden sich überdurchschnittlich häufig in den niedrig qualifizierenden schulischen Bildungsgängen, was eine Ausstattung mit schlecht verwertbaren Bildungszertifikaten nach sich zieht. Über all diese sozial bedingten Hindernisse hinaus werden Jugendliche aus problematischen Herkunftsfamilien in etlichen Fällen mit einer elterlichen Beratungsunsicherheit oder sogar deren Desinteresse für die zu bewältigende Entwicklungsaufgabe konfrontiert. Auch familiale Unterstützungs- und Hilfesysteme im beruflichen Orientierungs- und Entscheidungsprozess sind vielfach nur ungenügend entwickelt. Damit potenziert sich die Hilflosigkeit und Benachteiligung und mündet mitunter in Resignation und Mutlosigkeit aber auch Gleichgültigkeit bei der Bewältigung dieser Aufgabe.

Derlei Beeinträchtigungen, die bei den betroffenen Jugendlichen sehr unterschiedlich ausgeprägt sind und damit die Gruppe der Benachteiligten äußerst heterogen gestaltet, kann die Jugendhilfe durch ihren individuellen und präventiven sozialpädagogischen Ansatz besser kompensieren als andere Institutionen. Werden passgenaue Unterstützungsprogramme, die sich in jeder Beziehung an den individuellen Bedürfnissen und Ressourcen des Heranwachsenden ausrichten, aufgrund sozialer Benachteiligung oder individueller Beeinträchtigung notwendig, kann die Jugendhilfe auf eine breite Erfahrungsbasis zurückgreifen und in erprobten Case-Management-Verfahren mit den geeigneten Maßnahmen reagieren. Die Betreuung der betroffenen Jugendlichen erfolgt in einer Intensität und permanenten Nivellierung an den Bedürfnissen des Klienten, die von anderen Akteuren nicht in adäquater Form zu gewährleisten wäre.

Über die beschriebene Komponente der individuellen Förderung und Ausrichtung an den subjektiven Bedürfnissen hat die Jugendhilfe die Möglichkeit, dem Jugendlichen selbst mit den passenden Unterstützungsangeboten zur Seite zu stehen. Gleichzeitig kann sie über komplementäre Maßnahmen dazu beitragen, die restriktiven, benachteiligenden Rahmenbedingungen zu verbessern. Benachteiligungen entstehen in einem sozialen Kontext, der durch kurzfristige Krisensituationen oder langfristige Problembelastungen zumeist im familialen Umfeld hervorgerufen wird. In diesem Fall ist nicht nur der Jugendliche allein, sondern sein gesamtes soziales Gefüge unterstützungsbedürftig. Dafür hält die Jugendhilfe einen ganzen Katalog an familienunterstützenden Maßnahmen bereit. Sie ist in der Lage, nicht nur palliativ zu arbeiten, sondern nach Ursachen zu suchen, um damit das gesamte familiale System zu festigen und gesellschaftlich wieder handlungsfähig zu machen.

Oftmals hat sich bei Jugendlichen aus deprivierten Herkunftsmilieus der persistente Zustand der Benachteiligung bereits negativ auf die kognitive Kompetenzentwicklung ausgewirkt. Auch in diesem Zusammenhang ist die Jugendhilfe ein wichtiger Partner, um diesen Förderbedarf zu identifizieren und nach geeigneten Maßnahmen zu suchen, die ein Aufholen und Anschließen an zu erreichende Leistungsniveaus möglich machen.

Insgesamt kann die Jugendhilfe als potenter Partner im Prozess der beruflichen Orientierung gelten, der besonders für den Entwurf tragfähiger Lebensmuster und die Schaffung dafür notwendiger Rahmenbedingungen unersetzlich ist. Betrachtet man speziell problembelastete Jugendliche, zeichnet sich die Jugendhilfe darüber aus, dass sie die Betroffenen ‚dort abholen kann, wo sie stehen'. Im Rahmen anderer Institutionen ist eine derart individuelle Gangart und Betreuung, wenn nötig auch über längere Zeiträume, um soziale Bedingungen zu stabilisieren, nicht möglich.

Im Gesamtzusammenhang des komplexen Prozesses der beruflichen Orientierungsarbeit kommt der Jugendhilfe ein in der öffentlichen Wahrnehmung oft unterschätztes Gewicht zu. Dabei kann sie als eine der wichtigen Säulen in der Bewältigung der schwierigen Entwicklungsaufgabe, den Übergang von dem staatlich organisierten Schulwesen in das Erwerbssystem erfolgreich zu meistern, betrachtet werden. Neben der Familie, der Schule und dem wirtschaftlichen Vorbereitungssystem bzw. am Arbeitsmarkt ausgerichteten institutionellen Berufsberatungssystem, stellt sie den Jugendlichen an der ersten und zweiten Schwelle hilfreiche Unterstützungsangebote zur Verfügung, die im konstruktiven Zusammenwirken mit den anderen Instanzen zu erheblichen Synergieeffekten beitragen können.

Die Schwierigkeit des Jugendhilfesystems in diesem Gefüge eröffnet sich in ihrem Selbstverständnis und ihrer Arbeitsweise. Anders als in den mitbeteiligten Systemen, denen die Zielgruppe aus biologischen, rechtlichen und funktionalen Gründen quasi zwangsläufig zugeteilt werden, ist die Jugendhilfe darauf angewiesen, von den Jugendlichen selbst oder ihren begleitenden Sozialisationsagenten nachgefragt und um Mithilfe gebeten zu werden. Allzu oft wird die Jugendhilfe auf eine Art ‚Feuerwehrfunktion' reduziert, wenn der Bedarf einer Intervention in akuten Krisensituationen geboten ist. Eine selbstverständliche Beteiligung von Trägern der öffentlichen und freien Jugendhilfe als Präventivmaßnahme, um ein Abdriften von gefährdeten Jugendlichen vom optimalen Entwicklungsweg zu verhindern bzw. bereits bei ersten Anzeichen individueller Schwierigkeiten angemessen gegenzusteuern, konnte sich noch nicht durchsetzen. Auch das Grundprinzip der Freiwilligkeit der meisten sozialpädagogischen Maßnahmen des KJHG verursacht bei den Pflichtinstanzen immer wieder durch Unkenntnis hervorgerufene Befremdlichkeit.

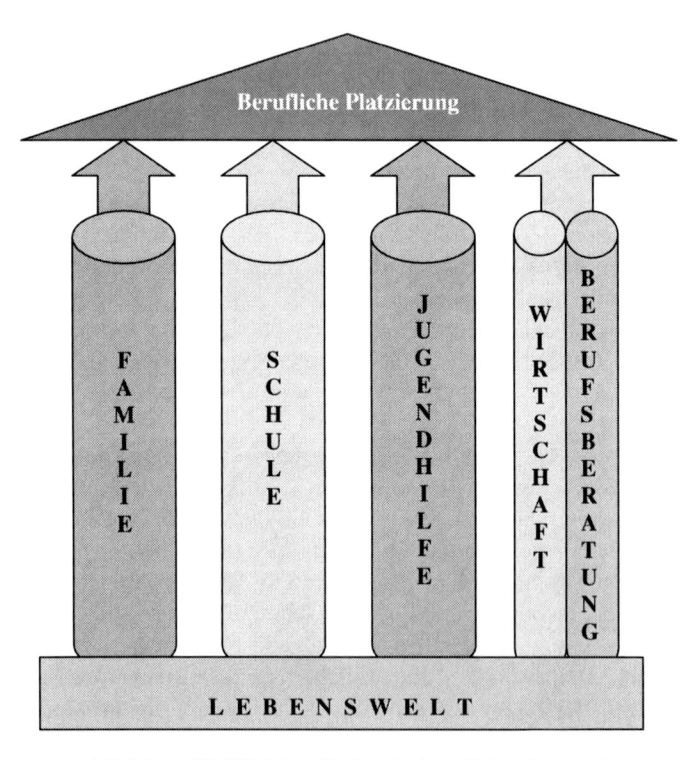

Abbildung 19: Wichtige Säulen der beruflichen Integration

Wünschenswert wäre eine sinnvolle Vernetzung aller am beruflichen Orientierungsprozess beteiligten Akteure, um eine ganzheitliche und umfassende, ineinandergreifende Entwicklungsbegleitung, ausgerichtet an den diversen persönlichen Dispositionen, zu garantieren. Einen sehr potenten, wenn nicht gar den Knotenpunkt in diesem Netz, stellt die Schule dar. Von ihr ausgehend müssen die Kontakte und Partnerschaften zu den anderen Instanzen geknüpft werden und im ständigen Austausch zu vertrauensvollen, tragfähigen und sicheren Kooperationsstrukturen ausgebaut werden. Mit Eckert gesprochen gehören diese Kontakte „zum Tafelsilber einer Schule oder Maßnahmeträgers und dürfen in ihrem Wert keinesfalls unterschätzt werden" (Eckert 2008, S. 155).

8.4.3 Standards und Qualitätskriterien der Projektarbeit

Will man Projekte und Maßnahmen zur beruflichen Orientierung qualifizieren und professionalisieren, ohne die notwendige Vielfältigkeit zu beschränken, muss der Versuch unternommen werden, gewisse Standards und Qualitätskriterien zu etablieren (vgl. dazu ausführlich Trojahner 2008). Zum Abschluss des Kapitels möchte ich einige solcher Anforderungen zusammentragen:

- Einen bereits angesprochenen Aspekt stellt die Nachhaltigkeit dar. Die Problematik hat in diesem Zusammenhang zwei Dimensionen, eine schülerzentrierte und eine schulorganisatorische. Platziert man gute Projekte im schulischen Organisationsrahmen, muss dringend beachtet werden, dass sich diese Projekte in das schulische Programm zur Berufsorientierung gewinnbringend einfügen und dass sie die Schule zwar unterstützen, aber nicht von ihrer Verantwortung befreien. Um eine nachhaltige Wirkung bei Jugendlichen entfalten zu können, dürfen die Projekte also nicht losgelöst von schulischen Lerninhalten vonstatten gehen. Für die Schule in ihrer systemischen Charakteristik ist ein weiterer Gesichtspunkt von entscheidender Bedeutung. Geförderte Projekte sind zeitlich begrenzt. Verlässt sich die Schule zu stark auf ihren Maßnahmeträger und zieht sich aus der organisatorischen Arbeit weitgehend zurück, bleiben die über den Maßnahmeträger mühevoll aufgebauten Kontakte zwischen Schule und Wirtschaft nach Projektende nicht bestehen. Dies sollte sowohl vom Projektträger als auch vor allem von der Schule verhindert werden. Im Sinne nachhaltiger Netzwerkarbeit muss die Kontaktpflege deshalb gemeinsam bewältigt werden.
- Projekte sollten eine handelnde Auseinandersetzung mit der arbeitsweltlichen Wirklichkeit ermöglichen. Erst im Erleben und Tätigsein erfahren Jugendliche eigene Stärken und Fähigkeiten, erkennen Ressourcen, die berufswahlrelevante Bedeutung erlangen und damit zur Konstituierung eines arbeitsweltbezogenen Selbstkonzeptes beitragen können. Daraus erwächst die Forderung, dass Maßnahmen und Projekte ausreichend Mög-

lichkeiten dieser tätigen Auseinandersetzung bieten müssen und Praktika, Exkursionen und Ausflüge in die Berufswelt immer daran gemessen werden müssen, ob sie diesen Anspruch erfüllen.
- Ein weiteres Qualitätskriterium liegt in der Authentizität. Das Kennen lernen, Erproben und das Herstellen von Bezügen zwischen eigenen Dispositionen und exogenen Anforderungsmerkmalen muss, so weit dies möglich ist, in einer realen Arbeitsumwelt geschehen. Nachgestellte Szenarien oder die bloße Schilderung von Bedingungen im Erwerbssystem entbehren oftmals der Ernsthaftigkeit. Auch die alleinige Erprobung in Ausbildungszentren ohne deren Überprüfung im realen Arbeitsumfeld erzielt nicht die gewünschten Erfolge.
- Angebote zur beruflichen Orientierung müssen sich an den jeweiligen individuellen Entwicklungsständen einer relativ heterogenen Gruppe ausrichten. Die beteiligten Jugendlichen befinden sich mit hoher Wahrscheinlichkeit an sehr unterschiedlichen Punkten ihres persönlichen Orientierungs- und Auswahlprozesses. Adäquat zu diesen Positionen müssen Anreize geboten werden, die eine Weiterentwicklung zulassen. Die Heterogenität der im Projekt involvierten Jugendlichen kann für eine solch individuelle Betreuung nützlich sein, wenn Lern- und Austauschprozesse innerhalb der Gruppe angeregt werden.
- Trotz differenzierter und auf die individuellen Bedürfnisse rekurrierender Vorgehensweise sollten die methodischen Module des Projektes in systematischer und stringenter Reihenfolge aufeinander aufbauen. Außerdem gilt es, Mechanismen zum Auffangen und Abfedern von Negativerfahrungen und Rückschlägen zu installieren, die eine Korrektur des eingeschlagenen Weges zulassen, aber ein Zurückfallen auf eine orientierungslose Ausgangsposition verhindern.
- Maßnahmen, die eine Integration in den Ausbildungs- und Arbeitsmarkt vorbereiten, haben sich an dessen Bedarf zu konfigurieren. Im Zentrum der offerierten Einblicke in das Erwerbssystem sollten deshalb Berufe und Branchen stehen, die sowohl den regionalen als auch den zukünftigen Bedarf spiegeln, denn das Ziel ist die Vermittlung von Perspektiven. Auch wenn die Bereitschaft zur Mobilität in der erwerbsorientierten Bevölkerung zunimmt, fällt es Jugendlichen an der Schwelle zur wirtschaftlichen Unabhängigkeit verhältnismäßig schwer, die gewohnte Umgebung zu verlassen. Aus diesem Grund und weil die regionale Wirtschaft den Nachwuchs vor Ort dringend benötigt, erscheint es von besonderer Bedeutung, die beruflichen Möglichkeiten der Heimatregion zu kommunizieren.
- Bedeutsam sind auch die Evaluierung, die Abstimmung und der Austausch zwischen allen am Berufsorientierungsprozess beteiligten Instanzen. Verlässliche Netzwerke aus sich unterstützenden Partnern und Ak-

teuren, die Hand in Hand gemeinsam mit dem Jugendlichen an der Bewältigung der Entwicklungsaufgabe arbeiten und versuchen, die Rahmenbedingungen für eine optimale berufliche Entfaltung zu gestalten, versprechen die beste Wirkung.
• Um dem Jugendlichen seinen persönlichen Stand im Entwicklungsfortgang zu veranschaulichen und Reflexionsprozesse auszulösen, müssen die Schritte und Erfahrungen be- und verarbeitet sowie vor allem dokumentiert werden. Das Dokumentationsinstrument stellt für den Jugendlichen selbst eine Form der intensiven Beschäftigung und Planung dar und bietet für beteiligte Akteure den Vorteil der transparenten Offenlegung der Fortschritte und Positionen des Jugendlichen. In Sachsen wird zu diesen Zwecken eine flächendeckende Einführung des Berufswahlpasses angestrebt.

Die aufgeführten Standards und Qualitätsansprüche stellen eine Auflistung wichtiger Kriterien dar, die ein Projekt zur beruflichen Orientierung berücksichtigen sollte. Abgesehen von diesen Merkmalen erwächst der Erfolg eines Projektes aus der professionellen und sensiblen Umsetzung.

8.5 Synthetische Aufbereitung der empirischen Befunde

Anliegen des empirischen Teils meiner Dissertation war es, einen Überblick über die Situation der beruflichen Orientierung in der Stadt Leipzig zu geben. Die wichtigsten Instanzen der privaten sowie öffentlichen Vorbereitung auf ein arbeitsweltorientiertes Erwachsenendasein wurden vorgestellt und hinsichtlich ihrer Bedeutung und vor allem ihres Selbstverständnisses im Berufsorientierungsprozess analysiert.

Die Orientierung auf eine selbstständige Lebensführung und die Vorbereitung auf einen Erfolg versprechenden Übergang in das Erwerbssystem stellen besonders vor dem Hintergrund der sich ständig verändernden gesellschaftlichen Rahmenbedingungen sowie einem kompliziert gewordenen Übergangssystem eine große individuelle und öffentliche Herausforderung dar. Den Jugendlichen fehlen hierfür zunehmend die notwendigen tragfähigen Muster und Problemlöseschemata, um die komplexe Entwicklungsaufgabe ohne ein umfangreiches und vielfältiges Unterstützungsmanagement zu bewerkstelligen.

Maßgeblich beteiligt am Übergangsprozess sind die privaten und öffentlichen Bildungs- und Erziehungsinstanzen, die in der Lebenswelt der Jugendlichen eine entscheidende Rolle spielen. Es konnte herausgearbeitet werden, dass eine trennscharfe Abgrenzung der Wirkräume nicht möglich und losgelöste Betrachtung der Einzelsysteme nicht zielführend sein können, um befriedigende Antworten auf die aktuellen Anforderungen zu finden. Dagegen erweist es sich als dringend geboten, das Gesamtsystem in seiner Komplexität des Miteinanders aller Akteure zu betrachten. Denn eine effektive Berufswahlvorbereitung gelingt heute nur im synergetischen Miteinander aller am Berufswahlprozess Beteiligten (vgl. Zihlmann 1991, S. 70). Sie müssen den Heranwachsenden kontinuierlich dabei zur Seite stehen und helfen, einen individuellen Weg zur beruflichen Verwirklichung zu identifizieren und erfolgreich zu beschreiten.

Die vorliegende Arbeit fokussiert hauptsächlich drei Instanzen, denen in diesem Entwicklungsprozess die größte Bedeutung zukommt: das familiale System, das (allgemein- und berufsbildende) Schulsystem und das Jugendhilfesystem. Diese drei Systeme galt es hinsichtlich ihrer Position und ihres Wirkens in der beruflichen Orientierung zu untersuchen. Nur marginal betrachtet wurde im Bezugsrahmen der vorliegenden Arbeit das Wirtschaftssystem. Wichtig erschien es mir, nicht nur darzulegen, welche konkreten Angebote zur Unterstützung einer beruflichen und sozialen Integration für die Jugendlichen bereitgestellt werden, sondern vor allem die Sichtweise der beteiligten Akteure zu veranschaulichen und darüber Problemfelder und Entwicklungsbedarfe zu verdeutlichen.

Die Eltern nehmen in Fragen der beruflichen Orientierung eine eher ambivalente Rolle ein. Als engste und wichtigste Beratungsinstanz der jungen Menschen und Ort der intensivsten Sozialisationswirkungen besitzt die Familie – und allen voran die Eltern – zweifelsohne die größte Einflusskraft auf den adoleszenten Entwicklungsprozess. Die Familie formt das Milieu, in welchem sich die kindliche Wahrnehmung der gesellschaftlichen Realität herausbildet, die sich in den jugendlichen Entwicklungsstadien in Form der eigenen Zukunftsplanung manifestiert. So bestimmt die soziale Herkunft nicht nur die Bedingungen und die Wirklichkeit des Aufwachsens, sondern präformiert gleichzeitig die Chancen und Möglichkeiten des Individuums bezüglich der zukünftigen Lebensführung.

Wächst ein Kind in restriktiven sozialen Verhältnissen auf, schreiben sich diese Erfahrungen zumeist in der eigenen Biografie fort. Nur selten gelingt es, die sozialen Schranken und Milieugrenzen zu überwinden. Dieses allgemeine Prinzip findet seine Anwendung auch in der spezifischen Form der beruflichen Sozialisation, sodass ein Aufwachsen in arbeitsmarktfernen Verhältnissen denkbar ungünstige Voraussetzungen für die eigene berufliche Entwicklung bedeutet.

Der Elterneinfluss auf die Berufswahl konstituiert sich demzufolge nicht nur über erteilte Ratschläge und die tatsächlichen Unterstützungsleistungen, die dem Jugendlichen seitens des Elternhauses im Berufswahlprozess zuteil werden, sondern in erster Linie über die Charakteristik der familialen Sozialisationsbedingungen. Ungeachtet dieser Tatsache ist darauf hinzuweisen, dass die aktuelle Situation am instabilen Ausbildungs- und Arbeitsmarkt vielen Eltern nicht hinreichend bekannt ist, was eine Beratung bezüglich einer zukunftssicheren Karriereplanung ausgesprochen schwierig gestaltet. Schon Fachleuten fällt es schwer, Arbeitsmarktprognosen aufzustellen und den Bedarf an Qualifikationen vorauszusehen. Für einen Großteil der Eltern ist ein solches Expertenwissen nicht präsent.

Der Arbeitsmarkt hat sich grundlegend gewandelt und ist mit den Konditionen, unter denen noch die Elterngeneration ihre Berufswahl getroffen hat, nicht mehr zu vergleichen. Viele der Erziehungsberechtigten, die noch in ihrem erlernten Erstberuf arbeiten, projizieren dieses idealtypische Lebensmuster auf die Karriereplanung ihrer Kinder. Der gegenwärtige Arbeitsmarkt hält allerdings nur noch für einen Bruchteil der nachrückenden Erwerbsgeneration solche Beschäftigungsverläufe bereit. Die Mehrheit der jungen Berufswähler muss indessen auf unstetige Arbeitsverhältnisse und wechselnde berufliche Einsatzfelder und Dienstgeber vorbereitet werden und benötigt die dafür notwendigen Bewältigungskonzepte und Handlungsmodelle sowie anschlussfähige Grundqualifikationen.

In Kapitel 8.3 konnte empirisch nachgewiesen werden, dass die Eltern durchaus um ihren Einfluss auf die berufliche Entscheidungsfindung ihrer Kinder wissen und sich selbst als die wichtigste Unterstützungsinstanz in Fragen der Zukunftsplanung sehen. Gleichzeitig räumen sie aber große Unsicherheit in der kompetenten Beratung ihrer Kinder ein und fühlen sich häufig nicht in der Lage, fachgerechte Auskünfte und Ratschläge zu Fragen der anstehenden Berufswahl oder schulischen Weiterqualifizierung zu geben. Das Übergangssystem ist selbst für die Erwachsenengeneration zur terra incognita geworden. Auch wenn die Befunde aufgrund der unzureichenden und nicht repräsentativen Stichprobe keine verallgemeinerbare Aussagen zulassen, können sie doch Tendenzen aufzeigen, die belegen, dass Unsicherheit und Kompetenzzweifel der Eltern dort besonders gravierend sind, wo Arbeitslosigkeit und Bildungsarmut das soziale Umfeld prägen.

Nicht immer können die Eltern daher als Akteure gesehen werden, die den Berufswahlprozess positiv beeinflussen. Sie bedürfen konsequenter Unterstützung durch öffentliche, professionelle Instanzen, denen es gelingt, die vorteilhaften Wirkungen der Eltern zu nutzen und die hinderlichen Faktoren zu kompensieren.

Eine besonders wichtige Funktion kommt in diesem Zusammenhang dem allgemeinbildenden Schulsystem zu. In ihrer Doppelfunktion für die Vorbereitung des beruflichen Einstiegs ist die allgemeinbildende Schule ein zentraler Akteur der Berufsorientierung. Als Vergabeinstanz von beruflich nutzbaren und notwendigen Bildungszertifikaten fungiert sie als Verteilungsstelle von beruflichen und sozialen Lebenschancen und als Ort der öffentlichen Bildung und Erziehung offeriert sie Möglichkeiten zur beruflichen Orientierung und Karriereplanung.

Je unübersichtlicher das Übergangssystem in den vergangenen Jahren wurde und je mehr die Probleme der Jugendlichen, von der Schule in den Ausbildungs- und Arbeitsmarkt zu wechseln, anstiegen, desto deutlicher und lauter wurde der Appell an die Schule, ihrer gesellschaftlichen Verantwortung gerecht zu werden und die Integrationsfähigkeit und die Vorbereitung der Schüler für den Eintritt in das Arbeitsleben zu steigern. Der Schule kam damit eine Aufgabe zu, die zunächst mit dem traditionellen Curriculum und der konventionellen Leistungsbeschreibung nicht vereinbar schien, war doch die allgemeinbildende Schule eine Institution, in der die Vermittlung von Allgemeinwissen nach humbolt'schem Bildungsideal im Vordergrund stand und berufsbildende Inhalte kaum eine Rolle spielten. Neben ihrer Aufgabe, die nachwachsende Generation mit den kulturellen Grundfertigkeiten vertraut zu machen, hat die Schule nunmehr die Funktion, die individuelle Integration in die Gesellschaft vorzubereiten und die Fähigkeiten zu vermitteln, die für eine selbstständige Lebensbewältigung, zu der auch eine adäquaten Platzierung im Erwerbssystem gehört, notwendig sind. Die staatlichen Bildungseinrichtungen konnten sich daher ihrer Verantwortung einer zeitgemäßen beruflichen Orientierung nicht länger entziehen. Infolgedessen wurden pädagogische Schulprogramme um arbeitsweltliche Themen angereichert und die starren Bildungskonzepte mehr und mehr aufgeweicht, um einem modernen ganzheitlichen Verständnis von Bildung mehr Platz einzuräumen.

Im Zuge dieser schulreformerischen Bemühungen wurden den allgemeinbildenden Schulen mehr Autonomie und Selbstgestaltungsmöglichkeiten gestattet. Die einzelne Einrichtung, und dies ist trotz föderaler Strukturen und Kulturhoheit der Länder ein gesamtdeutscher Trend, kann inzwischen relativ autonom ihr pädagogisches Programm gestalten und besitzt die notwendigen Freiheiten, den Lernalltag auch in Kooperation mit außerschulischen Partnern zu bestreiten. Formen fächerübergreifender und reformpädagogischer Ansätze fanden daraufhin Eingang in die staatlichen Institutionen und verhelfen ihnen zu individuellen Anstrichen auf dem Weg zu einer vielfältigen, lebensweltorientierten und beteiligungsoffenen Schullandschaft.

Im Rahmen dieser wissenschaftlichen Arbeit wurden die Leipziger Mittelschulen mit Hilfe einer Befragung von Lehrkräften und Angehörigen der Schulleitung untersucht. Ziel war es, besonders den Stellenwert der Berufsorientierung in den einzelnen Einrichtungen zu charakterisieren sowie die Leistungen hinsichtlich ihrer arbeitsweltbezogenen Aktivitäten zu analysieren.

Die sächsische Mittelschule als Schulart, in der sowohl der Real- als auch der Hauptschulabschluss erworben werden kann, entlässt einen Großteil ihrer Schüler mit dem Wunsch, in eine berufliche Ausbildung einzumünden. Damit rückt sie verstärkt in den Fokus ökonomischer Forderungen an zukünftige Arbeitsmarktteilnehmer. Besonders deutlich wird an diese Schulart kommuniziert, welche Kompetenzen Bewerber mitzubringen haben, um ihre Chancen auf einen problemlosen Übergang in das Erwerbssystem zu steigern.

Die Schulen der Region, das lässt sich anhand der vorliegenden Daten bestätigen, versuchen, auf diese Forderungen zu reagieren und bewegen sich sukzessive auf das gesellschaftliche Subsystem Wirtschaft zu, um die schulischen Inhalte bedarfsgerecht zu gestalten, damit ihre Schüler eine optimale Vorbereitung auf das berufliche Anschlusssystem erfahren. Trotz des allgemein hohen Stellenwertes der Berufsvorbereitung an den Schulen ist das Bild der tatsächlichen Umsetzungsaktivitäten äußerst differenziert. In den Kapiteln der Auswertung der Schuluntersuchungen (Kapitel 8.1) wurden die Defizite hinsichtlich einer stringenten und systematischen Konzeptionalisierung aufgedeckt. Es wurde auf die Notwendigkeit hingewiesen, die außerschulischen Kooperationsstrukturen auszubauen, zu verstetigen und darauf insistiert, die Thematik zum integralen Bestandteil des gesamtpädagogischen Konzeptes zu entwickeln. Unter den beschriebenen schwierigen Rahmenbedingungen wird dies zu einer großen, aber notwendigen Herausforderung der Schulentwicklung. Die Qualifizierung und Professionalisierung der schulischen Berufsorientierung muss in diesem Zusammenhang als Prozess verstanden werden, der in der Region Leipzig begonnen hat und in den kommenden Jahren optimiert werden muss, immer mit dem Bewusstsein, dass er sich aufgrund sich ständig ändernder Marktbedingungen niemals abschließen lässt.

Für das Schulsystem bleibt festzuhalten, dass sich bei den befragten Pädagogen trotz mitunter schwieriger Rahmenbedingungen eine Verantwortung für die berufliche Wegbereitung ihrer Schüler herausgebildet hat, die sie versuchen nach bestem Wissen und Gewissen umzusetzen. Insbesondere für Schüler, deren herkunftsbedingte Sozialisation für die arbeitsweltbezogene Entwicklung nachteilig ist, suchen sie nach Möglichkeiten, deren Chancen für eine gelingende berufliche Integration zu erhöhen. Hierbei sollten die Schulpädagogen vermehrt auf die Unterstützungsangebote, die beispielsweise die Jugendhilfe bietet, zurückgreifen. Obwohl viele der interviewten Lehrer die Eltern stärker in die Pflicht rufen, weisen nur wenige eine Mitverantwortung für den nachschulischen Werdegang von sich ab. Man kann davon ausgehen, dass die Begleitung und Beratung im Berufswahlprozess als erzieherische Gemeinschaftsaufgabe verstanden wird, auch wenn die Umsetzung nicht optimal gelingt.

Die Jugendhilfe nimmt in diesem Kontext eine unterschätzte Rolle ein. Als gleichwertiger Partner von Elternhaus und Schule wird sie bislang kaum wahrgenommen. Ihre Relevanz scheint sich maximal bei den sogenannten ‚Härtefällen' zu erhöhen. Wenngleich eine Vielzahl von Projekten und Maßnahmen zur beruflichen Orientierung von Trägern der Jugendhilfe umgesetzt wird, so sind sie aufgrund der organisatorischen Unsicherheit, bedingt durch ihre Finanzierungsmodalitäten, oftmals kein fester Bestandteil im Gesamtsystem der Berufsorientierungsakteure. Von den Schulen werden sie eher als zusätzlicher Organisationsaufwand denn als hilfreiche Entlastung empfunden und nur in wenigen Fällen sinnvoll im schulischen Konzept verankert.

Ebenso muss die Schulsozialarbeit in der Region als entwicklungsbedürftig charakterisiert werden. Vielen Schulen, selbst Einrichtungen in den sozialen

Brennpunkten der Stadt, fehlt es an einer sozialpädagogischen Fachkraft. Der akute Bedarf an sozialpädagogischer Unterstützung der Schulen der Stadt Leipzig wurde in den Interviews deutlich signalisiert. Die befragten Lehrer forderten nahezu vollständig die dauerhafte und selbstverständliche Installation von Schulsozialarbeiterstellen an den Mittelschulen. Dass die effektive Nutzung der Schnittstelle von Schule und Jugendhilfe nach wie vor als defizitär zu bezeichnen ist, geht demnach nicht auf die operative Ebene zurück, sondern ist vielmehr auf administrativem Niveau zu suchen und wird durch monetäre Ursachen begründet. Als bedenklich und nachteilig für die inhaltliche Arbeit werden die Beschäftigungsverhältnisse der Schulsozialarbeiter eingeschätzt. Arbeitsverträge sind oftmals an kurze Projektzeiträume gebunden, einige Sozialarbeiter sind für mehrere Schulen zuständig oder arbeiten in Teilzeitverhältnissen. Eine vergleichsweise schlechtere Entlohnung, unsichere Arbeitsbedingungen sowie die bewegte Entwicklung der regionalen Schullandschaft verursachten eine hohe Fluktuation, die sich nachteilig auf die Verstetigung der Kooperationsstruktur auswirken. In den Fällen, in denen die Schule über einen Schulsozialarbeiter verfügt, wird dieser auch im Rahmen seiner Bedeutung für die berufliche Orientierung besonders benachteiligter Schüler und die arbeitsweltorientierte Jugendarbeit im Nachmittagsbereich positiv herausgestellt.

Für die Zukunft bleibt es begrüßenswert, wenn das Jugendhilfesystem konsequenter und enger in das Gesamtsystem gesellschaftlicher Bildung und Erziehung eingebunden werden würde und sich alle Partner im kooperativen Miteinander der pädagogischen Querschnittsaufgabe ‚berufliche Orientierung' sinnvoll ergänzen könnten. Ein so funktionierendes, auf Gemeinschaftsinteressen ausgerichtetes Netzwerk aus privaten und öffentlichen Sozialisationsinstanzen verlangt Strukturen, die auf einer tragfähigen vertrauensvollen Kommunikations- und Kooperationspraxis gründen (vgl. Bühl 2000, S. 62). Soll die umfassende Vorbereitung für eine berufliche Integration der Jugend eine neue Qualität erreichen, ist dieses Verständnis einer gemeinsamen Rollen- und Aufgabenverantwortung für die nachwachsende Generation sensibel zu entwickeln.

9 Abschließende Gesamtbilanz

Zum Abschluss möchte ich die zentralen Schwerpunkte und Ergebnisse noch einmal konzentriert rekapitulieren und im Gesamtkontext der Arbeit reflektieren. Dabei gilt es vor allem, die im Theorieteil interdisziplinär vorbereitete multiperspektivische Sicht auf die Thematik in ihrer praktischen Relevanz zu prüfen. Dafür werden zu Beginn die wesentlichen theoretischen Annahmen und empirischen Befunde zusammengefasst und einer kritischen Bilanz unterzogen. Anschließend überprüfe ich die Anwendungstauglichkeit der theoretischen Grundpostulate auf die empirische Wirklichkeit. Hierbei liegt ein entscheidendes Moment in der Relation abstrakt-funktionaler Zuständigkeiten und realer Organisation. In diesem Kontext werden auch die aufgeworfenen Fragestellungen hinsichtlich einer verantwortungszentrierten Betrachtung der beruflichen Orientierung als pädagogische Querschnittsaufgabe abschließend diskutiert.

Das nachfolgende Schlusskapitel steht im Zeichen der sozialwissenschaftlichen Verortung der behandelten Thematik. Es zielt darauf ab, die arbeitsweltbezogene Sozialisation der nachwachsenden Generation als sozialwissenschaftlich relevante Grundkonstante unter wechselnden gesellschaftlichen Rahmenbedingungen zu etablieren. In diesem Zusammenhang wird die vorliegende Arbeit in ihrer Bedeutung für aktuelle und zukünftige sozialpolitische Auseinandersetzungen gespiegelt. Handlungsbedarfe werden in einer konzentrierten Form nochmals dezidiert herausgestellt und daraus ein Ausblick abgeleitet.

9.1 Rückbezug auf essenzielle theoretische Aussagen

Trotz stetiger Abnahme erwerbsarbeitsstrukturierter Beschäftigungsmöglichkeiten und einem vielfach proklamierten Ende der Erwerbsarbeit (vgl. Rifkin 2001, S. 213) hat sich die Bedeutung des Berufs in der Gesellschaft nicht reduziert. Im Gegenteil, man könnte fast annehmen, je weniger Möglichkeiten das Wirtschaftssystem zur traditionellen Existenzsicherung bietet, desto stärker wird das Streben nach den knapper werdenden Gelegenheiten konventioneller, aber gesellschaftlich anerkannter Beschäftigungsmuster. Nach wie vor vollzieht sich die individuelle Positionierung im sozialen Gefüge über den Integrationserfolg am Arbeitsmarkt (vgl. Daheim 1993, S. 12). Die Optionen zur eigenständigen Lebensgestaltung stehen damit in engem Kausalzusammenhang mit dem ökonomischen Status einer Person. Dieser Konnex entfaltet seine Wirkung gleichfalls in der Lebensplanung der nachwachsenden Generation. Arbeit und Beruf bilden neben familialen Gesichtspunkten die wichtigsten Parameter jugendlicher Zukunftsentwürfe.

In ihrer gesellschaftsintegrierenden Unterstützungsfunktion wurden in der vorliegenden Arbeit private sowie öffentliche Erziehungsinstanzen hinsichtlich ihres Einflusses und Erfolges auf berufsbiografische Entwicklungsprozesse Heranwachsender untersucht. Obgleich sich der familiale Nahraum zunehmend mit Kompetenzdefiziten bezüglich einer fachkundigen Unterstützung und Beratung in Fragen der beruflichen Lebensplanung konfrontiert sieht, bleibt sein Einfluss auf die berufliche Orientierung und die Wahl von Ausbildungs- und Karrierewegen ungebrochen. Gleichzeitig gewinnen jedoch institutionelle Sozialisationsagenten – allen voran die Schule – zunehmend an Bedeutung für die jugendliche Planung des beruflichen Werdegangs. Diese Tendenz kann auch darauf zurückgeführt werden, dass Jugendliche immer mehr Zeit in öffentlichen Bildungs- und Erziehungseinrichtungen verbringen (vgl. Sellin 2001, S. 34).

Die Betrachtung der Relevanz staatlicher und privater Sozialisationsagenten für die Integration der nachwachsenden Generation in das gesellschaftliche Gefüge wurde auch im Zusammenhang mit der Frage nach der Verantwortung thematisiert und diskutiert. Hierbei stand im Mittelpunkt herauszuarbeiten, wer in welcher Form und mit welchem Erfolg insbesondere für die arbeitsweltbezogene Sozialisierung verantwortlich gemacht wird bzw. sich verantwortlich fühlt. In diesem Kontext konnte aufgezeigt werden, dass selbst wenn zugeschriebene und wahrgenommene Verantwortung konform gehen, eine Reihe von Faktoren existiert, die das Erfüllen der entsprechenden Pflichten behindert.

Eng verknüpft mit der Frage nach der Verantwortung ist der Aspekt der Schuld, auf den vor allem dann hingewiesen wird, wenn eine Pflicht unerfüllt bleibt oder das Handeln verantwortlicher Akteure nicht die intendierte Wirkung zeigt. Auch bei misslungener bzw. defizitärer beruflicher Integration von Jugendlichen wird nach Schuldigen gesucht und es werden Risikofaktoren sowie deren Verursacher benannt. Allein aus diesem Grund bildet die Bearbeitung der Verantwortung in ihrer theoretischen Grundlegung sowie empirischen Ausprägung ein basales Fundament dieser Arbeit.

Verantwortung wird, wenn es sich um die Verpflichtung bezüglich wichtiger gesellschaftlicher Aspekte handelt, vor allem in ihrer Aufgaben- und Rollendimension betrachtet. Erziehungsinstanzen besitzen funktionsinhärente Verantwortlichkeiten, die das heranwachsende Gesellschaftsmitglied befähigen, sich zu einem selbstständig agierenden und nützlichen Staatsbürger zu entwickeln. Ein Begleiten und Hinführen zur geeigneten (beruflichen) Tätigkeit, womit die berufliche Orientierung umschrieben werden kann, gehört damit in das Aufgabenspektrum aller Bildungs- und Erziehungsinstanzen.

Berufsorientierung beginnt nicht erst in der Schule, auch wenn oftmals die Phase unmittelbar vor der ersten Berufswahl, d.h. am Ende des allgemeinbildenden Schulwesens, als die Zeit der beruflichen Orientierung und Berufswahlvorbereitung angesehen wird (vgl. von Wensierski et al. S. 54). Vielmehr richtet sich die Entwicklung eines tragfähigen Lebensentwurfs mit einer den individuellen Neigungen und Interessen sowie der spezifischen regionalen Arbeitsmarktlage entsprechenden, immanenten beruflichen Zukunftsplanung an alle Erziehungs- und Bildungsinstanzen und wird damit zur ganzheitlichen Aufgabe von privaten (Familie) wie öffentlichen (Schule, Jugendhilfe) Sozialisationsinstanzen. Besonders in Zeiten der erschwerten und risikoreichen erfolgreichen Platzierung in der Gesellschaft ist die Vorbereitung auf ein Leben als individuell zufriedenes und gesellschaftlich nützliches Mitglied der Gemeinschaft nur in kollektiver Zusammenarbeit der beteiligten Akteure, d.h. als verantwortungsvoller pädagogischer Querschnittsauftrag, zu bewältigen.

Die Familie besitzt auch bei der Entstehung und Entfaltung von Lebensplänen und beruflichen Aspirationen den wirkungsvollsten Einfluss. Eine erfolgreiche Vorbereitung eines selbstverantwortlichen und eigenständigen Erwachsenendaseins bedarf einer verantwortungsbewussten Wegbereitung durch das Elternhaus. Ein entscheidender Schwerpunkt in diesem Kontext ist in der Entwicklung und Ausprägung des individuellen Selbstkonzeptes im Bezug auf die gesellschaftlichen Werte zu sehen. Der Familie kommt dabei eine Schlüsselfunktion zu. Ob und in welchem Maß der heranwachsende Jugendliche Erwerbsarbeit und berufliche Selbstverwirklichung in seinen persönlichen Lebensentwurf platziert, hängt wesentlich von den Erfahrungen im Herkunftsmilieu ab.

In den durchgeführten Untersuchungen wird der Stellenwert der Eltern und des familialen Milieus bestätigt. Sowohl vom Schulsystem als auch von den Eltern selbst wird der informelle Einfluss, den Eltern auf die Erwerbschancen sowie auf die konkrete Berufswahl ihrer Kinder ausüben, als außerordentlich bedeutend beschrieben. Die damit verbundene Verantwortung ist den Eltern durchaus bewusst und sie versuchen ihr nach bestem Wissen und Gewissen beizukommen. Besonders angesichts der sich schnell verändernden Bildungs- und Ausbildungsmöglichkeiten und wirtschaftlichen Bedarfe sehen sich immer weniger Eltern imstande, diese Aufgabe zu bewältigen. Dies lässt Unsicherheit und Hilflosigkeit auf Seiten der Eltern rasant wachsen und sie benötigen zunehmend komplementäre institutionelle Unterstützungssysteme, um ihrer Aufgabe gerecht zu werden. Insbesondere sozial schwierige Herkunftsmilieus bedürfen eines dichten und vertrauensvollen Netzes von Erziehungspartnerschaften, um dem Nachwuchs den Weg in ein anerkanntes gesellschaftliches Dasein zu ebnen.

Der Wirkungsgrad der Schule im Bezug auf ihre Beteiligung am beruflichen Entwicklungsprozess ist erheblich, auch wenn dies von den betroffenen Schülern oftmals anders wahrgenommen und eingeschätzt wird. Zum einen präformiert sie als bedeutsame Zuweisungsinstanz sozialer Lebenschancen über die Erteilung und Verweigerung von Qualifizierungs- und Entwicklungsmöglichkeiten sowie die Vergabe von bedeutsamen formalen Bildungszertifikaten entscheidend den Lebensweg der jungen Menschen. Zum anderen trägt sie über die Bereitstellung von Lernanreizen und ihre direkte Wirkung auf die Bildung und Erziehung der ihr anvertrauten Schüler maßgeblich zum beruflichen Orientierungsprozess, dem Entwurf und den Erfolgsaussichten jugendlicher Zukunftsmuster bei.

Die im Rahmen der vorliegenden Arbeit befragten Vertreter des Schulsystems wissen um ihren Einfluss auf den Berufsorientierungsprozess ihrer Schülerschaft. Sie versuchen, mit einer Vielzahl von Aktivitäten und Projekten den Jugendlichen bei der Identifizierung beruflicher Anschlussperspektiven behilflich zu sein und unterstützen damit den schwierigen Übergangsprozess. Auch wenn diese schulischen Maßnahmen noch Optimierungsbedarf aufweisen und das Übergangsmanagement weiter qualifiziert werden muss, sind der Schule ihre Rolle und Aufgaben bewusst. Es entwickeln sich derzeit gute Ansätze und Konzepte schulischer Berufsvorbereitung. Insgesamt kann konstatiert werden, dass die Lehrerschaft größtenteils die Situation präzise und zutreffend einschätzt und sich vor allem dann in die Pflicht genommen fühlt, wenn andere Sozialisationssysteme scheitern oder nicht ausreichend Unterstützungspotenzial besitzen. Die befragten Lehrer weisen allerdings auch darauf hin, dass die Schule allein dieser Aufgabe nicht gewachsen ist und nur gemeinsam mit zuverlässigen und kompetenten Partnern den komplexen Auftrag erfüllen kann. Eine weitere Öffnung zum regionalen und sozialen Nahraum der Schule ist für den lebens- und arbeitsweltlichen Bezug dringend geboten (vgl. Holtappels 2002b, S. 151).

In diesem Zusammenhang wird auch die Kooperation mit Akteuren der Jugendhilfe thematisiert. Insbesondere in der Nivellierung sozialer Chancen von Jugendlichen unterschiedlicher Herkunftsmilieus ist die Jugendhilfe ein anerkannter und geschätzter Partner im öffentlichen Bildungs- und Erziehungswesen. Dabei spielen die arbeitsweltbezogene Jugendsozialarbeit sowie die Schulsozialarbeit eine herausragende Rolle. In der gemeinsamen Arbeit von Schule und Jugendhilfe entfalten sich die Potenziale einer erfolgreichen (beruflichen) Zukunftsorientierung und -vorbereitung deutlich. Diese gewinnbringenden und vorteilhaften Kooperationsresultate werden auch von den befragten Schulpädagogen reflektiert, sodass die größten Defizite der Zusammenarbeit von Schule und Jugendhilfe in der betrachteten Region derzeit wohl eher auf strukturell-organisatorische als auf inhaltlich Gründe zurückzuführen sind.

Die soziale Integration der Jugend in ein instabiles Gesellschaftssystem birgt vielfältige Herausforderungen und Risikofaktoren. Die damit verbundene Aufgabe der beruflichen Orientierung und Zukunftsvorbereitung wird dadurch zur komplexen und vielfach problematischen Pflicht der älteren Generation, der über tradierte Strukturen nicht mehr angemessen entsprochen werden kann. Nur im Schulterschluss und durch ein intensives kooperatives Zusammenwirken aller beteiligten Instanzen in einem sicheren sozialen Netzwerk scheint diese Herausforderung zukünftig lösbar zu sein.

Auch das Wirtschaftssystem selbst wird zunehmend in die Pflicht gerufen, sich an der Vorbereitung ihres Fachkräftenachwuchses zu beteiligen (vgl. Gerzer-Sass 2002, S. 17). Diese Notwendigkeit lässt sich einmal damit begründen, dass sich die Anforderungen an die potenziellen Arbeitnehmer immer stärker ausdifferenzieren und immer höhere Qualifikationen voraussetzen. Zum anderen wird sich, bedingt durch den demografischen Wandel, die Zahl der qualifizierten Jugendlichen enorm reduzieren, was eine frühzeitige Bindung von aussichtsreichen Nachwuchskräften an die Unternehmen erforderlich macht. Demnach sind auch Vertreter der Wirtschaft in das Geflecht der Akteure der beruflichen Orientierung aufzunehmen.

Die gesellschaftliche Herausforderung der nächsten Jahre wird darin liegen, Jugendlichen, die, begründet durch unzureichende Qualifikationen und Kompetenzen, keinen Zugang zum Erwerbsarbeitsmarkt finden, alternative Möglichkeiten einer anerkannten und befriedigenden sozialen Integration zu schaffen. In Anbetracht der sinkenden Aussichten, über den ersten Arbeitsmarkt eine akzeptable gesellschaftliche Positionierung aller zu gewährleisten, dürfen nachteilige kognitive sowie soziokulturelle Dispositionen über das Regulativ ‚Erwerbsarbeit' nicht zwangsläufig zur sozialen Marginalisierung führen. Dennoch ist das Bildungs- und Erziehungssystem gefordert, dem anspruchsvollen Wirtschaftssystem ausreichend Nachwuchs heranzubilden, um den steigenden Bedarf an hoch qualifizierten Fachkräften abdecken zu können. Dafür gilt es, im *war of talents* auch bislang ungenutzte Potenziale zu erkennen und zielgerichtet zu fördern.

9.2 Verknüpfung der theoretischen Grundlagen mit den empirischen Ergebnissen

Unter Berücksichtigung der trüben Zukunftsaussichten für Beruf und Erwerbsarbeit in ihrer traditionell anerkannten Form, drängt sich die Frage auf, warum die Notwendigkeit einer umfassenden Orientierung und Vorbereitung auf eine berufliche Integration gerade dann postuliert wird, wenn das angestrebte Ziel gar nicht mehr für alle Individuen erreichbar ist. Vermutlich liegt die Erklärung dieses Phänomens in ihm selbst.

> „Wie sehr die Arbeit in der europäischen Moderne mit dem Sein des Menschen, seiner Moral und seinem Selbstbild verschmolzen ist, wird daran deutlich, daß die Arbeit im westlichen Kulturkreis längst zur einzigen Quelle und zum einzig gültigen Maßstab für die Wertschätzung des Menschen und seiner Tätigkeit geworden ist. Nur, was sich als Arbeit ausweist, erkannt und anerkannt wird, gilt als wertvoll." (Beck 2007, S. 37)

Erwerbsarbeit in ihrer herkömmlichen Charakteristik bildet einen derart hohen Wert, dass sowohl das Selbstbild des Menschen als auch sein gesellschaftlicher Nutzen größtenteils davon abhängen, wie sich das Individuum im Erwerbsarbeitsmarkt platzieren kann. Solange ‚Arbeit' diesen Stellenwert für sich beansprucht, müssen Erziehung und Bildung darauf abzielen, die heranwachsenden Gesellschaftsmitglieder mit optimalen Bedingungen auszustatten, um den Kampf am Arbeitsmarkt für sich entscheiden zu können. Dabei gilt, je knapper das Gut Arbeit wird (vgl. Schlothfeld 1999, S. 70), desto höher wird auch dessen Wert (vgl. Tully 2004, S. 57). Je stärker der Kampf um rare Arbeitsplätze wird, desto mehr muss das Individuum investieren, um diesen für sich entscheiden zu können.

Darauf sind schlussendlich auch die Bemühungen aller Akteure zurückzuführen, die im Rahmen der vorliegenden Arbeit zur beruflichen Orientierung thematisiert wurden. Sie alle haben zum Ziel, den Jugendlichen frühzeitig auf die notwendigen Anstrengungen um einen Arbeitsplatz vorzubereiten und mit den Voraussetzungen auszustatten, die am Übergang von der Schule in die Arbeitswelt zu einer beruflichen Platzierung führen und damit in ökonomisches und symbolisches Kapital (vgl. Imdorf 2005, S. 31; Liebau 2001, S. 9) umgewandelt werden können.

Einen alternativen Wert zur Arbeit gibt es derzeit noch nicht. Dementsprechend gibt es auch kaum Möglichkeiten, Misserfolg am Erwerbsarbeitsmarkt zu kompensieren und über eine divergente Strategie zu gesellschaftlicher Anerkennung zu gelangen.

Das belegen auch die Erkenntnisse dieser Arbeit. Es wurde eine Gruppe Jugendlicher vorgestellt, die Erwerbsarbeit nicht zum zentralen Schwerpunkt ihres Erwachsenenlebens zählen. Die ‚zweite Sozialhilfegeneration' verfügt teilweise über Lebensentwürfe abseits tradierter Erwerbskarrieren. Sind sie der übrigen Gesellschaft einen Schritt voraus? Ich gebe zu, die Vorstellung, dass sich die als benachteiligt stigmatisierte Gruppe von Jugendlichen unbemerkt an der Norm vorbeigeschlichen haben könnte, mag dem einen oder anderen Sozialpädagogen recht gut gefallen. Dieser Gedanke zerschellt jedoch an der Realität, denn die Situation der Erwerbslosen konfligiert in zweifacher Hinsicht mit dem gesellschaftlichen Wertekanon:

- Ihnen fehlt es an Wahlfreiheit.
- Sie besitzen kaum Möglichkeiten, gesellschaftliche Anerkennung zu erreichen.

Weil es nicht die Freiheit war, die sie dieses Lebensmuster hat wählen lassen, sondern eine sozial bedingte Unfreiheit zu diesem Zukunftsentwurf gezwungen hat, ist ihre Zukunft vielmehr Bestimmung als bewusste Auswahl. Sie entscheiden sich nicht freiwillig für die ‚arbeitsfreie' Zukunft, sondern, da die Option Arbeit in ihrer Wahrnehmung nicht existiert, bleiben ihre Auswahlmöglichkeiten beschränkt, ihre Freiheit begrenzt und das Ergebnis vorbestimmt. Anerkannte Lebensentwürfe ohne Erwerbsarbeit werden oftmals nur denjenigen zugestanden, die sich bewusst gegen die traditionelle Lohnarbeit entschieden haben (Aussteiger, Leistungssportler etc.).

Zu dieser Unterscheidung möchte ich auf ein Begriffspaar hinweisen, das im Alltagsverständnis seinen Niederschlag findet und auch analytisch nicht zu vernachlässigen ist. Es gilt zu differenzieren in ‚arbeitslose' und ‚arbeitsfreie' Menschen. Während die Gruppe der Arbeitslosen Menschen vereint, die trotz großen Engagements oder auch augrund fehlender Motivation keine Arbeit bekommen, können ‚arbeitsfreie' Menschen als die „Glücklichen Arbeitslosen" (vgl. dazu Die glücklichen Arbeitslosen, 2000) gelten, denen es gelungen ist, die Arbeit durch komplementäre Werte zu umgehen, sich also frei von der Pflicht zu arbeiten gemacht haben. Doch nur wer tatsächlich eine bewusste Wahl im Sinne einer Wertsetzung treffen kann, darf für seine Entscheidung gesellschaftliche Anerkennung für sich beanspruchen.

Das lässt sich auch anhand der Lehrerbefragung bestätigen. In den Zitaten der Schulpädagogen wird deutlich, dass sich die betroffenen Jugendlichen weit ab von Norm und Maßstab befinden und ihre Einstellung keinerlei Anerkennung zu generieren vermag. Ganz im Gegenteil, es wird alles versucht, bei ihnen die Erwerbsarbeit als persönlichen Wert zu internalisieren.

Dem Arbeitslosen gelingt es in der Regel nicht, eine Tätigkeit auszuüben, die ihm in ähnlichem Maß gesellschaftliche Anerkennung zuteil werden lässt, wie es die Erwerbsarbeit leistet. Erst wenn es für alle möglich ist, die traditionelle Erwerbsarbeit durch gleichwertige Lebensinhalte zu ersetzen, schlägt die letzte Stunde der Arbeitsgesellschaft.

Da allgemein davon ausgegangen wird, dass die Bedingungen am Arbeitsmarkt zukünftig eine Platzierung der Mehrheit der Bevölkerung nicht mehr zulassen, wird die Etablierung von Alternativwerten schon lange gefordert (z.B. Beck 2007, S. 226). Aber die Sozialstruktur erweist sich als starr im Bezug auf diese notwendige Entwicklung. Je mehr Menschen von der tradierten Lohnarbeit ausgeschlossen bleiben, desto höher ist die Wahrscheinlichkeit, dass eine wachsende Gruppe in der Lage sein wird, die Umwertung zu beschleunigen. Bis dahin bleibt es schicksalhafte Aufgabe der Erziehungsinstanzen, jugendliche Zukunftspläne auf ein brüchiges Modell hin zu orientieren.

Angesichts des massiven Wandels des Arbeitsmarktes sind von der Gesellschaft nicht nur die sinkenden quantitativen Möglichkeiten abzufedern, sondern es muss sich der neuen Qualitätsoffensive gestellt werden. Auch dies hat Auswirkungen auf die berufliche Orientierung der zukünftigen Beschäftigten.

Es wird angenommen, dass ein Mensch, der eine Tätigkeit ausübt, die mit seiner kognitiven und emotionalen Disposition (Qualifikation, Fähigkeiten, Interesse) harmoniert, nicht nur zu höheren Leistungen fähig ist und damit einen ökonomischen Vorteil besitzt, sondern auch eine höhere individuelle Zufriedenheit verspürt. Die empirische Datenlage dazu ist allerdings nicht eindeutig (vgl. Deuer 2006, S. 49). Auch wenn Matchingprozesse die Zufriedenheit anscheinend beeinflussen, darf darüber hinaus vermutet werden, dass es weniger ausschlaggebend ist, was der Mensch arbeitet, als dass er arbeitet. Dies stützt die oben aufgestellte These, dass bei der Integration der jungen Generation in das gesellschaftliche Gefüge sich noch immer am gültigen Wert ‚Erwerbsarbeit' orientiert werden muss (vgl. Mack 2001, S. 260), auch wenn der strukturelle Wandel der Arbeitsgesellschaft um sich greift.

Ganz unabhängig davon, wie zukünftige Beschäftigungsmuster aussehen könnten (Bürgerarbeit, Familienarbeit, Kulturarbeit etc.), Arbeit in Form von Tätigsein als sinnvolle, zielgerichtete Beschäftigung wird erhalten bleiben. Dementsprechend ist es die Aufgabe der privaten und öffentlichen Bildungs- und Erziehungsinstanzen, Jugendliche zur Auseinandersetzung mit der zukünftigen Tätigkeit anzuhalten und ihnen Räume und Gelegenheiten anzubieten, um die dafür notwendigen Kompetenzen zu entwickeln.

Die Berufswahl wird gesteuert durch individuelle und gesellschaftliche Faktoren. Das Individuum formt seine beruflichen Aspirationen in ständiger Interaktion mit seinem Umfeld. Berufsorientierung, so kann man verkürzt sagen, ist die Nivellierung bzw. Kompromissbildung zwischen individuellen beruflichen Wünschen und den über den Arbeitsmarkt gesteuerten gesellschaftlichen Anforderungen, die im Erfolgsfall eine Handlungsfähigkeit zur Folge hat. Inwieweit dabei externe Erwartungen die Wünsche des Einzelnen modifizieren, hängt wesentlich von der Emanzipation des Berufswählers ab (vgl. Tenfeldes zit. nach Schneider/Traut 1992, S. 156). Um die eigene berufliche Zukunft mitbestimmen und beeinflussen zu können, muss der junge Mensch frühzeitig mit den Interdependenzen vertraut gemacht werden, um gezielt die Potenziale entwickeln zu können (vgl. Max 1999, S. 52), die zum einen die größte Übereinstimmung zwischen individuellen und gesellschaftlichen Interessen und zum anderen am Arbeitsmarkt die gewünschte Kapitalumwandlung versprechen. Letztendlich leistet berufliche Orientierungsarbeit einen wesentlichen Beitrag zur Sinnorientierung und wird darüber ureigenste Aufgabe der Pädagogik.

Dies bekräftigen die im Rahmen der Arbeit durchgeführten Untersuchungen. Die berufliche Orientierung als Schwerpunktaufgabe staatlicher Bildungseinrichtungen rückt in Anbetracht der steigenden Schwierigkeiten junger Menschen am Übergang von Schule in Beruf immer stärker in den Fokus schulpädagogischer Entwicklungsarbeit in der beobachteten Region. Die befragten Lehrer der damit beauftragten staatlichen Einrichtungen stellen sich größtenteils dieser Herausforderung und entwerfen eigens dafür an ihren Schulen Konzeptionen, die eine zielgerichtete und systematische Arbeit zu dieser Thematik auf eine theoretische Basis stellen und gleichzeitig ein abgestimmtes praktisches Vorgehen ermöglichen.

Ein wichtiger Erfolgsfaktor für die Umsetzung der schulischen Programme ist eine konsequente Zielgruppenorientierung. In der beruflichen Orientierung ist es nicht möglich, ein generalisiertes Programm für alle Schüler zu entwerfen, sondern jeder Schüler muss auf seinem individuellen Weg adäquat und professionell begleitet werden. Dafür wird es notwendig, die Entwicklungsstadien und passende Perspektiven des Einzelnen transparent zu machen, und das nicht nur den begleitenden Pädagogen und Beratern aus dem sozialräumlichen Umfeld, sondern vor allem dem Jugendlichen selbst, damit er in selbstreflexiver Auseinandersetzung seinen Weg bewusst und geplant geht. Eine von den Jugendlichen nachvollziehbare schulische Strategie zur Berufs- und Studienorientierung wirke sich, das wurde von einigen Pädagogen in den Interviews bestätigt, positiv auf die Einstellung zur Schule aus und habe mitunter eine spürbare Motivations- sowie Schulleistungssteigerung zur Folge.

In theoretischen und empirischen Abhandlungen zum Übergangssystem wird gleichermaßen darauf hingewiesen, dass innerhalb der Gruppe der Jugendlichen, die auf den Eintritt in die Erwerbstätigkeit vorbereitet wird, erhebliche Unterschiede sichtbar werden. Nicht für alle jungen Menschen ist der Weg in die berufliche Zukunft gleich geartet. Insbesondere (herkunftsbedingte) soziale Unterschiede sind verantwortlich für ungleiche Zukunftschancen. Sie determinieren sowohl die schulischen als auch die arbeitsweltbezogenen Möglichkeiten.

Die in der Fachliteratur diskutierten und die von den Schulpädagogen problematisierten Benachteiligungsfaktoren sind nahezu kongruent. Die schlechtesten beruflichen Zukunftsaussichten werden Jugendlichen aus prekären sozialen Milieus sowie Schülern mit unzureichenden Bildungszertifikaten attestiert. Immer wieder wird hervorgehoben, dass Schüler, die in arbeitsmarktfernen Herkunftskonstellationen und/oder persistenter Armut aufwachsen um ein Vielfaches schlechtere Startbedingungen im Wettbewerb um die knappen beruflichen Perspektiven besitzen. In der adäquaten Begleitung und Unterstützung dieser Jugendlichen stößt die Schulpädagogik an ihre Grenzen. Auch wenn die zitierten Lehrer den erhöhten Handlungs- und Hilfebedarf dieser benachteiligten jungen Menschen erkannt haben und sich dort stärker in der Verantwortung genommen fühlen, wo familiäre Unterstützungssysteme anscheinend nicht greifen, kann die Schule allein die Defizite meist nicht kompensieren. Die Gruppe der benachteiligten Kinder und Jugendlichen bildet das Zentrum sozialpädagogischer Bemühungen, die in Ergänzung der schulischen Maßnahmen versuchen, die arbeitsweltbezogenen Integrationschancen anzugleichen.

Angesichts der gestiegenen Konkurrenz am Ausbildungsmarkt und abnehmender Chancen für gering qualifizierte Nachwuchskräfte wird es notwendig, jugendliche Problemlagen frühzeitig zu erkennen sowie mit entsprechenden Hilfeangeboten zu reagieren, um zu verhindern, dass nachteilige Herkunftsbedingungen die Entwicklung beeinträchtigen und damit zur dauerhaften gesellschaftlichen Marginalisierung führen. Per Gesetz ist damit die Jugendhilfe beauftragt.

An dieser Stelle stößt man erneut auf die enge Verknüpfung pädagogischer Inhalte mit Fragen der Verantwortungsproblematik. Ich möchte zum Abschluss auch auf diesen wichtigen Zusammenhang noch einmal eingehen.

Es konnte in der vorliegenden Arbeit geklärt werden, dass wesentliche pädagogische Aufgaben eng an Verantwortlichkeiten gebunden sind. Diese werden hauptsächlich über die sogenannte Rollen- und Aufgabenverantwortung konstituiert, auf die sich beispielsweise das elterliche Erziehungshandeln, aber auch berufsrollenadäquate Verhaltensweisen von professionellen Pädagogen zurückführen lassen. Die mit der Verantwortung verbundenen Pflichten sind größtenteils durch gesetzliche Bestimmungen untermauert.

Verantwortung in ihrer prospektiven Form, die im Rahmen der beruflichen Orientierung der nachwachsenden Generation von Interesse ist, setzt bei dem Träger dieser Verantwortung ein gewisses Maß an Macht, gepaart mit Freiwilligkeit und vor allem Kompetenz voraus. Nur Verantwortungssubjekte, die über diese Voraussetzungen verfügen, können ihrer Verantwortung auch gerecht werden.

Betrachtet man die wichtigsten Akteure der beruflichen Orientierung unter diesen Gesichtspunkten, ist festzustellen, dass es keine Gruppe unter ihnen gibt, die allein alle notwendigen Bedingungen hinreichend erfüllen kann.

Es konnte herausgestellt werden, dass die Eltern zwar eindeutig die größte Macht bzw. den stärksten Einfluss auf den Berufswahlprozess ihrer Kinder ausüben und sich, nach eigenen Aussagen, dessen auch bewusst sind. Allerdings mangelt es ihnen nicht selten an der notwendigen Beratungskompetenz sowie an der Fähigkeit, für all ihr zum Teil unbewusstes Sozialisationshandeln die Folgen realistisch abschätzen zu können. Dies macht sie in gewisser Weise unfrei. Ohne fremde Unterstützung können sie die komplexe Aufgabe der Zukunftsvorbereitung ihrer Kinder nicht bewerkstelligen.

Die Schule als weiterer wichtiger Akteur in der beruflichen Vorbereitungsphase könnte auf die Entwicklung des Berufswahlprozesses wesentlich stärker einwirken, wenn sie alle zur Verfügung stehenden Potenziale und Möglichkeiten optimal nutzen würde. Anregungen für Verbesserungen wurden in dieser Arbeit entwickelt und vorgeschlagen. Außerdem müssen sich vor allem die Lehrer zu kompetenteren Ansprechpartnern in Fragen der individuellen Zukunftsplanung weiterbilden. Die in der Studie befragten Lehrkräfte sehen sich durchaus mitverantwortlich für die berufliche Zukunft ihrer Schüler, wenngleich sie eingestehen, angesichts komplexer sozialer Problemlagen der Schülerschaft an ihre pädagogischen und zeitlichen Grenzen zu stoßen bzw. so manchem resignierten ‚Sorgenkind' hilflos gegenüberzustehen.

Alle weiteren Akteure im Handlungsfeld der beruflichen Orientierung mögen über größere Kompetenzen, mehr Wissen vom Arbeitsmarkt und Prognosen für die Zukunft verfügen, sie nehmen in der jugendlichen Lebenswelt einen weitaus geringeren Stellenwert ein als die zwei eben genannten Instanzen. So haben staatliche Einrichtungen wie die Berufsberatung der Agentur für Arbeit zumeist höhere Beratungskompetenzen und umfangreiche Erfahrungen in der Begleitung von jungen Menschen in den ersten Ausbildungsmarkt. Öffentliche und freie Träger der Kinder- und Jugendhilfe verfügen über geeignete Maßnahmen und Strategien, um arbeitsweltbezogene Benachteiligungen zu kompensieren. Und auch Vertretern der Wirtschaft gelingt es gemeinhin sehr authentisch, Jugendliche über die Arbeitswelt zu informieren. Nur haben die eben aufgezählten Institutionen einen erheblich geringeren Einfluss auf die Jugendlichen. Ihre Kontakte zu den Berufswählern sind im Wesentlichen von sporadischer und freiwilliger Natur.

Es ist zu erkennen, dass relativ häufig Dissonanzen zwischen Kompetenz und Einfluss der Akteure auftreten und eine optimale Entwicklung verhindern. In diesem Fall müssen komplementär bzw. substitutiv andere Akteure wirksam werden.

Es kristalisiert sich ein komplexes Geflecht aus Zuständigkeiten heraus, das im jeweiligen Einzelfall differenziert konfiguriert sein kann und den beteiligten Akteuren unterschiedliche Gewichtung verschafft. Anhand der jeweiligen Konstellation der Akteure und deren persönlicher Eignung (Macht-Kompetenz-Verhältnis) muss sichergestellt sein, dass der junge Mensch seine berufliche Identität findet.

Auffällig im Vergleich der Lehrerbefragung mit der Elternerhebung ist, dass es anscheinend besonders bei benachteiligten Schülern zu Verantwortungskonflikten zwischen den Erziehungsinstanzen kommt. Vermutlich liegt das daran, dass es Lehren bislang wenig gelingt, mit den Eltern bildungsferner Schichten die Aufgabe der Berufsorientierung kollektiv zu bewältigen. Das konstatierte Unvermögen mancher Eltern, ihre Kinder im Übergangsprozess von der Schule in den Beruf adäquat zu begleiten erzeugt nicht die notwendige Bereitschaft, das Defizit schulseitig auszugleichen. Für den Jugendlichen bedeutet dies eine Konsolidierung seiner Benachteiligung.

Hierbei treten u.U. treten aber Friktionen zwischen wahrgenommener und zugeschriebener Verantwortung auf. Dieser Sachverhalt tritt dann ein, wenn bestimmten Akteuren eine Verantwortung auferlegt wird, die sie selbst gar nicht empfinden. In dieser Situation wird es schwierig, eine stellvertretend agierende Instanz zu identifizieren, da in der Wahrnehmung Dritter die Aufgabe bereits an die Eltern vergeben ist.

Als Fazit lässt sich festhalten, dass alle Akteure in der beruflichen Orientierung näher zusammenrücken müssen, um Verantwortungslücken zu schließen, Kräfte und Kompetenzen zu bündeln und im Sinne der Jugendlichen Synergieeffekte ihrer Arbeit zu schaffen. Der Verantwortung für eine effiziente arbeitsweltorientierte Zukunftsplanung heranwachsender Gesellschaftsmitglieder ist nur kollektiv gerecht zu werden.

Die Schwierigkeit kollektiver Verantwortlichkeiten wurde in Kapitel 4.4 der Arbeit behandelt. Als Konsequenz der theoretischen Auseinandersetzung mit kollektiven Verantwortungsphänomenen erscheint es ratsam, die gemeinsame Aufgabe auf die verschiedenen Beteiligten so gut wie möglich abgrenzbar zu verteilen, um die Gefahr der Verantwortungsdiffusion weitestgehend zu meiden. Die Integration in das Beschäftigungssystem ist eine gesamtgesellschaftliche Aufgabe, an der primär die Eltern und die Schule mitwirken, die anderen gesellschaftlichen Instanzen jedoch nicht entbunden sind.

Um die vielgestaltigen Probleme der Heranwachsenden optimal bearbeiten zu können, ist eine enge Verzahnung schulischer und sozialpädagogischer sowie außerschulischer Angebote notwendig. Und auch wenn nach Stolz (2005) Kooperation nicht der Königsweg für Schulentwicklung ist (vgl. Stolz in Behr/Heintze 2005, S. 129), so bleibt sie für die berufliche Orientierung unverzichtbar. In der vorliegenden Arbeit wurde dabei aufgezeigt, wie individuelle Berufswahlprozesse begleitet und forciert werden können, welche Interaktionspartner den Jugendlichen zur Etablierung fundierter beruflicher Vorstellungen zur Verfügung stehen und welche Handlungsbedarfe es in der Weiterentwicklung und Modernisierung der beruflichen Orientierungsarbeit gibt.

10 Reflexion und Perspektiven

„Wie kommt es, daß viele Jugendliche anscheinend so wenig orientiert und unbeholfen auf die (...) Berufswelt hinzutreten?" fragte Jaide 1961 nach einer umfangreichen Untersuchung von Volks- und Mittelschülern am Übergang von Schule zu Beruf (Jaide 1961, S. 9). Eine Frage, die auch in der aktuellen Diskussion um den jugendlichen Berufswahlprozess keine Verwunderung hervorrufen würde, denn das DJI konstatiert fast 50 Jahre später Ähnliches: „Die große Mehrheit der im Rahmen der DJI-Studie befragten Jugendlichen zeichnete sich durch ein erhebliches Maß an Orientierungslosigkeit im Hinblick auf ihren persönlichen Weg in das Beschäftigungssystem aus." (Rademacker 2007, S. 101) Auch wenn sich die Determinanten für das augenscheinliche „Orientierungsdilemma" (Galuske 1993) der Jugend verändern und dem heutigen Jugendlichen allein schon deshalb die Wahl schwer gemacht wird, da sich ihm ein unüberschaubar breites Spektrum an Möglichkeiten präsentiert (vgl. Arnold 2000, S. 314), bleiben die Entscheidungsschwierigkeiten ein konsistentes Moment der Übergangsforschung.

Die Berufswahl im Jugendalter ist allem Anschein nach ein Thema, das die sozialwissenschaftliche Forschung bereits über Jahrzehnte hinweg kontinuierlich beschäftigt. Wiederkehrend beweist eine fast unveränderte Datenlage, dass sich die Orientierungslosigkeit bei Jugendlichen in Bezug auf ihre beruflichen Lebenspläne kaum verbessert.

Worauf ist es zurückzuführen, dass dieses Thema die Jugendforschung über diesen langen Zeitraum beschäftigt und vor allem trotz umfangreicher Konsequenzen und Maßnahmen kaum eine Veränderung bei der Zielgruppe zu verzeichnen ist? Was sind die Gründe dafür, dass die berufliche Orientierung heranwachsender Generationen zum sozialwissenschaftlichen Dauerbrenner geworden ist?

Auch auf diese Fragen finden sich bereits Mitte des letzten Jahrhunderts Antworten. So führt Fürstenberg (1967) die Konflikte und Irrwege der Berufswahl auf die individuellen Reifungs- und Selbstfindungsprozesse zurück, die in einer dynamischen, pluralistischen Wertewelt zwangsläufig zu Person-Umwelt-Dissonanzen führen (vgl. Fürstenberg 1967, S. 135). Er beruft sich auf Lazarsfeld (1931), wenn er dem Jugendlichen in der Entscheidungsphase das notwendige Wissen über sich selbst und die Kenntnisse objektiver Lebenszusammenhänge abspricht, die zu einer so langfristig bedeutsamen Entscheidung wie der Berufswahl vonnöten wären (ebd., S. 110).

Zunächst lässt sich festhalten, dass sich die Problemstellung deshalb so dauerhaften wissenschaftlichen Interesses erfreut, weil sie offensichtlich eine Angelegenheit thematisiert, die gesellschaftlich brisant bleibt. Berufsbiografische Aspekte besitzen sowohl individuell als auch in der Subjekt-Umwelt-Interaktion eine so hohe gesellschaftliche Relevanz, dass Schwierigkeiten in diesem Bereich eine öffentliche Reaktion erzeugen und zum Handlungsbedarf staatlicher Institutionen erklärt werden.

Erwerbsbedingungen, Berufsbilder, sogar die Arbeit in ihrer Gesamtkonstruktion und ihre gesellschaftlichen Bedeutsamkeit unterliegen einem ständigen Wandel. Das hat zur Folge, dass sich im generationsübergreifenden Erziehungs- und Bildungshandeln Differenzen zwischen der aktuell notwendigen Berufsvorbereitung und der vermittelten, von antiquierten Werten und Wissen gesteuerten Anschauung der beratenden Erwachsenen bemerkbar machen. Der jugendliche Berufswähler, dessen Entscheidung zu einem wesentlich höheren Anteil auf soziale Einflussfaktoren, „insbesondere durch Eltern und schulische Selektionsprozesse" (Hoffmann 1981, S. 93), zurückzuführen ist als auf subjektive Erfahrungen und Präferenzen, befindet sich in einem Spannungsfeld zwischen den modernen Anforderungen des Ausbildungs- und Arbeitsmarktes, den Erwartungen seines sozialen Umfeldes und den subjektiven Aspirationen. Im besten Fall gelingt es ihm, daraus einen Kompromiss herbeizuführen, der eine Passung zwischen individuellen und objektiven Kriterien herstellt, ohne die Hoffnungen und Wünsche Dritter zu verletzen. Die Berufswahlsituation verfügt damit über erhebliches Konfliktpotenzial, das in unterschiedlichster Konstellation bzw. Stärke zum Tragen kommen kann.

An dieser Stelle sei noch einmal daran erinnert, dass dieses diplomatische und weitsichtige Verhalten vom Jugendlichen verlangt wird, obwohl die Persönlichkeit noch nicht gefestigt und sich die Identitätsbildung in einer wesentlichen Phase befindet, d.h. in einer Statuspassage, die vom Heranwachsenden umfangreiche und vielfältige Entwicklungsaufgaben abverlangt.

Verkürzt ließe sich Folgendes formulieren: Die über Generationen konstanten Probleme bei der Integration junger Berufswähler in das Erwerbssystem werden durch gesellschaftliche Veränderungsprozesse hervorgerufen, durch Generationenkonflikte verstärkt und können nur zeitverzögert kanalisiert werden. Die Crux liegt darin, dass Berufsvorbereitung nur als reaktiver Prozess auf eine vorliegende, aber neuartige Situation verstanden werden kann. Dem Individuum gelingt es in der breiten Masse nicht, in einem aktiven Prozess die Anforderungen an seine zukünftige Erwerbssituation mitzugestalten. Aus diesem Grund wird die Thematik weiterhin Inhalt zahlreicher sozialwissenschaftlicher Studien und Abhandlungen bilden, die der Erwachsenengeneration immer wieder vor Augen führen, wie wenig es ihr gelingt, die nachwachsende Generation zufriedenstellend auf die Integration in das Erwerbssystem vorzubereiten.

Ungeachtet der breiten Datenlage, die im Rahmen dieser Thematik bereits zur Verfügung steht, bleiben wichtige Forschungsfragen bislang unbeantwortet. Es müssen zukünftig intensiver die Systeme beleuchtet und evaluiert werden, die mit der Aufgabe der Vorbereitung auf die berufliche Lebensplanung betraut sind. In diesem Zusammenhang gilt es, Handlungs- und Unterstützungsbedarfe aufzudecken und daraus Lösungsansätze abzuleiten, die es den gesellschaftlichen Institutionen ermöglichen, die kommenden Jugendgenerationen besser auf ihr Erwachsenendasein in einer an Arbeit und Beruf orientierten Gemeinschaft vorzubereiten. Forschungsfragen müssen auch darauf abzielen, welche Mittel und Methoden die entsprechenden Akteure benötigen, um ihrer gesellschaftlichen Verantwortung (besser) gerecht zu werden.

Die vorliegende Arbeit versteht sich als ein Beitrag zu dieser erweiterten Perspektive. Es wurden Anhaltspunkte geliefert, wie es gelingen kann, das System der beruflichen Orientierung weiterzuentwickeln und zu professionalisieren. In diesem Sinne sollten die Forschungsbemühungen fortgeführt und ausgeweitet werden. Denn nur auf diesem Weg lassen sich Handlungskonzepte erarbeiten, die, wenn auch möglicherweise nur mit kurzfristigen Erfolgen, Verbesserungen der jugendlichen Berufswahlkompetenz herbeiführen können.

Die Eltern und das Schulsystem, aber auch weitere gesellschaftliche Akteure wie die Jugendhilfe und das Wirtschaftssystem sind in dieser Hinsicht zentrale Größen, die in ihren Systemzusammenhängen weiter analysiert werden müssen, um im Gesamtkonstrukt ‚berufliche Orientierung' Transparenz und Funktionalität auch unter wechselnden gesellschaftlichen Bedingungen zu erzeugen. Hierbei spielt auch die in der Arbeit umfangreich diskutierte Frage nach der Verantwortung eine entscheidende Rolle.

Abschließend bleibt hervorzuheben, dass die berufliche Orientierung von jungen Menschen auf dem Weg in ein gesellschaftliches Dasein ein wichtiges Thema bleiben wird, ganz gleich, wie sich Arbeit und Beschäftigung in ihrer gesellschaftlichen Organisation und Bedeutung zukünftig verändern werden. Die frühzeitige Auseinandersetzung mit eigenen Zukunftsentwürfen, die eine sinnorientierte Beschäftigung als Komponente erfüllter Lebensbewältigung beinhalten, konstituiert nach wie vor ein Anliegen einer gesamtgesellschaftlichen Verantwortung für das soziale Zusammenleben in generationsübergreifenden Kontexten.

Literaturverzeichnis

Abeldt, S.: Erziehung – Moral – Recht. Moralische Spannung und institutionelle Vermittlung des Erziehungshandelns. Berlin: Waxmann 2001
Achtenhagen, F./Lempert, W. (Hrsg.): Lebenslanges Lernen im Beruf. Seine Grundlegungen im Jugendalter. Opladen: Leske und Budrich 2000
Allmendinger, J./Aisenbrey, S.: Soziologische Bildungsforschung. In: Tippelt, R. (Hrsg.): Handbuch Bildungsforschung. Opladen: Leske und Budrich 2002
Apel, K.-O.: Diskursethik als Ethik der Mitverantwortung vor den Sachzwängen der Politik des Rechts und der Marktwirtschaft. In: Apel, K.-O./ Burckhardt, H. (Hrsg.): Prinzip Mitverantwortung. Grundlagen für Ethik und Pädagogik. Würzburg: Königshausen & Neumann 2001
Aristoteles: Nikomachische Ethik. Hrsg. von Andresen, C. Stuttgart: Artemis 1967
Arnold, H.: Der Strukturwandel der Arbeitsgesellschaft und das sozialpolitische Mandat der Jugendberufshilfe. Dresden 2000
Auhagen, A.E.: Die Realität der Verantwortung. Göttingen: Hogrefe 1999
Aurin, K.: Eltern als Partner und Mit-Erzieher in der Schule – Legitimation und Begründung. In: Hepp, G. (Hg.): Eltern als Partner und Mit-Erzieher in der Schule. Wege und Möglichkeiten zu einer pädagogischen Kooperation. Stuttgart: Metzler 1990
Autorengruppe Bildungsberichterstattung: Bildung in Deutschland 2008. Ein indikatorengestützter Bericht mit einer Analyse zu Übergängen im Anschluss an den Sekundarbereich I. Bielfeld: Bertelsmann 2008
Avenarius, H.: Einführung in das Schulrecht. Darmstadt: Wissenschaftliche Buchgesellschaft 2005
BIBB (Hrsg.): Impulse für die Berufsbildung. BIBB Agenda 2000 plus" Bielefeld: Bertelsmann: 2000
BMAS: Lebenslagen in Deutschland. 2. Armuts- und Reichtumsbericht der Bundesregierung. Entwurf. Berlin: BMAS 2004
BMBF: Berufliche Qualifizierung Jugendlicher mit besonderem Förderbedarf. Benachteiligtenförderung. Bonn, Berlin: BMBF 2005
BMBF: Berufsbildungsbericht 2006. Bonn: BMBF 2006
BMBF: Berufsbildungsbericht 2008. Bonn, Berlin: BMBF 2008
Baethge, M./Achtenhagen, F./Arends, L./Babic, E./Baethge-Kinsky, V./Weber, S.: Berufsbildungs-PISA. Machbarkeitsstudie. Stuttgart: Steiner 2005
Baethge, M./Solga, H./Wieck, M.: Berufsbildung im Umbruch. Signale eines überfälligen Aufbruchs. Berlin: Friedrich-Ebert-Stiftung 2007
BMFSFJ: Kinder- und Jugendhilfe. Achtes Buch Sozialgesetzbuch. Bonn 2000

Bahrdt, H.P.: Schlüsselbegriffe der Soziologie. München: Beck 1985
Baltzer, U.: Gemeinschaftshandeln. Ontologische Grundlagen einer Ethik sozialen Handelns. Freiburg/München: Karl Alber 1999
Bauer-Klebl, A.: Die Förderung von Sozialkompetenz in der Lehrerbildung. In: Pilz, M. (Hrsg.): Sozialkompetenzen zwischen theoretischer Fundierung und pragmatischer Umsetzung. Bielefeld: Bertelsmann 2004
Bayertz, K.: Eine kurze Geschichte der Herkunft der Verantwortung. In: Bayertz, K. (Hrsg.): Verantwortung – Prinzip oder Problem? Darmstadt: Wissenschaftliche Buchgesellschaft 1995
Beck, H.: Schlüsselqualifikationen. Bildung im Wandel. Darmstadt: Winkler 1997
Beck, U.: Gegengifte. Die organisierte Unverantwortlichkeit. Frankfurt am Main: Suhrkamp 1988
Beck, U.: Wohin führt der Weg, der mit dem Ende der Vollbeschäftigungsgesellschaft beginnt? In: Beck, U. (Hrsg.): Die Zukunft von Arbeit und Demokratie. Frankfurt am Main: Suhrkamp 2000
Beck, U.: Schöne neue Arbeitswelt. Frankfurt am Main: Suhrkamp 2007
Becker, G./Seydel, O.: Die Schule und ihre „Abnehmer". In: Becker, G./Seydel, O. (Hg.): Neues Lernen. Die wechselseitigen Erwartungen von Schule und Wirtschaft. Frankfurt am Main: Campus 1993
Behr-Heintze, A./Lipski, J: Schulkooperationen. Stand und Perspektiven der Zusammenarbeit zwischen Schulen und ihren Partnern. In Forschungsbericht des DJI. Schwalbach/Ts.: Wochenschau Verlag 2005
Beinke, L.: Elterneinfluss auf die Berufswahl. Bad Honnef: Bock 2000
Beinke, L.: Berufsorientierung und peer-groups und die berufswahlspezifischen Formen der Lehrerrolle. Bad Honnef: Bock 2004
Berger, P.A./Konietzka, D./Michailow, M.: Beruf, soziale Ungleichheit und Individualisierung. In: Kurtz, T. (Hrsg.): Aspekte des Berufs in der Moderne. Opladen: Leske und Budrich 2001
Bernart, Y.: Jugend. In: Schäfers, B./Zapf, W.(Hrsg.): Handwörterbuch zur Gesellschaft Deutschlands. Opladen: Leske und Budrich 2001
Bertram, B.: Berufswahl in der Planwirtschaft – Auswirkungen in der Marktwirtschaft. In Bertram, B./ Bien, W./ Gericke,T./ Höckner, M./Lappe, L./ Schröpfer, H.: Gelungener Start – unsichere Zukunft. Der Übergang von Schülern in die Berufsbildung. München: DJI 1994
Bieri Buschor, C./Forrer, E.: Cool, kompetent und kein bisschen weise? Überfachliche Kompetenzen junger Erwachsener am Übergang zwischen Schule und Beruf. Zürich: Rüegger 2005
Biermann, H./Rützel, J.: Didaktik der beruflichen Bildung Benachteiligter. In: Biermann, H./Bonz, B./Rützel, J.: Beiträge zur Didaktik der Berufsbildung Benachteiligter. Stuttgart: Helland, Josenhans & Co. 1999

Birkenbeil, E.J.: Verantwortliches Handeln in der Erziehung. Eine Herausforderung für die Dialogische Pädagogik. Bad Heilbrunn/Obb: Klinkhardt 1986

Birnbacher, D.: Verantwortung für zukünftige Generationen. Stuttgart: Reclam 1988

Birnbacher, D.: Grenzen der Verantwortung. In: Bayertz, K. (Hrsg.): Verantwortung – Prinzip oder Problem? Darmstadt: Wissenschaftliche Buchgesellschaft 1995

Böhler, D.: Warum moralisch sein? Die Verbindlichkeit der dialogbezogenen Selbst- und Mitverantwortung. In: Apel, K.-O./Burckhardt, H. (Hrsg.): Prinzip Mitverantwortung. Grundlagen für Ethik und Pädagogik. Würzburg: Königshausen & Neumann 2001a

Böhler, D.: Bildung zur dialogbezogenen Mit-Verantwortung. Zweckrationales und dialogethisches Lernen des Lernens. In: Apel, K.-O./Burckhardt, H. (Hrsg.): Prinzip Mitverantwortung. Grundlagen für Ethik und Pädagogik. Würzburg: Königshausen & Neumann 2001b

Böhnisch, L.: Familie und Bildung. In: Tippelt, R. (Hrsg.): Handbuch Bildungsforschung. Opladen: Leske und Budrich 2002

Bonß, W.: Was wird aus der Erwerbsgesellschaft? In: Beck, U. (Hrsg.): Die Zukunft von Arbeit und Demokratie. Frankfurt am Main: Suhrkamp 2000

Bosch, G.: Die Zukunft der Arbeitsmarktpolitik für Jugendliche in Deutschland. In: Groth, C./Maennig, W. (Hrsg.): Strategien gegen Jugendarbeitslosigkeit im internationalen Vergleich. Frankfurt am Main: Lang 2001

Borkenhagen, H.: Für wen ist Produktives Lernen eine Bildungsalternative? In: Böhm, I./Schneider, J. –Institut für Produktives lernen in Europa (Hrsg.): Produktives Lernen – eine Alternative zum traditionellen Unterricht – Beiträge zur Fachtagung am 2. und 3. Juli 2001. Berlin 2001

Bourdieu, P.: Ökonomisches Kapital, kulturelles Kapital, soziales Kapital. In: Kreckel, R. (Hrsg.): Soziale Ungleichheiten. Göttingen: Schwartz 1983

Brandt, W.: Vorwort. In: Jahoda, M.: Wieviel Arbeit braucht der Mensch? Arbeit und Arbeitslosigkeit im 20. Jahrhundert. Weinheim: Beltz 1995

Brassard, W.á: Wege zur beruflichen Mündigkeit. Weinheim: Deutscher Studienverlag 1992

Braun, F./Lex, T./Rademacker, H. (Hrsg.): Jugend in Arbeit. Neue Wege des Übergangs Jugendlicher in die Arbeitswelt. Opladen: Leske und Budrich 2001

Breuer, K./Wosnitza, M.: Befähigung zur Selbstregulation in der Entwicklung während der Ausbildung. In: Pilz, M. (Hrsg.): Sozialkompetenzen zwischen theoretischer Fundierung und pragmatischer Umsetzung. Bielefeld: Bertelsmann 2004

Brock, D.: Übergangsforschung. In: Brock, D./Hantsche, B./Kühnlein, G./Meulemann, H./Schober, K.: Übergänge in den Beruf. München: Deutsches Jugendinstitut 1991

Brosius, F.: SPSS 8: Professionelle Statistik unter Windows. Bonn: 1998

Büchele, H.: Splitten – Auflösen – Zerstören – Aufbauen. Über Bruchlinien unserer Gesellschafts- und Lebenswelt und ihre Chancen. In: Rotbucher, H./ Seitz, R./ Donnenberg, R.: Ich und die Anderen. Salzburg/Wien: Otto Müller 1996

Büchner, P.: Biographische Strategien des Erwachsenwerdens. In: Krüsselberg, H-G./Reichmann, H. (Hrsg.): Zukunftsperspektive Familie und Wirtschaft. Vom Wert der Familie für Wirtschaft, Staat und Gesellschaft. Grafschaft: Vektor 2002

Bühl, W. L.: Verantwortung für soziale Systeme. Grundzüge einer globalen Gesellschaftsethik. Stuttgart: Klett-Cotta 1998

Bühl, W. L.: Das kollektive Unbewusste in der postmodernen Gesellschaft. Konstanz: Universitätsverlag 2000

Burckhart, H.: Mitverantwortung als Grundlage für Ethik und Pädagogik. In: Apel, K.-O./Burckhardt, H. (Hrsg.): Prinzip Mitverantwortung. Grundlagen für Ethik und Pädagogik. Würzburg: Königshausen & Neumann 2001

Calchera, F./ Weber, J.C.: Entwicklung und Förderung von Basiskompetenzen/ Schlüsselqualifikationen. Berichte zur Beruflichen Bildung Heft 116. Berlin/Bonn: BIBB 1990

Chassé, K.A./Zander, M./Rasch, K.: Meine Familie ist arm. Wie Kinder im Grundschulalter Armut erleben und bewältigen. Wiesbaden Verlag für Sozialwissenschaften 2005

Corsten, M.: Berufsbiographien als institutionelle Skripte. In: Hoerning, E.M./ Corsten, M.(Hg.): Institution und Biographie. Die Ordnung des Lebens. Pfaffenweiler: Centaurus 1995

Daheim, H.: Der Beruf in der modernen Gesellschaft. Köln, Berlin: Kiepenheuer 1967

Daheim, H./Heid, H./Krahn, K. (Hg.): Soziale Chancen. Forschungen zum Wandel der Arbeitsgesellschaft. Frankfurt am Main, New York: Campus 1992

Daheim, H./Schönbauer, G.: Soziologie der Arbeitsgesellschaft: Grundzüge und Wandlungstendenzen der Erwerbsarbeit. Weinheim und München: Juventa 1993

Dammer, K.-H.: Die institutionelle Trennung beruflicher und allgemeiner Bildung als historische Bürde der Berufswahlorientierung. In: Schudy, J. (Hrsg.): Berufsorientierung in der Schule. Grundlagen und Praxisbeispiele. Bad Heilbrunn/Obb: Klinkhardt 2002

Danner, H.: Verantwortung und Pädagogik: anthropologische und ethische Untersuchungen zu einer sinnorientierten Pädagogik. Königstein/Ts.: Forum Academicum 1985

Dedering, H.: Entwicklung der schulischen Berufsorientierung in der Bundesrepublik Deutschland. In: Schudy, J. (Hrsg.): Berufsorientierung in der Schule. Grundlagen und Praxisbeispiele. Bad Heilbrunn/Obb: Klinkhardt 2002

Deuer, E.: Früherkennung von Ausbildungsabbrüchen. Ergebnisse einer empirischen Untersuchung in baden-württembergischen Einzelhandel. Mannheim: 2006

Deutsches PISA Konsortium: PISA 2000. Basiskompetenzen von Schülerinnen und Schülern im internationalen Vergleich. Opladen: Leske und Budrich 2001

Die Glücklichen Arbeitslosen: ...und was machen Sie so im Leben? In: Beck, U. (Hrsg.): Die Zukunft der Arbeit und Demokratie. Frankfurt am Main: Suhrkamp 2000

Döbert, R.: Verantwortung im Umbruch. In Hoff, E.H./Lappe, L. (Hg.): Verantwortung im Arbeitsleben. Heidelberg: Asanger 1995

Dostal, W.: Phänomen Beruf: Neue Perspektiven. In: Oberliesen, R./ Schulz, H-D. (Hrsg.): Kompetenzen für eine zukunftsfähige arbeitsorientierte Allgemeinbildung. Baltmannsweiler: Schneider 2007

Duismann, G. H.: Moderne Informations- und Kommunikationstechniken als Herausforderung für die besondere Förderung benachteiligter Jugendlicher. In: Hasemann, K./Meschenmoser, H. (Hrsg.): Auf dem Weg zum Beruf. Der Übergang behinderter und benachteiligter Jugendlicher von der Schule in die Arbeitswelt. Baltmannsweiler: Schneider 2001

Dürr, O.: Erziehung zu Freiheit in Selbstverantwortung. Stuttgart: Calwer 1963

Ebert, G./Pflüger, A. (Hrsg.): Arbeitslosigkeit und berufliche Bildung. Frankfurt am Main: Pädagogische Arbeitsstelle, Deutscher Hochschulverband 1984)

Ecarius, J.: Generation und Bildung. In: Tippelt, R.: Handbuch Bildungsforschung. Opladen: Leske und Budrich 2002

Eckert, M.: Sozialpädagogisch orientierte Berufsbildung. In: Biermann, H./Bonz, B./Rützel, J.: Beiträge zur Didaktik der Berufsbildung Benachteiligter. Stuttgart: Helland, Josenhans und Co. 1999

Eckert, M.: Defizite in der Berufsvorbereitung – Was ist ein gelingender Übergang von der Schule in den Beruf? In: Schlemmer, E./Gerstberger, H. (Hrsg.): Ausbildungsfähigkeit im Spannungsfeld zwischen Wissenschaft, Politik und Praxis. Wiesbaden: Verlag für Sozialwissenschaften 2008

Eekhoff, J.: Sozialpolitik im marktwirtschaftlichen System. In: Lambsdorff, O. (Hrsg.): Freiheit und soziale Verantwortung. Grundsätze liberaler Politik. Frankfurt am Main: Frankfurter Allgemeine Zeitung GmbH 2001

Esser, H.: Soziologie. Allgemeine Grundlagen. Frankfurt am Main: Campus 1993

Esser, H.: Soziologie. Spezielle Grundlagen. Band 3: Soziales Handeln. Frankfurt am Main: Campus 2000

Etzioni, A.: Die Verantwortungsgesellschaft. Individualismus und Moral in der heutigen Demokratie. Frankfurt am Main, New York: Campus 1997

Famulla, G.-E.: Berufsorientierung als Reformaufgabe von Schule im Strukturwandel der Arbeitsgesellschaft. In: Oberliesen, R./ Schulz, H-D. (Hrsg.): Kompetenzen für eine zukunftsfähige arbeitsorientierte Allgemeinbildung. Baltmannsweiler: Schneider 2007

Fend, H.: Was stimmt mit den deutschen Bildungssystemen nicht? Wege zur Erklärung von Leistungsunterschieden zwischen Bildungssystemen. In: Schümer, G./Tillmann, K.-J./Weiß, M. (Hrsg.): Die Institution Schule und die Lebenswelt der Schüler. Wiesbaden: Verlag für Sozialwissenschaften 2004

Ferchhoff, W.: Jugend und Beruf. In: Kurtz, T. (Hrsg.): Aspekte des Berufs in der Moderne. Opladen: Leske und Budrich 2001

Fletcher, G.P.: Die kollektive Schuld. Basel: Schwabe & Co AG 2003

Flickinger, H-G.: Das Recht als sozialer Regelungsmechanismus; zum Kontext einer Ethik institutionellen Handelns. In: Hubig, C. (Hg.): Ethik institutionellen Handelns. Frankfurt am Main, New York: Campus 1982

Fuhr, T.: Ethik des Erziehens. Pädagogische Handlungsethik und ihre Grundlegung in der elterlichen Erziehung. Weinheim: Deutscher Studienverlag 1998

Fürstenberg, F.: Die Freiheit der Berufswahl und das Problem ihrer Verwirklichung. In: Menzel, E./Fürstenberg, F.: Die Freiheit der Berufswahl. Niedersächsische Landeszentrale für politische Bildung: 1967

Galuske, M.: Das Orientierungsdilemma. Jugendberufshilfe, Sozialpädagogische Selbstvergewisserung und die modernisierte Arbeitsgesellschaft. Bielefeld: KT 1993

Gensch, I. In: Becker, G./Seydel, O. (Hg.): Neues Lernen. Die wechselseitigen Erwartungen von Schule und Wirtschaft. Frankfurt am Main: Campus 1993

Georg, W./Sattel, U.: Arbeitsmarkt, Beschäftigungssystem und Berufsbildung. In: Arnold, R./Lipsmeier, A. (Hrsg.): Handbuch der Berufsbildung. Opladen: Leske und Budrich 1995

Georg, W.: Die Reproduktion sozialer Ungleichheit im Lebenslauf. In: Zeitschrift der Soziologie für Erziehung und Sozialisation (ZSE) 25, Jg. 2005, H.2, S. 179 – 197

Gerzer-Sass, A.: Der Beitrag der Wirtschaft zum Aufwachsen in öffentlicher Verantwortung. In: DISKURS 1/2002, S. 17-23

Giesecke, H.: Das Ende der Erziehung. Neue Chancen für Familie und Schule. Stuttgart: Klett-Cotta 1990

Ginnold, A.: Schulende – Ende der Integration? Integrative Wege von der Schule in das Arbeitsleben. Hrsg. von Jutta Schöler. Neuwied, Berlin: Luchterhand 2000

Gläser, E.: Arbeitslosigkeit aus der Perspektive von Kindern. Bad Heilbrunn/ Obb: Klinkhardt 2002

Gorz, A.: Arbeit zwischen Misere und Utopie. Frankfurt am Main: Suhrkamp 2000

Grewe, N. (Hrsg.): Praxishandbuch Beratung in der Schule. Grundlagen, Aufgaben und Fallbeispiele. München, Neuwied: Luchterhand 2005

Gronke, H.: Was können wir im philosophischen Diskurs lernen? Elemente einer sokratischen Pädagogik. In: Apel, K.-O./Burckhardt, H. (Hrsg.): Prinzip Mitverantwortung. Grundlagen für Ethik und Pädagogik. Würzburg: Königshausen & Neumann 2001

Groth, C./Maennig, W.: Jugend und Arbeit. Die Düsseldorfer Thesen. Frankfurt am Main: Lang 1998

Guggenberger, B.: Arbeit und Lebenssinn: Die Identität der Gesellschaft nach dem Ende der traditionellen Arbeitsgesellschaft. In: Haeffner, G./Zinn, K.G./Mieth, D./Guggenberger, B.: Arbeit im Umbruch. Sozialethische Maßstäbe für die Arbeitswelt von morgen. Stuttgart: Kohlhammer 1999

Günzler, C./Teutsch, G.M.: Erziehung zur ethischen Verantwortung. Freiburg m Breisgau: Herder 1980

Hamann, B.: Familie heute. Ihre Funktion und Aufgabe als gesellschaftliche und pädagogische Institution. Frankfurt am Main: Diesterweg 1988

Hamburger, F.: Zur Verwendung des Generationenbegriffs. In: Lange, D./ Fritz, K. (Hrsg.): Soziale Fragen - Soziale Antworten. Die Verantwortung der Sozialen Arbeit für die Gestaltung des Sozialen. Neuwied, Kriftel: Luchterhand 2001

Haubrich, K./ Preiß, C.: Jena – Übergangsprobleme Jugendlicher in einer sich entwickelnden Region. In: Rademacker, H.: Hilfen zur beruflichen Integration. Beispiele und Empfehlungen zur Gestaltung kommunaler Berufsbildungspolitik. München: DJI 1999

Hausen, K.: Zum Jahr des Kindes 1979. In: Büchse, F./Walz, J.B.: Familie in der Gesellschaft. Hannover: Schroedel 1980

Heid, H.: Verantwortungsbereitschaft als Ziel beruflicher Qualifizierung – Beobachtungen und Hypothesen. In: Hoff, E.H./Lappe, L. (Hg.): Verantwortung im Arbeitsleben. Heidelberg: Asanger 1995

Heine, C./Spangenberg, H./Willich, J.: Studienberechtigte 2006 ein halbes Jahr vor Schulabgang. Studierbereitschaft und Bedeutung der Hochschulreife. In: HIS: Forum Hochschule Nr. 2/2007

Heintze, I.: Wohnen, Nachbarschaft und Bildung. Umwelt, familiale Sozialisation und die persönliche Entwicklung von Kindern am Beispiel der Stadt Dresden. Wiesbaden: Deutscher Universitätsverlag 2005

Hempel, M.: Ich möchte mir mein Geld selber verdienen. In: Hempel, M./ Hartmann, J.: Lebensplanung und Berufsorientierung – ein Thema für die Grundschule? Potsdam: Potsdamer Studien zur Grundschulforschung, Heft 8, 1995

Henkes, A. u.a.: Handbuch Arbeitsförderung SGB III. München: Beck 1999

Hettler, E.: Egomanie und gesellschaftliche Anpassung. Zur Soziologie des liberalen Habitus. Baden Baden: Nomos 2004

Hiß, S.: Warum übernehmen Unternehmen gesellschaftliche Verantwortung? Ein soziologischer Erklärungsversuch. Frankfurt am Main/New York: Campus 2006

Höckner, M.: Einfluss der Eltern auf Berufswege von Jugendlichen. In: In Bertram, B./ Bien, W./ Gericke,T./ Höckner, M./Lappe, L./ Schröpfer, H.: Gelungener Start – unsichere Zukunft. Der Übergang von Schülern in die Berufsbildung. München: DJI 1994

Hoerning, E.M.: Institution und Biographie. Die Ordnung des Lebens. In: Hoerning, E.M./ Corsten, M.(Hg.): Institution und Biographie. Die Ordnung des Lebens. Pfaffenweiler: Centaurus 1995

Hofer, M.: Das Verhältnis von Theorie und Praxis im psychologischen Beratungshandeln. In: Ertelt, B-J./Hofer, M. (Hrsg.): Theorie und Praxis der Berufsberatung. Beratung in Schule, Familie, Beruf und Betrieb. Nürnberg: Institut für Arbeitsmarkt und Berufsforschung (IAB) der Bundesanstalt für Arbeit 1996

Hoffmann, G.: Berufsfreiheit als Grundrecht der Arbeit. Baden Baden: Nomos 1981

Hoffmann, P.: Berufswahl ist mehr. Hannover: Niedersächsische Landeszentrale für politische Bildung 1997

Hofsäss,T. (Hg.): Jugend-Arbeit-Bildung. Zum Krisenmanagement mit arbeitslosen Jugendlichen. Berlin: VWB 1999

Holling, H./Lüken, K.H./Preckel, F./Stotz, M.: Berufliche Entscheidungsfindung. Bestandsaufnahme, Evaluation und Neuentwicklung computergestützter Verfahren zur Selbsteinschätzung. Nürnberg: Institut für Arbeitsmarkt und Berufsforschung (IAB) der Bundesanstalt für Arbeit 2000

Holtappels, H.G.: Schulische Bildung. In: Tippelt, R. (Hrsg.): Handbuch Bildungsforschung. Opladen: Leske und Budrich 2002a

Holtappels, H.G.: Entwicklung der Lernkultur durch Öffnung von Unterricht und Schule. In: Achtenhagen, F./Gogolin, I. (Hrsg.): Bildung und Erziehung in Übergangsgesellschaften. Beiträge zum 17. Kongress der Deutschen Gesellschaft für Erziehungswissenschaft. Opladen: Leske und Budrich 2002b

Hradil, S.: Sozialer Wandel. Gesellschaftliche Entwicklungstrends. In: Schäfers, B./ Zapf, W. (Hrsg.): Handwörterbuch zur Gesellschaft Deutschlands. Opladen: Leske und Budrich 2001

Hubig, C.: Die Unmöglichkeit der Übertragung individualistischer Handlungskonzepte auf institutionelles Handeln und ihre Konsequenzen für eine Ethik der Institution. In: Hubig, C. (Hg.): Ethik institutionellen Handelns. Frankfurt am Main, New York: Campus 1982

Huppetz, N.: Elternabend, Elternsprechstunde und Elternsprechtag – eine kritisch-konstruktive Bestandsaufnahme. In: Hepp, G. (Hg.): Eltern als Partner und Mit-Erzieher in der Schule. Wege und Möglichkeiten zu einer pädagogischen Kooperation. Stuttgart: Metzler 1990

Hurrelmann, K.: Erziehungssystem und Gesellschaft. Reinbeck: Rowohlt 1975

Hurrelmann, K.: Einführung in die Sozialisationstheorie. Über den Zusammenhang von Sozialstruktur und Persönlichkeit. Weinheim und Basel: Beltz 1986

Hurrelmann, K.: Warteschleifen. Keine Berufs- und Zukunftsperspektiven für Jugendliche? Weinheim und Basel: Beltz 1989

Hurrelmann, K.: Lebensphase Jugend. Eine Einführung in die sozialwissenschaftliche Jugendforschung. Weinheim und München: Juventa 1994

Hurrelmann, K.: Der entstrukturierte Lebenslauf. Die Auswirkungen der Expansion der Jugendphase. In: Zeitschrift der Soziologie für Erziehung und Sozialisation (ZSE) 23, Jg. 2003, H.2, S. 115 - 126

IAB – Institut für Arbeitsmarkt- und Berufsforschung. Die Forschungseinrichtung der Bundesagentur für Arbeit: IAB-Betriebspanel. Länderbericht Sachsen. Berlin: IAB 2008

ISG-Dresden Institut für Sozialforschung: Handlungsfelder für eine Lokale Beschäftigungsstrategie in der Region Leipzig. Abschlussbericht. Berlin: ISG-Dresden 2007

Imdorf, C.: Schulqualifikation und Berufsfindung. Wie Geschlecht und nationale Herkunft den Übergang in die Berufsbildung strukturieren. Wiesbaden: Verlag für Sozialwissenschaften 2005

Jahn, K./ Groß, W./ Schmidt, M.: Sozialgesetzbuch (SGB) für die Praxis. Drittes Buch (III) Arbeitsförderung. Freiburg i.B., Berlin: Haufe 1998

Jahoda, M.: Braucht der Mensch die Arbeit? In: Niess, F.: Leben wir um zu arbeiten? Die Arbeitswelt im Umbruch. Köln: Bund-Verlag 1984

Jahoda, M.: Wieviel Arbeit braucht der Mensch? Arbeit und Arbeitslosigkeit im 20. Jahrhundert. Weinheim: Beltz 1995

Jaide, W.: Die Berufswahl. Eine Untersuchung über die Voraussetzungen und Motive der Berufswahl bei Jugendlichen von heute. München: Juventa 1961

Jarass, H.D./Pieroth, B.: Grundgesetz für die Bundesrepublik Deutschland. Kommentar. München: Beck 1995

Joas, M.: Armutsentwicklung und familiale Armutsrisiken von Kindern in den neuen und alten Bundesländern. In: Otto, U. (Hrsg.): Aufwachsen in Armut. Erfahrungswelten und soziale Lagen von Kindern armer Familien. Opladen: Leske und Budrich 1997

Jonas, H.: Das Prinzip Verantwortung. Frankfurt am Main: Suhrkamp 2003

Jung, E.: Reife, Fähigkeit oder Kompetenz? Über die pädagogisch-didaktische Bedeutung von leitbegriffen im Arbeits- und Berufsfindungsprozess. In: Schlemmer, E./ Gerstberger, H. (Hrsg.): Ausbildungsfähigkeit im Spannungsfeld zwischen Wissenschaft, Politik und Praxis. Wiesbaden: Verlag für Sozialwissenschaften 2008

Kant, I: Metaphysik der Sitten. In: Kant, I.: Werkausgabe in 12 Bänden, herausgegeben von Wilhelm Weischedel. Frankfurt/Main: Suhrkamp 1997

Kaufmann, F.-X.: Zukunft der Familie. Stabilität, Stabilitätsrisiken und Wandel der familialen Lebensformen sowie ihre gesellschaftlichen und politischen Bedingungen. München: Beck 1990

Kaufmann, F.-X.: Risiko, Verantwortung und gesellschaftliche Komplexität. In: Bayertz, K. (Hrsg.): Verantwortung – Prinzip oder Problem? Darmstadt: Wissenschaftliche Buchgesellschaft 1995

Kaufmann, F.-X.: Herausforderungen des Sozialstaates. Frankfurt am Main: Suhrkamp 1997

Keck, R.W.: Die Einbeziehung der Eltern bei der Planung von Unterricht – Möglichkeiten und Grenzen. In: Hepp, G. (Hg.): Eltern als Partner und Mit-Erzieher in der Schule. Wege und Möglichkeiten zu einer pädagogischen Kooperation. Stuttgart: Metzler 1990

Kessel, F./ Reutlinger, C./ Ziegler, H. (Hrsg.): Erziehung zur Armut? Soziale Arbeit und die ‚neue Unterschicht'. Wiesbaden: VS Verlag für Sozialwissenschaften 2007

Kirchhoff, G.: Verantwortung in der Arbeitswelt. München: Bayrische Landeszentrale für politische Bildungsarbeit 1978

Kirchner, F.(Bgr.)/Regenbogen, A. (Hrsg.): Wörterbuch der philosophischem Begriffe, Hamburg: Meiner 1998

Klement, J.H.: Verantwortung. Tübingen: Mohr Siebeck 2006

Klönne, A.: Gute Zeiten? Schlechte Zeiten? Risiken und Chancen der neuen Arbeit. In: Höke, C. u.a. (Hrsg.) Arbeit. Seelze: Friedrich 2000

Kluge, F.: Etymologisches Wörterbuch der deutschen Sprache. Berlin; New York: de Gruyter 2002

Konsortium Bildungsberichterstattung: Bildung in Deutschland. Ein indikatorengestützter Bericht mit einer Analyse zu Bildung und Migration. Bielefeld: Bertelsmann 2006

Krafeld, F.J.: Die überflüssige Jugend in der Arbeitsgesellschaft. Eine Herausforderung an die Pädagogik. Opladen: Leske und Budrich 2000

Kramer, R.-T./Helsper, W.: SchülerInnen zwischen Familie und Schule – systematische Bestimmungen, methodische Überlegungen und biographische Rekonstruktionen. In: Krüger, H.H./Wenzel, H. (Hrsg.): Schule zwischen Effektivität und sozialer Verantwortung. Opladen: Leske und Budrich 2000

Kreckel, R.: Soziale Ungleichheit und Arbeitsmarktsegmentierung. In: Kreckel, R. (Hrsg.): Soziale Ungleichheiten. Göttingen: Schwartz 1983

Krüger, H.-H./Grunert, C.: Jugend und Bildung. In: Tippelt, R.: Handbuch Bildungsforschung. Opladen: Leske und Budrich 2002

Krumm, V.: Der Einfluss der Familie auf die Dispositionen für lebenslanges Lernen. In: Achtenhagen, F./Lempert, W. (Hrsg.): Lebenslanges Lernen im Beruf. Seine Grundlegungen im Jugendalter. Opladen: Leske und Budrich 2000

Kruse, J./ Lüdtke, P.-B./ Reinhard, H. J./ Winkler, J./ Zamponi, I.: Sozialgesetzbuch III Arbeitsförderung. Lehr- und Praxiskommentar. Baden Baden: Nomos 2008

Kuhnke, R./ Reißig, B.: Leipziger Mittelschülerinnen und Mittelschüler auf dem Weg von der Schule in die Berufsausbildung. Bericht zur Basiserhebung der Leipziger Schulabsolventenstudie. Halle: DJI 2007

Kuhnke, R./ Reißig, B.: Schülerinnen und Schüler auf dem Weg von der Schule in die Berufsausbildung. Bericht zur Basiserhebung der Kommunalen Schulabsolventenstudie in den Städten Leipzig, Halle, Jena und Frankfurt (Oder). Halle: DJI 2007(b)

Kuhnke, R./ Reißig, B./ Mahl, F.: Leipziger Mittelschülerinnen und Mittelschüler auf dem Weg von der Schule in die Berufsausbildung. Bericht zur zweiten Erhebung der Leipziger Schulabsolventenstudie. Halle: DJI 2008

Kurtz, T.: Berufssoziologie. Bielefeld: transcript 2002

Kurtz, T.: Zur strukturellen Kopplung von Erziehung und Wirtschaft. In: Wingens, M./Sackmann, R. (Hrsg.): Bildung und Beruf. Ausbildung und berufsstruktureller Wandel in der Wissensgesellschaft. Weinheim und München: Juventa 2002

Landesarbeitsgemeinschaft der Industrie- und Handelskammern in Sachsen (LAG Sachsen) und der Arbeitsgemeinschaft der Sächsischen Handwerkskammern: Fachkräftebedarf der sächsischen Wirtschaft. Monitoring 2007. Chemnitz, Dresden, Leipzig 2007

Landesarbeitsgemeinschaft der Industrie- und Handelskammern in Sachsen (LAG Sachsen): Konjunkturbericht Sachsen. Jahreswende 2008/2009. Sächsische Wirtschaft stemmt sich gegen die globale Krise. Chemnitz, Dresden, Leipzig 2009

Langness, A./Leven, I./Hurrelmann, K.: Jugendliche Lebenswelten. In: Shell Deutschland Holding (Hrsg.): Jugend 2006. Eine pragmatische Generation unter Druck. Frankfurt am Main: Fischer 2006

Lenk, H.: Zwischen Wissenschaft und Ethik. Frankfurt am Main: Suhrkamp 1992

Lenk, H./Maring, M.: Wer soll Verantwortung tragen? In: Bayertz, K. (Hrsg.): Verantwortung – Prinzip oder Problem? Darmstadt: Wissenschaftliche Buchgesellschaft 1995

Lenk, H.: Einführung in die angewandte Ethik. Verantwortlichkeit und Gewissen. Stuttgart, Berlin, Köln: Kohlhammer 1997

Lenk, H./Marin, M.: Verantwortung. In: Ritter, J./Gründer, K./ Gabriel, G. (Hrsg.): Historisches Wörterbuch der Philosophie. Band 11, Darmstadt: Wissenschaftliche Buchgesellschaft 2001

Lex, T.: Berufswege Jugendlicher zwischen Integration und Ausgrenzung. Weinheim: Juventa 1997

Liebau, E./ Mack, W.: Für das (Erwerbs-)Leben lernen. Die Arbeitsschule und die Erziehung zur Arbeit. In: Höke, C. u.a. (Hrsg.) Arbeit. Seelze: Friedrich 2000

Liebau, E.: Die Bildung des Subjekts. In: Liebau, E. (Hrsg.): Die Bildung des Subjekts. Beiträge zur pädagogischen Teilhabe. Weinheim und München: Juventa 2001

List, E.: Einflüsse von Gemeinschaft und Gesellschaft auf die Entwicklung des Individuums. In: Pfriß, A./Acham, K./Zdarzil, H./Seifert, E.: Individuum, Gemeinschaft und Gesellschaft in ihrem Mit- und Gegeneinander. Graz: Leykam 1986

Löwisch, D.-J.: Pädagogische Zeit-Sichten. Essays und Abhandlungen zu einer Verantwortungspädagogik. Sankt Augustin: Academia 1994

Luckmann, T.: Theorie des sozialen Handelns. Berlin/New York: de Gruyter 1992

Luhmann, N.: Normen in soziologischer Perspektive. In: Soziale Welt 20, 1969, S. 28-48

Luhmann, N./Schorr K.E.: Reflexionsprobleme im Erziehungssystem. Frankfurt am Main: Suhrkamp 1988

Luhmann, N.: Soziale Systeme: Grundriß einer allgemeinen Theorie. Frankfurt am Main: Suhrkamp 1993

Luhmann, N.: Das Erziehungssystem der Gesellschaft. Herausgegeben von Dieter Lenzen. Frankfurt am Main: Suhrkamp 2002

Lumpe, A.: Der Berufswahlpass. Ein Instrument zum selbstorganisierten und eigenverantwortlichen Lernen. In: Schudy, Jörg (Hrsg.): Berufsorientierung in der Schule. Grundlagen und Praxisbeispiele. Bad Heilbrunn/Obb: Klinkhardt 2002

Lumpe, A.: Kompetenzentwicklung in der Schule: neue Perspektiven. In: In: Oberliesen, R./ Schulz, H-D. (Hrsg.): Kompetenzen für eine zukunftsfähige arbeitsorientierte Allgemeinbildung. Baltmannsweiler: Schneider 2007

Maas, A.: Verantwortungswahrnehmung durch Kompetenzbildung. Münster: LIT 2001

Mack, W.: Dschungelpfade. Neue Übergänge von der Schule in den Beruf. In: Höke, C. u.a. (Hrsg.) Arbeit. Seelze: Friedrich 2000

Mack, W.: Jugend und Arbeit. In: Liebau, E. (Hrsg.): Die Bildung des Subjekts. Beiträge zur pädagogischen Teilhabe. Weinheim und München: Juventa 2001

Mack, W.: Bildung für alle – ausgeschlossen. In: DISKURS 1/2004, S. 5-8

Mansel, J./ Kahlert, H.(Hrsg.): Arbeit und Identität im Jugendalter. Die Auswirkungen der gesellschaftlichen Strukturkrise auf Sozialisation. Weinheim und München: Juventa 2007

Marquard, O.: Schwundtelos und Mini-Essenz – Bemerkungen zur Genealogie einer aktuellen Diskussion. In: Marquard, O./Stierle, K. (Hrsg.): Identität. München: Fink 1979

Masche, J.G.: Familienbeziehungen zwischen Schule und Ausbildung. Berlin: Waxmann 1998

Mathern, S.: Benachteiligte Jugendliche an der Schnittstelle zwischen Schule und Beruf. Frankfurt am Main: Lang 2003

Max, C.: Entwicklung von Kompetenz – ein neues Paradigma für das Lernen in Schule und Arbeitswelt. Frankfurt am Main: Lang 1999

Mead, M.: Der Konflikt der Generationen. Jugend ohne Vorbild. Olten, Freiburg im Breisgau: Walter 1971

Menzel, E.: Die rechtliche Gewährleistung der Berufsfreiheit. In: Menzel, E./Fürstenberg, F.: Die Freiheit der Berufswahl. Niedersächsische Landeszentrale für politische Bildung: 1967

Meulemann, H.: Bildung und Lebensplanung. Die Sozialbeziehung zwischen Elternhaus und Schule. Frankfurt am Main: Campus 1985

Meyer-Drawe, K.: Nachdenken über Verantwortung. In: Fauser, P./ Luther, H./ Meyer-Drawe, K.: Verantwortung. Friedrich Jahresheft X 1992

Mieg, H. A.: Verantwortung. Moralische Motivation und die Bewältigung sozialer Komplexität. Poladen: Westdeutscher Verlag 1994

Müller, W./Gangl, M./Scherer, S.: Übergangsstrukturen zwischen Bildung und Beschäftigung. In: Wingens, M./Sackmann, R. (Hrsg.): Bildung und Beruf. Ausbildung und berufsstruktureller Wandel in der Wissensgesellschaft. Weinheim und München: Juventa 2002

Müller-Stackebrandt, J./Lüders, C.: Öffentliche Verantwortung und Gerechtigkeit – zwei Leitbegriffe des Elften Kinder- und Jugendhilfeberichts. In: DISKURS 1/2002, S. 6-10

Münchmeier, R.: Die Bedeutung von Arbeit und Arbeitslosigkeit für deutsche Jugendliche. In: Groth, C./Maennig, W. (Hrsg.): Jugend und Arbeit. Die Düsseldorfer Thesen. Frankfurt am Main: Lang 1998

Münder, J. (Hrsg.): Sozialgesetzbuch II Grundsicherung für Arbeitssuchende. Lehr- und Praxiskommentar. Baden Baden: Nomos 2007

Musall, F.F.:Risiken und Entscheidungszwänge moderner Technik als Herausforderung für die Pädagogik. In: Meyer-Drawe, K./Peuker, H./Ruhloff, J. (Hrsg.):Pädagogik und Ethik. Beiträge zu einer zweiten Reflexion. Weinheim: Deutscher Studienverlag 1992

Neubergber, C.: Auswirkungen elterlicher Arbeitslosigkeit und Armut auf Familien und Kinder. In: Otto, U. (Hrsg.): Aufwachsen in Armut. Erfahrungswelten und soziale Lagen von Kindern armer Familien. Opladen: Leske und Budrich 1997

Niebes/Becher/Pollmann: Schulgesetz im Freistaat Sachsen – Praxiskommentar mit Lehrerdienstrecht, PrivatschulG, BerufsschulVO und SchulbesuchsVO. Dresden: Richard Boorberg 2004

Oberliesen, R./ Schulz, H-D.: Jugendliche im Spannungsfeld veränderter Arbeitswelt und Lebensplanung – eine problematisierende Einführung. In: Oberliesen, R./ Schulz, H-D. (Hrsg.): Kompetenzen für eine zukunftsfähige arbeitsorientierte Allgemeinbildung. Baltmannsweiler: Schneider 2007

OECD/CERI: Schule und Wirtschaft: eine neue Partnerschaft; ein OECD/CERI-Bericht. Frankfurt am Main: Lang 1995

Opaschowski, H.W.: Start-up ins Leben. Wie selbstständig sind die Deutschen? Hamburg: Germa Press 2002

Orr, K.: From Education to Employment: The Experience of Young People in the European Union. In: Groth, C./ Maennig, W. (Hrsg.): Strategien gegen Jugendarbeitslosigkeit im internationalen Vergleich. Frankfurt am Main: Peter Lang 2001

Osterloh, J.: Identität der Erziehungswissenschaft und pädagogische Verantwortung. Ein Beitrag zur Strukturdiskussion gegenwärtiger Erziehungswissenschaft in Auseinandersetzung mit Wilhelm Flitner. Bad Heilbrunn/Obb: Klinkhardt 2002

Osterloh, J.: Ethos pädagogischer Verantwortung als Identitätskern der Erziehungswissenschaft. In: Korte, P.(Hg.): Kontinuität, Krise und Zukunft der Bildung – Analysen und Perspektiven. Münster: LIT 2004

Panel Arbeitsmarkt & soziale Sicherung (PASS) http://www.gesis_org/fileadmin/upload/institut/presse/2008/2008_09_16H artzIV.pdf (07.02.2009)

Peuckert, R.: Familienformen im sozialen Wandel. Opladen: Leske und Budrich 1996

Picht, G.: Wahrheit, Vernunft, Verantwortung. Stuttgart: Klett 1969

Pieper, J./Schwark, W.: Wege zur beruflichen Mündigkeit. Teil 2. Weinheim: Deutscher Studienverlag 1994

Pleines, J.-E.: Das Dilemma der gegenwärtigen Ethik. In: Meyer-Drawe, K./Peuker, H./Ruhloff, J. (Hrsg.):Pädagogik und Ethik. Beiträge zu einer zweiten Reflexion. Weinheim: Deutscher Studienverlag 1992

Pollmann, T.A.: Beruf oder Berufung? Zum Berufswahlverhalten von Pflichtschulabgängern. Frankfurt am Main: Peter Lang 1993

Raab, E./Rademacker, H.: Strukturmerkmale der regionalen Übergangssysteme von der Schule in den Beruf – Entwicklungsperspektiven und Empfehlungen. In: Rademacker, H.: Hilfen zur beruflichen Integration. Beispiele und Empfehlungen zur Gestaltung kommunaler Berufsbildungspolitik. München: DJI 1999

Rabe-Kleberg, U.: Auf dem Weg zur Bildungsbiographie? Oder: Warum Frauen immer länger auf immer bessere Schulen gehen und danach als ‚ungelernt' gelten. In: Hoerning, E.M./ Corsten, M.(Hg.): Institution und Biographie. Die Ordnung des Lebens. Pfaffenweiler: Centaurus 1995

Rademacker, H.: Schule vor neuen Herausforderungen. Orientierung für Übergange in eine sich wandelnde Arbeitswelt. In: Schudy, J. (Hrsg.): Berufsorientierung in der Schule. Grundlagen und Praxisbeispiele. Bad Heilbrunn/Obb: Klinkhardt 2002

Rademacker, H.: Berufsorientierung als schulischer Auftrag. In: Oberliesen, R./ Schulz, H-D. (Hrsg.): Kompetenzen für eine zukunftsfähige arbeitsorientierte Allgemeinbildung. Baltmannsweiler: Schneider 2007

Rahn, P.: Übergang zur Erwerbstätigkeit. Bewältigungsstrategien Jugendlicher in benachteiligten Lebenslagen. Wiesbaden: Verlag für Sozialwissenschaften 2005

Rauschenbach, T.: Das Bildungsdilemma. (Un-)beabsichtigte Nebenwirkungen öffentlicher Bildungsinstanzen. In: DISKURS 2/2003, S. 50-58

Reinders, H.: Vorrübergehend geschlossen! Die Vorbereitung auf Arbeit und Beruf im Jugendalter. In: Färber, H.P./Lipps, W./Seyfarth, T. (Hrsg.): Vom Abenteuer erwachsen zu werden. Soziale Kompetenzen erwerben, erweitern, stärken. Tübingen: Attempto 2006

Regionalschulamt Leipzig: Jahresbericht 2004. unveröffentlichter Bericht des Regionalschulamtes Leipzig 2004

Richter, I.: Öffentliche Verantwortung für das Aufwachsen von Kindern und Jugendlichen. In: DISKURS 1/2002, S. 11-16

Rieger, J.: Der Spaßfaktor. Warum Arbeit und Spaß zusammengehören. Offenbach: Gabal 1999

Rifkin, J.: Das Ende der Arbeit und ihre Zukunft. Frankfurt am Main: Fischer 2001

Roos, S.: Evaluation des Trainings mit Jugendlichen im Rahmen schulischer Berufsvorbereitung. Frankfurt am Main: Peter Lang 2006

Rosa, H.: Beschleunigung. Die Veränderung der Zeitstrukturen in der Moderne. Frankfurt am Main: Suhrkamp 2005

Rothenspieler, F.W.: Der Gedanke der Kollektivschuld in juristischer Sicht. Berlin: Duncker & Humblot 1982

Rothlauf, J.: Die Beziehung zwischen Bildung, Berufsausbildung und Arbeitsmarkt. Fuchsstadt: Rene F. Wilfer 1990

Rummel, C.: Die Freiheit und die Notwendigkeit einer neuen Generationenethik. In: Rill, B./Rummel, C.: Elternverantwortung und Generationenethik in einer freiheitlichen Gesellschaft. München: Hans-Seidel-Stiftung 2001

Sächsisches Bildungsinstitut (SBI): Schulen in Sachsen. Bildungsbericht 2008. Radebeul: Sächsisches Bildungsinstitut 2008

Sächsisches Landesamt für Familie und Soziales, Landesjugendamt: Auswirkungen der demografischen Entwicklung auf die Kinder und Jugendhilfe im Freistaat Sachsen. Chemnitz: Landesjugendamt 2007

Sächsisches Staatsministerium für Soziales (SMS): Sozialbericht 2006. Lebenslagen in Sachsen. Online Veröffentlichung 2007 https://publikationen.sachen.de/bdb/showDetails.do?detailForward=ShowSearchResult&id=152058 (27.12.2008)

Sächsisches Staatsministerium für Soziales (SMS): Jugend 2007. Eine vergleichende Untersuchung zu Orientierungsproblemen junger Menschen – Trendfortschreibung. Online Veröffentlichung 2008 https://publikationen.sachsen.de/bdb/showDetails.do?detailForward=listByPublisher&id=5662230 (25.02.2009)

Sandkühler, H.-J. (Hg.): Enzyklopädie Philosophie. Hamburg: Meiner 1999

Schäfers, B: Gesellschaftlicher Wandel in Deutschland. Stuttgart: Ferdinand Enke 1990

Schäfers, B.: Sozialstruktur und sozialer Wandel in Deutschland. Stuttgart: Lucius und Lucius 2004

Schleicher, K.: Elternhaus und Schule. Kooperation ohne Erfolg? Düsseldorf: Schwann 1972

Schlemmer, E.: Was ist Ausbildungsfähigkeit? Versuch einer bildungstheoretischen Einordnung. In: Schlemmer, E./ Gerstberger, H. (Hrsg.): Ausbildungsfähigkeit im Spannungsfeld zwischen Wissenschaft, Politik und Praxis. Wiesbaden: Verlag für Sozialwissenschaften 2008

Schlothfeld, S.: Erwerbslosigkeit als sozialethisches Problem. München: Alber 1999

Schneewind, K. A.: Freiheit in Grenzen – Wege zu einer wachstumsorientierten Erziehung. In: In: Krüsselberg, H-G./Reichmann, H. (Hrsg.): Zukunftsperspektive Familie und Wirtschaft. Vom Wert der Familie für Wirtschaft, Staat und Gesellschaft. Grafschaft: Vektor 2002

Schneider, J./Traut, H.: Berufsorientierung als Tätigkeit. Entwicklung von Lebensperspektiven im marktwirtschaftlichen System gesellschaftlicher Arbeit. Frankfurt am Main: Lang 1992

Schröer, A.: Fit für die Arbeitswelt? Einstellungen von Jugendlichen in Ost- und Westdeutschland. In: Höke, C. u.a. (Hrsg.) Arbeit. Seelze: Friedrich 2000

Schröer, A.: Die Wiederkehr des Bürgers. In: Liebau, E. (Hrsg.): Die Bildung des Subjekts. Beiträge zur pädagogischen Teilhabe. Weinheim und München: Juventa 2001

Schubert, J.: Das »Prinzip Verantwortung« als verfassungsstaatliches Rechtsprinzip. Baden Baden: Nomos 1998

Schudy, J.: Berufsorientierung als schulstufen- und fächerübergreifende Aufgabe. In: Schudy, J. (Hrsg.): Berufsorientierung in der Schule. Grundlagen und Praxisbeispiele. Bad Heilbrunn/Obb: Klinkhardt 2002

Schudy, J.: Das Betriebspraktikum. Notwendige Optimierung eines Elements schulischer Berufsorientierung. In: Schudy, J. (Hrsg.): Berufsorientierung in der Schule. Grundlagen und Praxisbeispiele. Bad Heilbrunn/Obb: Klinkhardt 2002

Schüller, H.: Die Alterslüge. Für einen neuen Generationenvertrag. Berlin: Rowohlt 1995

Schümer, G.: Zur doppelten Benachteiligung von Schülern aus unterprivilegierten Gesellschaftsschichten im deutschen Schulwesen. In: Schümer, G./Tillmann, K.-J./Weiß, M. (Hrsg.): Die Institution Schule und die Lebenswelt der Schüler. Wiesbaden: Verlag für Sozialwissenschaften 2004

Schweppe, C.: Zum Wandel der Generationen und Generationsbeziehungen. In: Lange, D./ Fritz, K. (Hrsg.): Soziale Fragen - Soziale Antworten. Die Verantwortung der Sozialen Arbeit für die Gestaltung des Sozialen. Neuwied, Kriftel: Luchterhand 2001

Sellin, B.: Berufliche Eingliederung behinderter und benachteiligter Jugendliche als Förderschwerpunkt des Europäischen Sozialfonds. In: Hasemann, K./Meschenmoser, H. (Hrsg.): Auf dem Weg zum Beruf. Der Übergang behinderter und benachteiligter Jugendlicher von der Schule in die Arbeitswelt. Baltmannsweiler: Schneider 2001

Sennett, R.: Der flexible Mensch. Berlin: Berliner Taschenbuch Verlag 1998

Shell Deutschland Holding (Hrsg.): Jugend 2006. Eine pragmatische Generation unter Druck. Frankfurt am Main: Fischer 2006

Solga, H.: Ohne Abschluss in die Bildungsgesellschaft. Opladen: Budrich 2005

Sommer, G.: Institutionelle Verantwortung. Grundlagen einer Theorie politischer Institutionen. München: Oldenburg 1997

Sommer, M.: Übergangsschwierigkeiten – zur Konstitution und Prätention moralischer Identität. In: Marquard,O./ Stierle, K.: Identität. München: Fink 1979

Spaemann, R.: Moralische Grundbegriffe. München: Beck 1991

Spellerberg, A.: Lebensstile, soziale Lagen und Wohlbefinden. In: Zapf, W./Habich, R. (Hg.): Wohlfahrtsentwicklung im vereinten Deutschland. Sozialstruktur, sozialer Wandel und Lebensqualität. Berlin: Rainer Bohn 1996

Stadt Leipzig, Dezernat Jugend, Soziales, Gesundheit und Schule: Sozialreport 2006. Stadt Leipzig 2006

Stadt Leipzig, Dezernat Jugend, Soziales, Gesundheit und Schule: Sozialreport 2007. Stadt Leipzig 2007a

Stadt Leipzig, Dezernat Jugend, Soziales, Gesundheit und Schule, Jugendamt: Fachplan Kinder- und Jugendförderung Stadt Leipzig 2007b

Steinmann, S.: Bildung, Ausbildung und Arbeitsmarktchancen in Deutschland. Opladen: Leske und Budrich 2000

Struck, P.: Die 15 Gebote des Lernens. Darmstadt: Wissenschaftliche Buchgesellschaft 2004

Struck, P.: Elternhandbuch Schule. Darmstadt: Wissenschaftliche Buchgesellschaft 2006

Tessaring, M.: Wandel der Beschäftigungs- und Qualifikationsstrukturen auf dem Weg in die Dienstleistungsgesellschaft. In: Schulte, D. (Hrsg.): Arbeit der Zukunft. Köln: Bund-Verlag 1996

Thiersch, H.: Pädagogische Verantwortung. In: Dahmer, I./Klafki, W. (Hrsg.): Geisteswissenschaftliche Pädagogik am Ausgang ihrer Epoche – Erich Weniger. Weinheim: Beltz 1968

Thiersch, H.: Der Beitrag der sozialen Arbeit für die Gestaltung des Sozialen. Ein Resümee. In: Lange, D./ Fritz, K. (Hrsg.): Soziale Fragen - Soziale Antworten. Die Verantwortung der Sozialen Arbeit für die Gestaltung des Sozialen. Neuwied, Kriftel: Luchterhand 2001

Thomä, D.: Eltern. Kleine Philosophie einer riskanten Lebensform. München: Beck 1992

Thränhardt, D.: Bildungspolitik. In: Von Beyme, K./Schmidt, Manfred G. (Hrsg.): Politik in der Bundesrepublik Deutschland. Opladen: Westdeutscher Verlag GmbH 1990

Tillmann, K.-J.: Die homogene Lerngruppe – oder System jagt Fiktion. In: Otto, H.-U./Rauschenbach, T. (Hrsg.): Die andere Seite der Bildung. Zum Verhältnis von formellen und informellen Bildungsprozessen. Wiesbaden: Verlag für Sozialwissenschaften 2004

Tippelt, R.: Beruf und Lebenslauf. In: Arnold, R./Lipsmeier, A. (Hrsg.): Handbuch der Berufsbildung. Opladen: Leske und Budrich 1995

Tippelt, R./Schmidt, B.: Zeitgemäße Bildung: Anregungen zum Diskurs aus bildungs- und lerntheoretischer Sicht. In: Otto, H.-U./Oelkers, J. (Hrsg.): Zeitgemäße Bildung. Herausforderung für Erziehungswissenschaft und Bildungspolitik. München: Reinhardt 2006

Treutner, E.: Kooperativer Rechtsstaat. Baden Baden: Nomos 1998

Trojahner, I.: Entwicklung von Qualitätskriterien für die Berufs- und Studienorientierung. In: Fürstenau, B. (Hrsg.): Dresdner Beiträge zur Wirtschaftspädagogik Nr. 4: 2008

Tully, C.: Schule und Job. Vom Nacheinander zum Nebeneinander. In: DISKURS 1/2004, S. 54-63

Van den Boom, H.: Sprache der Politik und institutionelles handeln. In: Hubig, C. (Hg.): Ethik institutionellen Handelns. Frankfurt am Main, New York: Campus 1982

Volkholz, S.: Grundlagen für lebenslange Prozesse schaffen. In: Höke, C. u.a. (Hrsg.) Arbeit. Seelze: Friedrich 2000

Von Hentig, H.: Menschenbilder in Bildung und Erziehung. In: Oerter, R. (Hrsg.): Menschenbilder in der modernen Gesellschaft. Stuttgart: Enke 1999

Von Schweitzer, R.: Wandel der Familienstrukturen und des familialen Alltagslebens. In: Krüsselberg, H-G./Reichmann, H. (Hrsg.): Zukunftsperspektive Familie und Wirtschaft. Vom Wert der Familie für Wirtschaft, Staat und Gesellschaft. Grafschaft: Vektor 2002

Von Wensierski, H.-J./Schützler, C./Schütt, S.: Berufsorientierende Jugendbildung: Grundlagen, empirische Befunde, Konzepte. Weinheim und München: Juventa 2005

Walper, S.: Betroffen ist man nicht allein. Familien und Erwerbslosigkeit. In: Höke, C. u.a. (Hrsg.) Arbeit. Seelze: Friedrich 2000

Weber, M.: Gesammelte Aufsätze zur Religionssoziologie. Band I, Tübingen: Mohr 1963

Weber, M.: Politik als Beruf. Stuttgart: Reclam 1992

Weikard, H.-P.: Liberale Eigentumstheorie und intergenerationelle Gerechtigkeit. In: Birnbacher, D./Brudermüller, G.(Hrsg.): Zukunftsverantwortung und Generationensolidarität. Würzburg: Königshausen & Neumann 2001

Weiß, M.: Mehr Effizienz im Schulbereich durch dezentrale Ressourcenverantwortung und Wettbewerbssteuerung. In: Krüger, H.H./Wenzel, H. (Hrsg.):

Schule zwischen Effektivität und sozialer Verantwortung. Opladen: Leske und Budrich 2000

Wiegand, R.: Individualität und Verantwortung – sozialpsychologische Betrachtungen. Göttingen: Vandenhoeck und Ruprecht 1998

Willke, G.: Die Zukunft unserer Arbeit. Bonn: Bundeszentrale für politische Bildung 1998

Wohne, K.: Eine Beschäftigung, für die man Geld kriegt. Wie Kinder Arbeit sehen. In: Höke, C. u.a. (Hrsg.) Arbeit. Seelze: Friedrich 2000

Zihlmann, R.: Berufswahl unter erschwerten Umständen. In: Eigenmann, J.: Beruflich-soziale Lebensplanung schwieriger Kinder und Jugendlicher. Luzern: SHZ/SPC 1991

Zimmermann, G.E.: Armut. In: Schäfers, B./Zapf, W.(Hrsg.): Handwörterbuch zur Gesellschaft Deutschlands. Opladen: Leske und Budrich 2001

Zuba, R.: Fit für die Globalisierung. Die Rolle der Schule bei der Förderung von Schlüsselqualifikationen. Wien: WUV 1998

Rechtsquellenverzeichnis

Gesetzestexte

Bürgerliches Gesetzbuch (BGB) vom 2. Januar 2002 (BGBl. I S. 42, 2909; 2003 I S. 738), zuletzt geändert durch Art. 5 G v. 10. Dezember 2008 (BGBl. I S. 2399)

Grundgesetz für die Bundesrepublik Deutschland (GG) vom 23. Mai 1949 (BGBl. S.1), zuletzt geändert durch G v. 28. August 2006 (BGBl. I S. 2034)

Schulgesetz für den Freistaat Sachsen (SchulG) vom 17. Juli 2004, Fassung gültig seit 1. Januar 2009

Sozialgesetzbuch (SGB) Erstes Buch (I) – Allgemeiner Teil vom 11. Dezember 1975 (BGBl. I S. 3015), zuletzt geändert durch Art. 2 G v. 28. März 2009 (BGBl. I S. 634)

Sozialgesetzbuch (SGB) Zweites Buch (II) – Grundsicherung für Arbeitssuchende vom 24. Dezember 2003 (BGBl. I S. 2954), zuletzt geändert durch Art. 8 und 9 G v. 02. März 2009 (BGBl. I S. 416)

Sozialgesetzbuch (SGB) Drittes Buch (III) – Arbeitsförderung vom 24. März 1997 (BGBl. I S. 594), zuletzt geändert durch Art. 3 G v. 28. März 2009 (BGBl. I. S. 634)

Sozialgesetzbuch (SGB) Achtes Buch (VIII) – Kinder- und Jugendhilfe vom 26. Juni 1990 (BGBl. I. S.1163), zuletzt geändert durch Art. 105 G v. 17. Dezember 2008 (BGBl. I. S. 2586)

Strafgesetzbuch (StGB) in der Fassung der Bekanntmachung vom 13. November 1998 (BGBl. I S. 3322), zuletzt geändert durch At. 1 G v. 31. Oktober 2008 (BGBl. S. 2149)

Sonstige Richtlinien

Allgemeine Erklärung der Menschenrechte (AEMR) – Resolution 217 (III) der Generalversammlung vom 10. Dezember 1948

Verwaltungsvorschrift (VwV) Beratungslehrer vom 26. August 2004, Ministerialblatt Sächsisches Staatsministerium für Kultus, Jg. 2004, Bl-Nr. 9, S. 355

Verwaltungsvorschrift (VwV) Betriebspraktika vom 02. April 2009, Ministerialblatt Sächsisches Staatsministerium für Kultus, Jg. 2009, Bl-Nr. 4, S. 100

Lothar Beinke

Das Internet – ein Instrument zur Berufsorientierung Jugendlicher?

Frankfurt am Main, Berlin, Bern, Bruxelles, New York, Oxford, Wien, 2008.
123 S.
ISBN 978-3-631-57764-6 · br. € 19.80*

Die Studie beschäftigt sich mit der Brauchbarkeit der Informationen, die Jugendliche im Prozess der Berufswahl den speziellen Datenbanken entnehmen. Das Internet steht dabei in Konkurrenz mit den bisherigen Informationsgebern – Eltern, Peergroups, Betriebspraktika und Informationszentren. Helfen die zusätzlichen Informationen bei den Jugendlichen bisherige Lücken zu schließen oder steigern sie lediglich die Datenflut, die letztlich die Unsicherheit vor der Berufsentscheidung erhöht? Die Schüler verfügen zwar überwiegend über eigene Computer mit Internetzugang und nutzen sie auch. Sie widmen diesem Medium aber keinen Vorzug. Es ist für sie eine Möglichkeit, Informationen zu ergänzen. Diese Ergänzung kommt jedoch ohne strukturierende Hilfen durch die Schule nicht aus. Sollten sich die Schulen dieser Unterstützung allerdings annehmen, ist mit einer wirksamen Entscheidungsfindung für einen Beruf zu rechnen.

Aus dem Inhalt: Integrierte Berufsorientierung · Lehrer als Berufsberater – qualifiziert? · Informationsbeschaffung als Instrument der Berufsorientierung · Ergebnisse der Internetrecherche · Geschlechtsspezifische Differenzierungen · Schulformspezifische Differenzierungen · Die Print-Informationen · Befragung zur Internetnutzung

Frankfurt am Main · Berlin · Bern · Bruxelles · New York · Oxford · Wien
Auslieferung: Verlag Peter Lang AG
Moosstr. 1, CH-2542 Pieterlen
Telefax 00 41 (0) 32 / 376 17 27

*inklusive der in Deutschland gültigen Mehrwertsteuer
Preisänderungen vorbehalten

Homepage http://www.peterlang.de